KB244267

사고와 논술

(인문계 · 자연계 공통)

| 권종철 지음 |

논술 시험이 이 땅에 도입된 지 십 여 년이 흘렀지만 아직도 그 성격과 의의에 관해 의견이 분분하다. 한편에선 우리나라 교육 정상화를 위해서 가장 의미 있는 대안이라고 주장하고 있는 반면 다른 한편에선 그렇지 않아도 힘겨운 수험생들에게 또 하나의 커다란 짐을 지우고 기형적인 사교육에 불을 지피는 제도라고 목청을 높이고 있다. 이런 와중에 '통합 교과형 논술'이라는 새로운 이름의 논술이 등장해서 논술을 둘러싼 해묵은 논쟁이 다시 재연되는 듯한 인상을 주고 있다.

그런데 논술과 관련된 이견을 가만히 분석해 보면, 합의에 도달할 가능성이 전혀 없는 것은 아니다. 논술에 찬성을 하는 측과 반대를 하는 측이 말하는 대상이 동일한 것이 아니기 때문이다. 찬성하는 측은 비판적 사고와 창의력을 키워 주는 가장 효과적인 시험 형식으로서 논술 시험의 기본 취지를 강조하는 입장이고, 반대하는 측은 사교육 조장이라는 운영상의 부작용에 대해 걱정하는 것이다. 같은 대상을 가지고 논쟁하는 듯하지만 사실 서로 다른 문제를 언급하고 있는 셈이다. 논리적으로 볼 때 합의에 이르는 방법은 간단하다. 기본 취지를 살리면서 운영상의 부작용을 최소화하는 것이다.

그러나 문제는 "기본 취지를 살리면서 운영상의 부작용을 최소화"하는 것이 말은 쉽지만 현실적으로 구체적인 방법을 찾기가 어렵다는 점이다. 지금까지 현실은 운영상의 부작용 때문에 기본 취지가 부각되지 못했다고 보는 것이 정확한 평가라 하겠다. 이런 측면에서 보면 통합 교과형 논술은 가려진 기본 취지를 다시 한 번 되살려 보겠다는 최후의 시도가 아닐까 하는 생각까지 든다. 필자 역시 논술 교육에 종사하는 한 사람으로서 이 최후의 시도가 의미 있는 열매를 맺기를 간절히 바란다.

그리고 이 책도 바로 이런 생각에서 집필되었다. 논술의 기본 취지를 살리며 동시에 운영상의 부작용을 최소화하는 것, 이 두 마리 토끼를 다 잡기 위한 목적으로 말이다. 논술의 기본 취지를 살리자는 첫 번째 목표는 이 책의 존재 이유라 할 수 있다. 이 책은 '논리–비판–창의'를 논술 교육의 기본 목표로 간주하고 학생들이 비판적으로 읽고, 창의적으로 문제를 해결하며, 논리적으로 글을 쓸 수 있도록 길잡이 역할을 하고자 한다. 천편일률적인 답안 작성 요령에 식상하고, 방대한 배경 지식 나열에 짓눌려 본 경험이 있는 사람이라면 이 책의 새로운 시도에 흥미를 느끼고 빠져들게 될 것이다.

운영상의 부작용을 최소화하는 일은 이 책이 곰TV 교육채널 곰스쿨 논술 강좌의 기본 교재로 활용된다는 점에서 달성될 수 있으리라. 무료 온라인 동영상 강의를 표방하고 나선 곰스쿨의 선언은, 사교육 공화국이라는 오명을 뒤집어쓰고 있는 이 땅의 교육 현실에 의미 있는 도전장이라 생각한다. 아무쪼록 곰스쿨의 기본 취지가 시종일관 변함없이 유지되어 수많은 수험생들에게 든든한 후원자로 남기를 기대해 본다.

권종철

통합 논술 **만점** 대비법

이 책은 논술, 특히 통합 교과형 논술을 효과적으로 대비할 수 있도록 기획되었다. 논술은 여러 각도에서 그 성격을 정의할 수 있고, 학습 방법론도 다양하게 제시될 수 있다. 그러나 이 책은 논술에 관한 여러 가지 정의와 학습 방법의 저변을 관통하는 가장 기초적이고 중심적인 요소들에 주목한다. 수리 논술이니 과학 논술이니 사회 논술이니 하는 특정 분야에 초점을 맞춘 논술 교재나 강좌는 많지만 정작 그러한 분야별 글쓰기 이전의 기본적인 사고력 훈련을 목적으로 하는 교재나 강좌는 찾아보기 힘든 게 현실이다. 이 책은 어찌 보면 기초적인 사고력 훈련을 본격적으로 다루는 최초의 책이라 할 수 있다.

이 책의 의도를 제대로 이해하고 이 책을 효과적으로 활용하기 위해서는 이 책에서 전제하고 있는 논술의 정의를 미리 알 필요가 있다. 논술은 다음과 같이 규정할 수 있다.

> 논술 = 비판적 읽기 + 창의적 문제 해결 + 논리적 글쓰기

논술이란 '글쓰기'와 같은 것이 아니다. 글쓰기를 포함하고 있을 뿐이다. 논술에서 사실 더 중요한 것은 글쓰기 이전에 사고하는 과정이다. 주어진 자료를 '비판적으로' 읽고 문제를 발견하여 '창의적으로' 해결책을 찾은 연후에 글쓰기가 이루어지는 것이다. 따라서 이 책은 글쓰기 이전의 과정에 더 강조점을 두고 있다.

한편 논리적 글쓰기는 사고와 분리될 수 있는 것도 아니다. 비판적 읽기와 창의적 문제 해결의 과정에서 자연스럽게 논리적 글쓰기 훈련이 녹아들어 가 있다. 이 책은

크게 '비판적 읽기' 부분과 '창의적 문제 해결' 두 가지를 중점적으로 다룰 것이다. 그러나 이 두 가지를 정확하게 구분하는 것은 가능하지도 않고 옳은 일도 아니다. 이 책을 관통하는 기본 입장은 비판적 읽기가 선행되어야 창의적 문제 해결이 가능하다는 것이다.

이상의 논의를 보다 구체적으로 이해하기 위해서 아래 그림을 한 번 보자.

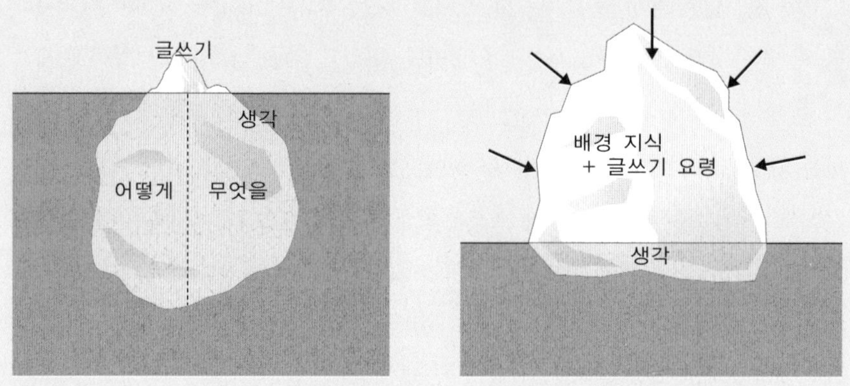

위 그림에서 가로로 가로지른 선은 수면(水面)을 의미한다. 왼쪽 그림은 정상적인 빙산의 모습이다. 빙산의 일각만이 수면 밖으로 나와 있다. 이 나와 있는 부분이 바로 글쓰기 부분인데, 전체의 10% 정도이다. 나머지 90%는 물속에 잠겨 있는데, 그것은 바로 여러분의 '생각(idea)' 이다. 이것은 논술 시험의 본질을 보여 준다. 논술 시험은 글쓰기 능력을 테스트하는 시험이 아니다. 논술 시험의 출제자는 수면 아래 잠겨 있는 여러분의 '생각' 을 보고자 하는 것이다. 글쓰기는 그 생각을 표현하는 수단일 뿐이다. 수면 아래에 잠겨 있는 생각 부분이 튼튼해야 물 밖으로 표현되어 있는 글쓰기가 제대로 보여지는 것이다.

반면에 오른쪽 그림은 기형적인 빙산의 모습이다. 자신의 '생각' 에 해당하는 부분이 빈약하고 수면 위로 나와 있는 글쓰기 부분이 비대하게 커진 모습이다. 그리고 그 글쓰기 부분도 스스로 생각해 낸 것이 아니라 외부에서 주어진 배경 지식과 글쓰기 요령으로 이루어져 있다. 이 기형적인 빙산은 잘못된 논술 교육의 모습을 보여 주고 있다. 이렇게 구성된 논술 답안지는 그림에서 보여지듯이 기초가 빈약해서 쉽사리 넘어지거나 붕괴되기 마련이다.

이 책이 지향하는 논술 교육은 당연히 왼쪽의 빙산 모습이다. 그런데 수면 아래 부분을 좀 더 자세히 살펴보면, 두 부분으로 이루어져 있음을 알 수 있다. 하나는 '무엇에 관해 생각할 것인가?'이고, 다른 하나는 '어떻게 생각할 것인가?'이다. 이제 여러분도 짐작하겠지만, 이 책의 초점은 바로 이 중에서 '어떻게 생각할 것인가?' 부분에 맞추어져 있다.

'무엇에 관한 생각'을 다루고 있는 책은 많지만 '어떻게'를 다루고 있는 책은 발견하기가 쉽지 않다. 그러나 '어떻게' 부분이 제대로 훈련되지 않으면 '무엇에 관한 생각'도 제자리를 찾지 못하게 된다. 그렇기 때문에 이 책은 다른 논술 교재들과 경쟁 관계에 있는 것이 아니라 보완 관계에 있음을 명심해야 한다. 이 책을 통해 '어떻게 생각할 것인가?'를 이해하게 되면 '무엇에 관한 생각'이 '서 말의 구슬'이 아니라 '잘 꿰어진 보배'가 될 수 있을 것이다.

이 책에서 '글쓰기'의 자료가 되는 그 '무엇', 곧 계열별 배경 지식을 직접적으로 언급하지 않는다고 조급해 할 필요는 없다. 그건 주어진 자료를 비판적으로 읽고 창의적인 문제 해결에 고심하다 보면 저절로 얻어지는 것이다. 이상의 내용을 명심하고 주어진 자료를 읽다 보면 어느 순간 '아, 여기서부터 내 글을 써 나가면 될 것 같다.'라는 짜릿한 경험을 할 수 있다. 다른 사람이 미리 지정해 준 정형화된 글이 아니라 자신만의 독창적인 생각에 근거한 제대로 된 논술문을 작성할 수 있게 되는 것이다.

결국 통합 논술에서 좋은 점수를 받기 위해서 필요한 것을 한마디로 요약하면 다음과 같다.

"무엇을 쓸 것인가가 아니라 어떻게 생각할 것인가에 집중하라!"

여러분이 이 책에서 습득하게 될 것도 바로 '어떻게 생각할 것인가?'에 대한 실전적인 기량이 될 것이다.

이 책의 구성 및 효과적인 활용법

총 6파트 중 1, 2 파트는 본격적인 사고력 훈련에 들어가기 전에 여러분을 준비시키는 장이다. 파트 1은 논술과 비판적 사고의 관계를 알아보고, 파트 2는 논술 문제 유형을 종합적으로 분석한다. 파트 3부터 파트 6에서는 파트 2에서 제시한 논술 문제 유형에 따라 비판적 사고의 스킬을 집중적으로 연마할 것이다. 각 파트는 본문과 예제, 실전 문제와 실전 문제 해설 및 예시 답안으로 구성된다.

이 책의 모든 내용은 무료 인터넷 교육 사이트인 곰스쿨(www.gomschool.com)의 고교 논술에서 저자 동영상 직강으로 들을 수 있다. 강의와 함께 책을 보면 한층 효과적으로 공부할 수 있을 것이다. 이해가 잘 안 되는 부분이 있거나 궁금한 점이 생기면 곰스쿨 강의 청취 후 〈Q&A〉에 글을 올리면 답변을 받을 수 있다.

본문 ▶ ▶ ▶

이 책의 특징적인 면은 사고력을 '훈련' 시키는 데 있다. 각 파트의 각 장마다 특정한 사고력을 집중 훈련시키도록 구성되어 있다. '본문'은 바로 그러한 훈련을 위해 필요한 예비 지식이나 지침을 제공해 준다. 반드시 파트 1, 2를 먼저 공부한 다음 파트 3 이후로 넘어가기 바란다.

예제 ▶ ▶ ▶

본문에서 알아본 특정한 사고의 스킬을 예제를 통해 곧바로 검증할 수 있도록 꾸며졌다. 일반 논술 교재와 달리 여기서는 객관식 문제도 다루고 있는데 다음과 같은 이점이 있기 때문이다.

① 아직 '글쓰기' 준비가 덜 된 학생에게 논술에 쉽게 접근하는 길을 열어 준다.
② 정답과 오답의 비교를 통해 내용 파악의 객관적인 기준을 갖게 해 준다.
③ 자신에게 취약한 부분이 어떤 부분인지 인지할 수 있게 해 준다.
④ 논술 시험에도 객관적인 평가 기준이 있음을 확인시켜 준다.

객관식 문제는 PSAT(Public Service Aptitude Test, 공직 적격성 검사)와 MEET&DEET

(Medical&Dental Education Eligiblility Test, 의학·치의학 교육 입문 검사)의 기출 문제를 활용하고 있다. PSAT는 행정 고시, 외무 고시, 기술 고시의 1차 과목으로 치러지는 시험이고 MEET&DEET는 의대와 치의대 전문 대학원에 진학할 때 치르는 시험인데, 사고력의 기본 훈련 수단으로서 최적의 문제들이다. 또한 객관식 문제는 곧 이어지는 주관식 문제와 유기적으로 연관되어 있다. 객관식 문제를 통해 확인한 판단의 기준을 주관식 문제에 적용함으로써 논술의 중심으로 더 깊이 들어갈 수 있을 것이다.

실전 문제 ▶▶▶

각 파트에서 배운 내용을 종합적으로 테스트하는 장이다. 실제 논술 시험을 치른다는 마음으로 일정한 시간을 정해 놓고 풀어 봄으로써 실전 적응력까지 함께 길러 보기 바란다. 여기에 수록된 문제들은 각 대학별 논술 기출 문제 및 통합 교과형 논술 예시 문제와 주요 대학의 2008학년도 모의 논술 고사 문제들이다. 논술의 기초를 다지는 국면에서 출제자의 자의성이 상당히 가미된 검증되지 않은 문제를 접하는 것은 자칫 혼란을 초래할 수 있기 때문에 객관적으로 검증된 기출 문제를 활용한 것이다. 앞으로 대입에서 여러분이 직접 치를 유형의 문제이므로 최선을 다해 답안을 작성한 다음 평가해 보면 좋은 결실을 맺을 수 있을 것이다.

실전 문제 해설 및 예시 답안 ▶▶▶

각 실전 문제에 대한 해설이 나오고 예시 답안이 실려 있다. 반드시 실전 문제를 먼저 풀어 본 다음 자신의 답안과 비교하면서 확인하길 바란다. 미리 해설과 예시 답안을 읽고 머리를 끄덕끄덕하는 것은 사고력 향상에 아무런 도움이 안 된다. 만일 어떻게 문제를 해결할지 막막할 경우에는 '해설' 부분만 가볍게 일독한 후 답안을 작성해 보는 것이 좋다. 스스로 생각하여 답안을 작성하는 것만이 논술 실력을 높일 수 있는 지름길임을 잊지 말아야 한다. 무엇보다 논리적으로 생각하는 힘을 통해 진정 창의적인 훌륭한 글이 나올 수 있는 것이다.

논술이 입시 교육의 핵으로 다시 부상하고 있다. 그중에서도 2008학년도부터 시행되리라 예상되는 '통합 교과형' 논술은 현재 가장 큰 이슈가 되고 있다. 새로운 논술 시험에 대해서 교육계의 전문가들이 설왕설래하는 동안, 이 제도의 직접적인 이해 당사자인 수험생들에게는 정작 그 제도가 옳은가 그른가라는 문제보다 '두려움'의 대상으로 인식되고 있다는 점이 가장 큰 문제이다. 파트 1의 목표는 이러한 두려움을 제거하는 데 있다. 통합 교과형 논술이 결코 난공불락의 요새가 아니라 올바른 학습법에 의해 정복될 수 있는 대상이라는 점을 확실하게 인식시키고자 한다. 그러기 위해서는 '논술'이라는 명칭에 대한 일반적인 오해를 불식해야 하고, 그것을 새로운 시각에서 재조명할 필요가 있다. 이러한 필요에서 도입된 것이 이 책의 핵심이라고 할 수 있는 '비판적 사고'이다. 통합 교과형 논술을 위한 가장 최적의 대안이 바로 '비판적 사고'라는 것이 이 책의 요지이고, 이 책을 읽는 수험생들이 기본적으로 동의해 주기를 바라는 바이기도 하다.

파트 1의 내용은 가급적 가벼운 마음으로, 공부한다는 생각보다 '이렇게 생각할 수도 있구나.'라는 흥미로운 시각으로 읽어 주기를 바란다. 파트 1을 통해, 그 다음에 이어질 내용에 대한 기대감을 가질 수 있다면 소기의 성과를 달성한 셈이다. 자, 가벼운 마음으로 책장을 넘겨 보자.

비판적 사고와 논술

1장
통합 교과형 논술의 정체

논술이란 이치를 헤아려 글로 쓰는 작업이다. 논술 시험은 단순히 글쓰기 실력을 평가하는 것이 아니다. 배경 지식의 암기와 글쓰기의 요령만으로는 좋은 논술문을 작성하기 어렵다. 현장 교육에서 이런 논술의 본래 취지를 되살릴 목적으로 각 대학에서는 통합 교과형 논술을 발표하였다. 따라서 통합 교과형 논술에서는 비판적 읽기와 창의적인 문제 해결이 더욱 중요해진 것이라고 볼 수 있다.

1. 논술(論述)에 대한 오해

통합 교과형 논술을 이야기하기 전에 먼저 '논술'이라는 말을 잠깐 살펴보자. 논술(論述)은 논할 논(論)자와 지을 술(述)자가 결합된 표현으로서 원래 뜻을 그대로 해석하면 '이치를 헤아려(論) 글로 쓰는 일(述)' 정도가 될 것이다. 그런데 이 말을 가만히 분석해 보면 다음과 같은 두 가지 요소가 들어 있음을 알 수 있다.

- 논(論) : 이치를 헤아리는 일
- 술(述) : 글로 쓰는 일

사실 여기에 논술 시험의 비밀이 모두 들어 있다. 논술 시험은 시행된 지 오래되었지만 아직까지 제자리를 잡지 못하고 있을 뿐만 아니라 출제측의 의도와 일선 교육 현실 사이의 괴리도 좀처럼 메워지지 못하고 있다. 논술 본래의 뜻을 제대로 살리지 못했기 때문이다. 최근까지 논술 교육 현장에서는 앞에 말한 논술의 두 요소를 균형 있게 취급하지 못하고 후자, 즉 '글로 쓰는 일'에만 지나치게 큰 비중을 두어 온 게 사실이다. 이치를 따져 헤아리는 일은 도외시되고 글을 쓰는 기술과 글을 채울 내용이 논술 교육의 중심을 차지해 온 것이다. 따라서 논술 교육이 제자리를 잡기 위해서는 다음의 두 가지 오해가 극복되어야 한다.

> • 논술은 글쓰기 실력을 평가하는 시험이다.
> • 논술은 독서의 양, 즉 지식의 많고 적음을 평가하는 시험이다.

논술에서 '글쓰기'는 가장 마지막에 오는 단계로서 그 이전의 과정이 완료되고 난 후에 마무리를 하는 10% 정도의 공정이다. 다시 말해 '글쓰기 실력'은 평가 대상 항목 중에서 겨우 10%에 불과한 것이다. 그리고 논술 현장에서 말하는 소위 '배경 지식'은 논술문의 소재일 뿐이다. 다소 극단적으로 말해 배경 지식은 논술 시험의 평가 대상이 아니다. 물론 통합 교과형 논술로 오면서 배경 지식의 위상이 상당히 높아질 것이라 판단된다. 논술 시험 채점 시 객관성을 높이기 위해 배경 지식이 중요한 요인으로 부각될 가능성이 크기 때문이다. 그러나 논술 시험의 본질은 여전히 '배경 지식' 자체가 아니라 '배경 지식을 다루는 능력'에 있음을 알아야 한다. 그러므로 위에 언급한 논술에 대한 오해는 다음과 같이 수정되어야 한다.

> • 논술에서 '글쓰기'는 마무리 단계에서 필요한 하나의 공정일 뿐이다.
> • 논술에서 '배경 지식'은 소재로서 의미가 있지만 더 중요한 것은 '어떻게 배경 지식을 다룰 것인가'이다.

수험생 여러분은 다음 페이지로 넘어가기 전에, 논술에 대한 기존의 '오해'와 논술 본래의 취지를 비교해서 음미해 보기 바란다. 논술 시험을 효과적으로 대비하기 위해서는 무엇보다 이 점을 잊지 말아야 한다. 충분히 마인드 컨트롤을 하고 다음 단계로 나아가기를 권한다. 앞으로 논술 공부를 하는 과정에서 슬럼프에 빠지는 경우가 생길 수 있는데, 그때 이 점을 다시 한 번 상기해 보면 슬럼프에서 벗어날 힘을 얻을 수 있을 것이다.

2. 통합 교과형 논술을 어떻게 볼 것인가?

이제 통합 교과형 논술의 정체를 알아보자. 통합 교과형 논술의 특징에 대해서는 이미 수많은 규정들이 수많은 사람들에 의해 이루어졌다. 일반적으로 동의하는 통합 교과형 논술의 특징을 간략하게 정리해 보자.

> ① 주제의 다양화 : 철학 중심에서 다양한 교과목을 수용하는 방향으로 변화
> ② 영역 전이적 성격 : 인문계와 자연계를 구별하는 의미가 없어지거나 축소
> ③ 논술문 길이의 변화 : 하나의 긴 논술문 대신에 짧은 논술문을 여러 개 요구
> ④ 본고사 유형의 문제 출제 금지

①은 '통합 교과형'이라는 정의(定義)와 관련된 것이기에 별도의 설명이 필요 없는 당연한 이야기일 것이다. 여기서 주목하는 것은 ②와 ③이다. 먼저 ② 항목을 보자. 인문계와 자연계라는 학제 구분 때문에, 계열별로 각각 문제가 출제되긴 하지만 연세대와 고려대를 비롯한 상당수의 대입 논술 시험은 계열별 차이가 거의 없다. 얼핏 문제가 달라 보일 경우에도 교과 과목상의 소재만 다를 뿐 문제 해결은 유사한 방식으로 이루어진다. 그 방식은 한마디로 다음과 같다.

비판적 읽기(제시문, 자료 등의 비판적 분석)에 근거한 창의적 문제 해결

이에 대한 구체적인 내용은 다음 장에서 설명할 것이다. 여기서는 인문계와 자연계 논술 시험 모두에 적용되는 공통의 문제 해결 방식이 존재한다는 점을 기억해 두자. 이것은 인문계와 자연계라는 영역의 문제를 초월한 사고의 기량과 관련된 것이다. 그리고 이 책에서 지향하는 바가 이런 사고력의 향상에 있다.

③은 보다 자세히 취급할 필요가 있다. 왜냐하면 ③에서 '길이의 변화'는 단순한 양적인 변화만을 의미하는 것이 아니기 때문이다. 많은 사람들이 이 점을 지적하고는 있지만, 그 변화의 본질을 정확히 밝히지는 못하는 듯하다. 양적인 길이의 변화는 '변화된 바가 없으면서도 본질적으로 변화된 것'이라는 역설적인 성격을

가지고 있다. 무슨 궤변이냐고? 2008학년도 논술 시험의 전형이라고 예상되는 서
울대 예시 문제 하나를 예로 들어 알아보자. 제시문은 생략하고 논제만 살펴보겠다.

> **【논제 1】** (가)를 읽고, 자연 상태에서 소유권은 어떻게 성립하며, 소유의 한계는 무엇인지, 그리고
> 사유화에는 어떤 제한이 있는지에 관한 저자의 생각을 기술하시오.
>
> **【논제 2】** (나)에 언급된 정보의 특성들로 인해 (가)에 제시된 재산권 정당화 논의의 조건(들) 가운데
> 무의미해지는 조건(들)이 있다. 그 조건(들)을 들고 그 이유를 설명하시오.
>
> **【논제 3】** (가)와 (나)를 토대로, (다)의 카피라이트와 카피레프트에 대한 자신의 입장을 밝히고 그
> 입장을 정당화하시오.
>
> ‖ 2008 서울대 논술 1차 예시-인문계 ‖

한 문제에 세 개의 논제로 구성된다. 각 논제에 대한 답안의 분량은 지정되어 있
지 않지만, 통상적으로 300~600자 정도가 일반적이다. 통합 교과형 논술 문제가
기존의 논술 문제와 어떻게 다른지 살펴보기 위해 2006학년도 서울대 정시 문제
를 보기로 하자. 역시 논제만 제시한다.

> **【논제】** 사례 (A), (B), (C)는 현실 사회에서 문제가 되는 경쟁의 양상을 비유적으로 보여 준다. 이
> 세 가지 경쟁의 성격을 설명하고, 이를 바탕으로 경쟁의 공정성과 경쟁 결과의 정당성에
> 대해서 논술하시오.(제시문 (1)~(7)을 참고할 것.)
>
> ‖ 2006 서울대 정시 ‖

외형적으로 보이는 변화를 부인할 사람은 없을 것이다. 그런데 여기서는 "변화
된 바가 없다."고 말하고 있다. 그 이유는 무엇일까? 2008학년도 예시 문제를 다음
과 같이 한번 바꾸어 보겠다.

> **【논제】** (가)는 자연 상태의 소유권의 성립에 관한 글이며, (나)는 정보의 특성에 관한 글이다. (가)
> 와 (나)를 참조하여 소유권의 한계와 정보화 시대의 소유권의 정당화 조건을 설명하고,
> (다)의 카피라이트와 카피레프트에 대한 자신의 입장을 논술하시오.

기존의 정시 논술 문제와 다른 점을 발견하기 힘들 것이다. 또한 세 개의 논제로 표현한 예시 문제의 내용을 모두 포괄하고 있다. 그렇다! 달라진 점이 없는 것이다. 예전에 하나의 논제로 표현했던 것을 통합 교과형 논술에서는 여러 개의 논제로 분리했을 뿐이다. 때문에 예전 형식의 논술에서 좋은 답안을 쓸 수 있었던 학생은 통합 교과형 논술에서도 마찬가지일 것이다. 이를 뒤집어 말하면 기존의 논술 시험의 경우에도 통합 교과형 논술의 형식으로 접근했을 때, 즉 통합 교과형 논술에서 개별적 논제들이 요구하는 부분을 논술문 속에 포함시켰을 때, 좋은 점수를 얻을 수 있었다는 것이다.

통합 교과형 논술이 '변화되었다.'고 이야기하는 많은 이들은 바로 이 점을 간과하고 있는 것이다. 논술 시험에서 요구하는 분명한 내용이 있는데, 그것을 무시하고 산만한 배경 지식을 암기해서 정해진 글쓰기 형식에 끼워 맞추는 식의 논술을 가르치던 교육 현장에서는 그저 '커다란 변화'로 인식된 것이다. 사실 애초에 논술에 대한 이해가 잘못되었던 것인데 말이다.

그렇다면 앞에서 언급한 '본질적으로 변화된 것'이란 무엇을 말하는가? 문제 자체로 놓고 보면 표현상의 사소한 변화에 불과하다는 것이 지금까지 이야기의 요지였지만, 이 사소한 변화가 '현실적으로' 무시할 수 없는 변화를 가져올 것이란 의미다. 곧 "논술 교육의 방식에 근본적인 변화를 줄 수 있다."는 것이다. 하나의 긴 논술문을 요구했던 기존의 논술에서 여러 개의 개별적인 논제로 제시되는 통합 교과형 논술로 변화된 근본 이유가 논술 교육 현장의 잘못을 교정하자는 데 있다.

논술 문제를 출제하는 대학 측에서는 기회가 있을 때마다 다양한 보도 자료를 통해 논술 시험이라는 것이 '논제와 제시문에 대한 정확한 이해와 분석을 통해서 창의적으로 문제를 해결하는 능력'을 검증하고자 한다는 취지를 말해 왔다. 하지만 별로 소용이 없었다. 논술 교육 현장에서 겉으로는 받아들이는 것 같았지만 여전히 '배경 지식'과 '글쓰기 요령'을 중심으로 하는 주입식 교육이 이뤄지고 있었던 것이다.

그런데 통합 교과형 논술 예시 문제가 발표되고 나자 사정이 달라졌다. 논술 시험의 목표를 구체적으로 반영하고 있는 예시 문제들이 나오자 이제 더 이상 기존의 논술 교육 방식을 고수할 수가 없게 된 것이다. 구체성의 힘은 역시 컸다. 원리 원칙을 강조하는 것보다 때로는 이렇게 구체적인 것을 보여 주는 것이 훨씬 더 큰 힘을 발휘할 수 있는 것이다. 이에 따라 현재 논술 교육에서 주입식 교육 방식은 급속도로 자취를 감추어 가고 있다.

이제 통합 교과형 논술이 화두이기는 하지만, 긴 호흡의 글쓰기를 요구하는 문제들이 무의미해진 것은 아니다. 기존 논술 문제는 여전히 다양한 형태로 자기 위치를 고수할 것이다. 따라서 기존 논술 문제를 통합 교과형 논술의 형식으로 바꾸어 이해하는 것이 다른 한편으로 필요하다. 다음은 앞에서 제시한 2006학년도 논술을 통합 교과형 논술 문제로 변형한 것이다.

【논제 1】 사례 (A), (B), (C)는 현실 사회에서 문제가 되는 경쟁의 양상을 비유적으로 보여 준다. 이 세 가지 경쟁의 성격을 비교해서 설명하시오.

【논제 2】 제시문 (1)~(7)은 경쟁 또는 경쟁과 동전의 양면을 구성하는 자유에 관하여 상이한 입장을 보여 준다. 이들을 입장에 따라 분류하고 분류의 근거를 설명하시오.

【논제 3】 위의 논의를 이용하여 경쟁의 공정성과 경쟁 결과의 정당성에 대해서 논술하시오.

‖ 2006 서울대 정시 – 통합 교과형으로 변형 ‖

비록 문제에서 요구하는 논술문이 2,000자 분량의 긴 글이라 하더라도 위와 같이 문제를 단계적으로 분석하고 이해해서 대응해야 좋은 글이 나올 수 있다. 이렇게 문제의 형식을 바꾸어 표현할 수만 있어도 좋은 논술문을 쓸 수 있는 가능성은 커진다. 이는 '배경 지식'과 '글쓰기 요령'을 강조하는 교육으로는 결코 달성될 수 없는 것이다.

2장
왜 비판적 사고가 대안인가?

논술 시험은 논제에서 제시한 제약 조건 하에서 제시문을 요리하여 자신의 작품을 만들어 내는 것이다. 달리 말해 논제에서 제시하는 제약 조건을 지키되, 그 밖의 부분에서는 마음껏 창의력을 발휘하여 자신만의 문제 해결 방식을 찾는 것이다. 그런데 대부분 논제의 제약 조건 외에 스스로 설정한 여러 제약 조건에 의해 상투적인 답안을 작성하기 십상이다. 여기서 고정된 생각의 틀을 깨고 창의적인 발상을 하도록 도와주는 것이 바로 '비판적 사고'이다.

통합 교과형 논술이 화두로 떠오른 지금, 주입식 논술 교육을 하는 교육 기관은 거의 없을 것이다. 논술 교육을 실시하는 대학과 일선 고등학교, 학원가, 학생들 모두 논술의 본래 취지를 살리는 방향으로 변화되어 가고 있다. 그런데 문제를 인식했다고 해서 문제가 해결되는 것은 아니다. 앞 장에서 말한 두 가지 오해가 논술 시행 초기부터 (오해가 아니라) 정설로 장기간 인식되어 온 이유는, 논술 교육 현장에서 주종을 이룬 것이 바로 '글쓰기 교육'과 '배경 지식 교육'이었기 때문이다. 글의 개요를 어떻게 작성하고 주제문을 어디에 배치할 것인가를 가르치고, 로크와 홉스의 사회 계약론이 어떤 점에서 구분되는가를 가르치는 일이 논술 교육의 전부라고 인식되어 온 기간에 너무 길었던 것이다.

교육 방법이 잘못되었다는 것을 깨달았다고 해서 일선 교육 현장에서 논술 교육을 담당하는 교사나 강사가 갑자기 변화할 수는 없는 일이다. 잘못을 깨달았지만 '대안'이 없기 때문에 여전히 개요 작성법을 가르칠 수밖에 없는 것이 현실이다.

이제 여기서 '대안'을 제시하고자 한다. 그 대안의 이름은 '비판적 사고'이다. 그런데 일반적으로 비판적 사고라고 하면 부정적으로 보는 사람이 많다. '비판적'이라는 말을 '비판만 하는' 것으로 인식하거나 더 나아가 '체제에 저항하는'의 의미로 해석하기 때문이다. 이 책에서 쓰인 '비판적'이라는 말은 앞 장에서 논술을 풀어 설명할 때 한 축으로 제시한 '이치를 헤아리는 일'의 다른 표현이다. 그렇다면 비판적 사고란 구체적으로 무엇이고, 도대체 어떤 의미에서 논술 교육의 새로운 대안이 될 수 있을까? 추상적인 말들을 장황하게 나열하는 것보다 한 가지 예를 들어 설명하겠다.

앞으로 제시할 예들은 서울대학교 철학과 김영정 교수가 자주 사용하던 것이다. 특히 첫 번째 예는 비판적 사고의 의미를 아주 잘 보여 주는 것이기도 하지만, 개인적으로 남다른 의미가 있기도 하다. 오래전, 김영정 교수에게서 이 예에 대한 설명을 듣고 나서 비판적 사고의 세계에 입문할 수 있었기 때문이다. 아무쪼록 여러분도 나와 같은 경험을 할 수 있기를 희망하며 예를 제시하겠다.

먼저 다음 문제를 아래 해설을 보지 말고 스스로 풀어 보아라.

> Q. 패턴 (가)에 있는 12개의 도형들 중 6개의 도형을 이동하여 패턴 (나)에 있는 도형의 순서대로 만드시오.
>
> 패턴 (가) : ▲▲♣♠♠♣☆☆☆☆▲▲
>
> 패턴 (나) : ♣♣♠▲▲☆☆♣♠▲▲☆☆

어떤가? 쉬워 보이지만 의외로 잘 풀리지 않을 것이다. 그러나 잠깐 생각의 방향을 바꾸어 보면 해결 방법을 찾을 수 있다. 문제에서 제시하는 조건이 '함축'하는 바를 생각해 보라.('함축'의 정확한 개념은 나중에 소개할 것이다.) 패턴 (가)에 있는 12개의 도형들 중 6개의 도형을 이동하여 패턴 (나)에 있는 도형의 순서대로 만들기 위해서는 6개의 도형은 움직이지 않은 채 있어야 하며, 그 움직이지 않는 6개의 도형의 순서는 도형을 이동하기 전부터 패턴 (가)와 패턴 (나)가 서로 같아야 한다. 잘 이해되지 않으면 다음 그림을 보라.

(▲▲)♣♠♣♠(☆☆)☆☆(▲▲)

패턴 (가)에 있는 도형 중에서 괄호로 묶은 6개의 도형에 주목해 보라.(6개의 도형을 묶는 방법이 이것뿐일까? 이에 대해서는 각자 생각해 보길 바란다.) 이 도형들의 순서는 패턴 (나)의 도형에서도 변화되지 않고 유지되고 있다. 그렇다면 풀이 과정은 간단해진다. 이 6개의 도형을 제외한 나머지 6개의 도형을, 이 도형들의 앞뒤로 적절히 이동하면 된다. 애초에 '움직일 도형'에 집중해서 문제를 해결하려 할 때와 비교해 보기 바란다. 단지 '움직이지 않을 도형'에 집중하는 것만으로 더 쉬운 해결 방법을 찾은 것이다. 이것이 바로 '비판적 사고'의 힘이다.

지금까지의 풀이 과정을 차근차근 분석해 보자.

① 문제의 조건을 '비판적으로' 검토한다. 주어진 조건을 다르게 해석할 가능성은 없는지 생각해 보는 과정이다.
② 6개의 도형이 움직인다는 것은 다른 6개의 도형이 움직이지 않는다는 것을 '논리적으로' 함축한다는 사실을 파악해 낸다.
③ 움직이지 않는 6개의 도형을 고정시키고 나머지 도형을 움직이는 '창의적인' 문제 해결 방법을 생각해 낸다.

이처럼 비판적 사고를 구성하고 있는 것은 바로 논리–비판–창의 이다. 이 세 가지 요소는 서로 긴밀하게 연관되어 있는 것으로서 동전의 양면처럼 서로 분리해서 생각할 수 없는 것이다. 그래도 굳이 위계 질서를 부여하자면, '논리'가 가장 기본적인 것이고, '비판'이 그에 근거해서 이루어지며, '창의'는 가장 궁극적인 도달 지점이다. 비판적 사고가 무엇인지 감을 잡았는가?

한 문제 더 풀어 보자. 이 문제도 스스로 해결할 수 있도록 노력해 보라.

Q. 펜을 종이에서 떼지 말고 네 개의 직선을 그려서 다음 9개의 점을 모두 관통시켜 보시오.

참 재미있는 문제다. 초등학생들에게 물어보든지 성인들에게 물어보든지 결과에는 별 차이가 없다. 성인이라고 해서 초등학생보다 답을 찾는 비율이 월등히 높진 않다는 이야기이다. 그리고 답을 맞춘 사람은 몇 초 만에 금방 찾아내는 반면, 그렇지 못한 사람은 10분이 지나도 헤매고 있다. 왜 그럴까? 답을 찾지 못하는 사람은 '스스로 사고의 한계를 설정하고 있기' 때문이다. 문제에서 제시한 제약 조건은 다음 두 가지이다.

- 네 개의 직선을 사용하라.
- 네 개의 직선이 서로 연결되도록 하라.(펜을 떼지 말고 그려라.)

이 두 가지 외에 다른 제약 조건은 없다. 그런데 이 문제를 풀지 못하는 사람은 다음과 같은 또 다른 제약 조건을 무의식중에 설정하고 있는 것이다.

- 9개의 점이 점유하고 있는 공간을 직선이 벗어나지 말도록 하라.

이 제약 조건을 스스로 설정한 상태에서는 절대로 답을 찾을 수 없다. 문제에는 표현되어 있지도 않은데, 마치 문제에 이런 제약 조건이 숨어 있는 것처럼 생각해 버리는 사람이 의외로 많다. '9개의 점이 점유하는 공간을 벗어나도록 직선을 그린다.'는 '발상의 전환'을 할 수 없다면 이 문제는 결코 풀리지 않을 것이다. 이 발상의 전환의 의미를 잘 음미해 보고 앞의 9개의 점을 다시 들여다보면 해답이 쉽게 눈에 들어올 것이다.(아직까지 문제의 답을 못 찾았다면 39쪽 하단의 답과 해설을 참고하기 바란다.)

앞의 문제는 사고의 한계를 무의식적으로 설정해 버리면 발상의 전환이 불가능해진다는 것을 잘 보여 준다. 비판적 사고는 이러한 사고의 제약 조건에 끊임없이 의문을 제기하도록 도와준다. 그래서 다른 사람들이 생각하지 못하는 발상의 전환을 통해 창의적인 문제 해결 방법을 찾도록 해 주는 것이다.

이상의 논의는 논술 시험에도 적용할 수 있다. 논술 시험의 논제는 학생이 쓸 논술문의 제약 조건을 규정하는 것이라고 볼 수 있다. 그리고 제시문은 앞에 나온 문제의 9개의 점이라고 유추 적용할 수 있다. 요컨대 논술 시험은 논제에서 제시한 제약 조건 하에서 제시문을 요리하여 자신의 작품을 만들어 내는 것이다. 다시 말해 논제에서 제시하는 제약 조건은 지켜야 하는 최소한의 조건이므로 그 이외의 부분에서는 마음껏 창의력을 발휘하여 문제 해결 방식을 찾으면 되는 것이다. 그때 비로소 좋은 논술문을 작성할 수 있는 것이다.

그런데 학생들의 실제 논술 답안을 보면, 문제에서 설정한 제약 조건 이외에도 상식이 설정한 제약, 시대적인 제약, 상황에 따른 제약, 개인 취향에서 오는 제약 등 수많은 제약 조건에 의해 상투적이고 협소한 생각의 틀에 갇혀 있는 글인 경우가 대부분이다. 결코 좋은 글이 나오기 어려운 상황인 것이다. 이와 같은 생각의 여러 제약 조건을 극복하고 창의적인 글을 쓸 수 있도록 해 주는 것이 바로 비판적 사고의 힘이다.

따라서 '논술'을 다음과 같이 단계적으로 정의할 수 있다.

> ① 논리적 사고에 근거해서, 문제와 제시문(자료)을 비판적으로 검토한 후,
> ② 문제 상황을 창의적으로 해결하고,
> ③ 그것을 다시 논리적인 과정으로 제시하는(글 쓰는) 일이다.

이제 '비판적 사고'가 논술 교육의 대안이 될 수 있는 이유를 어느 정도 이해할 수 있을 것이다. 물론 논술 시험에서 접하게 될 문제는 훨씬 더 복잡하고 난해하다. 그러나 중요한 점은 그 기본 성격은 크게 다르지 않다는 것이다. 여러분이 논술 시험 문제를 앞에 두고 있는 상황을 상상해 보라. 문제를 파악하고 그것을 해결하고자 고민하는 과정은 본질적으로 앞에서 본 문제의 해결 과정과 동일하다. 그리고 그 과정에서 비판적 사고의 힘을 발휘할 수 있느냐 없느냐에 따라 승부가 판가름되는 것이다.

3장

비판적 사고란 무엇인가?

비판적 사고는 주어진 자료의 논리적 구조와 의미를 파악하여 최선의 판단을 내리는 것을 말한다. 그런데 논술문을 작성해야 하는 논술 시험에서는 특히 주어진 자료를 어떻게 읽느냐가 관건이 된다. 따라서 논술에서 비판적 사고는 일차적으로 '비판적 읽기'의 형태를 띤다. 비판적 읽기를 위해서는 무엇보다 모든 글에는 해결하려는 '문제'와 그 문제에 대한 답인 '결론'이 들어 있다는 점을 기억해야 한다.

1. 비판적 사고와 비판적 읽기

'비판적 사고'란 구체적으로 무엇일까? 제대로 된 정의를 한번 알아보자. 한국 교육 과정 평가원에서 규정한 비판적 사고의 개념은 다음과 같다.

> 어떤 견해를 받아들일지 또는 어떤 행위를 할지를 결정하기 위해서, 주어진 언어적 · 비언어적 자료(진술 등 언어적 표현과 비언어적 행위)의 논리적 구조와 의미에 대한 파악을 토대로 개념, 증거, 준거, 방법, 맥락 등을 고려하여 최선의 판단을 내리고자 하는 사고.

그리고 이에 대한 부연 설명을 다음과 같이 제시하고 있다.

> 비판적 사고에서는 주어진 자료에 제시된 주장들이 어떤 이유 때문에 정당화되는지를 판단할 뿐만 아니라, 그 이유의 내용이 옳은지까지도 판단한다. 그 판단이 적용되는 사고의 모든 과정에서 증거를 제대로 사용하였는지, 개념을 올바르게 사용하였는지, 방법을 제대로 적용하였는지, 여러

다소 추상적인 개념 규정이라 이해가 잘 안 될 수도 있다. 여기서 애써 이해하려 할 필요는 없다. 다만 이 내용이 지금까지 우리가 논술에 대해서 이야기해 온 바와 놀랄 만큼 유사할 뿐만 아니라 이 책의 논술에 대한 기본 관점과 일맥상통하다는 것만 파악하고 넘어갔으면 한다. 특히 비언어적 자료까지 취급하고 있다는 점은 변화된 논술 시험의 경향에 잘 맞아 떨어진다고 할 수 있다.

그런데 이런 추상적이고 난해한 내용을 소개하는 데 그치면 별 도움이 안 될 수도 있다. 게다가 이처럼 난감한 내용까지 쉽게 이해할 수 있도록 돕는 것이 바로 이 책의 또 다른 목적이기에 말이다.

앞에서 나온 비판적 사고에 관한 개념 규정에서 키워드를 끄집어 내 보자.

> • 어떤 견해를 받아들일지 또는 어떤 행위를 할지를 결정하기 위해서 ➡ 비판적 사고의 목적
> • 주어진 언어적 · 비언어적 자료의 논리적 구조와 의미에 대한 파악을 토대로 ➡ 비판적 사고의 수단(구성 요소)
> • 최선의 판단을 내리고자 함 ➡ 비판적 사고의 결과

이것을 논술 시험에 그대로 대입해 볼 수 있다.

> • 논제와 제시문에서 제기된 문제 상황을 해결하기 위해 ➡ 비판적 사고의 목적
> • 주어진 언어적 · 비언어적 자료의 논리적 구조와 의미에 대한 파악을 토대로 ➡ 비판적 사고의 수단(구성 요소)
> • 최선의 논술문을 작성하고자 함 ➡ 비판적 사고의 결과

여기서 첫 번째 항목을 비교해 보자. 비판적 사고가 일반적으로 '어떤 견해를

받아들일지 또는 어떤 행위를 할지 결정하기 위해서' 필요한 것이라면, 논술 시험에 국한해서 이야기할 경우에는 '논제와 제시문에서 제기된 문제 상황을 해결하기 위해' 필요한 것이다. 이 둘의 의미와 논리적인 구조는 동일하지만 논술 시험에서는 논술문 작성이라는 특수성 때문에 주어진 자료를 어떻게 읽을 것인가 하는 문제로 귀착된다. 즉 논술의 경우, 비판적 사고는 일차적으로 '비판적 읽기'의 모습을 띤다. 비판적 읽기 훈련이 제대로 수행되어야만 창의적인 문제 해결이 가능해진다는 것이 이 책에서 강조하는 바이다.

따라서 이 책은 논제와 제시문을 어떻게 읽을 것인가 하는 문제를 중점적으로 다룬다. 또한 이 책 맨 끝의 창의적인 문제 해결 부분에서도 비판적 읽기가 선행되어야 문제를 해결할 수 있음을 다시 한 번 확인하게 될 것이다.

2. 비판적 읽기의 5가지 요소

비판적 읽기에 관해 알아보기 위해 앞에서 살펴본 개념 규정 분석의 두 번째 항목에 주목해 보자. '주어진 언어적 · 비언어적 자료의 논리적 구조와 의미에 대한 파악'은 논술문을 쓰려면 반드시 선행되어야 하는 것이다. 그리고 이것을 가능하게 해 주는 것이 바로 비판적 사고, 즉 '비판적 읽기의 구성 요소'이다. 비판적 읽기의 구성 요소란 주어진 자료를 정확하게 이해하고 비판적으로 검토하기 위한 수단이다. 비판적 읽기의 구성 요소에 관해 자세히 살펴보기 전에 아래 그림을 눈여겨 보라.

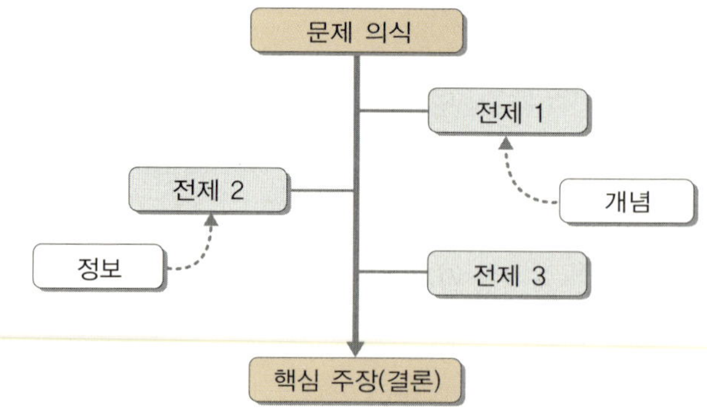

이 그림은 너무나 중요하기 때문에 머릿속에 확실히 각인시키기 바란다. 아무리 복잡한 지문도 앞의 그림의 구조로 쉽게 이해할 수 있기 때문이다. 그림에 나와 있는 5가지 항목이 비판적 읽기의 구성 요소이다. 정리하면 다음과 같다.

① 문제(question at issue), 혹은 풀어야 할 문제(problem to solve)

② 결론(conclusion)

③ 전제(presupposition)

④ 개념(concept)

⑤ 정보(information)

지금부터 하는 설명은 앞의 그림을 머리에 그리면서 읽어 가길 바란다. 위에서부터 아래로 각 항목의 순서를 염두에 두고 화살표의 방향을 생각하면서 읽으면, 이해하기 쉽고 의미를 정확하게 뇌리에 각인시킬 수 있을 것이다.

먼저 문제 의식과 결론(핵심 주장) 사이의 관계에 주목해 보자. 이 두 요소가 글의 중심, 즉 척추를 구성한다. 다음 문장을 잘 기억만 해 둬도 논술 문제의 절반은 해결한 것이라고 할 수 있다. 이 문장을 여기서 발견하는 것만으로도 이 책을 구입한 가치가 있다고 생각한다.

모든 글은 해결하려는 '문제'가 있고, 그 문제에 대한 답이 '결론'이다.

어떤 글이든 글을 쓴 목적이 있기 마련이다. 그 목적은 어떤 문제에 대한 해답을 찾기 위한 것이라고 바꾸어 말할 수도 있다. 따라서 그 문제가 무엇인지 이해하고 그 문제에 대한 저자의 답변(결론)이 무엇인지를 찾아내면, 적어도 글의 진의를 파악하는 데 실수를 범하지 않을 것이다. 간단히 말해, 모든 글에는 '문제 의식–결론'의 순서쌍이 있는 것이다. 수학에서 나오는 (x, y)처럼 항상 하나의 '순서쌍'으로 이해하면 쉽다.

비판적 읽기를 위한 맨 첫 과정으로서 문제 의식과 그에 대한 해답인 결론을 알아보았다. 그 다음 과정은 과연 결론이 받아들일 만한 것인가를 살펴보는 일이다. 다시 말해 결론이 적절한 근거에 의해 지지되고 있는가를 따져 봐야 하는 것이다. 이 과정에서 전제(들)을 발견하게 된다. 결론을 지지하는 전제들이 충분히 결론을 정당화시킬 만한 것들이라면, 그 글은 독자에게 설득력을 주게 될 것이다. 앞의 그림에서 전제는 3개가 제시되고 있지만, 1개일 수도 2개일 수도 혹은 5개일 수도 있다. 또한 전제들은 직접적인 전제일 수도 있고, 그 전제를 다시 근거지어 주는 하위 전제일 수도 있다. 글이 복잡할수록 전제의 수와 위계가 늘어날 것이다. 그러나 가장 중요한 것은 첫 번째 위계를 이루는 전제들, 곧 결론을 직접적으로 지지하는 전제들을 찾는 일이다.

문제, 결론, 전제(들)을 찾아냈다면, 척추와 갈비뼈, 팔다리뼈 등 글의 주요 골격은 다 찾은 셈이다. 이제 남은 일은 살을 붙이고 피부를 입히는 일이다. 이 역할을 담당하는 것이 바로 개념과 정보이다. 개념은 추상적 사고의 도구이다. 사고의 과정에서는 항상 개념이 사용되기 마련이다. 일반적으로 동의되고 있는 개념의 경우 별도의 설명 없이 사용된다. 그러나 글쓴이가 독특하게 규정하고 있거나 아니면 새롭게 도입한 개념은 충분한 설명이 필요하다. 한편 정보는 사고 과정을 구체화시키는 도구이다. 글에서 제시한 어떤 원칙이나 명제가 독자에게 쉽게 이해될 수 있도록 도와주는 가장 유용한 수단이 바로 경험적 정보이다.

이렇게 개념과 정보는 본문의 주요 전제들을 보완해 주는 역할을 수행한다. 따라서 개념과 정보는 주로 하위 전제로서 역할을 한다고 볼 수 있다. 하지만 경우에 따라 그 자체가 결론을 직접적으로 지지해 주는 1차적 전제가 될 때도 있으므로 주의해야 한다.

글을 읽을 때 이렇게 다섯 가지의 틀에 의거해 읽으면, 일차적으로 글의 구조가 한눈에 들어온다. 구조를 파악하게 되면 글 전체의 의미를 놓치는 경우란 있을 수 없다. 그리고 글을 '구조적'으로 읽는다는 말은 '분석적'으로 읽는다는 의미와 같다. 하나의 덩어리로 인식되던 글이 구성 요소 하나하나로 분해되어 이해가 되면, 어느 부분이 저자가 강조하는 핵심이고 또 어느 부분에 약점이 있고 문제의 소지가 있는지 파악할 수 있게 된다. 이러한 파악이 토대가 될 때 제대로 된 '논술문 쓰기'가 가능해지는 것이다.

지금까지 살펴본 내용을 예제를 통해 검증해 보자.

> ㉠ 고문은 '물리적·정신적 고통을 가해서 정보를 얻거나 처벌을 정당화하는 자백을 얻어 내려는 일'이라고 이해될 수 있다. ㉡ 어떤 개인을 고문하는 것은 분명히 그를 죽이는 것보다 덜 심각한 잘못이다. ㉢ 그런데 대부분의 도덕 체계는 때때로 살인을 정당화한다. ㉣ 예컨대 제2차 세계 대전처럼 정의로운 전쟁이라고 불리는 전쟁의 수행에서 살인은 도덕적인 것이 되기도 한다. ㉤ 또 임무 수행 중에 시민을 보호하기 위해서 범죄자를 살인한 경찰은 훌륭한 임무 수행자로 표창까지 받는 경우도 있다. ㉥ 살인이 도덕적으로 정당화되는 경우가 있다면 일시적으로 물리적·정신적 고통을 가하는 행위인 고문이 정당화되는 경우도 있을 것이다. ㉦ 고문은 살인에 비하면 훨씬 덜 심각한 인권 침해이기 때문이다.

앞서 제시한 비판적 읽기의 구성 요소를 나타내는 그림을 염두에 두면서 글을 분석해 보자.

(i) 먼저 '문제 의식 – 결론'의 순서쌍을 찾아보자

문제 의식이 명시적으로 표현되어 있지 않기 때문에 금방 확정하기가 쉽지 않다. 이럴 경우에는 글의 결론을 먼저 찾는 것이 쉬운 방법이다. ㉡일까, ㉥일까? 언뜻 보기에 헷갈리지만 가만히 생각해 보면 ㉥임을 알 수 있다. ㉥은 ㉡을 비롯한 다른 문장들에 근거해서 최종적으로 도출되는 진술이기 때문이다. 따라서 이 글의 결론은 "고문이 정당화되는 경우도 있다."일 것이다.

그렇다면 문제 의식은 무엇일까? 문제 의식이 결론과 순서쌍이라는 점을 잊지 말자. "고문이 정당화되는 경우도 있다."는 대답을 이끌어 낼 수 있는 질문이 무엇인지 생각해 보면 된다. 따라서 문제 의식은 "고문이 정당화될 수 있는가?" 혹은 "고문은 항상 부당한가?" 정도로 정리할 수 있다.

(ii) 결론을 지지하는 전제들을 찾아보자

다음 단계는 "고문이 정당화되는 경우도 있다."라는 결론을 직접적으로 지지해 주는 전제들이 무엇인지 찾는 일이다. 이 글은 다음과 같은 과정을 거쳐 결론을 이끌어 내고 있다.

① 고문과 살인을 비교하고

② 고문에 비해 살인이 더 심각한 인권 침해임을 말한 후

③ 대부분의 도덕 체계가 살인을 용인함을 보임으로써

→ "살인도 정당화되는데 고문이 정당화되는 경우도 있을 수 있다."

①, ②, ③에 해당하는 것이 바로 ⓒ, ④, ⓒ이다. 여기서 전제들의 순서가 꼭 지문에서 나오는 순서와 일치하지 않는다는 점에 주목할 필요가 있다. 예를 들어 지문에서 ④은 결론인 ⑪ 뒤에 나오지만 논리적인 순서로는 두 번째 전제에 해당된다. 잘 이해가 안 된다고 걱정할 필요는 없다. 나중에 자세히 공부할 내용이다.

(iii) 개념과 정보는 어떻게 활용되고 있는가

일단 개념적인 규정을 담고 있는 문장이 ⑦임은 쉽게 알 수 있다. ⑦은 '고문'에 대한 정의를 담고 있다. 이 개념 규정과 '살인'의 개념(너무 상식적이라서 명시적으로 지문에서 규정하고 있지 않다.)이 결합해서 ⓒ이라는 첫 번째 전제를 뒷받침하고 있다. 즉 ⓒ의 문장은 살인과 고문의 개념 규정이 선행되었을 때 도출될 수 있는 문장이다. 개념이 전제를 뒷받침하는 예시라고 하겠다.

그렇다면 정보는 어디서 발견되는가? ㉣과 ⑩이 바로 경험적인 정보를 담고 있는 문장들이다. 그런데 ㉣과 ⑩은 ⓒ 문장, 즉 "대부분의 도덕 체계는 때때로 살인을 정당화한다."는 전제를 뒷받침해 주는 구체적 사례의 역할을 한다.

이상의 예제 풀이를 종합해서 그림으로 다시 표현해 보겠다.

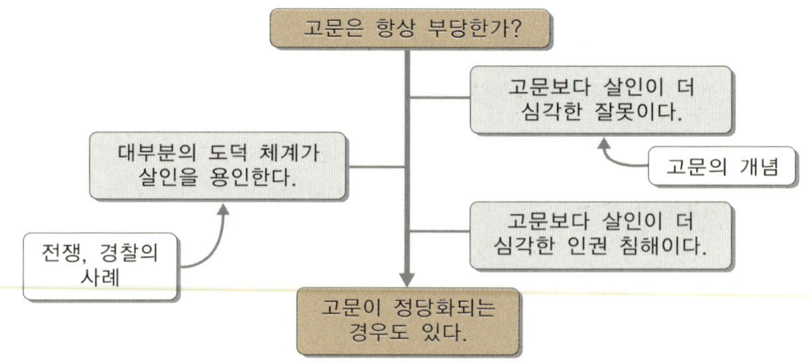

어떤가? 글을 덩어리째로 읽는 경우와 비교해 보라. 저자가 글을 쓰게 된 의도, 주장하고 싶은 바, 주장의 근거들이 구조적으로 눈에 들어오지 않는가? 이것이 바로 비판적 사고의 힘이다. 비판적 사고의 힘은 이뿐만이 아니다. 이러한 분석은 단순히 글의 의미를 정확하게 파악하는 데 그치지 않고 글의 문제점과 결함도 발견할 수 있게 해 준다.

예를 들어 앞의 예제에서 "고문보다 살인이 더 심각한 인권 침해이다."라는 전제에 의심을 가져 볼 수 있다. 살인이 가해 대상의 생명을 빼앗는다는 점에서 가해 대상에게 더 심각한 결과를 야기한다는 것은 옳지만 그렇다고 해서 더 심각한 인권 침해라고 단정할 수 없다. 왜냐하면 지문에서 말하는 정당화된 살인은 전쟁에서의 적군, 시민의 안녕을 해치는 범죄자라는 확정된 대상이지만, 고문의 경우에는 아직 범죄성이 입증되지 않은 용의자에게 행해지는 것이 일반적이다. 이 경우 후자가 더 심각한 인권 침해라고 할 수 있는 것이다.

이러한 비판적 사고, 특히 비판적 읽기를 통한 통찰이 무엇을 가져다 줄까? 바로 여러분 자신만의 독창적인 글쓰기를 인도해 줄 것이다. 다른 사람의 글에 대한 의문과 깨달음은 자신만의 논술문을 작성하는 시작점이 된다. 그리고 이로써 창의적인 문제 해결을 담은 훌륭한 글을 쓸 가능성이 몇 배 상승하는 것이다. 다시 한 번 강조하건대, 훌륭한 논술문은 제대로 된 '읽기'가 선행되어야 비로소 가능한 것이다. 그리고 제대로 된 '읽기'는 비판적 사고의 5가지 구성 요소에 의해 달성될 수 있다.

4장

언어적 자료와 비언어적 자료

통합 교과형 논술에서 기존에 익숙했던 언어적 자료 외에 비언어적 자료가 제시된다고 해서 두려워할 필요는 없다. 텍스트로 제시되든, 도표로 제시되든 문제 해결 방식은 달라지지 않는다. 아니 오히려 비언어적 자료가 주어지면 문제 풀기가 더 쉽다. 언어적 자료는 가끔씩 저자의 진의를 이해하는 데 모호할 수 있지만 수치 정보, 도표, 그래프 등의 자료는 아주 분명하게 의미를 파악할 수 있기 때문이다.

비판적 사고의 특징 중 하나는 언어적 자료와 비언어적 자료를 달리 취급하지 않는다는 점이다. 이것은 통합 교과형 논술의 특성에 잘 부합한다. 왜냐하면 통합 교과형 논술에서 결정적으로 달라진 것이 제시문의 형태가 꼭 텍스트로 국한되지 않는다는 점이기 때문이다. 그런데 상당수의 수험생들은 이에 두려움을 갖는다. 전통적으로 논술이라 하면 텍스트 자료(언어적 자료) 위주였기에 도표나 그래프 같은 비언어적 자료를 다뤄야 하는 것은 익숙하지 않은 일이고 따라서 단지 그러한 사실 하나만으로도 수험생들의 걱정을 자아내기에 충분하기 때문이다.

그러나 걱정할 필요 없다. 텍스트로 제시되든 도표로 제시되든 본질은 달라지지 않는다. 아니 오히려 더 쉽다고 볼 수도 있다. 텍스트 자료는 자료의 속성상 저자의 진의가 잘 파악되지 않을 수 있고 그에 따라 다의적으로 해석될 가능성이 많다. 그러나 수치 정보, 도표, 그래프 등의 자료는 너무도 분명하고 명료하게 의미를 보여 준다. 따라서 제대로 파악할 수만 있으면 다의적으로 해석될 가능성이 없기 때문에 더 쉬운 대상이 될 수 있다.

논술 문제에서 비언어적 자료를 취급하는 요체는 그것을 독립적으로 간주하지 말고 전체 논증 구조의 한 요소로서 파악하는 일이다. 보다 구체적으로 말하면 대부분의 비언어적 자료는 '경험적 정보'를 담고 있는 자료이다. 앞 장에서 설명한 비판적 읽기의 5가지 구성 요소 중에서 '정보'에 해당된다. 다시 말해 어떤 결론을 지지하는 전제로 이용되거나 전제를 뒷받침해 주는 하위 근거로 이용되고 있다는 것이다. 이러한 시각에서 비언어적 자료를 취급하면 대개의 경우 쉽게 그 의미를 이해할 수 있게 된다. 예제를 보자.

【예제】 아래의 자료 (가)에 들어 있는 '주택 보급 계획'이 어떻게 추진되고 어떤 결과를 낳았는지 평가하고 기술하시오.

(가) 1990년 주택 보급 관련 정부 계획 발표

정부는 1990년 이후 1995년까지 매년 10%씩 주택 공급을 늘리고, 1995년 이후 2000년까지는 5%씩 증가시킬 계획이다. 이 계획이 차질 없이 시행된다면 2000년에는 전국 가구당 주택 보급률이 100%를 넘기게 될 것이고 수도권의 가구당 주택 보급률도 90%를 넘기게 될 것이다. 이러한 계획과 예측은 아래 표들에 제시된 통계에 근거한 것이다. 즉, 인구 변화 예측(〈표 1〉)과 주택 공급 예측(〈표 2〉) 그리고 가구당 가구원 수 통계(〈표 3〉)를 기초로 가구당 주택 보급률을 추산한 계획과 기대치이다. 주택 보급률은 실제 가구수 조사 자료를 근거로 계산하는 것이지만, 이 계획에서 가구당 주택 보급률 예측은 예상 인구를 1990년 현재 가구당 평균 가구원 수로 나누어 추정한 가구수(추정치)를 활용한 것이다.

〈표 1〉 인구 예측 통계(1990~2000년)

(단위 : 1,000명)

연도	인구	비고
1990	43,000	실제 조사 인구
1995	45,000	1990년 기준 예상 인구
2000	47,000	1990년 기준 예상 인구

〈표 2〉 주택 공급 예측 통계(1990~2000년)

(단위 : 1,000가구)

연도	주택수	비고
1990	7,200	실제 조사 주택수
1995	11,600	1990년 기준 예상 주택수
2000	14,804	1990년 기준 예상 주택수

(* 주택 보급률 = 주택수 / 가구수)

〈표 3〉 가구당 가구원 수별 비율 조사 통계(1990년)

(단위 : %)

구 분	1인	2인	3인	4인	5인	6인 이상	평균 가구원 수
1990	9.0	13.8	19.1	29.5	18.8	9.8	3.7인

(i) 먼저 '문제 의식 – 결론' 의 순서쌍을 찾아보자

문제 의식은 "어떻게 하면 2000년도에 전국 가구당 주택 보급률 100%를 넘기게 될 것이고 수도권의 가구당 주택 보급률도 90%를 넘길 것인가?"가 될 것이다. 그리고 이에 대한 대답으로서 결론은 "1990년 이후 1995년까지 매년 10%씩 주택 공급을 늘리고, 1995년 이후 2000년까지는 5%씩 증가시킨다."가 된다. 이렇게 '문제 의식 – 결론' 의 순서쌍을 정확하게 찾아야 다음의 논의가 가능해진다. 여러분도 조금만 연습하면 쉽게 찾을 수 있으니 꾸준히 연습하기 바란다.

(ii) 결론을 지지하는 전제들을 찾아보자

바로 여기에 비언어적 자료, 즉 통계 자료가 주어져 있다. 한번 해석해 보자.

① 주택 보급률은 주택수를 가구수로 나눈 것이다.(주택 보급률의 정의)

② 가구수는 표에 나와 있지 않지만 인구를 평균 가구원 수로 나누면 된다.

③ ②를 통해 다음과 같은 도표를 얻을 수 있다.

연도별 가구 수 (단위 : 1,000)

연도	가구수	비고
1990	11,621	실제 조사 인구
1995	12,162	1990년 기준 예상 인구
2000	12,702	1990년 기준 예상 인구

연도별 주택 수 (단위 : 1,000)

연도	주택수	비고
1990	7,200	실제 조사 주택수
1995	11,600	1990년 기준 예상 주택수
2000	14,804	1990년 기준 예상 주택수

③의 도표로부터 "1990년 이후 1995년까지 매년 10%씩 주택 공급을 늘리고, 1995년 이후 2000년까지는 5%씩 증가시킨다."라는 결론이 도출된 것이다.(도표의 오른쪽은 이미 결론의 정책이 반영된 결과를 반영하고 있다.) 전제들 속에 개념(주택 보급률의 정의)과 정보가 포함된 경우라 볼 수 있다.

자, 이렇게 통계치가 제시된 자료를 하나의 논증 구조로 분석해 보았다. 언어적 자료로 주어지든 비언어적 자료로 주어지든 자료 분석 과정에는 차이가 없다. 그리고 더 나아가 이 논증에 대한 비판적인 검토 역시 아무런 차이가 없다. 이 논증에서 문제가 되는 부분은 어디일까? 바로 ②의 전제이다. ②의 전제 속에는 암묵적인 전제가 포함되어 있다. 숨겨져 있지만 결론을 도출하는 데 결정적인 역할을 하는 전제가 포함되어 있다. 그것은 바로 다음과 같은 전제이다.

2000년도까지 평균 가구원 수는 변화되지 않고 유지될 것이다.(심층적으로 보면 "수도권과 전국의 차이는 10% 정도일 것이다."는 전제도 숨어 있다.)

이 숨겨진 전제가 참으로 입증되어야 결론, 즉 정부의 정책이 실효를 거두게 될 것이다. 그러나 지면의 분량 때문에 여기서는 생략했지만, 이 문제의 후반부에서 제시되는 통계치에 따를 때 평균 가구원 수가 줄어들게 됨으로써 정부의 정책이 원래의 목적을 달성하지 못하는 결과가 나타난다. 정부가 정책을 입안하는 과정에서 잘못된 전제를 의식하지 못하고 암묵적으로 옳은 것으로 받아들였기 때문에 정책적인 오류가 발생하게 된 것이다.

이러한 전제를 비판적 사고에서는 '생략된 전제'라 부른다. 생략된 전제를 찾아내 그것을 비판적으로 검토하는 과정은 비판적 사고에서 가장 중요한 부분 중 하나이다. 이에 대한 상세한 논의는 파트 3에서 다룰 것이다. 여기서 여러분이 주목해야 할 사실은 바로 비언어적 자료라고 해서 겁먹거나 특수하게 취급할 필요가 없다는 점이다. 물론 통계 자료를 해석하는 과정에서 특정한 기량이 요구될 수는 있지만, 대개의 경우 고도의 통계학적 지식을 요구하지 않고 상식적인 수준의 해석 능력이면 충분하다. 더 중요한 것은 앞의 문제에서 살펴보았듯이 주어진 자료를 전체 논증 구조 속에 포섭하는 능력이다. 그리고 그 핵심은 언어적 자료이든 비언어적 자료이든 차이가 없다.

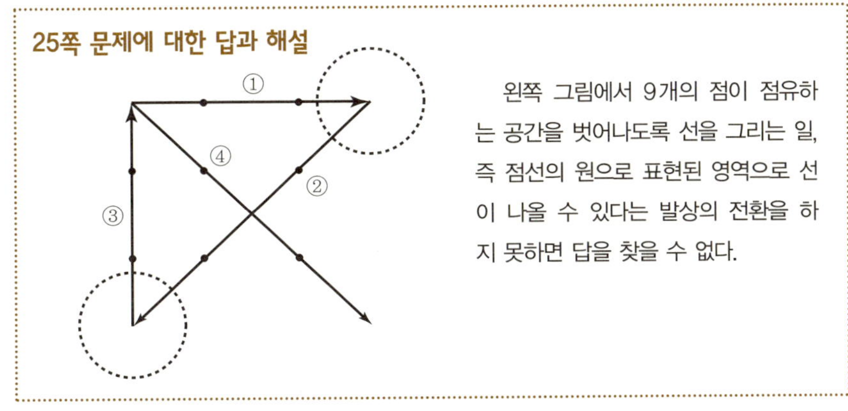

왼쪽 그림에서 9개의 점이 점유하는 공간을 벗어나도록 선을 그리는 일, 즉 점선의 원으로 표현된 영역으로 선이 나올 수 있다는 발상의 전환을 하지 못하면 답을 찾을 수 없다.

이제 본격적으로 '비판적 읽기' 훈련에 들어간다. 시작점은 물론 논술 시험의 문제를 이해하는 일이다. '그까짓 거 뭐 문제를 이해하는 게 어려워?'라고 생각하는 사람이 있을지 모르지만 논술 시험은 문제를 제대로 이해하면 일단 반은 해결한 것이라 볼 수 있다. 그리고 이런 생각에 대한 증명이 바로 파트 2를 통해서 이루어질 것이다.

논술 시험 문제는 통상 제시문(혹은 자료)과 논제로 구성되어 있다. 통합 교과형 논술이 주류로 떠오르기 전에는 하나의 논제에 여러 개의 제시문이 어우러진 형태가 전형적인 논술의 시험 형식이었다. 그러나 통합 교과형 논술에서는 논제가 여러 개이며 제시문도 내용과 형식에서 이전과 비교도 안 될 만큼 다양해졌다. 논제 상호 간의 관계와 제시문 상호 간의 관계, 그리고 논제와 제시문 사이의 관계에 따라 이전보다 훨씬 더 다양한 형태로 문제가 출제될 수 있게 되었다. 따라서 제시문의 종류와 상호 관계, 그리고 논제들의 성격을 중심으로 하는 논술 문제 분석이 이 파트의 중심 내용을 이루게 된다.

이 파트에서 정리된 내용은 이 책 전체에 걸쳐 사용될 것이다. 그러나 이 파트에서 설명되고 있는 각각의 유형들을 암기할 필요는 없다. 부담 없이 그러나 꼼꼼히 읽으면서 논술 문제의 전체 유형을 머리에 그려 보는 것이 중요하다. 많은 학생들이 부담스러워하는 논술 문제를 처음부터 끝까지 한번 조망함으로써 논술 문제에 대한 두려움을 없애고 친숙하게 만들고자 하는 것이 이 파트의 목표이다. 각 문제 유형을 하나하나 정복하는 일은 다음 파트부터 이루어질 것이다.

논술 시험 문제를
해부해 보자

· · ·

통합 교과형 논술은 논제와 제시문의 형식과 내용이
복잡다단해진 것이 하나의 큰 특징이다.
따라서 논제들의 성격 및 제시문의 종류와 관계를 정확히
파악하는 것이 문제를 푸는 결정적인 열쇠가 된다.

· · ·

1장
제시문

논술 문제는 제시문과 논제로 이루어져 있다. 먼저 제시문에 따른 논술 문제의 유형을 살펴보게 되는데, 제시문의 종류 혹은 제시문 간의 관계를 중심으로 문제 유형을 구별할 수 있다. 제시문의 종류는 외형적인 형식으로 쉽게 구분할 수 있지만, 제시문 간의 관계는 해당 논제의 성격이 어떤 것이냐와 긴밀하게 연관되어 있다. 논제를 정확히 이해해야만 제시문들을 어떻게 활용할지 알 수 있다.

이 책에서 '문제' 라는 용어는 두 가지 의미로 사용된다. 먼저 말 그대로 '논술 시험 문제' 라는 뜻의 '문제(Question)' 이고, 그 다음에는 글쓴이의 문제 의식, 즉 앞 파트에서 이야기한 비판적 읽기의 5가지 요소에서 '문제(Issue)' 라는 뜻이다. 이 두 가지가 한국어에서는 동음이의어이지만, 영어에서는 전혀 다른 의미로 사용되고 있다. 그러나 이 두 가지 의미의 '문제' 는 한 가지 중요한 측면에서 공통점을 가지고 있다. 그것은 모두 시작점(Starting Point)이라는 의미를 지니고 있다는 점이다. 전자는 논술 시험을 준비하는 과정에서 가장 먼저 살펴보아야 하는 출발점이고, 후자는 제시문을 분석하는 데 있어서 가장 먼저 고려해야 하는 출발점이다. 이 장에서는 전자의 '문제(Question)' 를 중점적으로 다룰 것이다.

논술 문제의 유형을 가르기 전에 먼저 논술 문제의 형식을 살펴보자. 다음과 같은 형태가 전형적인 논술 문제의 형태이다.

다음 제시문을 읽고 논제에 답하시오.

(가) 000 0000 0000 00000 00000 00000 000 00 00000 0000000 0000 000 000
0000000 0000 0000 0000 000 000 000 000 0000 0000 000 000 000 000 000

(나) 0000 0000 0000 00000 00000 00000 000 00 00000 0000000 0000 000 000

0000000 0000 0000 0000 0000 000 000 000 000 0000 0000 000 000 000 000

(다) 0000 0000 0000 0000 0000 00000 000 00 00000 0000000 0000 000 000

0000000 0000 0000 0000 0000 000 000 000 000 0000 0000 000 000 000 000

【논제 1】 (가)를 읽고, 자연 상태에서 소유권은 어떻게 성립하며, 소유의 한계는 무엇인지, 그리고
사유화에는 어떤 제한이 있는지에 관한 저자의 생각을 기술하시오.

【논제 2】 (나)에 언급된 정보의 특성들로 인해 (가)에 제시된 재산권 정당화 논의의 조건(들) 가운데
무의미해지는 조건(들)이 있다. 그 조건(들)을 들고 그 이유를 설명하시오.

【논제 3】 (가)와 (나)를 토대로, (다)의 카피라이트와 카피레프트에 대한 자신의 입장을 밝히고 그
입장을 정당화하시오.

위 예시 문제에서 문제의 구성 요소를 알 수 있다. 위 문제는 3개의 제시문과
3개의 논제로 이루어져 있다. 그런데 문제를 유심히 살펴보면, 논제들이 서로 독
립적이지 않고 긴밀하게 연관되어 있다는 점과 제시문들 역시 일정한 관련성에
따라서 제시되고 있음을 알 수 있다. 결국 우리가 주목해야 하는 것은 다음의 네
가지이다.

> ① 제시문(자료)의 종류
>
> ② 제시문 간의 관계
>
> ③ 논제의 성격
>
> ④ 논제(들)와 제시문(들) 사이의 관계

그런데 여기서 ④는 사실, 그 자체가 논술 문제 전체를 말하고 있다고 볼 수
있다. 즉 ①~③을 거쳐서 ④를 파악하게 되면 논술 문제 전체를 파악했다고 말
할 수 있는 것이다. 따라서 ④는 별도로 논의할 항목이 아니라 항상 다른 항목과
의 연관성에서 논의하게 될 내용이다. 결국 ④를 종합적으로 논하는 것이 논술
시험의 문제 유형을 궁극적으로 구분하는 일이 될 것이다. 그 과정을 두 단계로

구분해서 살펴보겠다. 먼저 이 장에서는 제시문과 관련된 문제들, 즉 앞의 ①, ②의 문제를 살펴보고, 다음 장에서 논제와 관련된 ③을 살펴본 후 최종적으로 논술 문제의 유형을 몇 가지로 축약해 볼 것이다.

1. 제시문(자료)의 종류

여기서 제시문 다음에 '자료'라고 괄호 내용을 덧붙인 이유는 현행 논술 시험이 언어적 자료 이외의 비언어적 자료도 다루고 있기 때문이다. 비록 언어적 자료가 아직도 대부분이기는 하지만 점차 비언어적 자료의 비중도 늘어나고 있기 때문에 그냥 '제시문'이라고 하면 전체를 다 포괄하지 못하는 개념이 된다. 이 장에서 '제시문'이라고 말하더라도, 그걸 꼭 언어적 자료에 한정해서 이해하지 말기 바란다. 자료의 종류는 크게 봐서 다음과 같이 나눌 수 있다.

(1) 1개의 제시문

하나의 문제에 단지 한 개의 글이 제시되는 경우이다. 과거 정시 논술에서 나왔던 문제 형식이지만 현재는 거의 찾아보기 힘든 유형이다. 그런데 사실 이 유형의 문제가 논술문을 작성하기 가장 어렵다. 제시문이 한 가지이고 그에 따라 논제도 짤막하게 하나로 주어진다면, 논술문 작성자의 자의(恣意)가 더 많은 비중을 차지할 수밖에 없다. 글쓰기에 익숙하지 않은 사람에게는 제약 조건이 많은 글보다 제약 조건이 적은 글이 더 쓰기 어려운 법이다.

현재는 이런 유형의 문제와 제시문이 거의 없기 때문에 하나의 독립적인 문제로서는 크게 염두에 둘 필요는 없는 유형이다. 그러나 여러 개의 제시문과 여러 개의 논제로 구성된 문제 중의 하나로서는 여전히 유효한 유형이다.

(2) 2개 이상의 제시문

통합 교과형 논술에서 언어적 자료가 제시될 때의 가장 일반적인 형태이다. 2개 이상, 대개의 경우 3개 이상의 제시문이 제시되면서 그에 따라 논제도 2개 이상이 단계적으로 제시되는 형태가 가장 일반적인 유형이다. 이 유형에서는 제시문들 간의 관계를 파악하는 일이 무엇보다 중요하다. 논술 시험을 준비하는 입장에서 가장 비중 있게 취급해야 할 제시문 유형이다.

(3) 문제 상황

제시문이 따로 제공되는 것이 아니고 문제 자체가 하나의 '문제 상황'을 제시하고 그에 대해 해결책을 마련하라는 형태이다. 수시 논술 문제에서 많이 출제되던 형식이고 통합 교과형 논술 시험의 경우 자연계 문제에서 많이 발견된다. 이 유형의 문제는 문제 해결에 특정 교과목에 대한 배경 지식을 요구하는 경우가 많다. 파트 1에서 밝혔듯이 배경 지식을 요구하는 유형은 이 책에서 다룰 분야가 아니기 때문에 이 유형 중에서 특정 배경 지식을 요구하는 문제는 취급하지 않을 생각이다.

이 유형은 다소 생소할 수 있기 때문에 예를 하나 제시하겠다.

전 세계적으로 에너지 소비량이 급증하는 데 반해 새로운 에너지 자원의 개발은 쉽지 않은 것으로 나타나고 있다. 이와 같은 현실에서 에너지 절약을 위한 일상의 노력 또한 요구된다. 가까운 예로, 우리가 프린터기를 사용할 때에는 세 가지 종류의 전력량, 즉 예열 전력량, 대기 전력량, 인쇄 전력량이 소모되는데, 이를 적절히 조정함으로써 에너지를 절약할 수도 있다. 예열 전력량은 프린터기가 꺼져 있는 상태에서 전원이 들어올 때 순간적으로 소모되는 전력량이며, 대기 전력량은 전원이 켜진 상태에서 대기하는 시간 동안 소모되는 전력량이고, 인쇄 전력량은 인쇄가 진행되는 동안에 소모되는 전력량인데, 인쇄를 하지 않을 경우 프린터를 언제 꺼지도록 설정하느냐는 전력 소모량에 영향을 미치는 주요한 변수이다. 사용 후 즉시 꺼지도록 설정된 프린터기와 다음 번 사용 때까지 전원이 계속 켜져 있도록 설정된 프린터기를 전력 소모량 측면에서 비교하여 설명하시오. 이를 바탕으로 전력 소모를 최소화할 수 있도록 프린터기를 설정하는 방법을 제안하고 그 방법의 타당성을 논술하시오.

‖ 2007 이화여대 수시 논술 예시 ‖

제시문과 논제로 구분되지 않고 문제 자체가 하나의 '문제 상황'을 제시하고 있음에 주목하기 바란다. 보기에 따라서 수리 논술 문제로 분류할 수도 있지만, 최적의 방정식을 찾아내기 이전에 문제에서 설정한 '상황'을 논리적으로 이해할 수 있는 능력을 요구한다. 따라서 비판적 읽기의 대상이 될 수 있는 문제이다.

(4) 도표와 그림

도표와 그림은 독립적으로 출제되는 경우가 거의 없다. 앞서 설명한 제시문이나 문제 상황과 관련된 자료로서 제시되는 것이 일반적이다. 따라서 제시문 혹은 문제 상황을 먼저 파악하는 것이 관건이고, 그에 따라 도표나 그림을 '해석'할 수 있으면 된다. 앞 장에서 언어적 자료와 비언어적 자료의 관계에 대해서 살펴본 맥락을 이해하면 도표와 그림이 그리 겁낼 대상이 아니라는 점은 알 것이다.

이상의 논의를 종합해 볼 때 제시문이 1개로 제시되는 유형은 독립된 문제 유형으로서는 무시해도 되고, 도표와 그림 자료는 부수적인 자료로 취급할 수 있기 때문에 제시문의 유형은 아래와 같이 정리할 수 있다.

> • 도표나 그림이 포함되지 않은 다수의 제시문
> • 도표나 그림이 포함된 다수의 제시문
> • 도표나 그림이 포함되지 않은 문제 상황
> • 도표나 그림이 포함된 문제 상황

2. 제시문 간의 관계

제시문의 종류보다 사실 제시문 간의 관계를 정확하게 이해하는 것이 더 중요하다. 제시문의 종류라는 것은 외형적으로 보이는 형식이지만, 제시문 간의 관계는 내용을 심도 있게 고려할 때 파악할 수 있기 때문이다.

(1) 다른 소재, 같은 주제

각각의 제시문이 다루고 있는 소재는 서로 관련성이 없거나 미약해 보이지만, 거시적인 틀에서 하나의 주제로 엮일 수 있는 경우이다. 이 경우는 논제에서 의도적으로 제시문들을 서로 연관시키는 하나의 틀을 제공하는 경우가 일반적이다. 예를 들어 다음과 같은 논제가 제시된다.

　　논제에서 제시문을 서로 연관시키는 조건, 즉 '현대 경쟁 사회에서 나타나는
문제점에 대해 시사점을 제공'한다는 실마리를 제공해 주고 있다. 만약 이러한
조건이 제시되지 않았다면, 상호간의 연관성을 발견하기 힘들 수 있다. 따라서
이런 유형의 제시문들을 이해하는 관건은 논제에서 제시하는 '조건'을 철저하게
준수하면서 글을 이해하는 일이다. 이해의 틀을 제공하고 있으니 틀 안에서 사
고하면 되는 것이다.

(2) 자료 – 해석의 틀

　　위 문제 형식의 변형이라 할 수 있다. 앞의 (1)의 경우 제시문을 이해하는 '조
건'을 논제에서 제시해 주는데, 이 형식의 문제는 제시문 중 한 개가 이 '조건'의
역할을 수행하는 경우이다. 이 제시문들의 전형은 다음과 같다.

　　이 경우 제시문 (가)와 (나)는 '자료'의 역할을 수행하고, 제시문 (다)는 '해석
의 틀'로 작용하는 것이다. 문제 유형 (1)과 비슷하지만, 조건의 구체성에서 차
이가 난다. 즉 (1) 유형에서는 문제의 조건이 논제에서 분명한 형태로 제시되지
만, (2) 유형에서는 해석의 틀이 되는 제시문의 의미를 정확하게 해독해야 하기
때문에 덜 구체적이고 더 난해하다고 할 수 있다.

(3) 상호 대립적 입장

　　제시문들을 양분해서 두 가지 서로 다른 입장으로 구분할 수 있는 유형이다. 2개

의 제시문으로 구성된 경우와 3개 이상의 제시문으로 구성된 경우로 나누어 볼 수 있다. 2개의 제시문으로 구성된 경우는, 양자의 입장이 비교적 명확하게 표현되어 있지만, 3개 이상의 제시문으로 구성된 경우는 제시문들을 두 가지로 구분하는 일 자체가 하나의 논제로 구성될 수 있다. 예를 들어 설명해 보겠다.

<table>
<tr><td>【2개의 제시문 논제】</td><td>아래 제시문 (가)와 (나)는 서로 다른 삶의 태도를 보여 주고 있다. 둘 중 하나의 입장을 선택하여 그 입장을 옹호해 보라.</td></tr>
<tr><td>【3개 이상의 제시문 논제】</td><td>다음 제시문 (가)~(라)는 대중 문화에 대한 상이한 입장을 보여 주고 있다. 이 제시문을 두 가지 입장으로 구분하고 그렇게 구분한 근거를 제시하시오.</td></tr>
</table>

첫 번째 경우는 제시문 간의 입장 차이를 전제하고 그에 대한 자신의 견해를 묻는 문제이고, 두 번째 경우는 입장 차이를 구분하는 일 자체가 하나의 논제로 구성된 경우다. 물론 두 번째 경우도 이 논제 다음에 이어서 자신의 견해를 피력하는 논제가 덧붙여지는 게 일반적이다.

(4) 같은 주제, 다른 시각

특정한 주제에 대한 서로 다른 시각을 보여 준다는 점에서 (3)의 두 번째 유형과 유사하다. 그러나 결정적인 차이점이 있다. 그것은 제공되는 제시문들의 입장이 두 가지 '대립적'인 입장으로 환원되지 않는다는 점이다. 그냥 상이한 여러 시각들을 보여 주고 있을 뿐이다.

두 가지 대립적인 입장으로 환원되지 않기 때문에 다양한 시각을 수용할 수 있는 포괄적인 이해 능력이 요구된다. 따라서 (3) 유형보다 난이도가 더 높다고 볼 수 있다. 예를 들어 보겠다.

<table>
<tr><td>【예제】</td><td>다음 제시문 (가)~(라)는 '진정한 앎'에 대한 서로 다른 시각을 보여 주고 있다. 각 앎의 특징을 400자 이내로 요약하고, 현대 사회에서 가장 필요한 '앎'이 어떤 것인지에 대한 자신의 견해를 논하라.</td></tr>
</table>

【제시문 (가)】　　과학적 지식에 대한 글

【제시문 (나)】　　기술적이고 실용적인 지식에 대한 글

【제시문 (다)】　　자기 수양에 대한 글

【제시문 (라)】　　인간 사이의 삶의 지혜에 대한 글

제시문의 내용이 두 가지 상반된 입장이 아니라, 서로 다른 다양한 시각을 보여 주고 있다. 서로 다른 시각을 비교 분석할 수 있는 능력이 요구되며, 나아가 그 시각들을 평가할 수 있는 능력까지 요구하는 문제이다.

(5) 문제 상황 – 해결의 실마리

제시문 중 일부가 해결해야 할 문제 상황을 보여 주고 있으며, 나머지 제시문이나 자료가 그 문제를 해결하는 실마리를 제공하는 유형이다. 논제에서는 문제 상황을 추상적으로만 표현하는 것이 일반적이기 때문에 제시문에서 드러나는 문제 상황을 정확하게 파악하는 것이 일단 관건이다. 그리고 '해결책'을 담고 있는 제시문이나 자료는 말 그대로 '실마리'에 불과하기 때문에 그 '실마리'를 구체적 해결책으로 이끌어 내는 추론 능력이 요구된다. 역시 예를 들어보자.

【예제】　제시문 (가)~(마)는 인터넷 익명성에 관한 글들을 모아 놓은 것이다. (가)에 제기된 문제의 해결을 위한 자신의 견해를 논술하되 (나)~(마)에서 취하고 있는 입장을 참고로 하여 해결책을 논하라.

이렇게 총 5가지 유형으로 제시문들 간의 관계를 알아보았다. 이 과정에서 알아차린 사람도 있겠지만, 제시문들의 관계는 결국 그 제시문을 활용하는 논제의 성격이 어떤 것이냐와 직접 관련이 있는 문제이다. 논제를 정확하게 이해하게 되면 제시문들을 어떻게 활용할 것이냐에 대한 대부분의 의문을 해결할 수 있을 것이다. 따라서 다음 장에서는 지금까지의 논의의 연장선에서 논제의 성격과 종류에 대해서 알아보겠다.

2장
논제

논술 시험 문제의 해결 관건은 논제를 정확히 이해하는 것이다. 논제는 제시문이라는 데이터를 통제, 관리하는 중앙 처리 장치와 같은 것으로, 논술 문제 전체를 특징짓기 때문이다. 논제의 성격에 따라 논술 문제 유형을 나눠 보면, 크게 내용 파악형, 추론형, 평가형, 문제 해결형의 네 가지가 있다. 무엇보다 문제 유형을 정확히 파악하면, 답안 방향을 빨리 결정하여 좋은 답안을 쓸 가능성이 커지게 된다.

논술 문제의 핵심은 논제에 있다. 논제는 출제자의 의도를 가장 직접적으로 표현해 주는 부분이다. 동일한 제시문이라도 출제자에 따라 전혀 다른 성격의 논제를 구성할 수 있다. 그리고 논제는 제시문이라는 데이터를 통제하고 관리하는 중앙 처리 장치와 같은 것이다. 주어진 데이터를 어떻게 취급하느냐에 따라 전혀 다른 연산 결과가 나올 수 있듯이 논제의 성격이 논술 문제의 전체 모습을 규정한다고 하겠다. 따라서 논제의 성격을 정확하게 이해하는 것이 논술 문제를 이해하는 요체가 된다.

논제의 종류와 성격을 논하기 전에 한 가지 지적하고 넘어갈 것이 있다. 파트 1에서 언급했듯이 이 책은 '어떻게 쓸 것인가?' 보다는 '어떻게 읽을 것인가?' 와 '어떻게 생각할 것인가?' 에 초점을 맞춘 책이다. 그에 따라 논제의 유형 중에서 가장 빈번하게 나오는 하나의 유형을 이 책에서는 논외로 취급할 것이다. 바로 "제시문을 읽고 ~에 대해 자신의 견해를 논하시오." 혹은 "제시문을 토대로 논술하시오." 혹은 "자신의 입장을 밝히시오."와 같이 논술 문제의 종착점이라 할 수 있는 유형이다. 이는 '읽기'를 기반으로 자신의 견해를 피력하는 '쓰기' 부분이기 때문에 거의 모든 논술 문제들에 포함되어 있는 요소이기도 하고, 또 이 책의 용도에서 벗어나는 부분이기도 하기 때문에 따로 논의할 필요가 없는 유형이라고 볼 수 있다.

이 유형을 제외하고 논제의 유형을 분류하면 크게 다음의 네 가지 유형으로
나눌 수 있다.

유형	세부 항목
내용 파악형	요약, 중심 생각, 맥락, 관점, 자료 해석
추론(논증)형	논리적 귀결, 입증, 추정, 사례 제시, 다른 곳에 적용
평가형	타당성, 정당성, 계획 평가, 비교, 문제점 발견
문제 해결형	설명, 증명, 방법 제시, 상황 판단

1. 내용 파악형 논술

주어진 제시문이나 자료의 내용을 제대로 파악하고 있는지를 묻는 문제 유형
이다. 논제를 분리하지 않고 출제했던 예전의 정시 논술에서는 자주 나오지 않던
(나오더라도 요약이 대부분이었던) 문제 유형이지만, 수시 논술이나 통합 교과형
논술에서는 아주 빈번히 출제되는 유형이다. 그런데 앞서 파트 1의 1장에서 '통
합 교과형 논술의 정체' 라는 이름으로 살펴본 바에 따를 때, 사실 정시 논술의 경
우에도 '내용 파악' 이 선행되어야 제대로 된 논술문을 쓸 수 있다. 바꿔 말하면
실제로 내용 파악형 논제가 명시적으로 출제되지 않더라도 대부분의 논술 문제는
내용 파악이 전제되어야 제대로 된 글쓰기가 가능하다는 이야기다. 이러한 점을
더 분명히 하기 위해서 통합 교과형 논술 문제에서는 내용 파악형 논제를 명시적
으로 표현하고 있을 뿐이라고 이해하는 것이 옳다. 세부적으로 살펴보자.

(1) 요약

긴 제시문을 짤막하게 정리하라는 문제이다. 논술문을 작성하기 위해서 '읽기'
가 선행되어야 한다는 출제자의 의지를 강력하게 표현하고 있는 문제라 할 수 있
다. 주어진 글에서 중요한 부분과 그렇지 않은 부분을 가려낼 수 있는 능력이 필요
하며, 짧은 분량으로 요약해야 하기 때문에 간결하게 핵심을 표현할 수 있는 글쓰
기 능력도 요구하는 문제이다.

이 유형은 제시문이 여러 개일 경우에도 통상 그중에서 한 개의 제시문을 지적해서 해당 제시문에 대해서만 요약하라는 방식으로 출제되는 것이 일반적이다. 대개의 경우 요약 문제는 "(가) 글을 300자 이내로 요약하라."라는 단순한 형태로 제시되지만, 다음 예의 경우처럼 하나의 논제 속에 구성 요소로 포함될 수도 있다.

위 논제에서 '(다)의 요지를 밝히고' 라는 부분이 바로 요약을 요구하는 부분이다. 이 예에서 잘 알 수 있듯이 '요약' 은 독립적인 의미를 지니고 있다기보다 다른 문제를 해결하기 위한 선행 조건으로 제시되고 있다.

(2) 중심 생각

(1)의 유형과 비슷하다고 생각할 수도 있지만 조금 다르다. 요약에는 저자의 중심 생각이 반드시 포함되어야 하지만, 그러한 중심 생각을 뒷받침하는 근거들도 같이 제시되어야 의미가 있다. 그러나 중심 생각 찾기는 오직 저자가 말하고 싶은 핵심 주장이나 핵심적인 문제 의식에만 주목하는 문제이다. 따라서 단계적으로 볼 때 (1)의 '요약' 문제보다 이 '중심 생각' 문제가 더 기초적인 문제라 볼 수 있다. 사실 많은 사람들이 이 점을 간과하고 있지만, '중심 생각' 찾기가 선행되지 않은 '요약' 은 좋은 답안이 될 수 없다.

위 문제에서 '그림을 창작하고 감상하는 데 있어서 중요하게 생각했던 요소' 가 바로 중심 생각이다. 중심 생각을 찾는 문제라고 해서 꼭 '저자가 말하고 싶은 바' , '저자의 핵심적인 논지' 와 같은 말로 출제되지는 않는다.

(3) 맥락

자주 출제되지는 않지만, 눈여겨 볼 필요가 있는 문제 유형이다. 비교적 장문의 제시문이 주어질 때 나올 수 있는 문제로서, 제시문의 일부를 비워 놓고 거기에 들어갈 알맞은 내용을 써넣도록 하는 형태로 주로 출제된다. 형식적으로는 특정 부분에 주목하고 있지만, 이 유형은 제시문 전체의 맥락에 대한 이해가 선행되지 않고서는 풀 수 없는 문제이다. 제시문의 문제 의식, 쟁점, 중심 생각, 관점의 차이 등등을 파악할 수 있어야 적절한 채워 넣기가 가능해진다. 한마디로 말해 제시문의 거시적인 '흐름' 을 이해해야 해결할 수 있는 문제 유형이다.

> **【예제】** 甲의 대화문 [①] 부분에 '중국어의 공용어화' 에 대한 적합한 내용으로 200자 원고지에 400자 정도의 문장들을 작성하되, 자신이 甲이 되었다고 가정하고서 자연스러운 대화문이 될 수 있도록 하시오.
>
> ‖ 2005 서울대 논술 예시 – 인문계 ‖

(4) 관점

관점을 묻는 문제는 제시문들 상호간에 관점상의 대립이 발견될 경우에 출제될 수 있다. 그런데 관점의 차이는 명시적으로 드러날 수도 있고 잘 표현이 안 되어 있을 수도 있다. 그렇기 때문에 관점의 파악은 중심 생각 찾기보다 약간 더 난이도가 높은 문제 유형이라고 할 수 있다. 동일한 주제에 대해서 서로 다른 관점을 보이고 있는 글들을 나름대로 기준에 입각해서 분류할 수 있는가를 묻는 문제 유형이 가장 전형적이다.

> **【예제】** (가), (나), (다), (라)를 입장에 따라 2개의 그룹으로 나누고, 그렇게 나눈 이유를 논술하시오.
>
> ‖ 2008 서울대 논술 2차 예시 – 인문계 ‖

관점 문제 중에서 또 하나의 유형은 제시문 간의 관점의 차이를 좀 더 정확하게 이해하기를 요구하는 문제로서, 한 제시문의 관점을 이용해서 다른 제시문에 대해 비판하거나 반박하는 유형이다. 앞의 (1) '요약' 에서 제시한 예시 문제 중에서 '(다)의 관점에서 (나)와 (바)의 견해에 대해 각각 반론을 제기하고' 라고 한 부분이 바로 이 유형의 문제이다.

(5) 자료 해석

이 부분에 관해서는 파트 1의 4장에서 '언어적 자료와 비언어적 자료' 라는 이름으로 자세히 살펴보았다. 자료 해석은 바로 '비언어적 자료' 를 정확하게 해석할 수 있는지를 묻는 문제이다.

앞에서 "텍스트로 제시되든 도표로 제시되든 본질은 달라지지 않는다."고 강조한 이유를 다시 한 번 잘 상기하라. 비언어적 자료도 전체 논증 구조의 한 구성 요소로 이해하는 시각을 망각하지 말기 바란다. 예시 문제를 보자.

【예제】 한 인종주의자는 1991년 미국 플로리다 주에서 발표된 살인 범죄 통계인 〈표 1〉을 인용하면서 백인의 사형 선고율이 흑인에 비해 높다고 주장하였다.

〈표 1〉

가해자＼선고	사형	기타	사형 선고(%)
백인	53	430	11.0
흑인	15	176	7.9

이에 한 인권주의자는 위에 발표한 통계를 보완하여 〈표 2〉를 제시하였다.

〈표 2〉

피해자	가해자	사형	기타	사형 선고율(%)
백인	백인	53	414	11.3
	흑인	11	37	22.9
흑인	백인	0	16	0.0
	흑인	4	139	2.8

다산 정약용이 제시한 관점을 적용하여 인종주의자의 주장을 반박하고, 인권주의자가 〈표 2〉를 통하여 주장하고자 하는 바가 무엇인지 논술하시오.

‖ 2007 중앙대 수시 1 – 인문계 ‖

위 문제에서 '인종주의자' 의 주장이 바로 〈표 1〉이고 '인권주의자' 의 주장이 바로 〈표 2〉이다. 그냥 몇 마디 말로써 하는 주장보다 훨씬 효과적이고 설득력 있는 표들을 정확히 해석할 수 있어야 이 문제를 해결할 수 있다.

이상에서 '내용 파악형' 논제의 5가지 유형을 살펴보았다. 내용 파악형은 논술 문제 해결의 가장 기본적인 유형으로서 다른 논제들을 해결하기 위한 전제 조건이라는 시각에서 이 논제들을 취급해야 한다. 다시 말해서 이 유형의 논제는 문제에서 명시적으로 표현되지 않아도 다른 논제들의 해결을 위해 선행적으로 해결해야 할 논제라 하겠다.

2. 추론형 논술

추론형 혹은 논증형 논제는 '전제와 결론의 관계' 라는 시각에서 해결해야 하는 문제 유형이다.

주어진 자료나 제시문을 토대로 해서 이끌어 낼 수 있는 귀결을 묻거나 혹은 거꾸로 어떤 주장에 대해서 적절한 근거를 제시할 것을 묻는 유형이 가장 전형적이다. 이를 약간 변형시킨 것으로서 주어진 자료로부터 미래에 발생하게 될 현상을 예측하거나 추정하는 문제, 하나의 주장을 구체적인 사례에 적용하면 어떻게 나타날지를 묻는 문제, 그리고 끝으로 하나의 영역에서 타당한 주장을 다른 영역에 적용하는 문제 등이 있다.(추론형 논술 문제에 대한 보다 자세하고 구체적인 설명은 파트 4에서 다루어진다.)

(1) 논리적 귀결

가장 전형적인 '추론' 문제이다. 주어진 자료에 대한 정확한 이해를 근거로 해서 그로부터 도출될 수 있는 논리적인 귀결이 무엇인지 묻는 문제이다. 이 문제 해결은 결국 앞에서 살펴 본 '내용 파악형' 논제에 대한 정확한 해결을 전제로 한다. 정확한 내용 파악과 논리적 비약이 없는 '자연스러운 추론' 이 문제 해결을 위해 필요한 요소이다.

【예제】 (마)에서, 개발 도상국 정부는 치료되는 환자수를 기준으로 삼아 협상안 수용 여부를 결정하려고 한다. 정부가 (라)의 관점을 취할 경우 어떤 결론에 이르게 되는가에 대하여 논술하시오.

이 논제는 내용 파악형 논제 중 '관점' 문제와 결합된 '논리적 귀결' 문제이다. (라) 제시문의 관점을 정확하게 파악해야 (마) 제시문의 상황에 대한 논리적 귀결을 도출할 수 있는 것이다.

(2) 입증

'입증(근거 제시)'은 논리적 귀결과 추론 방향이 반대이다. 논리적 귀결이 자료로부터 결론을 찾는 것이라면, 입증은 어떤 주장에 대해서 그 주장을 설득력 있게 만드는 근거들을 제시할 것을 요구하는 문제이다. 이 유형은 다시 근거를 제시문 속에서 발견할 수 있는 경우와 수험생 스스로 근거를 제시해야 하는 문제로 나눌 수 있다. 전자가 내용 파악에 더 가깝고, 후자는 문제 해결에 더 가깝다. 어쨌든 이 유형의 문제도 제시문에 대한 정확한 내용 파악이 선행되어야 적절한 근거를 찾을 수 있다.

천재(天災)라는 주장과 인재(人災)라는 주장을 입증해야 할 주장으로 제시하고 그에 대한 근거 제시를 요구하는 문제이다. 논리적 귀결과 반대 방향이라는 점을 알 수 있다.

(3) 추정

추정 또는 예측 문제는 수시 논술이나 통합 교과형 논술에서 중요성이 커지고 있는 유형이다. 특히 자연계 학생을 대상으로 하는 과학 영역에서, 주어진 객관적 자료에 근거해서 미래에 어떤 결과가 도출될 것인가를 예측하는 문제의 비중이 커지고 있다. 과학적 사고의 근간을 이루는 추론이기 때문에 앞으로도 중요성이 더 커질 것으로 생각된다. 추론형 문제 중에서도 가장 정교한 추론 능력을 요구하는 문제라고 할 수 있다.

【예제 1】 아래 (가), (나)와 같이 조건이 달라지는 경우, 지구는 어떠한 모습을 하고 있을지 지질, 대기, 환경 및 생명체의 탄생과 진화의 관점에서 논하시오.

> (가) 지구가 반경이 약 3,400km 정도에서 성장이 멈춰버린 경우(단 지구의 평균 화학 조성, 태양으로부터의 거리는 지금과 같다고 가정하자.)
>
> (나) 지구가 지금의 태양−지구 거리의 약 70% 거리에서 태양 주위를 돌고 있는 경우(단 지구의 평균 화학 조성, 크기는 지금과 같다고 가정하자.)

‖ 2008 서울대 논술 1차 예시 – 자연계 ‖

추정 문제가 꼭 과학 영역에서만 나오는 것은 아니다. 그리고 꼭 미래에 대한 예측만 있는 것은 아니다. 드문 예이기는 하지만 역사를 대상으로 할 수도 있고 과거의 상황에 대한 추정을 물을 수도 있다. 아래 문제는 그런 점에서 독특한 문제이다.

【예제 2】 위 제시문과 지도를 바탕으로 철도가 경부선과 남한강 주변에 살던 사람들의 모습을 어떻게 변화시켰을지 역사적 상상력을 발휘하여 서술하시오.

‖ 2008 서울대 논술 2차 예시 – 인문계 ‖

(4) 사례 제시

지문에서 제시되는 내용이 추상적인 수준의 주장이나 원칙일 경우 그것을 보다 구체적으로 이해할 수 있는 경험적 사례를 제시하는 문제 유형이다. 보통 어떤 주장을 하면서 상대방이 제대로 이해하지 못하는 것 같을 때, 가장 많이 사용하는 방법이 구체적인 예를 들어서 설명하는 방법이다. 이 문제는 그러한 상황을 연상하면 된다.

그런데 원래 주장하려던 내용에 대한 이해의 폭이 깊을수록 예시가 되는 경험적 사례들이 더 적절한 것이 될 수 있다. 즉 다른 문제와 마찬가지로 내용 파악이 선행되어야 하는 것이다. 어쨌든 이 유형은 추상적 주장으로부터 구체적 사례를 추론하는 문제라는 의미에서 추론형 문제로 분류할 수 있다.

모든 추론형 문제가 그렇듯이 이 문제 역시 먼저 내용 파악(언어의 단일화가
초래할 위험성)을 명확히 한 후에 그로부터 다른 것을 논리적으로 도출하게 된
다. 이 경우에는 '우리의 생활에서 쉽게 경험할 수 있는 사례'를 예로 들라는 점
이 특징적이다.

(5) 다른 곳에 적용

하나의 분야나 영역에서 어떤 문제나 주장 혹은 원칙을 도출한 후, 그것을 다
른 분야나 영역에 적용했을 때 어떻게 나타나는지를 묻는 문제이다. 논리학적으
로 말하면 일종의 유비 추리가 근간을 이루고 있는 추론형 문제이다. 따라서 원
래의 분야와 새롭게 적용될 분야 사이의 유사성과 차이점을 파악하는 것이 관건
이고, 원래 분야에서 도출된 주장이나 원칙이 새로운 분야에서 나타날 모습을
적절하게 추론하는 능력을 필요로 한다.

제시문 (B)는 '맥도날드사가 현재 직면하고 있는 문제'라는 구체적인 상황을
보여 주고 있다. 여기서 수험생은 먼저 그것을 일반화할 수 있어야 한다. 그리고
나서 그 문제를 '한국의 영화 산업'이라는 또 다른 구체적 영역에 적용하여야 한
다. 이 과정에서 필연적으로 맥도날드사와 한국의 영화 산업 사이의 유사성과
차이점을 파악하는 단계가 포함되는 것이다.

이상으로 추론형 논술 문제의 5가지 유형을 살펴보았다. 보다 자세한 내용은
파트 4에서 공부할 것이기에 여기서는 부담없이 읽어보는 것으로 충분하다.

3. 평가형 논술

평가형 논술은 옳고 그름에 대한 판단을 묻는 문제라 할 수 있다. 그런데 그것은 논리적인 옳고 그름일 수도 있고, 윤리적인 옳고 그름일 수도 있다. 어찌됐건 옳고 그름을 판단하기 위해서는 옳고 그름에 대한 기준이 있어야 한다. 따라서 수험생은 가장 먼저 평가의 기준을 정립해야 하며 그 기준에 입각해서 판단을 내릴 수 있어야 한다. 이렇게 판단의 기준을 세우는 일, 그리고 기준에 입각해서 평가를 하는 일은 모두 고차적이고 종합적인 사고력을 요한다. 따라서 내용 파악과 추론형 문제보다 다음 단계에서 나오는 것이 일반적이고 난이도도 더 높다.

(1) 타당성

'타당성'이라는 말은 원래 논리학에서 나오는 용어다. 연역 논증에서 전제가 참이라고 할 때 결론이 필연적으로 참이 되는 논증을 '타당한 논증'이라고 한다. 이를 다른 말로 하면, 전제로부터 결론의 도출 과정이 논리적으로 옳다면 타당한 논증이라고 부를 수 있다는 뜻이다. 그런데 논술 문제에서 타당성 개념은 정확히 이러한 논리학적인 개념과 일치하는 것은 아니다. 논리학에서 말하는 '타당성'이라는 개념은, 전제와 결론 사이의 형식적인 관계에만 주목하는 것으로서 전제들이 실제로 참이 아니더라도 논증 자체는 타당한 논증일 수 있다.

그러나 논술 문제에서 타당성을 논할 때 전제들의 참/거짓 여부를 배제한다는 것은 적절하지 못하다. 따라서 논술 문제에서 타당성이 문제가 될 때에는 '전제들이 옳은가?' '전제들로부터 결론의 도출 과정에 논리적 문제점은 없는가?' 하는 두 가지를 다 점검해야 한다. 사실 이러한 개념은 논리학적으로 엄밀히 말해서 '타당성'이 아니라 '건전성'의 개념에 가깝다. 자세한 논의는 파트 5에서 다룰 것이다.

> **【예제】** 이 글에서 다섯 번째로 설명한 이혼율 산정 방식을 사용하여 매 연말 시점을 기준으로 이혼율을 계산하고, 매년 산정된 이혼율을 비교하여 이혼율 변화의 추이를 논하는 것이 타당한지, 혹은 문제점이 있는지 한 가지 입장을 택하여 이유를 들어 설명하시오.
>
> ‖ 2008 서울대 논술 1차 예시 – 인문계 ‖

이 문제에서 제시되는 지문의 내용이 상당히 복잡하기 때문에, 이 문제는 사실 쉽지 않은 문제이다. 그러나 그렇다고 해서 이 문제를 해결하는 관건이 논증의 타당성을 검토하는 과정에 있다는 점은 달라지지 않는다.

(2) 정당성

정당성의 사전적 정의는 '사리에 맞아 옳고 정의로움'이다. 일단 정의에서부터 앞의 타당성과 차이가 나는 것을 쉽게 알아차릴 수 있다. 타당성이 논증의 형식적인 측면에 주목하는 것이라면, 정당성은 여기에 '윤리적인 판단'을 가미한 것이다. '사리에 맞다.'라는 표현에서 '사리'는 자연 법칙일 수도 있고, 논리적인 원칙들일 수도 있고, 윤리·도덕일 수도 있다. 그런 의미에서 정당성을 평가하는 문제는 타당성을 평가하는 문제에 비해, 한편으로는 더 포괄적이면서 다른 한편으로는 더 애매하다.

【예제】 (라)는 우리 삶을 시장 경제에만 맡겨둘 경우에 발생하게 될 위험에 대해 경고하고 있다. 이러한 경고가 정당한 것인지, 과도한 것인지 위의 제시문들을 토대로 논술하시오.

‖ 2008 서울대 논술 1차 예시 - 인문계 ‖

위 논제는 제시문의 경고에 대한 정당성 여부를 판단하라는 것인데, 가만히 살펴보면 단순히 논리적인 문제만이 아님을 알 수 있다. '과도'하다는 것은 '도를 지나치다.'는 의미로서 윤리적인 성질을 띠고 있는 용어이다. 따라서 이 문제는 논리적인 옳고 그름의 문제를 넘어서는 것이라 볼 수 있다.

(3) 계획 평가

논술 시험이 글쓰기 시험에 그치지 않고 비판적 사고 능력을 검증하는 시험이라는 점을 잘 보여 주는 문제 유형이다. 이 문제의 전형은 대개 다음과 같다.

【예제】 아래의 자료 (가)에 들어 있는 '주택 보급 계획'이 어떻게 추진되고 어떤 결과를 낳았는지 평가하고 기술하시오.

‖ 2006 중앙대 수시 2 예시 - 수리 영역 ‖

정부에서 어떤 정책을 시행하는 데 있어, 혹은 기업체에서 어떤 사업을 시행하는 경우에 그러한 정책이나 사업을 입안하는 데 배경이 되는 기초 자료를 제공하고, 그에 입각해서 수립한 정책이나 사업의 시행 결과를 또 하나의 자료로 제시한다. 그리고 이러한 조건 하에서 정책이나 사업의 결과가 원래의 계획대로 제대로 시행되었는지를 묻거나 결과가 예상과 다르게 나타났다면 그 원인이 무엇인지를 규명하는 형식의 논제가 제시된다. 상당히 종합적인 판단 능력을 요구하는 문제이다.

(4) 비교

비교는 말 그대로 두 개 이상의 서로 다른 주장을 비교해서 평가를 내리는 문제 유형이다. 평가의 종류는 단순히 공통점과 차이점을 논하는 것일 수 있고, 두 개 이상의 경합하는 주장 중에서 어떤 것이 더 옳은지 판정을 내리는 것일 수도 있다. 이 유형의 문제는 비교적 단순한 형태로 출제되는 것이 일반적이다. 즉 경합하는 주장을 담고 있는 제시문들을 복수로 제공한 후에 일정한 기준을 제시해 주고 그 기준에 입각해서 비교하라는 것이다.

【예제 1】 다음 두 글에 제시된 삶의 방식을 비교하고, 그것이 오늘날의 사회 경제적 상황을 헤쳐 나가기 위한 대안이 될 수 있는지에 관하여 논술하시오.(여기서 '비교'는 공통점과 차이점을 포괄하는 개념으로 씀.)

‖ 2006 건국대 수시 2 예시 – 인문계 ‖

'삶의 방식'이 비교의 대상이 되고 있는 전형적인 비교 문제라 볼 수 있다. 그러나 경우에 따라서는 아래와 같은 변형된 형태의 문제도 있다.

【예제 2】 (나)에 언급된 정보의 특성들로 인해 (가)에 제시된 재산권 정당화 논의의 조건(들) 가운데 무의미해지는 조건(들)이 있다. 그 조건(들)을 들고 그 이유를 설명하시오.

‖ 2008 서울대 논술 1차 예시 – 인문계 ‖

언뜻 봐서는 '비교' 문제로 생각하기 힘들다. 그러나 가만히 살펴보면 이 문제는 일반적인 재화에 대한 소유권과 정보라는 특수한 재화에 대한 소유권을 비교하는 문제이다. 이 점만 제대로 파악이 되면 '(나)에 언급된 정보의 특성들로 인해 (가)에 제시된 재산권 정당화 논의의 조건들 가운데 무의미해지는 것들'이 무엇인지 판별할 수 있게 되는 것이다.

(5) 문제점 발견

주어진 제시문이나 자료에서 발견되는 논증상의 잘못을 지적하는 문제이다. 논리학적인 용어로 보면 '오류 추론'을 가려내라는 것이다. 실제로 이러한 유형의 문제를 해결하는 데 있어서 '오류'의 종류를 이해하고 있으면 도움을 받을 수 있다. 그러나 오류의 종류를 암기한다고 해서 오류를 잘 파악하는 것은 아니다. 더 중요한 것은 주어진 자료를 논증의 형태로 재구성할 수 있는 능력이다. 이렇게 논증으로 재구성할 수 있어야 오류의 지점을 정확하게 파악하는 눈이 길러진다.

【예제】 윗글을 통해 글 (가)의 조사에서 내리고 있는 결론의 문제점에 대하여 논술하시오.

‖ 2007 중앙대 수시 1 – 자연계 ‖

위 논제만 봐서는 정확하게 문제의 핵심을 파악할 수는 없지만, 이 문제가 어떤 통계적 자료에 근거해서 내린 판단의 문제점을 지적하는 문제라는 것을 파악하기는 어렵지 않다. 이러한 문제를 해결하기 위해서는 통계 자료를 전제로 삼아 내린 판단을 결론으로 이해하는 과정, 즉 하나의 논증으로 재구성하는 과정이 필요하다.

4. 문제 해결형 논술

이 유형의 문제가 직관적으로 가장 '논술답지 않은' 논술 문제 유형이라는 것을 알 수 있다. 이 유형의 문제를 접한 학생은 대부분 '본고사 문제'라는 느낌을 받을 것이다. 물론 '풀이 과정과 정답을 요구하는 문제'는 논술 문제에서 출제될 수 없기 때문에 본고사 문제와는 차이가 있다. 그러나 이 유형의 문제는 자신의 견해를 피력하는 것이라기보다 객관적으로 존재하는 문제를 해결해야 한다는 점에서 '본고사 문제'와 상당히 유사한 점이 있다. 인문계 시험보다 자연계 시험에서 더 전형적으로 발견된다는 점도 이러한 생각을 뒷받침해 준다. 어쨌든 이 유형의 문제에서 가장 중요하게 염두에 두어야 할 것은, 그냥 대충 써서 중간만 가자는 전략이 통하지 않는다는 점이다. 옳은 답과 옳지 않은 답을 객관적으로 구분할 수 있는 문제도 이 유형의 문제에서 가장 많이 발견된다.

(1) 설명

설명은 어떤 주어진 현상의 원인이나 이유를 해명하는 일이다. 흔히 '주장'과 대비된다. 주장이 어떤 근거로부터 도출된 것이라면, 설명은 반대 방향으로 나아간다. 즉 어떤 명제가 왜 도출되었는지 그 이유를 제시하는 것이다.

그런데 설명은 주장과 결정적인 차이점이 한 가지 더 있다. 주장의 경우 그 주장의 근거가 되는 전제들이 참으로 밝혀졌고, 전제들로부터 결론을 도출하는 과정에 논리적으로 문제가 없다면, 그 주장은 필연적으로 참으로 받아들여야 한다. 그러나 설명의 경우에는 어떤 현상(명제)을 해명해 주는 이유가 참이라고 해서 그것이 꼭 그 현상의 유일무이한 이유라고 간주할 수 없다. 다시 말해 하나의 현상을 설명해 주는 이유들은 여러 개가 존재할 수 있다는 것이다. 따라서 설명은 '반드시 참이라고 간주해야 하는 근거'를 제시하는 행위가 아니라 '설득력 있는 이유'를 제시하는 행위라고 보아야 한다.

그런데 이러한 설명은 사실 과학에서 가장 빈번히 일어나는 일이다. 동일한 현상에 대해서 뉴턴 역학에서 하는 설명과 현대 양자 역학에서 하는 설명이 다르다. 그러나 둘 중 어떤 것은 과학적이고 다른 것은 비과학적이라고 말할 수 없다. 이런 연유로 해서 논술 시험, 특히 자연계 학생들을 대상으로 하는 논술 시험에서 설명을 요구하는 문제는 아주 핵심적인 유형으로 자주 출제된다. 꼭 하나의 정답을 요구하지 않으면서도 논리적이고 과학적인 추론 능력을 보기 위해서는 어떤 현상에 대한 '설득력 있는' 설명을 제시하라는 것만큼 적절한 시험 형태도 없을 것이다.

예를 들어 보자. 여러 개의 예제를 나열해 보겠다.

【예제 1】 A라는 문자열을 관찰해서 얻어진 표가 다음과 같을 때 이 표가 얻어질 확률이 문자열
GACT를 얻을 확률과 어떻게 다른지 그 이유를 설명하시오.

해	1	2	3	4	5	6	7	8	9	10
변형	C+	O	+G	O	A+	O	O	+T	O	O

‖ 2008 서울대 논술 1차 예시 – 인문계 ‖

【예제 2】 미분법과 적분법이 평면 또는 공간에서 움직이는 물체의 운동에 대해 어떤 정보를 주는
지 설명하시오.

‖ 2008 서울대 논술 2차 예시 – 자연계 ‖

【예제 3】 주어진 삼각형 T의 무게 중심점 O의 좌표를 정의하고, 점 O가 삼각형 T의 하나의 꼭지
점으로 이동한다면 이 좌표는 어떤 값에 접근하는지 설명하시오.

‖ 2008 연세대 논술 예시 – 인문계 ‖

위 예제들을 보면 이 유형의 문제의 성격을 짐작할 수 있을 것이다. 특히 자연
계 학생들에게 아주 중요한 문제 유형이라는 점을 잊지 말기 바란다.

(2) 증명

사실 논술 시험에서 무엇을 '증명'하라는 형식으로 출제되는 문제는 거의 없
다. 대개의 경우 앞의 '설명'과 비슷한 형식 즉 "~에 대해 설명하시오."라는 형
식으로 묻는다. 그러나 이 유형의 문제는 어떤 현상에 대한 적절한 이유를 제시
하지만, '설명'과는 달리 그 현상과 제시되는 이유들 간의 필연적인 관계를 보
여 주어야 한다. 다시 말해 단지 '설득력 있는' 이유가 아니라 그 현상이 필연적
으로 참임을 보여 주는 것이다. 논술 문제가 수학 문제는 아니지만 가장 가까운
경우로서 수학적 증명을 생각하면 이해가 쉬울 것이다. 역시 예를 들어 보겠다.

【예제】 타원과 직선이 두 점에서 만날 때 이 두 점을 양 끝으로 하는 선분을 타원의 현이라고 하
자. 주어진 방향과 평행인 현의 중점은 현의 위치가 변하더라도 모두 일정한 직선 위에
있음을 설명하시오.

‖ 2008 서울대 논술 1차 예시 – 자연계 ‖

이 문제의 표현은 "설명하시오."로 되어 있지만, 이 책의 분류 기준에 따르면 증명 문제이다. '주어진 방향과 평행인 현의 중점은 현의 위치가 변하더라도 모두 일정한 직선 위에 있음'에 대해 여러 가지 이유를 들어 설명하는 문제가 아니라 바로 그 사실을 증명하는 문제이기 때문이다.

(3) 방법 제시

'설명'이나 '증명'보다 약간 더 기술적(技術的)인 문제이다. 단순하게 설명하는 것이 아니라 그러한 설명을 가능하게 하는 하나의 모델을 제시하라는 문제이기 때문에 좀 더 정교한 정식화를 필요로 한다. 다시 말해 '설명'의 논리를 발견하는 과정을 거치면서도 그것을 보다 객관적인 정식으로 일반화하는 능력까지도 요구하는 문제 유형이라고 볼 수 있다. 당연히 더 고도의 사고 능력을 요구하는 문제이다.

> **【예제】** (마)의 〈표 1〉에 근거하여, 우리 나라가 고령화 사회에서 고령 사회로 가는 데 몇 년 정도가 걸릴지를 산출하는 방법에 관해 논하시오.
>
> ‖ 2007 이화여대 수시 논술 예시 – 인문계 ‖

'몇 년 정도가 걸릴지를 설명'하라는 것이 아니라 '몇 년 정도가 걸릴지를 산출하는 방법'에 관해서 논하라는 문제이다. 전자가 설명이라면 후자는 방법 제시에 해당된다. 어느 쪽이 더 어려울지는 굳이 말하지 않아도 알 수 있을 것이다.

(4) 상황 판단

사실 이 문제는 뭐라고 이름붙이기가 힘들어 '상황 판단'이라고 이름 붙여 보았는데, 문제 상황에서 다양한 변수를 고려하여 종합적인 판단을 내리는 문제이다. 가장 고차적이고 종합적인 사고력을 요구하는 문제로서 그 형태는 매우 다양하게 나타날 수 있다. 판단을 위해 고려해야 할 변수가 상당히 많고 다양하기 때문에 하나하나 차근차근 검토하는 과정이 필요하다. 가장 난이도가 높기 때문에 이 책에서도 가장 마지막에 다루게 될 것이다.

【예제】 대학을 졸업하고 직장을 선택하려고 하는 당신에게 A, B, C, D 네 회사로부터 제의가 들어 왔다. 아래 표의 정부를 바탕으로 자신에게 바람직한 회사를 선택하려고 한다. 글 (나)의 내용을 참조하여 회사 선택에 대한 논리적 결정 과정을 논술하시오.

회사	월 급여액 (만 원)	주당 근무 시간 (시간)	출퇴근 소요 시간 (시간)	직원수 (명)	계약 기간 (년)	창립 연도
A	200	45	1.2	50	3	1983
B	250	50	0.6	500	1	2005
C	200	40	0.6	200	2	2000
D	150	35	1.2	100	5	1991

‖ 2007 중앙대 수시 1 – 자연계 ‖

이렇게 해서 제시문의 종류와 관계, 그리고 논제의 종류에 대해서 하나하나 알아보았다. 물론 여기서는 매우 간단하게 가장 보편적인 특징들만 언급했지만, 구체적인 내용과 해결 방법은 앞으로 함께 공부해 나갈 과제가 될 것이다. 그러나 이 파트를 통해서 여러분은 문제를 보고 그것이 어떤 유형의 문제에 속하는지 개략적으로나마 확정할 수 있는 능력을 습득하는 것이 좋다. 문제의 유형을 정확하게 파악하게 되면 답안의 방향을 빨리 결정하게 되고, 그에 따라 좋은 글을 쓸 확률이 높아지는 것이다.

아직 조급해 할 필요는 없다. 보다 자세한 내용은 다음 파트부터 다룰 것이고, 해당 파트에서 하나하나 정확하게 이해하고 넘어간다면 분명히 실전에서 문제의 유형을 정확하게 파악하고 좋은 답을 작성할 수 있을 것이다.

자, 이제 본격적인 실전 훈련에 들어간다. 물론 가장 기초적인 것에서부터 시작한다. 그것은 제시문의 내용을 정확하게 파악하는 일이다. 내용 파악은 논술 시험을 치르는 데 있어서 가장 기본적 요소이며 건축물로 비유하면 주춧돌이다. 내용 파악만 되어 있다고 해서 좋은 글을 쓴다고 장담할 수는 없지만 내용 파악이 제대로 이루어지지 않은 상태에서 결코 좋은 글이 나올 수 없다는 점은 확실히 말할 수 있다. 내용 파악은 좋은 글을 쓰기 위한 충분 조건은 아니지만 필요 조건이라고 할 수 있다.

내용 파악을 하는 데도 순서가 있다. 가장 먼저 지문의 중심 내용을 파악해야 한다. 이 책에서 계속 강조하는 '문제 의식－결론(핵심 주장)'의 순서쌍을 파악하는 것이 요체이다. 그 다음, 지문 전체를 짧은 글로 요약하는 훈련을 할 것이다. 결론을 뒷받침해 주는 전제들을 넣어서 가장 효과적으로 지문의 내용을 '구조적으로' 요약하는 것이 중요하다. 그러고 나서 지문의 맥락을 이해하는 훈련이 이어질 것인데, 여기서는 단락별로 중심 내용을 정리하는 훈련이 가장 중요하다. 단락별로 중심 내용을 정리하다 보면 전체 내용을 하나의 '흐름'으로 이해하는 눈이 길러진다.

그리고 관점을 파악하는 일과 비언어적 자료를 해석하는 훈련이 있다. 앞의 세 가지 훈련이 기본적인 내용 파악 훈련이었다면, 이 두 가지는 다소 응용적인 성격을 띠고 있다. 관점이란 대개의 경우 중심 생각을 파악하게 되면 자연스럽게 알 수 있는 것이지만 경우에 따라서는 은밀하게 숨어 있어서 발견하기 힘든 경우도 있다. 이렇게 은밀하게 숨어 있는 관점도 파악할 수 있어야 한다. 그리고 비언어적 자료를 언어적 자료의 연장선에서 같은 논리로 파악하는 일도 대부분의 학생에게는 생소한 일이기 때문에, 별도의 훈련 과정을 필요로 한다.

파트 3에서 달성되는 것들이 계속 이어지는 나머지 부분을 위한 기초 체력임을 명심하고 차근차근 집중력을 발휘해서 스스로 해답을 만들어 내는 훈련을 하기 바란다. 반드시 좋은 결과로 보답할 것이다.

내용 파악형 논술

• • •

글의 핵심 주장이나 요지를 묻는 내용 파악형 문제가
통합 교과형 논술에서 출제 빈도가 매우 높아졌다.
뿐만 아니라 글의 내용을 파악하는 능력은
좋은 글을 쓰기 위한 전제 조건이 된다.

• • •

1장
중심 생각

글쓴이가 글을 통해 하고 싶은 말, 곧 독자에게 전달하고 싶은 중심 생각이 핵심 주장이다. 일반적으로 핵심 주장을 결론이라 부른다. 하지만 결론이라고 해서 항상 글의 끝부분에 위치한다고 생각해서는 오산이다. 핵심 주장은 문제 의식과 항상 쌍을 이룬다. 핵심 주장을 정확히 파악하기 위해서는 먼저 글에서 글쓴이가 해결하려고 하는 문제가 무엇인지를 찾아라. 그 문제에 대한 답이 핵심 주장이 된다.

중심 생각이란 말 그대로 저자가 글을 통해서 독자들에게 전달하고 싶은 중심적인 생각을 말한다. 그런데 그 생각을 언어로 표현하기 때문에 일반적으로 하나의 문장으로 정리할 수 있다. 그 하나의 문장을 통상 '결론'이라는 이름으로 부른다. 따라서 일반적으로 중심 생각을 찾는 문제는 결론을 찾는 문제의 다른 이름이라고 해도 큰 무리는 없다.

이 책에서는 '결론'이라는 용어보다 '핵심 주장'이라는 용어를 더 자주 사용하고 있다. 왜냐하면 학생들에게 결론을 찾으라고 하면 글의 제일 끝부분에만 주목하는 경향이 있기 때문이다. 결론이라는 말이 주는 느낌 때문인데, 핵심 주장이라는 말은 상대적으로 그러한 심리적 편견에서 자유롭다. 따라서 앞으로 이 책에서 '핵심 주장'이라는 말을 사용할 때 그것은 '결론'과 거의 같은 의미로 사용함을 미리 주지하기 바란다. 그리고 파트 1에서 이미 강조한 바와 같이 결론 (핵심 주장)은 항상 '문제 의식'과 쌍을 이루고 있다는 점을 잊지 말기 바란다.

1. 핵심 주장

핵심 주장이라 함은 한마디로 '글쓴이가 하고 싶은 말'이라고 표현할 수 있다. 우리가 분석하고자 하는 텍스트는 대부분 정형화된 논증의 형태를 띠고 있지 않다. 일상어로 표현되는 대부분의 텍스트는 글쓴이의 문체와 말하는 스타일에 따라서 핵심 주장이 분명하게 추적되지 않을 수 있다. 더 나아가 글의 성격에 따라서는 핵심 주장을 비유적으로 혹은 완곡하게 표현하는 것이 더 잘된 글이라는 평가를 받을 수도 있다. 이렇게 일정한 분량의 텍스트 안에서 글쓴이의 말하고 싶은 바를 하나의 명제로 가장 정확하게 표현된 것을 찾는 것이 바로 핵심 주장 찾기이다.

우리가 일상 생활에서 대화할 경우를 상정해 보자. 대화 상대자가 두서없이 장황하게 말을 늘어놓을 때 흔히 하는 말이 있다. "도대체 하고 싶은 말이 뭐요?" 혹은 "요점이 뭡니까?"라고 되묻는 것이 그것이다. 이때 우리는 상대방의 핵심 주장이 무엇인지 다시 정리해 주기를 환기하고 있는 셈이다. 이런 질문을 받은 상대방은 자신의 말이 두서없고 장황했음을 깨닫고 보다 분명한 표현으로 자신의 주장을 정리해서 말하게 된다. 이 경우 새롭게 정리된 표현은 지금까지 했던 말과는 달리 분명한 하나의 명제의 형태로 표현되기 마련이다. 바로 이것이 우리가 문제에서 핵심 주장을 찾는 방식이다. "도대체 글쓴이가 하고 싶은 말이 무엇일까?" "하고 싶은 말을 하나의 명제로 표현하면 어떻게 될까?" 이런 질문을 염두에 두고 문제를 보면 대부분 쉽게 답을 찾아낼 수 있다.

그런데 여기서 한 가지 짚고 넘어갈 것이 있다. 수능 참고서나 독해 관련 서적에서 자주 발견되는 설명 방식으로서 '주제문을 찾는 요령'이나 '주제문의 위치' 등등의 제목을 달고 있는 것들이 있는데, 이러한 것들은 무용지물이라고 생각한다. 아니 오히려 안 읽은 만 못한 것이다. 일단 그 요령이라는 게 대개의 경우 한두 개로 끝나지 않는다. 그걸 하나하나 이해하고 외우는 것도 시간 낭비이고 지문을 읽으면서 몇 번째 유형에 속하는지 생각하는 것 자체가 비생산적이고 비효율적인 일이다. 이러한 설명 방식이 사실 많은 참고서들에서 주종을 이루고 있는데, 이는 언어 분야 교육 방식 중에서 가장 먼저 타파해야 할 요소이다. 요령

대신 스스로 이해하고 답을 찾을 수 있는 능력을 가르쳐 주어야 한다.

"도대체 글쓴이가 하고 싶은 말이 무엇일까?" 핵심 주장을 찾는 데는 이 질문 하나면 된다. 이 얼마나 간단하고 명료한 의문인가? 그리고 수험생의 사고력을 키울 수 있는 질문인가? 이 세상에 존재하는 글이 얼마나 많고 또 그 글들이 각각 저마다의 개성을 가지고 있는데, 수학에서처럼 공식으로 주제문을 찾는다는 것이 얼마나 경직된 사고인가?

예제를 한번 보자.

【예제 1】 다음 글에 나타난 글쓴이의 견해를 가장 정확하게 표현한 것은?

환경은 발전의 산물이다. 발전이란 인간을 비롯한 모든 생물체와 집단이 나아가고자 하는 공통된 목적이지만 발전, 곧 진보 자체가 미덕일 수는 없는데, 발전을 추구하는 가치와 방향에 문제가 있다면 발전 또한 부정적일 수밖에 없으며 그 결과 역시 해악으로 드러날 것이기 때문이다. 『작은 것이 아름답다』는 바로 인간이 발전의 기치 아래 이룩한 현대 산업 사회의 제반 문제점들에 대한 반성적 성찰을 드러내고 있는데, 슈마허가 관심을 보이는 것은 바로 '진정한 발전이란 무엇인가?'의 문제이다.

『작은 것이 아름답다』는 현재 인류가 비인간적인 기술과 조직 속에서 신음하고 있으며, 인간의 생명을 지탱하는 생활 환경이 파괴되어 이미 붕괴의 징후를 보이고 있으며, 인간의 지속적인 생존을 위해 필요한 자연 자원이 고갈되고 있다고 진단하면서, 물질 지상주의, 기술에 대한 무한 신뢰, 왜곡된 풍요의 추구를 그 이유로 들고 있다. 이른바, 인류가 이제껏 발전이라고 믿고 추구해 온 가치가 실상은 한바탕 헛된 꿈일 수도 있다는 반성과 회의라고 할 수 있을 것이다.

슈마허는 환경 문제에 대처하는 인류의 입장을 두 가지로 나누고 있는데, 이 두 입장의 차이 역시 '진정한 발전이란 무엇인가?'에 대한 견해 차이에 의해 나누어진다. 그 중 한 입장인 맹진파(猛進派)는 슈마허의 말을 빌리면 "정지해 있을 수는 없다. 정지해 있으면 넘어져 버린다. 전진하지 않으면 안 되는 것이다. 현대 기술에는 결함이 있는 것이 아니라 불완전할 뿐이다. 그러므로 그것을 완성시키자."라는 입장을 보인다. 역시 슈마허에 의하면 이들은 "기술 문명이 불러온 위기에 대처하기 위해 현재의 방식을 철저하게 밀고 나가면 된다."고 생각하는 사람들로 이제껏 인류가 추구해 온 양적 발전, 물질적인 발전의 가치를 의심하지 않는 입장으로 '더 많이, 더 멀리, 더 빨리, 더 풍족하게'를 현대 사회의 모토로 삼을 것에 대해 주저하지 않는 사람들이다.

슈마허가 소개하는 또 다른 입장은 '새로운 생활 양식을 모색하여 인간과 환경에 있어서 기본이 되는 진리로 되돌아가려고 노력하는 사람들'로, 이른바 고향파(故鄕派)라고 불리는 사람들이다. 고향파는 맹진파와는 달리 현재 인류가 누리고 있는 물질 문명을 발전이라고 생각하지 않는다. 고향파는 자연계의 조화를 이룬 법칙을 모두 무시한 채 이루어지는 현재의 물질 문명이 인류의 생존 기반을 무너뜨리고 있다고 파악한다. 편리의 이름으로 행해지는 기술은 오히려 인간과 자연을 파괴할 뿐이라고 생각하는 이들은 오히려 현재의 물질 문명은 발전이 아니라 퇴보라고 규정하고 있다. 따라서 이들은 현재의 상황을 재검토하고 '인간의 생명이란 무엇인가를 생각해내는 일'에서부터 인류가 나아갈 새로운 방향을 설정할 것을 주장하고 있는 것이다.

슈마허는 고향파를 기술의 전면적인 폐지를 주장하는 사람들로 인식되는 피상적인 인식을 경계한다. 그리고 슈마허 역시 그러한 비현실적인 주장을 말하고 있지는 않다. 중요한 것은 '발전' 자체를 부정하는 것이 아니라, 이제껏 인류가 걸어온 길이 만들어 낸 명백한 부작용을 인정하고 '진정한 발전이란 무엇인가?'에 대한 해답을 찾는 길이다. 아프리카 원주민의 관점에서 뉴욕의 문명인의 삶이 꼭 발전된 삶, 행복한 삶으로 보이지는 않을 것이다. 슈마허와 고향파는 바로 '발전'에 대한 새로운 관점과 시각을 제시해 주고 있는 셈이다.

① 슈마허와 고향파는 같은 입장에 서 있다.
② 환경 문제에 대한 인류의 입장은 하나로 통일되어 있지 않다.
③ 『작은 것이 아름답다』는 입장이 현대 인류가 취해야 할 바람직한 대안이다.
④ 발전 그 자체도 중요하지만, 발전을 추구하는 가치와 방향이 더 중요하다.
⑤ 슈마허와 고향파는 '발전'에 대한 새로운 관점과 시각을 제시해 주고 있다.

앞의 선택지를 보면 모두 글쓴이가 지문에서 주장하고 있는 내용과 어느 정도 일치하고 있다. 따라서 답을 고르기가 비교적 쉽지 않을 것이다. 그러나 우리는 여기서 할 일은 글의 내용과 일치하는 것을 찾는 게 아니라 바로 '핵심 주장'을 찾는 것이다. 우리는 다음과 같은 질문을 던져야 한다. 그렇다면 도대체 글쓴이가 하고 싶은 말이 무엇일까?

우선 ①과 ②는 답에서 제외할 수 있다. ①과 ②는 글쓴이의 적극적인 주장을 담고 있다기보다 객관적인 사실에 대한 진술, 그것도 지엽적인 진술이기 때문이다.

남은 선택지 중에서 먼저 ③을 보자. 글쓴이가 『작은 것이 아름답다』는 입장에 대해 호의적인 것은 분명해 보인다. 그러나 그것이 바람직한 대안이라고 명시적으로 주장하고 있지는 않다. 다만 "발전을 추구하는 가치와 방향이 중요하다."는 인식의 한 예로서 그것을 호의적으로 다루고 있는 것이다. 따라서 ④가 글쓴이의 핵심 주장에 가장 가깝다고 볼 수 있다.

그런데 많은 학생들은 ⑤를 답으로 고르고 싶어 할 것이다. 왜냐하면 글의 제일 마지막 부분에 마치 '결론적으로' 말하고 있는 것처럼 위치해 있기 때문이다. 그러나 이것이 함정이다. 핵심 주장이 무엇인지 한번 상기해 보자. 이 글을 통해서 글쓴이가 독자에게 궁극적으로 하고 싶은 말이 무엇인가? 글쓴이가 슈마허의 견해를 상당히 많은 부분을 통해서 소개하고 있기는 하지만, 슈마허의 견해를 소개하는 것 자체가 글쓴이가 궁극적으로 말하고 싶은 것이 아니라 슈마허의 견해에 대한 소개를 통해서 '발전'에 대한 자신의 견해를 뒷받침하고 있는 것이다. 다시 말해 슈마허의 견해는 글쓴이의 핵심 주장이 아니라 글쓴이의 핵심 주장을 뒷받침해 주는 논거인 것이다. 따라서 ⑤는 핵심 주장이라 하기 어렵고, ④가 답이 된다.

〈정답〉 ④

청계천 사업은 도시 개발 사업, 도시 공원화 사업, 하천 복원 사업의 특성을 모두 가지고 있다. 여기서 보통 명사로서 '하천 복원'과 학술적 용어로서 '하천 복원'을 구분할 필요가 있다. 청계천 사업은 기존의 도로를 제거하고 암거화된 하천을 재생한다는 측면에서는 하천 복원 사업임에 틀림없다. 그러나 학술적 의미에서의 하천 복원, 조금 더 나아가 선진 외국이 추구하는 이른바 'stream restoration'이라는 측면에서는 하천 복원 사업이라 하기 어렵다. 하천 복원, 또는 'stream restoration'이란 치수, 그 밖에 다른 목적의 하천 사업, 불량한 유역 관리에 의해 훼손된 하천의 생물 서식처를 되살리기 위해 하도와 하천 변을 원래의 자연 하천에 가깝게 되돌리는 것으로, 이는 하천에 교란을 주는 원인을 제거하거나 저감시키는 소극적인 활동부터 교란으로 훼손된 하천을 적극적으로 복원하는 활동 모두를 포함한다. 반면에 청계천 사업은 하천 교란의 주원인인 상류 구역에서 유입하는 교란 요인의 방치, 경관 생태적으로 연속적인 수변을 고려하지 않은 이전 하도의 단순 복구, 생물 서식처 복원보다는 경관·친수 위주의 각종 하천 계획 등의 한계를 가지고 있다.

① 청계천 하천 복원 사업은 하천의 암거화를 통한 경관·친수 위주로 진행되어야 한다.
② 청계천 하천 복원 사업은 외국에서 진행되는 'stream restoration'의 의미와 상이하므로 계속해서 진행되어야 한다.
③ 청계천 하천 복원 사업은 하천 공원화 사업 수준을 벗어나 궁극적으로 자연형 하천 사업으로 가야 한다.
④ 하천 교란의 주 원인은 상류 구역에서 발생하므로 상류 구역만을 하천 환경 개선 사업의 대상으로 하여야 한다.
⑤ 하천 복원 사업은 하도와 하천 변을 자연과 유사하게 만드는 것이므로 생물 서식처 복원보다는 경관 위주의 계획으로 진행해야 한다.

‖ 2005 입법고시 – 언어 논리 ‖

“도대체 필자가 하고 싶은 말이 무엇일까?”라는 물음을 통해 답을 찾아야 하는 문제이다. 왜냐하면 글 속에 명시적으로 필자의 생각이 표현되어 있지 않기 때문이다. 단지 두 가지 개념의 ‘하천 복원’, 즉 보통 명사로서의 ‘하천 복원’과 학술적 용어로서의 ‘하천 복원’을 구별하고 있을 뿐이다. 그러나 가만히 읽어 보면 청계천의 하천 복원이 전자에 속하고 있고, 필자는 전자보다는 후자의 개념으로 청계천 복원 사업이 진행되어야 한다는 생각을 갖고 있음을 알 수 있다. 이에 가장 근접한 주장은 당연히 ③이다.

〈정답〉 ③

논술 문제에서 저자의 생각이 명시적으로 드러나 있지 않고 우회적으로 은연중에 표현된 제시문이 너무도 많이 발견된다. 그런 제시문을 접할 때마다 “도대체 글쓴이가 하고 싶은 말이 무엇일까?”라는 물음을 항상 상기해야 한다.

2. 문제 의식

앞에서 여러 번 언급했듯이, 문제 의식과 핵심 주장은 동전의 양면이다. 문제 의식에 대한 답이 바로 핵심 주장인 것이다. 아래 그림을 다시 한 번 상기해 보자.

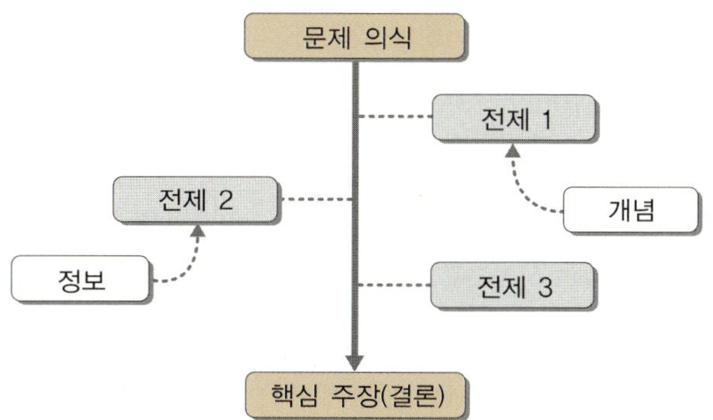

앞의 그림에서 문제 의식과 핵심 주장 항목만 실선으로 표시하고 나머지 요소들은 모두 점선으로 표시했다. 아직 나머지 것들을 주목할 필요가 없다는 이야기이다. 지금 단계에서는 척추 부분에 해당되는 '문제 의식—핵심 주장' 의 쌍만 발견하면 된다.

문제 의식 찾기란 글을 통해서 저자가 해결하려는 문제가 무엇인지를 찾는 것이다. 글을 쓰는 사람은 일반적으로 글을 쓰는 목적이 있게 마련이다. 일기와 같은 개인적인 용도로 쓰여진 글이 아니라 독자를 대상으로 쓴 글일 경우에는 글의 목적을 파악하는 것이 중요하다. 그런데 목적은 대개의 경우 어떠한 문제를 해결하기 위한 것이다.

예를 들어 데카르트의 『방법 서설』은 "모든 지식의 출발점이 될 수 있는 명제는 무엇일까?"라는 문제를 해결하기 위해 쓰여진 글이다. 토마스 쿤의 『과학적 혁명의 구조』는 "과학 이론은 어떻게 발전하는가?"라는 문제 의식을 가지고 있는 글이다. 이렇게 대부분의 글은 그 글의 문제 의식을 추출해 낼 수 있으며, 통상 문제 의식은 위와 같이 의문문의 형태로 구성할 수 있다. 의식적으로 이러한 의문문을 찾아보는 훈련은 독해를 위한 가장 기본적인 요소에 해당된다.

그런데 반복적으로 말하는 것이지만 여기서 가장 중요한 것은 문제 의식과 핵심 주장의 관련성이다. 즉 문제 의식은 의문문의 형태로 표현될 수 있고, 그 물음에 대한 해답이 바로 핵심 주장이 된다는 것이다.

데카르트의 문제 의식, "모든 지식의 출발점이 될 수 있는 명제는 무엇일까?"라는 의문에 대한 답은 " '나는 생각한다. 고로 나는 존재한다.' 는 주장이 모든 인식의 출발점이다."라는 것이 될 것이고, 이것이 그 글의 핵심 주장이다. 그리고 토마스 쿤의 "과학 이론은 어떻게 발전하는가?"라는 문제 의식에 대한 답은 "과학 이론은 패러다임의 교체(shift)를 통해서 발전한다."이고, 이것이 그 글의 핵심 주장이다.

문제 의식과 핵심 주장은 하나의 순서쌍으로 항상 붙어 다닌다는 시각으로 글을 이해할 필요가 있다. 이 문제 의식—핵심 주장의 순서쌍에 대한 인식은 독해의 가장 기본적 요소로서 글을 읽을 때 항상 의식해야 하는 요소이다

따라서 "문제 의식은 알겠는데 핵심 주장이 뭔지 모르겠다."라든가, 거꾸로

"핵심 주장은 찾았는데 문제 의식은 모르겠다."라는 말은 성립되지 않는다. 이 말을 뒤집어 해석하면 핵심 주장을 찾는 문제에서 핵심 주장을 찾기 힘들다면 혹시 문제 의식이 분명하게 표현되어 있는지를 살펴볼 필요가 있고, 문제 의식을 찾는 문제에서 답을 선택하기 어렵다면, 그 글의 핵심 주장을 끄집어 낼 수 있는지 살펴보는 것이 유용한 방법이 될 수 있다.

물론 우리의 관심사는 결론(핵심 주장)을 알고 싶은 것이다. 그런 의미에서 문제 의식을 찾는 일은 그 자체가 목적이 아니라 수단인 경우가 대부분이다. 따라서 문제 의식을 찾는 문제가 독립적으로 논술 시험에서 출제될 가능성은 별로 없다. 그러나 문제 의식을 항상 염두에 두는 태도로 제시문을 이해하게 되면 중심 생각을 파악하는 데 실패할 가능성이 현저하게 줄어든다. 예제를 보자.

【예제 3】 다음 글의 핵심적인 문제 의식은?

> 코난 도일의 이야기에서 셜록 홈즈는 뛰어난 통찰로 범행의 단서들을 추적하면서 사건들을 명쾌하게 해결해 나간다. 범행 단서들에 관한 홈즈의 설명은 언제나 경찰이 제시하는 설명보다 완벽하고 포괄적이다. 이러한 홈즈의 명쾌한 설명은 범인이 잡히기도 전에 사람들에게 그의 설명이 다른 어떤 설명보다도 옳다는 믿음을 갖게 한다. 이와 같이 어떤 현상을 설명하는 하나의 주장이 다른 주장에 비해 상대적으로 설명력이 뛰어나다면, 그것은 그 주장이 옳다고 믿을 만한 충분한 이유를 제공한다. 이런 방식의 추론을 '최선의 설명에로의 추론'이라고 부른다.
>
> 이는 매우 신뢰할 수 있는 추론 방법으로서, 과학의 영역에서 유용하게 사용되어 왔다. 과학에서 어떤 현상을 설명하는 경쟁적 이론들이 여럿 있을 때, 어떤 이론을 더 좋은 이론으로 선택할 것인가 하는 문제가 자주 발생한다. 특히 과학 이론은 관측으로 직접 검증되기 어려운 내용들을 포함하므로, 최선의 설명에로의 추론은 어떤 이론을 선택해야 할 것인지를 결정하는 데 매우 유용하다. 가령 어떤 과학 이론이 다른 과학 이론들에 비해 현상을 더 성공적으로 설명한다면, 우리는 그 이론을 더 좋은, 나아가 올바른 이론으로 판단할 만한 충분한 이유를 갖게 된다.
>
> 최선의 설명에로의 추론은 과학적 실재론을 옹호하는 데도 매우 유용하다. 여기서

과학적 실재론이란 과학 이론이 외부 세계를 참되게 혹은 적어도 근사적으로 서술한다고 믿는 관점이다. 나아가 그러한 과학 이론 안에 가정된 이론적 존재자들 역시 실제로 존재하는 사물들을 표상한 것으로 본다. 일반적으로 과학 이론이란 자연 세계를 서술하고 이를 바탕으로 현상을 설명하는 하나의 언어이다. 그런데 자연 세계 안에는 현상 이면에 그 현상을 일으킨, 하지만 우리가 직접 관측할 수는 없는 사물들이나 원리들이 존재한다. 과학 이론은 이러한 내용들을 포함하기 때문에 매우 추상적인 언어들로 서술된다. 따라서 어떤 과학 이론이 참인지 거짓인지를 경험을 통해 직접 확인하기는 매우 어렵다. 또한 과학 이론 안에 가정된 이론적 존재자 역시 그것이 실제로 존재하는 사물을 표현하는 것인지 아니면 가정된 허구일 뿐인지를 확인하기도 어렵다. 예를 들어 원자 핵 속의 미시 물리 현상을 설명하는 쿼크(quark) 이론은, 핵 속에 존재하는 양성자나 중성자를 쿼크라는 입자들의 덩어리로 가정하고, 핵의 물리 현상들을 매우 성공적으로 설명해 주고 있다. 그런데 쿼크 이론에서 가정하는 쿼크 입자는 현재로서는 직접 관측이 불가능하다. 따라서 쿼크 이론이 옳은지 그른지를 경험적으로 판단하는 것은 어렵다. 이렇게 직접적인 확인이 불가능한 상황에서 과학적 실재론자는 쿼크 이론이 미시 세계를 참되게 혹은 적어도 근사적으로 서술하며, 쿼크와 같은 이론적 존재자들이 실제의 사물을 지시한다고 믿는 것이다. 이는 과학 이론을 보는 하나의 철학적 관점이자 신념이다. 다시 말해 과학 이론이 단순히 현상을 설명하기 위한 가설적 도구가 아니라 우리에게 경험적 세계든 직접 관찰 불가능한 세계든, 그것에 관한 참된 정보를 제공해 준다는 믿음의 표현이다. 그렇다면 이러한 믿음 자체를 옳다고 받아들일 수 있는가?

과학적 실재론자가 그러한 믿음을 주장하는 가장 중요한 이유는 그런 믿음이 전제되지 않고서는 실제 역사 속에 드러난 과학 이론의 성공을 제대로 설명할 수 없다는 판단 때문이다. 즉 과학적 실재론이야말로 과학의 성공이 결코 우연이나 기적이 아님을 보여 주는 유력한 관점이라는 것이다. 실제로 과학사를 보면 많은 과학 이론들이 매우 성공적이었음을 알 수 있다. 가령 별의 운행과 관련하여 점성술의 설명보다는 천문학에서의 설명이 훨씬 더 성공적이며, 천동설보다는 지동설에 입각한 천문학 이론이 훨씬 더 성공적이었다. 그런데 실재론적 관점이 아닌 다른 관점들은 이러한 성공을 잘 설명하지 못한다는 것이다. 그러므로 과학적 실재론이 옳다고 받아들일 충분한 이유가 있다고 과학적 실재론자는 주장한다. 여기서 우리는 과학적 실재론이 최선의 설명에로의 추론을 통해 옹호되고 있음을 볼 수 있다. 일반적으로 최선의 설명에로의 추론은 합당한 추론 방법으로, 일상적인 영역이나 과학의 영역에서 지금까지 널리 유용하게 사용되어 왔다. 따라서 우리는 과학적 실재론이 옳다고 증명할 수는 없으나, 과학적 실재론이 옳다고 믿을 충분한 이유는 있다고 생각할 수 있다.

① 과학적 실재론은 과학의 성공에 대한 최선의 설명인가?
② 과학적 실재론은 과학에서 보편적으로 수용되는가?
③ 과학에서의 이론적 존재자들은 실제로 존재하는가?
④ 과학 이론은 세계에 관한 참된 서술인가?
⑤ 과학 이론은 검증 가능한가?

‖ 2004 MEET&DEET 예비 검사 – 언어 추론 ‖

문제 해설

선택지의 내용들이 모두 본문의 내용에서 드러나 있는 것들이기 때문에 답을 찾기가 쉽지 않아 보인다. 그러나 문제 의식이라는 것은 이 글에서 필자가 논의하려고 하는 핵심이다. 그것은 너무 포괄적이어서도 안 되고 너무 지엽적이어서도 안 된다. 그런데 선택지 중에서 ③, ④, ⑤는 모두 이 글에서 논의하려고 하는 핵심적 사항이라기보다, 이 글에서 문제 삼고 있는 상황이 발생하게 된 배경이라고 할 수 있다. 그것들은 이 글에서 문제 삼고 있는 문제의 기반이 되고 있는 근본적 문제들이기 때문에 문제 의식이라고 부르기에는 너무 포괄적이다. 남은 것은 ①과 ②인데, 이 중에서 ①이 더 구체적이고 좋은 답이다.

이상의 설명이 일반적인 설명 방식이다. 그런데 우리는 여기서, '문제 의식－핵심 주장'이라는 순서쌍으로 문제를 검증해 보자. 각 선택지의 의문에 대한 답을 한번 나열해 보겠다.

① 과학적 실재론은 과학의 성공에 대한 최선의 설명이다.

② 과학적 실재론은 과학에서 보편적으로 수용된다.

③ 과학에서의 이론적 존재자들은 실제로 존재한다.(혹은 존재하지 않는다.)

④ 과학 이론은 세계에 관한 참된 서술이다.

⑤ 과학 이론은 검증 가능하다.

자, 이제 문제 의식–핵심 주장의 순서쌍이라는 도구가 얼마나 유용한지 실감할 수 있지 않은가? 위 글은 과학에서 이론적 존재자들이 실제로 존재하는지 알 수 없고(③), 과학 이론이 세계에 관한 참된 서술인지 알 수 없으며(④), 따라서 모든 과학 이론이 검증 가능하지 않은(⑤) 상황에서 그래도 '과학적 실재론'을 받아들이는 이유가 무엇인가를 논의하는 글인 것이다. 그 이유는 당연히 ①이 된다. 즉 과학적 실재론은, 마치 셜록 홈즈의 설명이 형사 사건에 대한 최선의 설명이듯이, 과학에서의 성공에 대한 최선의 설명이기 때문에 받아들일 수 있다는 것이 필자의 생각이다.

이렇게 볼 때, 이 문제에서 핵심 주장을 이렇게 찾아내는 일은 문제 의식을 판별하는 것보다 상대적으로 쉬운 일이다. 그리고 이렇게 찾아낸 핵심 주장으로부터 문제 의식을 결정할 수 있는 것이다.

〈정답〉 ①

이상에서 핵심 주장과 문제 의식에 대해서 공부해 보았다. 이제 지금까지 설명한 내용을 토대로 해서 논술 기출 문제를 하나 풀어 보자.

그런데 논술 문제를 풀기 전에 한 가지 지적할 것이 있다. 그것은 해설과 예시 답안을 보기 전에 반드시 스스로 답안을 작성해 보라는 것이다. 그냥 편하게 책에서 해설하고 있는 내용만 눈으로 훑어가면서 고개만 끄덕거리는 것으로는 결코 자신의 실력을 배양할 수 없다. 반드시 스스로 고민하고 답안을 작성하고 나서 해설에서 제시되는 설명과 예시 답안을 자신의 것과 비교해 보아야 한다. 그래야만 상투적이지 않는 자신만의 독창적인 글을 쓸 수 있고, 논술 실력도 높아질 것이다.

(가)

한 옛날에 옷을 입을 줄도 모르고, 집에 거주할 줄도 모르고, 불을 사용할 줄도 모르는 야만족이 열대에 있는 그들의 고향을 떠나, 이른 봄부터 늦여름까지 북방으로 이동하였다. 9월이 되어 밤에는 제법 추워 오는 것을 느끼게 될 때까지 그들이 더운 고장을 떠나서 이미 추운 고장으로 와 버린 줄은 꿈에도 몰랐다. 추위는 날마다 더해 갔다. 그 까닭을 알지 못하는 그들은 이리저리 도피하기 시작했다. 그들 중에 얼마는 남쪽으로 되돌아갔다. 거기서 그들은 다시 옛 생활을 계속했다. 그리고 그들의 후예들은 오늘에 이르기까지 야만을 면하지 못하게 되었다. 다른 방향으로 흩어져 방황하던 사람들은 그들 중 극히 소수만을 제외하고는 모두 멸망했다. 살을 에는 듯한 추위를 피할 길이 없던 일부 소수는 인간의 가장 높은 기능인 의식적인 발명의 능력을 사용하게 되었다. 그들 가운데 어떤 이들은 땅을 파고 구멍을 만들어 몸 둘 곳을 삼았다. 어떤 이들은 오막살이와 잠자리를 만들기 위해 나뭇가지와 잎사귀들을 모았다. 또 어떤 이들은 그들이 잡아 죽인 짐승의 가죽으로 그들의 몸을 가렸다. 오래지 않아 이 야만인들은 문명으로 향한 가장 훌륭한 진보의 발걸음을 내딛게 되었다. … (중략) … 이것이 진보 발전의 패러독스이다. 만일 필요가 발명의 어머니라면, 그 아버지는 고집이다. 고집이란 여러 가지 손실들을 끊어 버리고 삶이 보다 편리한 데를 찾아 가려는 것보다는 차라리 역경에서 견디어 이기며 살아가려는 결의이다.

— 토인비, 『역사의 연구』

(나)

1990년대의 소위 '디지털 혁명'은 두 방향으로 진행되었는데, 첫째, 기존 전자 제품이 디지털 기술을 구현한 제품으로 대체되었으며, 둘째, 인터넷·소프트웨어·통신·전자·컴퓨터들의 기술적 융합에 기반한 전혀 새로운 제품이 출현했다. 디지털 기술의 이러한 등장은 기술 비약 가설이 주장하듯 후발 주자에게는 선발 주자를 추격할 수 있는 기회가 된다. 실제로 디지털 기술로의 패러다임 전환기였던 1990년대 중반에 한국의 기업들은 여러 혁신적인 디지털 제품들에서 세계적인 리더로 등장하기 시작했다. 삼성과 LG는 관련 디지털 기술 영역에서 그 기술력과 라이선스에서 세계 최고의 지위를 누리고 있다. 또한 삼성과 LG는 1990년대 후반 이래 미국 또는 영국에서 가장 큰 시장 점유율을 갖고 있다. LG전자는 1997년에 디지털 TV에 필요한 핵심 칩셋을 개발한 세계 최초의 기업이다.

그러나 패러다임 전환기를 이용하여 선도 기업을 추격하고자 하는 기업은 다음과 같은 두 가지 위험을 접하게 된다. 첫 번째는 여러 개의 출현 가능한 표준 중에서 어떤 기술 표준을 선택할 것인가와 관련된 위험이며, 두 번째는 신규 제품 생산 기술을 선택하여 생산을 한 후 어떻게 초기 시장을 형성할 것인가 하는 위험이다. 디지털 TV와 CDMA를 개발했던 한국 기업들도 이러한 위험에서 자유로울 수 없었다.

… (중략) …

한국에서의 CDMA 셀룰러 폰 시스템 개발과 서비스 개시는 민관 합작으로 이루어진 가장 성공적인 경로 창출형 추격 또는 비약의 예이다. 한국 기업들과 정부 당국이 셀룰러 폰 시스템의 개발을 고려하고 있을 때 미국에서는 아날로그 시스템이 지배적이었고(여전히 지배적이다.), 유럽에서는 TDMA 방식의 GSM 시스템이 지배적이었다. 그러나 한국 정부(정보 통신부)는 주파수 사용이 효율적이고 고품질과 보안성을 겸비한 CDMA 기술에 주목했다. CDMA 시스템 개발에 대한 불확실성과 한국 통신, 삼성, LG 같은 통신 서비스 제공업자 및 시스템 제조업자들의 심각한 우려 및 GSM으로 가자는 강력한 의견에도 불구하고 정보 통신부와 전자 통신 연구소는 CDMA를 채택하기로 결정했다. 그러한 결정을 하기까지는 한국이 이미 개발되어 있는 TDMA(GSM)를 따라만 가게 되면 한국과 선발 국가 간의 격차는 줄일 수 없고 따라서 추격은 요원하다는 인식이 주요하게 작용했다. 그래서 한국은 더 위험한 길을 택했고 성공을 거두었다.

— 이근, 「과학 기술의 새로운 패러다임과 경제」

‖ 2007 서강대 수시 – 인문계 ‖

문제 해설

논술 문제를 보면 먼저 문제의 조건을 검토해야 한다. 이 일은 거의 '습관'으로 몸에 익혀둘 필요가 있다. 이러한 조건을 지키지 않으면서 "논술 시험의 채점에 객관성이 없다."고 말하는 것은 바람직하지 못하다. 이 문제에서 요구하는 것은 (i) 두 제시문의 공통된 논지를 추출하고, (ii) 그 의미에 대해서 논술하되, (iii) 500~600자 이내에서 해결하라는 것이다. 대충 답안 작성의 수노를 생각해 보면, 공통의 논지를 추출하는 과제는 200자 정도에서 해결하고, 의미를 논술하는 부분에 300~400자 정도를 할애하면 될 것이다. 그런데 여기서 (i)은 객관적인 정답이 존재하는 과제이고, (ii)는 수험자의 창의성이 어느 정도 필요한 과제이다. 이렇게 과제의 성격을 파악하는 것이 무엇보다 중요하다. 자, 그럼 하나하나 해결해 보자.

(i) 공통된 논지의 추출

다른 말로 표현하면 각 제시문의 중심 생각을 찾되 두 제시문의 공통 분모에 초점을 맞추라는 것이다. 문제 의식—핵심 주장을 찾아보자. (가) 글은 토인비라는 역사학자가 쓴 글로서 문명의 발생과 진보에 대한 논의를 하고 있다. 일단 문제 의식의 후보가 될 만한 것들을 나열해 보자.

- 문명의 구성 요소는 무엇인가?
- 문명의 발생과 진보의 동력은 무엇인가?
- 야만과 문명의 차이는 무엇인가?

첫 번째 것은 핀트가 빗나간 것이다. 제시문에 땅을 파서 집을 짓고, 오막살이를 짓고, 짐승의 가죽으로 옷을 만드는 등의 행위에서 문명이 생겨났다는 말이 있지만, 이러한 사례들은 이 책의 기준에 따를 때 비판적 사고의 5요소 중에서 경험적인 '정보'에 해당되는 것이다. 즉 중심 생각이 아니다. 그렇다면 두 번째와 세 번째 중에서 답이 있다는 이야기인데, 가만히 생각해 보면 두 번째 것이 더 적절함을 알 수 있다. 왜냐하면 이 글은 야만과 문명의 차이라는 '상태에 대한 비교'가 초점이 아니라 무엇이 문명을 발생시키고 진보시켰는가라는 '발생의 기원'에 관한 논의가 초점이기 때문이다.

"문명의 발생과 진보의 동력은 무엇인가?"가 이 글의 문제 의식이라면 핵심 주장은 그 문제에 대한 답으로서 "고집, 즉 편리한 삶을 선택하기보다는 역경에서 견디어 이기며 살아가려는 결의가 그 동력이다."가 될 것이다.

비슷한 맥락에서 (나) 제시문의 '문제 의식–핵심 주장'을 정리해 보면, 문제 의식은 "후발 주자가 선도 기업을 추격하기 위해 택할 수 있는 최선의 전략은 무엇인가?" 정도로 정리될 것이고, 핵심 주장은 "안전하다고 해서 기존의 표준을 추종하지 말고 위험을 감수하면서 새로운 표준을 정립해야 추격할 수 있다." 정도가 될 것이다.

이상의 논의를 토대로 해서 공통의 논지를 다음과 같이 정리할 수 있다.

> 두 개의 제시문은 모두 진보와 발전의 동력에 초점을 맞추고 있다. 문명의 발생이라는 거시적인 역사적 문제이든 패러다임의 전환기에 선 기업의 생존 전략이든, 문제 상황은 안정 지향적인 선택이냐 아니면 역경과 위험을 감수하는 선택이냐를 강요하기 마련인데, 두 제시문은 공통적으로 후자의 선택이 발전과 진보를 가능하게 하는 힘이라 보고 있다.

(ii) 의미에 대한 논술

앞서 말했듯이 이 부분은 학생들의 창의적이고 자율적인 의견의 비중이 높은 부분이다. 그러나 역시 객관적인 요소들은 필요하다. 이런 시각에서 제시문을 조금 더 분석해 보겠다. (i)에서 결론(핵심 주장)은 찾았다. 그렇다면 결론을 지지하는 근거들을 각 제시문에서 찾아보자. 그런데 각 제시문 모두 구체적 사례(경험적 정보)를 주요 논거로 사용하고 있다.

> **(가) 제시문**
> ① 열대에서 북방으로 이주한 야만족들이 추위를 겪게 되었다.(문제 상황)
> ② 그들 중 일부는 다시 남쪽으로 되돌아가서 생존을 유지했지만, 야만 상태를 면하지 못했다.
> ③ 남아 있던 사람 중 대부분은 멸망했지만, 일부는 발명의 능력을 사용하여 생존했고 이로부터 문명의 발생과 진보가 이루어졌다.

④ 진보와 발전의 힘은 편리한 삶보다 역경에서 견디어 이기며 살아가려는
　 결의에서 나온다.(결론)

(나) 제시문

① 패러다임의 전환기에서 선도 기업을 추격하고자 하는 기업은 위험을 접하
　 게 된다.(문제 상황)

② CDMA를 개발하려던 한국 기업들이 처한 상황이 그 구체적 예이다.

③ 안정 지향적인 GSM을 표준으로 삼자던 의견이 지배적이었지만, CDMA
　 강행이라는 위험한 길을 택한 한국은 결국 성공했다.

④ 안전하다고 해서 기존의 표준을 추종하지 말고 위험을 감수하면서 새로운
　 표준을 정립해야 추격할 수 있다.(결론)

이렇게 정리하고 보니, 중심 생각에만 집중했던 국면에서는 눈에 들어오지 않던 새로운 요소가 보인다. 그것은 이 제시문들의 중심 생각을 긍정적으로만 평가할 수 없도록 만드는 요소들이다. (가) 제시문의 경우는 역경을 선택한 대부분의 사람들이 결국 멸망했다는 사실이고, (나) 제시문의 경우에는 비록 한국이 결과적으로 성공했지만 실패했을 가능성도 만만치 않았다는 사실이다.

양지가 있으면 음지가 있는 법이다. 물론 여러분들이 이렇게 구체적인 '음지'를 제시문 속에서 추출할 수 있는지 장담할 수는 없다. 특히 이 문제처럼 '의미'를 논술하라는 문제에서는 비판적인 시각이 필수적 요소이다. 이렇게 볼 때 여러분이 선택할 수 있는 전략은 다음 세 가지 중 하나다.

① 저자의 생각에 동조하며 그 의미를 확장시킨다.
② 저자의 생각을 부정적으로 보며 비판한다.
③ 저자의 생각의 의미와 한계를 지적하고 절충안을 제시한다.

일반적으로 ③의 전략이 권장된다. 그런데 여기서 여러분들이 한 가지 꼭 잊지 말아야 할 사실이 있다. ③의 전략이 권장되는 이유가 그것이 '무난하기' 때

문은 아니라는 점이다. 논술 학원에서 논술을 가르치는 강사들이 상투적으로 하는 말이 있다. "이렇게 써야 채점관들이 좋아한다."는 말이다. 이를 앞의 경우에 적용하면 "절충안을 써야 채점관들이 좋아한다."고 이야기할 수 있다. 그런데 이는 전적으로 잘못된 생각이다.

채점관이 좋아하는 것은 '절충안'이 아니다. 오히려 독창적인 생각을 더 높이 평가한다. 문제는 독창적인 생각은 흔히 일방적이고 편협한 시각으로 흐르기 쉽다는 점이다. 논술 시험의 근본적인 취지가 학생들로 하여금 '인간과 사회에 관한 균형 잡힌 시각을 갖도록' 하는 것이기 때문에, 아무리 독창적인 생각이라도 편협한 관점을 보인다면 좋은 성적을 얻을 수 없다. 따라서 정확하게 말한다면, 채점관이 선호하는 답안은 '절충안'이 아니고 '균형 잡힌 시각'이다. 둘이 언뜻 비슷한 것 같지만 전혀 다른 것이다. 균형 잡힌 시각으로 독창적인 생각이 전개된다면 더 할 나위 없이 훌륭한 답안이 될 것이다.

앞의 세 전략 중 어떤 것을 선택해도 상관 없는 것이다. 여기서는 ③을 선택하면서 ②의 색깔을 약간 가미한 답안을 제시해 보겠다. 교육의 목적상 그러한 답안이 학생들에게 여러 가지 가능성을 생각해 보도록 하는 데 유리하기 때문일 뿐, 그것이 유일하게 옳은 전략이기 때문은 아니다. 다시 한 번 말하지만 ①이나 ②의 전략을 선택해도 얼마든지 좋은 답안을 만들 수 있다. 앞의 (ⅰ)의 답안을 포함한 최종 답안을 보자.

예제 4 | 예시 답안

두 개의 제시문은 모두 진보와 발전의 동력에 초점을 맞추고 있다. 문명의 발생이라는 거시적인 역사적 문제이든 패러다임의 전환기에 선 기업의 생존 전략이든, 문제 상황은 안정 지향적인 선택이냐 아니면 역경과 위험을 감수하는 선택이냐를 강요하기 마련인데, 두 제시문은 공통적으로 후자의 선택이 발전과 진보를 가능하게 하는 힘이라 보고 있다.

이러한 생각은 왜 우리가 현재에 안주하지 말고 새로운 것을 추구해야 하는가라는 물음에 대해 설득력 있는 해답을 준다는 점에서 의미 깊은 견해라 볼 수 있다. 그런데 여기서 간과하지 말아야 할 것은 진보와 발전은 저절로 얻어지는 것이 아니라 그 이면에는 항상 희생과 위험이 도사리고 있다는 점이다. (가) 제시문에서 추운 지역에서 죽음을 맞이한 수많은 인명이나 (나) 제시문에서 CDMA를 선택한 전략이 실패했을 때 초래될 결과를 고려해 볼 때 발전 지향적인 선택이 모든 경우에 현명한 선택이라고 일반화될 수는 없는 일이다. 따라서 우리는 성장이라는 미명 아래 희생이 정당화되지 않고, 성공이라는 전망 때문에 실패의 가능성을 무시하지 않는다는 제한 조건 아래서 역경과 위험을 극복하려는 진취적 자세를 받아들여야 할 것이다

이렇게 해서 처음으로 나온 논술 기출 문제를 해결해 봤다. 처음이라서 비교적 상세하게 답안을 작성하는 과정을 제시했다. 향후 해설에서는 이미 나온 내용들에 대한 중복을 피하면서 가급적 새로운 요소들에 주목하는 방향으로 전개해 나갈 것이다. 여러분은 모든 해설을 서로 유기적으로 연관시켜서 이해해 주기를 바란다.

이 문제에는 이런 답안이 적합하다는 식으로 암기하려 들지 말고 답안 작성의 '흐름'을 자기 것으로 삼는 것이 중요하다. 그렇게 되면 이 문제에 대한 답안 작성시 고려했던 요소가 다른 문제에서도 그대로 유효할 수 있음을 깨닫게 될 것이다. '한 동이의 물고기를 낚은 것'이 중요한 게 아니라 '고기 잡는 능력'을 갖는 게 중요하다.

2장
요약

요약은 글의 단락마다 주제문을 찾은 후 단순히 각 주제문들을 이어 쓰는 것이 아니다. 이럴 경우 긴 제시문을 요약하는 것은 사실상 불가능하다. 따라서 앞서 배운 비판적 사고의 5요소를 통해 글의 구조를 파악하는 것이 선행되어야 한다. 즉, 문제 의식과 핵심 주장을 기본으로 전제와 개념, 정보라는 요소로 글을 구조화시킨 후 어떤 요소는 살리고 어떤 요소를 누락시킬지를 결정해야 간결하고 명료하게 글을 요약할 수 있다.

요약은 중심 생각 찾기 이후에 가능한 과정이다. 물론 중심 생각을 찾지 않고서 요약을 할 수 없다는 이야기는 아니다. 그러나 중심 생각을 찾고 나서 정리한 요약문과 그냥 지문 순서대로 정리한 요약문은 같은 것일 수 없다. 그냥 단순히 순서상으로 중심 생각을 먼저 찾고 난 후에 요약을 하는 것만으로도 요약문의 내용을 군더더기 없이 알차게 만들 수 있다. 이 단순한 사실을 많은 학생들이 간과하고 있다.

비판적 사고의 5요소 그림을 상기해 보자. 중심 생각을 찾은 후 할 일이 무엇일까? 앞서 중심 생각 찾기에서 잠시 가려 놓았던 나머지 요소들을 복원시키는 일이다. 즉 전제, 개념, 정보라는 요소들이 이제 관심사가 되는 것이다. 물론 문제에서 요구하는 요약문의 분량을 맞추기 위해서 일부 요소들이 누락될 수도 있다. 그런데 여기서 어떤 요소들을 누락시킬 것인가 하는 문제도 결정하기가 그리 쉬운 일은 아니다. 하지만 비판적 사고의 5요소를 통해 지문을 구조적으로 이해하게 되면 어떤 요소를 살리고 어떤 요소를 누락시킬지 어렵지 않게 결정할 수 있다.

예제를 통해 자세히 알아보자.

　　과학이 무신론이고 윤리와는 거리가 멀다는 견해는 스페인의 철학자 오르테가 이 가세트가 말하는 '문화인'들 사이에서 과학에 대한 반감을 더욱 부채질하곤 했다. 이 두 가지 반감의 원인이 타당한 것인지는 좀 더 살펴볼 필요가 있다. 사실 과학자도 신의 존재를 믿을 수 있고, 더 나아가 신의 존재에 대한 과학적 증거를 찾으려 할 수도 있다. 무신론자들에게는 이것이 지루한 과학과 극단적 기독교의 만남 정도로 보일지도 모른다. 그러나 어느 누구도 제임스 클러크 맥스웰 같이 저명한 과학자가 분자 구조를 이용해서 신의 존재를 증명하려 했던 것을 비웃을 수는 없다.

　　물론 과학자들 중에는 무신론자도 많이 있다. 동물학자인 도킨스는, 모든 종교는 무한히 복제되는 정신적 바이러스일지도 모른다는 의심을 갖고 있었다. 그러나 확고한 유신론자들의 관점에서는 이 모든 과학적 발견 역시 신에 의해 계획된 것을 발견한 것이므로 종교적 지식이라고 할 수도 있다. 따라서 과학의 본질을 무조건 비종교적이라고 간주할 수는 없을 것이다.

　　오히려 과학자나 종교학자가 모두 진리를 찾으려고 한다는 점에서 과학과 신학은 동일한 목적을 추구한다고도 할 수 있다. 과학이 물리적 우주에 관한 진리를 찾는 것이라면, 신학은 신에 관한 진리를 찾는 것이다. 그러나 신학자들이나 혹은 어느 정도 신학적인 관점을 가진 사람들은 신이 우주를 창조했다고 믿고 우주를 통해 신과 만날 수 있다고 믿기 때문에 신과 우주가 근본적으로는 뚜렷이 구분되는 대상이 절대 아니라고 생각한다.

　　사실 많은 과학자들이 과학과 종교는 서로 대립되는 개념이라고 주장하기도 한다. 신경 심리학자인 리처드 그레고리는 '과학이 전통적인 믿음을 받아들이기보다는 모든 것에 질문을 던지기 때문에 과학과 종교는 근본적으로 다른 반대의 자세를 가지고 있다.'고 주장한 바가 있다. 그러나 이것은 종교가 가지고 있는 변화의 능력을 과소 평가한 것이다. 유럽에서 일어난 모든 종교 개혁 운동은 전통적 믿음을 받아들이지 않으려는 시도였다.

　　과학은 증거에 의존하는 반면 종교는 계시된 사실에 의존한다는 점에서 이들 간에 극복할 수 없는 차이점이 존재한다는 반론을 제기할 수도 있다. 그러나 종교인들에게는 계시된 사실이 바로 증거이다. 지속적으로 신에 관한 증거들에 대해 회의하고 재해석하려고 한다는 점에서 신학을 과학이라고 간주하더라도 결코 모순은 아니다. 사실 그것을 신학이라고 부르기 때문에 신의 존재를 전제로 하고 있는 것처럼 보인다. 그러나 우리가 본 바와 같이 과학적 연구가 몇몇 과학자를 신에게 인도했던 것처럼, 신학 연구가 그 신학자를 무신론자로 만들지 않을 이유는 없다.

과학의 정반대에 서 있는 것은 신학이 아니라 오히려 정치이다. 과학은 지식의 범주에 있지만, 정치는 견해의 범주에 속한다. 정치는 좋아하느냐 마느냐를 문제 삼는 분야로, 단지 말잔치를 통해 진리의 위치로 상승하기 위해 안간힘을 쓴다. 정치는 인물과 웅변술에 의존하고, 사회 계층과 인종, 그리고 민족을 핵심적인 요소로 하고 있다. 이런 모든 것들은 과학과 아무런 관계가 없다. 그리고 정치는 갈등을 기반으로 존재하고 적대 세력을 가지고 있어야 한다. 이러한 대립 구도가 와해된다면 정치는 더 이상 존재할 수가 없다. 즉 완벽한 의견 일치를 보이는 세상에서는 정치가 존재할 수 없다.

반면에 과학은 대립이 아닌 상호 협조의 운명을 지니고 있다. 물론 과학사는 지독한 논쟁과 고뇌, 그리고 반대 이론의 파괴로 점철되어 있다. 하지만 의견 일치에 도달하면 과학은 붕괴되는 것이 아니라 오히려 발전한다. 또 다른 핵심적인 차이로 정치는 인간을 구속하려 든다는 점이다. 정치의 주된 관심은 권력의 집행에 있다. 이러한 점 때문에 정치는 그 목적을 달성하기 위해 폭력(전쟁, 학살, 테러 등)을 사용할 수도 있으며, 가끔 실제로 사용하기도 한다. 그러나 과학은 전혀 그렇지 않다. 열역학 제2법칙과 같은 진리를 규명하기 위해 전쟁을 한다면 얼마나 우스운 일이겠는가?

물론 위에서 말한 것처럼 정치로부터 완전히 자유롭고 정반대 의미의 과학이 존재하는 이상적인 상태가 실제 세상에서는 있을 수 없다. 실제로는 다른 모든 것처럼 과학도 정치에 의해 유린되고 왜곡되는 것이 기정사실이 되고 있다. 그러나 과학이 호전적이고 파괴적인 도구로 사용되는 상황에 놓이게 된 것은 본질적으로 과학과 아무런 관련이 없다.

이는 정치의 책임이다. 우리는 이러한 과학의 비정치성을 강조할 필요가 있는데, 이는 과학이 초윤리적(超倫理的)이라는 비난을 극복하는 데 도움이 되기 때문이다. 이러한 관점에서, 우리는 과학의 초윤리성을 과학의 문제점이 아니라 오히려 강점과 순수성으로 인식해야 한다. 한편, 정치는 윤리로부터 절대 분리될 수 없다. 정치는 창자 속의 촌충처럼 윤리성 혹은 개념의 선악을 규정함으로써 발전해 간다. 따라서 과학이 초윤리적이지 않고는 정치로부터 자유로워질 수 없는 것이다.

윤리적인 용어로 냉정하고 논리적이며 비인간적인 인생의 접근 방식을 종종 '과학적'이라고 표현하는데, 이는 과학적 방법을 윤리적 관점으로 단순히 연결시키는 오해에서 비롯된 것이다. 과학은 그것이 냉정한 것이든 아니든 윤리적 관점과의 연결을 결코 용인하지 않는다. 사람에 따라서는 동일한 과학적 명제들이 매우 상반되는 윤리적 평가를 불러일으킬 수도 있다. 가령 인간을 원숭이와 관련짓는 다윈의 진화론은 인간을 격하시키는 것처럼 비추어졌고 지금도 어느 정도는 그렇지만, 브루스 프레데릭 커밍스는 이 진화론을 기쁘게 받아들이고 있다.

나로서는 내가 다른 동물들과 가까운 친족 관계라는 것이 자랑스럽다. 나는 나의 유인원 조상들을 선망하며, 그들이 자랑스럽다. 내가 한때는 숲 속에 사는 무수히 많은 털을 가진 유인원이었으며, 바다의 한천류로부터 활유어, 물고기, 공룡, 그리고 원숭이를 거치는 지질학적 시간대를 통해 지금의 내 틀이 완성되었다는 생각은 언제나 나를 즐겁게 한다. 누가 이런 생각을 에덴 동산에서 어슬렁대는 한 쌍의 남녀와 바꾸려 들까?

과학자 개개인은 연구를 추구하는 윤리적 혹은 초윤리적 이유를 가지고 있을 수도 있다. 그러나 이러한 이유들이 그들의 발견에 어떠한 흔적도 남기지 않으며, 그 발견이 발견자의 동기와는 전혀 무관하게 옳은 것이 될 수도 혹은 그렇지 않을 수도 있다. 데이비드 보더니스처럼 파스퇴르의 대중을 혐오하는 성향과 그가 밝혀낸 질병과 박테리아 사이에 어떤 관련성을 찾으려고 시도할 수도 있다. 그러나 파스퇴르가 밝혀낸 사실의 과학적 신뢰성은 인간을 불신하는 그의 성향으로 인해 강화되지도 혹은 약화되지도 않는다.

이처럼 과학이 윤리나 종교적 문제에 대한 해답을 가지고 있지 않다면, 왜 독자들이 구태여 과학을 알아야 하는 것일까? 이 질문에 대한 가장 좋은 답은 과학이 우리가 알고 있는 것(지식)이기 때문이라는 것이다. 이에 대한 반대는 무지일 뿐이다. 콜리지는 이러한 점을 명확히 알고 있었다.

최초의 과학자는 관찰 대상이 그에게 식량이나 피신처, 무기, 도구, 장신

구, 또는 장난감을 제공할 수 있어서가 아니라, 단지 안다는 것의 희열을 찾
기 위해 사물을 관찰하는 사람이었다.

과학이 발달함에 따라 필연적으로 과학에 대해 알지 못하는 사람들이 가지게 된
무지의 크기도 커졌다. 문학이나 예술 분야에서만 교육 받아온 사람들에게는 20세
기 후반의 현대적 지식 대부분에서 몽매한 암흑의 영역이 크게 확대되었다. 무지의
추방을 목적으로 하는 교육의 역사상 처음으로 새로운 형태의 무지한 지식층이 생겨
난 것이다. 이러한 지식층 중에서 그래도 나은 사람들은 자신의 무지를 통렬히 후회
하는 사람들이다. 20세기 미국의 뛰어난 문학 비평가로 중요한 역할을 했던 라이오
넬 트릴링은 '근대사의 특징적 성취라고 불리는 상상적 형태로부터 배제됨으로써
지적 자기 만족에 큰 상처를 입게 되었다.'고 탄식했다.

그러나 좀 더 최근에는 과학에 대한 무지가 어느 정도의 정치적 정당성을 부여받
기도 했는데, 과학을 지구 오염의 주범으로 몰아세운 녹색 운동이 이러한 부분에 기
여하였다. 또한 과학을 남성 중심적 권력 의지의 발현으로 몰아세우는 페미니즘도
마찬가지이다. 이러한 비난을 제기하는 것 자체는 정당하다고 하더라도, 그것이 과
학을 포기해야 하는 정당한 이유를 제시할 수 있는 것은 아니다. 오히려 그 반대일
것이다. 과학이 정치에 의해 잘못 사용되어졌기 때문에 발생한 공해 문제의 해결은
과학적 수단을 통해서만 해결이 가능하다. 가장 기본적 레벨에서조차 위험에 처한
식물이나 동물을 조사하고 보호하며 보존하는 일은 필연적으로 과학적 노력에 의해
서 달성될 수밖에 없는 것이다.

과학이 남성의 목적이나 태도에 의해 지배된다고 불평하는 페미니스트들도 여성
의 과학에 대한 무지와 배타적 성향을 정당화할 수는 없다. 오히려 과학 교육과 연구
분야에 여성의 참여를 확대하는 것이 더욱 시급한 일일 것이다. 이러한 관점은 가장
강경한 여권 운동가 중 한 사람인 에블린 팍스 켈러의 저서 『성과 과학에 관한 고찰』
에서도 잘 드러나 있다. 그녀는 수리 생체 물리학자였고, 노벨상을 수상한 유전학자
인 바버라 맥클린톡의 자서전을 집필하기도 했다. 켈러는 과학적 지식을 '남성적 발
현의 결과' 라는 식의 파괴적인 표현을 쓰기보다는 오히려 이상적인 '공동의 목적' 으
로 인식하고 있다.

페미니스트 등 과학에 비판적인 사람들에게 힘을 더해 준 책은 토마스 쿤의 『과학

혁명의 구조』이다. 이 책으로 인해 이성적이어야 할 과학자들이 실제로는 이성적인 사람들이 아니며 문화적 조류에 따라 흔들리고 객관적 진리와는 전혀 관계없는 이유에 의해 한 패러다임에서 다른 패러다임으로 생각을 바꾸는 사람들이라는 생각이 유행하게 되었다. 그러나 어떤 개념이 확신을 얻게 되는 과정에 관한 쿤의 설명은 그 개념에 대한 진위 여부를 규명하려는 노력이 충분히 검토되지 않았다는 점에서 과학자들의 비판을 받기도 한다.

과학을 평가 절하하는 이러한 다양한 움직임들은 무지를 정당화하고 나아가 미화하기까지 하는 효과를 가져왔다. 영국의 대학 교수들은 대부분의 문학이나 예술계 학생들이 그들의 학창 시절에 배운 미미한 과학적 지식마저도 쉽사리 잊어버린다는 것을 알고 있을 것이다. 최근 옥스퍼드 대학의 한 문학 세미나에서 나는 존 던의 시 한 구절을 인용하였는데, 그가 이 시를 쓴 1612년에는 아무도 피가 어떻게 심실에서 다른 심실로 이동하는지 모른다는 내용이었다. 나는 이 세미나에서 학생들에게 실제로 피가 어떻게 이동하는지 아느냐고 물어보았다. 그곳에는 학위 과정의 막바지에 와 있는 30여 명의 매우 지적인 학생들이 앉아 있었지만, 어느 누구도 바른 대답을 하지 못했다. 한 학생만이 머뭇거리며 일어나 삼투 현상 때문일 것 같다고 대답했다. 그들은 피가 몸속을 돈다는 사실조차도 모르는 것 같았다.

매년 영국의 대학에서 문예 분야의 강좌를 듣기 위해 몰려드는 엄청난 수의 수강 신청자에 비해 미미한 숫자의 과학계 강의 수강 신청자들을 보면서 젊은이들 사이에서 과학을 포기하는 경향이 있음을 알 수 있다. 대부분의 학자들이 이러한 점은 고쳐져야 한다고 말하고 있지만, 문예 분야가 쉽기 때문에 더 인기가 있으며 문예 계열의 학생들은 과학계 강좌에서 요구하는 지적 수준을 충족시킬 필요가 없다는 생각이 더 일반적이다. 우리는 이러한 견해에 대해 반대하는 피터 메더워 경의 생각을 한번 돌이켜 볼 필요가 있다. 메더워는 1953년 크릭, 윌킨스, 프랭클린과 함께 DNA의 분자 구조를 발견하여 노벨상을 수상한 미국의 유명한 젊은 과학자 제임스 D. 왓슨의 경력을 언급하면서 다음과 같이 말하고 있다.

영국에서는 왓슨과 같은 재능 있고 천재성을 가진 학생들이 문예 계열의 연구에 치중되어 있었던 것 같다. 분자 생물학의 첫 세대가 활동하던 1950년대에 영국의 옥스퍼드나 케임브리지 대학의 영문학부에서는 뛰어난 능력을 가진 졸업생들을 배출하였다. 그들은 왓슨 수준에 버금가는 젊은 과학자들보다 훨씬 더 총명하고 창조적이며 똑똑하고 논리적이었다. 그러나 왓슨은 그들이 가지지 못한 뛰어난 장점을 가지고 있었는데, 그는 매우 똑똑하면서도 어떤 대상에 관심을 가질 것인가를 아는 현명함을 갖추고 있었다. 이러한 점은 지식을 탐구하는 대부분의 사람들이 가지지 못한 과학자들만의 장점이며, 그들은 이러한 장점을 능력에 관계없이 향유하고 있다.

똑똑하다는 것이 최고의 과학자가 되기 위한 필요 조건은 아니다. 또한 이것이 최고의 과학자가 되기 위한 충분 조건은 더더욱 아니다. 과학적 연구에 의해 일어난 위대한 사회적 혁명 중의 하나는 배움의 민주화였다. 어느 누구나 통상의 상식과 보통 수준의 상상력을 복합시킬 수만 있으면 창조적인 과학자가 될 수 있다. 또한 사람이 가진 능력의 한계를 넓힐 수 있느냐에 따라 그 사람의 행복이 결정된다면, 그는 적어도 행복한 과학자가 될 수 있을 것이다.

메더워의 주장, 특히 과학자들은 현명한 어떤 것을 가지고 있는 데 반해 문예 계열의 학생들은 그렇지 않다는 주장은 상당한 논란을 불러일으켰다. 당연히 셰익스피어나 톨스토이가 전혀 현명한 사람이 아니라고 주장하는 것이냐는 항의를 들어야만 했다. 한편 과학이 천재들뿐만 아니라 보통의 능력을 가진 사람들에게도 행복을 가져다줄 수 있다는 그의 주장은 별로 관심을 끌지 못했다. 그렇지만 그의 핵심적 메시지는 바로 이 부분이다. 영국이 경제 난국에 처하지 않기 위해 과학을 계속하여야 한다는 식의 이야기는 젊은이들을 과학 분야로 끌어들이는 데 별로 도움이 되지 않는다. 그러나 과학자들의 글을 통해 메더워가 말하는 기쁨과 자기 만족이 사실이라는 점을 보여 준다면, 많은 젊은이들이 과학 계통의 일에 종사하게 될 것이다.

만약 독자들이 문학 교수인 내가 무슨 생각으로 각종 지식 원전들을 한데 모으게 되었냐고 묻는다면, 기쁨과 자기 만족을 위해, 그리고 콜리지의 말처럼 '알게 된다는 것의 희열'을 느끼기 위해 만들었다고 대답할 것이다.

— 존 캐리, 『지식의 원전』

【논제】 위 제시문을 300자 이내로 요약하시오.

이 문제를 해결하는 데 가장 장애가 되는 것이 무엇일까? 그렇다. 분량이다. 제시문의 분량은 일반적인 수험생이 한 번의 호흡으로 수용하기 힘들 만큼 긴 분량이다. 그에 비해 요약문의 분량은 300자 이내로 제한되어 있다. 제시문의 분량이 길 뿐만 아니라 주장하는 바가 그리 명확하지 않기 때문에 어떻게 중심을 잡아서 요약을 해야 할지 갈피를 잡기가 쉽지 않다. 글의 앞에서부터 순서적으로 요약해 들어가는 단순한 요약의 방식으로는 절대로 해결할 수 없다. 우리의 방식대로 제시문을 분석해 보자.

먼저 문제 의식의 후보들을 나열해 보자.

> ① 과학은 종교나 윤리와 거리가 먼가?
> ② 과학에 대한 오해들은 무엇인가?
> ③ 왜 과학을 알아야 하는가?

①, ②는 글의 서두에서 중심적으로 논의되는 내용이지만 중반 이전에 논의가 종결되는 것들이기 때문에 제시문 전체를 관통하는 문제 의식이라고 보기 힘들다. ③이 답임을 이제 여러분도 쉽게 알 수 있을 것이다. 그리고 ③이 문제 의식이라면, 이 글의 후반부 내용을 고려해 볼 때 결론은 "과학을 알아야 하는 이유는 과학이 지식이기 때문이다."가 될 것이다. 이 점은 제시문에 다음과 같이 명시적으로 나와 있기도 하다.

> "왜 독자들이 구태여 과학을 알아야 하는 것일까? 이 질문에 대한 가장
> 좋은 답은 과학이 우리가 알고 있는 것(지식)이기 때문이라는 것이다."

이렇게 문제 의식과 결론을 확정함으로써 생기는 이득은 무엇일까? 그것은 이렇게 긴 글이라도 글을 구성하고 있는 주요 부분들의 역할을 파악할 수 있게

된다는 점이다. 보다 상세히 분석해 보자.

> ① 과학에 대한 반감의 근원으로서 무신론과 초윤리성을 언급한 이유 ➡ 과학에 대한 오해를 불식시키고 과학이 필요한 이유에 주목하기 위해
> ② 과학과 정치를 비교하는 이유 ➡ 과학이 초윤리적이라는 사실이 부정적인 것이 아니라 긍정적인 것임을 보이기 위해
> ③ 과학에 대한 무지의 사례를 나열하는 이유 ➡ 과학의 본성이 앎(지식) 자체에 대한 탐구라는 점을 강조하기 위해

여기서 ②에 주목해 보라. 글의 전체적 흐름을 이해하지 못하면 과학과 정치의 비교가 뜬금없이 나온 것처럼 생각되기 쉽고, 따라서 이 부분을 어떻게 처리할지 막막할 것이다. 그런데 이렇게 골격을 잡고 보니 어떻게 요약해야 할지 방향을 잡을 수 있게 되었다. 이상의 내용을 토대로 다음과 같이 요약문을 작성해 보았다. 여러분은 아래 예시 답안을 읽고 반드시 다시 제시문을 처음부터 차근차근 읽으면서 스스로 검증해 보기를 바란다.

예제 | 예시 답안

> 과학에 대한 반감은 과학이 무신론이고 윤리와 거리가 멀다는 견해에서 비롯되었다. 전자의 견해는 과학과 종교의 목적과 추구하는 방식에 큰 차이가 없기 때문에 잘못된 견해라 할 수 있으며, 후자의 견해가 비판하는 초윤리성은 과학의 결함이 아니라 오히려 순수성을 지키려는 강점으로 인식해야 한다. 과학이 추구하는 것은 바로 앎 그 자체인데, 이 점에 대한 오해가 과학을 평가 절하하는 다양한 경향을 낳았다. 따라서 앎을 추구하는 것이 기쁨을 준다는 인식을 확산시킬 필요가 있으며 이를 통해 과학에 대한 오해를 불식시키고 젊은이들이 과학에 관심을 가질 수 있게 할 수 있다.

3장
맥락

맥락이란 글의 흐름을 말한다. 맥락을 무시한 채 글의 일부만으로 내용을 파악할 때 오해의 소지가 크다. 나무를 보면서 숲을 보지 못한 격이다. 올바르게 맥락을 파악하기 위해서는 앞에서 다룬 '문제 의식–핵심 주장' 찾기와 함께 단락별 중심 내용을 정리하는 습관을 들여야 한다. 특히 난해한 지문 독해 시 세부 내용에 지나치게 집중하지 말고 단락별 내용을 정리하는 것이 문제 풀이에 훨씬 유리하다.

어떤 글의 '맥락(context)'을 이해한다는 것은 쉽게 말해 글의 흐름을 파악한다는 것이다. 난해한 글을 독해해 보라 하면, 대부분의 학생은 세세하게 정독을 하면서, 특히 이해가 안 되는 부분은 몇 번이고 반복해서 이해가 될 때까지 되풀이해서 읽는 경향을 보인다. 글을 정독하고 반복해서 읽은 것이 잘못이라는 말이 아니다. 단지 그냥 거기에 그치는 것이 문제라는 것이다. 세세한 부분까지 정독해서 읽는 습관은 글 전체의 흐름을 조망하는 습관과 조화를 이룰 때 의미가 있는 것이다. 그렇지 못하면 '나무는 보지만 숲을 보지 못하는' 실수를 범하게 된다.

필자가 학생들을 지도하면서 정말로 강조하는 것이 두 가지 있다. 강의를 들으면서 다른 건 다 잊어도 되는데, 꼭 잊지 말아야 할 것은 바로 다음 두 가지라고 말하곤 한다.

하나는 독해를 할 때 항상 '문제 의식 – 핵심 주장'을 먼저 찾으라는 것이다. 이는 앞에서 자세히 살펴본 내용이다. 중요한 것은 지금 푸는 문제가 문제 의식이나 핵심 주장을 묻는 문제가 아니더라도 지문을 보면 반사적으로 "이 글의 문제 의식은 무엇이고, 그에 대한 답으로서 핵심 주장은 무엇인가?"를 생각하라는

것이다. 이렇게 하면 처음에는 그냥 지문을 읽는 것보다 시간이 더 걸릴지 모르
겠지만, 자꾸 이 훈련을 반복하다 보면 함정에 빠지고 실수를 저지르는 확률이
현저하게 줄어든다. 이 점은 다년간 학생들을 지도하면서 눈으로 직접 확인한
바이다. 정말 믿어도 좋다.

그리고 다른 하나가 단락별 중심 내용을 정리하는 일이다. 단락별 중심 내용
을 정리하는 일은 특히 이 장의 주제인 '맥락'을 이해하는 데에도 직접 도움이
되는 훈련이다. 그런데 지금부터 말하려는 내용은 이 책의 주제에서 약간 벗어
난 것, 즉 '논술'이라기보다 언어 영역 중 '비문학 독해'와 더 관련이 된 이야기
이긴 하지만 학생 여러분에게 분명히 도움이 되리라고 판단되어 한 가지 중요한
점을 지적하고자 한다.

단락별 중심 내용을 정리하는 일은 독해 문제에서 가장 출제 빈도수가 높은
'일치/불일치 문제'를 해결하는 데 중요한 역할을 수행할 수 있다. 일치/불일치
문제란 "다음 중 위 글의 내용과 일치하는 (혹은 일치하지 않는) 것은?"과 같은
형식의 문제이다. 지문의 세세한 내용을 제대로 파악하고 있는지 묻는 문제라
볼 수 있다. 여기서 의문을 가질 독자도 있을 것이다. 단락별 중심 내용을 정리하
는 훈련이 맥락을 이해하는 데 도움이 된다고 볼 수 있지만 '일치/불일치' 문제
해결에도 도움이 된다는 것은 납득하기 힘들 수 있다. 이는 이 책에서 강조하고
있는 '독해의 기본은 나무를 보기 이전에 먼저 숲을 보는 것이다.'라는 견해로부
터 파생된 것이다. 좀 더 자세히 알아보자.

지문이 주어지고 그에 대한 내용 파악을 묻는 문제, 소위 '독해 문제'를 대하
는 학생들의 가장 일반적인 패턴을 보면 다음과 같다.

① 먼저 지문을 한 번 쭉 읽는다.
② 문제를 읽고 문제의 성격을 파악한다.
③ 처음에 읽은 지문의 기억을 더듬어 지금 당면한 문제를 해결하기 위한 근거
　가 되는 부분을 다시 읽는다.
④ 그 부분을 근거 삼아 답을 선택한다.

도대체 문제를 틀릴 이유가 없어 보인다. 그런데 오답이 의외로 많다. 이유가 뭘까? 앞에 제시한 학생들의 독해 문제 풀이 과정을 좀 다른 각도에서 다시 분석해 보겠다.

① 지문을 처음에 읽으면서 자꾸 흐름을 놓치지만 그냥 그때그때 중요하다고 생각한 부분에 밑줄을 치면서 꾹 참고 끝까지 읽는다. 결과적으로 중요하다고 밑줄 친 부분이 너무 많아져서 뭐가 중요한지 알기도 어렵고, 밑줄 친 내용이 정말 중요한지도 확신할 수 없다. 저자가 하고 싶은 말이 무엇인지 알지 못한다.
② 문제를 읽고 문제의 성격을 파악한다. 그러나 사실 중심 생각 찾기 문제인지 일치/불일치 문제인지, 그리고 만약 일치/불일치 문제라면 그냥 지문의 내용 파악을 묻는 것인지 아니면 지문의 내용으로부터 추론해 낼 수 있는 것을 묻는지 확신할 수 없다.
③ 당면 문제를 지문의 내용을 제대로 파악하고 있는지 묻는 문제로 간주하고 지문에서 해당 내용을 찾는다. 아까 읽은 기억을 토대로 어떤 부분을 지목하지만, 글의 전후 맥락을 고려하면 그 부분이 다르게 해석될 수 있음을 파악하지 못한다.
④ 지문의 내용에서 근거를 찾아서 답을 골랐다고 생각하고 있지만, 사실은 출제자가 파놓은 함정에 빠져 오답을 고른다.

자, 이게 비밀이다. 수험생 여러분에게 미안한 말이지만, 자신은 앞에 나오는 ①~④의 단계를 밟고 있다고 여기지만, 실제로는 뒤에 분석한 ①~④의 단계를 밟고 있는 것이다. 기본적으로 글을 읽는 습관이 잘못되었기 때문이다. 숲을 보지 않은 채 나무만 보려 한 탓이다.

이러한 잘못을 극복하기 위해서는 숲을 보는 훈련을 해야 한다. 그 훈련의 두 중심축이 바로 '문제 의식-핵심 주장' 순서쌍 찾기와 '단락별 중심 내용'을 정리하는 일이다. 전자가 거시적인 시각에서 숲을 보는 것이라면, 후자는 그보다는 좀 더 구체적으로 숲의 모습을 바라보는 것이다.

단락별 중심 내용을 정리하는 습관을 들이면 다음의 것들이 달성된다.

- 지문을 '구조적'으로 읽게 된다. 즉 글의 뼈대가 무엇인지 파악하고 그 뼈대의 흐름 속에서 글의 내용을 전반적으로 파악하게 된다.
- 지문을 '반성적'으로 읽게 된다. 그냥 수동적으로 저자의 생각을 이해하는 것이 아니라, '이 부분에서 저자가 이렇게 표현한 것은 앞 단락의 내용 중 무엇으로부터 근거한 것인가?' 혹은 '그렇다면 이 표현은 저자의 진의가 아니고 그냥 비유적 표현이 아닌가?'와 같은 의문을 스스로 제기하면서 글을 읽게 된다.

'단락별 중심 내용 정리하기'가 이렇게 유용하기 때문에 실제 문제에서 출제되는 비중이 크지 않더라도 그 중요성을 계속 강조해 온 것이다. 특히 지문의 내용이 추상적이고 난해할수록 단락별 중심 내용을 정리하는 작업이 빛을 발한다. 단락의 세세한 내용을 모두 다 이해할 수 없는 경우라 하더라도, 각 단락을 통해 저자가 말하고자 하는 바가 무엇인지를 대체로 짐작할 수 있다. 이럴 경우에 비록 부분적으로 이해가 되지 않아 도저히 파악이 안 되는 내용이 있더라도 문제를 풀 때 정답을 맞힐 확률이 훨씬 더 높아지는 것이다.

【예제 1】 다음 글의 내용과 일치하지 <u>않는</u> 것은?

이처럼 호메로스는 그리스 문화의 원형이다. 그런 까닭에 호메로스 이후의 모든 시인과 철학자들이 이 위대한 시인의 정신적 영향 아래 있었다는 것은 조금도 이상한 일이 아니다. 이런 당연한 통찰에 따라 20세기 들어 많은 고전 문헌학자들이 그리스 철학의 원형적 형태를 호메로스의 서사시에서 이끌어 내려는 시도를 해 왔다. 그리고 이런 시도가 그리스 철학에 대한 우리 이해의 폭과 깊이를 넓혀 준 것은 두말할 나위도 없다. 그 덕분에 우리는, 그리스 철학의 탄생이 더 이상 편협한 과학적 또는 이론적 관심에서 비롯된 돌발적 소산이 아니라, 호메로스로 대표되는 당시의 정신적 삶의 총체성으로부터 연속적으로 형성되었다는 것을 큰 거부감 없이 받아들이게 된 것이다.

　그러나 호메로스와 그리스 철학 사이에 연속적인 다리를 놓으려는 지금까지의 시도는 많은 구체적 성과에도 불구하고 이해하기 어려운 하나의 근본적 착오 속에 머물러 있는 듯이 보인다. 그것은 대다수의 사람들이 탈레스 이후의 철학적 사유 속에서 호메로스의 흔적을 찾기보다는 거꾸로 호메로스에게서 어떤 철학적 사유의 맹아를 찾아냄으로써 그 시인이 그리스 철학의 시원임을 증명하려 했기 때문이다. 그리하여 아버지와 아들의 생김새를 비교하면서 아들이 아버지를 닮은 것이 아니라 아버지가 아들을 닮았다고 말하는 것과 비슷한 우스운 상황이 종종 벌어졌던 것이다.

　예를 들어 샤데발트는 소크라테스 이전의 철학에 대한 강의에서, "호메로스의 서사시는 그것의 내적인 구조에서 우리가 시적 존재론이라고 부를 수 있는 것을 통해 구성되어 있다."고 주장한다. 이렇게 말할 수 있는 근거는 호메로스의 서사시가 보여 주는 어떤 로고스 때문이다. 샤데발트의 주장에 따르면 호메로스는 '로고스가 시적 언어 속에서도 자기를 나타낸다는 것'을 보여 준다. 즉 로고스는 결코 철학의 전유물이 아니다. 비록 표현 방식은 다르다 하더라도 세계에 대한 철학적 반성은 시인의 정신 속에서도 일어난다. 이런 입장에 따라 샤데발트는 그리스 철학의 발생을 서술하면서 신화와 로고스 그리고 서사시와 철학을 배타적으로 구분하지 않고 호메로스를 그리스 철학의 정당한 시원으로 삼을 수 있었다.

① 샤데발트는 호메로스의 서사시가 그리스 철학의 원형임을 증명하였다.
② 호메로스의 서사시는 철학적 사유에 상당한 영향을 미쳤다.
③ 호메로스의 로고스가 시적 존재론과 정확히 일치하는 것은 아니다.
④ 정신적 삶의 총체성은 과학이나 이론적 관심을 포함한다.
⑤ 호메로스의 작품은 서사시나 신화의 장르에 속한다.

‖ 2004 MEET&DEET 예비 검사 – 언어 추론 ‖

 문제 해설

　위 문제의 답은 ①이다. 이 문제의 답을 ①이라고 하니, 황당하다고 느끼는 학

생들이 많을 것이다. 실제 이 문제를 학생들에게 풀어 보라고 했을 때, ①을 답으로 선택하는 학생은 10%도 안 된다. 왜냐하면 전체 지문의 논리적 흐름을 생각하지 않고 마지막 단락에 명시적으로 드러난 "호메로스를 그리스 철학의 정당한 시원으로 삼을 수 있었다."는 문장에만 집중하기 때문이다. 이 마지막 문장이 선택지 ①의 내용, "샤데발트는 호메로스의 서사시가 그리스 철학의 원형임을 증명하였다."는 문장과 같은 뜻이라고 생각하기가 쉽기 때문이다. 그러나 전체 글을 단락별로 명제화하면 이것은 넌센스임이 드러난다. 각 단락을 명제화하면 다음과 같다.

첫째 단락 : 호메로스는 그리스 문화의 원형이므로, 많은 학자들이 그리스 철학의 원형적 형태를 호메로스의 서사시에서 이끌어 내려는 시도를 해 왔다. 이러한 시도는 그리스 철학을 이해하는 데 도움을 주었다.

둘째 단락 : 그러나 이러한 시도 중 많은 것들은 아버지와 아들의 관계를 전도시키는 오류를 범하고 있다.

셋째 단락 : 샤데발트의 시도가 그러한 예 중 하나다.

셋째 단락에서 '아버지와 아들의 관계를 전도시키는 오류'의 한 예로서 샤데발트의 시도가 제시되고 있다는 점을 알아차려야 한다. 그러나 대부분의 학생들은 셋째 단락을 읽으면서 너무 세부적인 내용 이해에 몰입하게 되어 전체 흐름에서 차지하는 셋째 단락의 의미를 보지 못하게 된다. 그래서 정반대의 해석을 하게 되는 것이다. 물론 셋째 단락의 내용이 다소 난해하고 표현 방식에 문제가 있기 때문에 그러한 오해를 불러일으킬 수 있다. 그런데 바로 이 점이 함정이라는 사실을 의식하면서 출제를 한 것이고, 수험생은 쉽게 그 함정에 빠질 수 있다.

〈정답〉 ①

지문의 맥락을 이해하는 일, 지문의 전체적인 흐름을 이해하는 일이 얼마나 중요한지 짐작했을 것이다. 그리고 이러한 점은 특히 논술 문제의 지문을 이해하는 데 있어서 더 큰 힘을 발휘한다. 비록 논술 문제에서 지문의 맥락을 묻는 문제가 직접 출제되지 않는다고 해도 항상 맥락을 염두에 두면서 글을 읽는 습관이 중요한 것이다. 그리고 그 가장 구체적인 방법이 바로 단락별로 중심 내용을 정리하는 일이다.

이번에는 논술 기출 문제를 한번 살펴보자.

[예제 2] 가상적으로 만든 두 인물의 대화를 읽고 다음 물음에 답하시오.

甲 : 그대가 담헌이나 연암과 함께 북학을 주장한다고 들었다. 북학이 도대체 무엇이냐?

乙 : 일찍이 맹자는, '나는 중화(中華)의 문화 덕에 오랑캐가 변화했다는 말은 들었지만 중화가 오랑캐 덕에 변화했다는 이야기는 듣지 못하였다.'고 하였사옵니다. 초나라 출신인 진량은 주공과 공자가 가르친 도를 좋아하여 북쪽으로 가서 공부를 하였사옵니다. 그 결과 북방 학자 중에 진량만한 이가 없사옵니다.

甲 : 조선도 압록강을 넘어 북쪽으로 가서 공부를 해야 한다 이 말이렷다. 중화와 오랑캐 이야기는 받아들이기 힘들구나. 조선에 작은 중화〔小中華〕를 자처하는 이들이 많음을 알렷다? 오랑캐에게 멸망한 명나라를 대신하여 오직 조선만이 중화의 도를 실현할 수 있다는 주장이니라. 혹자는 작은 중화가 명나라를 무조건 따르는 눈먼 충심이라고 하지만, 과인 생각은 다르니라. '소중화'란 세 글자 안에는 조선 문화가 세상 제일이라는 무한한 자긍심이 있도다. 그 자긍심을 바탕으로 더 뛰어난 시문(詩文)을 만들고 생활 규범들을 가다듬을 수 있느니라. 이런 주장에 반대하는가? 그 이유가 무엇인가?

乙 : 그러하옵니다. 조선 문화는 세상 제일이 아니옵니다. 명나라가 멸망하였으니 중원에는 더 이상 제대로 된 문화가 없다는 주장은 눈먼 장님이 내뱉는 농담과 같사옵니다. 신은 작년 여름 연경(燕京)에 가서 똑똑히 보았나이다. 그곳에는 우리가 전혀 알지 못하는 새로운 지식과 물품들이 산처럼 쌓였나이다. 피부색과 머리 모양, 얼굴 모양이 제각각인 세계 여러 나라 사람들이 자유롭게 거리를 활보했사옵니다. 조선은 그 높은 문화를 진량처럼 배워야 하옵니다. 소중화란 우물

안 개구리들이 내는 자화자찬에 지나지 않사옵니다.

甲 : 근래의 사대부들은 습성이 괴이하여 반드시 우리 나라 규모를 벗어나고자 하며, 멀리 중국인들이 하는 것을 배우고자 하고 있어, 서책은 물론이고 평소에 쓰는 그릇과 물건 역시 모두 중국산을 사용하여 이로써 높이 올라간 것처럼 자랑스러워하지. 묵 · 병풍 · 의자 · 탁자 · 솔 · 술통 등 기교(奇巧)한 물건을 좌우에 늘어 놓고 차를 맛보고 향을 피우며 억지로 고아한 척하는 토양을 이루 다 기록할 수 없어. 내가 깊은 궁궐에 앉아서도 오히려 들은 풍문이 낭자(狼藉)하여 폐됨은 말하지 않아도 알 수 있다는 게지. 옛사람이 말하기를, "지금 사람은 지금 옷을 입어야 한다."라고 하였으니, 이 말은 절실하여 공경할 만하니라. 이들이 우리 동방에서 태어났으면 마땅히 우리 동방의 본색을 지켜야 할 것인데, 어찌 힘을 다해 중국 사람을 모방하려 하는가? 이 역시 사치 풍조의 일단이며 말류의 폐단으로 장차 말할 수도 없고 고칠 수도 없게 될 것이니 실로 보통 근심이 아니라고 할 것이야.

乙 : 옛날 영웅은 반드시 원수를 갚을 뜻이 있으면 호복 입는 것도 부끄러워하지 않았는데, 지금은 중국 법을 "배울 만하다."라고 말하면 떼를 지어 일어나서 비웃나이다. 필부가 원수를 갚고자 할 때 원수가 날카로운 칼을 찬 것을 보면 그 칼을 빼앗을 방법을 고민하는 법이옵니다. 그런데 지금은 당당한 천승(千乘)의 나라로서 천하에 대의를 펼치려고 하는 데도 중국의 법 하나를 배우려고 하지 않사옵니다. 그럼으로써 우리 백성들이 고생만 숱하게 할 뿐 아무 효과도 보지 못하고, 궁핍에 찌들어 굶어 죽고 스스로 쓰러지게 했사옵니다. 그리고 백배나 이익이 될 것을 버리고 결코 행하지를 않았사옵니다. 신은 중국을 차지한 오랑캐를 물리치기는커녕 우리나라 안에 있는 오랑캐의 풍속도 다 변화시키지 못할 것이 염려되옵니다. 그러므로 오늘날 사람들이 오랑캐를 물리치고자 한다면 차라리 누가 오랑캐인지를 분간해야 하옵니다. 그리고 중국을 높이고자 하면 차라리 저들의 법을 완전히 시행함으로써 더욱 중국을 높일 수가 있을 것이옵니다. 만약 다시 명나라를 위하여 원수를 갚고 우리가 당한 치욕을 씻고자 한다면 이십 년 동안 힘써 중국을 배운 다음에 함께 논의해도 늦지 않을 것이옵니다.

甲 : 과인은 어려서부터 효종 할아버지와 임경업 장군, 그리고 이완 대장을 존경하며 흠모해 왔느니라. 그분들이 염원한 북벌을 완성한 후 개가를 부르고 싶었지. 과

인이 임금이 되면 그분들이 못다 이룬 꿈을 실현하리라 결심했어. 동쪽 바다의 큰 고래와 서쪽 변방의 흉악한 멧돼지를 몰아내는 꿈! 군대는 흉기이고 전쟁은 불행이라지만, 제갈공명이 연거푸 출사표를 짓고 원정을 떠났듯이, 올바름을 위해 반드시 싸워야 하는 일도 있는 법이야. 후대인들이 제갈공명을 떠받드는 것은 탁월한 지혜와 신묘한 병법 때문이기도 하지만 무엇보다도 의리와 명분을 중히 여기며 끝까지 올바름을 추구했기 때문이니라. 그 결과가 고작 오장원의 때 이른 죽음이냐고 힐난하는 이도 있지만, 과인은 그 죽음이 곧 패배를 뜻한다고 보지 않아. 출사표를 올리지 않고 좁은 촉나라에서 호의호식하는 것이 도리어 패배라면 패배이니라. 오늘 여러 선비들의 이야기를 듣고 있자니 북벌은 개 짖는 소리로 취급받고 오직 압록강 북쪽 학문을 배우고 익혀야 한다는 목소리만 높았어. 그럴 바에야 차라리 조선을 떠나 그곳으로 들어가는 것이 좋지 않겠는가?

乙 : 효종 임금이나 임 장군, 이 대장은 누구나 다 존경하옵니다. 병자년에 당한 치욕을 씻고 나라다운 나라를 만들겠다는 세 분의 바람은 맑고 숭고한 것이었나이다. 선비들 대부분이 북벌과 북학 중에서 어느 하나는 옳고 어느 하나는 그르다고 하옵니다. 그러나 북벌과 북학은 만날 수 있사옵니다. 조선이 대군을 이끌고 압록강을 건너는 것은 곧 청나라와 정면으로 맞서는 것이옵니다. 과연 지금 조선이 청나라를 망하게 할 만큼 힘을 키웠사옵니까? 일부 사대부들이 중국 물품을 대국에서 몰래 들여와 방 하나를 가득 메우고 자랑하는 일이 도성에도 꽤 많은 것으로 알고 있사옵니다. 그렇다고 해서 이 나라를 부강하게 하고 백성들 고통을 덜어 줄 새로운 학문을 익히는 것을 두려워해서는 아니 될 것이옵니다. 배우되 무조건 옳다고 믿지 않고 가려서 살핀다면 많은 이로움이 있을 것이옵니다. 청나라는 땅이 넓고 오가는 사람들이 많은 탓에 나고 드는 지식과 힘을 일일이 챙길 수 없사옵니다. 우리로서는 좋은 기회이옵니다. 북학을 주창하시는 연암 선생이 젊은 시절 북벌의 뜻을 폈고 지금도 그 둘을 함께 가져가는 까닭이 여기에 있나이다. 조선을 부강하게 하는 길이라면, 우리말을 버리고 중국어를 사용한다 하더라도 받아들일 수 있을 것이옵니다.

甲 : [①]

乙 : 중국어는 문자의 근본이옵니다. '하늘' 같은 것은 바로 '텐〔天〕'이라 부르고,

다시 겹쳐서 풀이하는 간격이 없으므로 물품 명칭은 더욱 분별하기 쉽사옵니다. 비록 글을 모르는 부녀자나 어린아이라도 보통 쓰는 말이 모두 문구(文句)로 되며, 경(經) · 사(史) · 자(子) · 집(集)의 여러 종류도 입에 말하는 대로 나오나이다. 중국은 말로 인해서 글자가 나왔고 글자를 찾아서 말을 풀이하지 않사옵니다. 그러므로 외국에서 비록 문학을 숭상하고 글 읽기를 좋아하는 것이 중국과 비슷하다 할지라도 마침내 간격이 없지 않음은, 이 언어라는 커다란 꺼풀을 벗어날 수 없기 때문이옵니다. 우리 나라는 지역적으로 중국과 가깝고 성음(聲音)이 대략 같으니, 온 나라 사람이 우리말을 버린다 해도 불가할 것이 없사옵니다. 그러한 뒤에라야 오랑캐라는 말을 면할 것이며, 동쪽 수천 리 땅이 스스로 하나의 주(周) · 한(漢) · 당(唐) · 송(宋)의 풍속으로 될 것이오니 어찌 크게 통쾌한 일이 아니겠사옵니까?

【논제】 甲의 대화문 [①] 부분에 '중국어의 공용어화' 에 대한 적합한 내용으로 200자 원고지에 400자 정도의 문장들을 작성하되, 자신이 甲이 되었다고 가정하고서 자연스러운 대화문이 될 수 있도록 하시오.

‖ 2005 서울대 논술 예시 - 인문계 ‖

문제 해설

문제의 '조건' 을 먼저 정리해 보자.

① 내용은 '중국어의 공용어화' 에 대한 것이다.
② '자신이 甲이 되었다고 가정하고서 자연스러운 대화문이 될 수 있도록' 작성하라.
③ 400자 분량의 글이 되도록 하라.

이 중에서 가장 중요한 것이 무엇일까? 당연히 ②이다. ② 때문에 이 문제가 '맥락' 을 파악하는 문제로 분류되는 것이다. 이 과제를 제대로 수행하기 위해서는 제시문의 맥락을 정확하게 이해해야 한다. 이 문제를 출제한 서울대학교는 다음과 같이 이야기하고 있다.

> 이 문항은 조선 시대 정조대에 활발히 논의되었던 '북학'을 주제로 하여 정조 임금(甲)과 박제가(乙) 사이의 대화를 재구성한 제시문을 통하여 그 두 인물이 취하는 관점을 정확히 이해하도록 유도하고자 한 것이다. 甲이 조선 중심주의를 내세운 데 반해, 乙은 조선이 강대해질 때까지는 원수(청나라)를 배우고 이용해야 한다는 북학론을 내세우고 있다.

甲과 乙이 정확하게 정조 임금과 박제가를 가리키는 것을 몰라도 이 문제를 해결하는 데 어려움은 없다. 甲이 임금이고 乙이 신하라는 것은 누구나 쉽게 파악할 수 있다. 가장 중요한 것은 등장 인물 두 명의 관점 내지 입장('관점'에 대해서는 다음 장에서 자세히 다룬다.)의 차이와 자신의 주장을 관철시키는 방식을 비교할 수 있어야 한다는 점이다.

먼저 관점을 보면, 서울대학교 측의 발표문에도 나와 있듯이 甲은 '조선 중심주의'를 내세우고 있고, 乙은 '북학론'을 내세우고 있다. 그런데 여기서 주목할 점은 乙의 북학론이 청나라의 문물에 대한 일방적인 호감은 아니라는 점이다. 다소 극단적으로 말하면 '지피지기(知彼知己)면 백전백승(百戰百勝)'의 시각에서 보고 있는 것이다. 기본적으로는 조선의 융성을 목적으로 하고 있으며 청나라 문물을 배우자는 것은 일종의 '전술'인 셈이다. 반면에 甲의 주장 역시 맹목적인 조선 중심주의는 아니다. 조선 중심주의를 주장하는 역사적인 뿌리가 있고, 또 겉치레로 청나라 문물을 추종하는 사대부 무리들에 대한 현실적인 불만도 포함하고 있다.

다음으로 두 사람의 논지 전개 방식을 살펴보자. 전체적으로 보아 甲이 문제 제기를 하면, 乙이 그에 대해 화답하는 형식으로 이루어져 있다. 이를 뒤집어 말하면, 乙이 대답하는 내용을 통해서 甲의 문제 제기 내용을 짐작해 볼 수 있다는 말이다. 그리고 甲이 문제 제기하는 방식을 살펴보면 크게 보아 사대부들의 잘못된 관행에 대한 개탄과 조선 중심주의의 정당성을 두 축으로 하고 있다. 이렇게 볼 때 이 과제를 해결하기 위해서, 즉 [①]의 자리에 들어갈 甲의 말을 올바르게 작성하기 위해서는 다음의 요소들이 충족되어야 한다.

① 조선 중심주의의 정당성의 근거

② 현실적인 폐단에 대한 지적

③ 이어지는 乙의 답변과 내용적인 일관성 유지

이 중에서 ③의 요소를 적절하게 반영할 수 있어야 좋은 점수를 받을 수 있다. 그래야만 이 문제가 요구하는 '맥락'을 정확하게 지킬 수 있는 것이다. 그렇다면 이어지는 乙의 이야기를 정확하게 파악하는 것이 선결 과제이다. 乙이 주장하는 핵심은 중국어는 문자와 말 사이의 간격이 없기 때문에 통일성과 일관성을 갖고 있다는 것이다. 乙의 주장의 요지가 이렇다면 甲의 문제 제기는 중국어를 공용어로 할 때 우리말과의 불일치 현상이 언급되어야 자연스러울 것이다.

이상의 논의를 토대로 예시 답안을 작성해 보자. 아래 예시 답안을 보기 전에 먼저 자신의 답안을 작성한 후에 비교해 보기 바란다.

예제 2 | 예시 답안

지금 그대의 말은 더욱 더 받아들이기 힘들도다. 한 나라의 말이라 함은 그 나라 백성의 생각을 표현하고 아름다운 문화를 지켜 내는 근본이 아니겠는가? 비록 조선의 고유한 문자가 없어서 중국의 문자를 가져다 쓰고 있기는 하지만, 만약 우리말이 없었다면 조선이 이렇게 소중화라 칭할만한 문화를 창출하지는 못했을 것이니라. 게다가 중국어는 중국 사람의 생활 속에서 나온 말이라 우리 조선인의 생각과 정서를 완전히 표현하는 데 부족함이 있을 것이 분명하고, 바로 이런 점 때문에 일찍이 세종 임금께서는 사대부들의 반대를 무릅쓰고 훈민정음을 창제하지 않으셨던가. 지금 우리말을 버리고 중국어를 우리말로 삼는다면 중국 것이라면 어떤 것도 마다하지 않는 사대부들이야 좋아하겠지만, 문자를 모르는 백성들은 더욱 더 어려움을 겪을 것이야.

4장
관점

우리가 생각을 펼쳐 나갈 때 거기에는 항상 관점이란 게 내재해 있다. 인간은 누구나 특정한 관점에 따라 사고하는 것이다. 관점은 내면 깊숙한 곳에 숨겨져 있어 글 속에 직접적으로 드러나지 않는다. 관점은 일단 저자가 궁극적으로 하고 싶은 말, 곧 중심 생각을 통해 파악할 수도 있다. 그러나 보다 정확히 관점을 파악하기 위해서는 한 걸음 더 나아가 '함축'이라는 중간 고리를 찾아야 한다. '중심 생각–함축–관점'으로 이어지는 흐름을 이해할 때 관점 파악은 완성된다.

'관점(point of view)'은 우리가 사고를 전개할 때 기반하고 있는 하나의 틀이다. 그런데 그 틀은 의식될 수도 있고 의식되지 않을 수도 있다. 그러나 의식되지 않는다고 해도 우리는 관점으로부터 자유로울 수 없다. 우리 모두는 알게 모르게 특정한 관점을 견지하고 있는 것이다. 그것은 태생적으로 신체적인 조건 때문에 생겨난 것일 수도 있고, 성장 환경 때문에 나타난 것일 수도 있으며, 심지어 여자 친구나 남자 친구 때문에 형성된 것일 수도 있다. 어떤 경로로 관점이 발생했든지 간에 우리의 생각과 행동은 특정한 관점으로부터 자유로울 수 없다. 이런 의미에서 관점은 어떤 주장을 하고자 할 때 내면의 가장 깊은 곳에서 그 주장을 규정하고 있는 제약 조건이라고 볼 수 있다.

따라서 관점을 묻는 문제는 중심 생각을 묻는 문제보다 더 어려운 게 일반적이다. 그러나 그렇다고 중심 생각을 무시하면 안 된다. 어쨌든 관점을 파악할 수 있는 가장 직접적인 방법은 글의 저자가 궁극적으로 하고 싶은 말이 무엇인지 파악하는 일에서 시작한다. 따라서 관점을 파악하는 문제에서도 역시 출발점은 중심 생각 찾기가 될 것이다.

그런데 문제는 명시적으로 드러난 저자의 핵심 주장에서 저자의 관점을 발견할 수 없는 경우가 결코 적지 않다는 점이다. 예를 들어 보는 것이 가장 이해가 빠를 것이다.

이 글을 읽고 어떤 느낌을 받았는가? 현대 산업 사회의 환경 파괴를 염려하는 환경주의자의 말이거나 인공적인 편리함에 길들여져 있는 현대인들에게 경종을 울리고자 하는 녹색 운동의 슬로건처럼 들린다. 아마 이 글을 읽은 대부분의 독자들도 비슷한 느낌을 받았을 것이다. 그러나 이 글이 인종주의적 관점을 가지고 있는 사람에 의해서 씌어진 글이라고 가정해 보자. 그렇게 본다면 이 글을 쓸 때 저자의 마음에 있는 생각은 아마 다음과 같은 것일 수 있다.

물론 이 글은 다소 과장되고 극단적인 것이다. 그러나 관점의 차이에 따라 같은 내용의 글이 전혀 다르게 의도되고 또 전혀 다르게 해석될 수 있음을 극명하게 알 수 있을 것이다. 그렇다면 이렇게 겉으로 잘 드러나지 않는 관점을 어떻게 파악할 것인가가 문제이다. 어떤 방법이 있을까?

지문에 주어진 내용으로부터 관점을 파악하는 과정을 보면, 하나의 중간 고리가 있다. 그것은 바로 '함축(implication)'이라는 개념이다. 결론이 보통 글 속에 명시적으로 나타나는 데 반해, 함축은 글 속에 명시적으로 나타나지 않는다. 이런 까닭에 함축을 흔히 '생략된 결론' 이라고 부른다. 그러나 엄밀히 말하면, '생략된 결론' 은 모든 전제가 대부분 구비된 상태에서 결론만 생략되어 추론의 골격을 쉽게 찾아낼 수 있는 경우를 말하지만, 함축은 결론뿐 아니라 전제들도 많이 생략되어 추론의 골격을 쉽게 찾아낼 수 없는 경우를 말한다. 함축의 의미를 정확히 이해하기 위해 몇 가지 예를 들어 보자.

> (박찬호 선수에게 "이번 한국 시리즈에서 어느 팀이 우승할 것으로 생각하느냐?"고 묻자, 다음과 같이 답변한다.) "점수를 많이 내는 팀이 우승하겠지요."
> ➡ 함축 : 대답하기 곤란한 질문이군요.

> (사적인 비밀 이야기를 하면서) "지금 창문이 열려 있어."
> ➡ 함축 : 작은 목소리로 얘기해라.

> 낮말은 새가 듣고 밤말은 쥐가 듣는다.
> ➡ 함축 : 아무도 안 듣는 데서라도 말조심해야 한다.

이렇듯 함축은 명시적으로 드러나 있지 않은 맥락을 고려해야 한다. 맥락을 고려해야 한다는 것의 의미를 조금 세분하여 논의해 보겠다.

- 첫 번째 고려 요소는 바로 '배경' 이다. 글쓴이가 그 글을 쓰게 된 동기나 어떤 외부적인 요인들을 고려하면 글 속에 들어 있는 함축을 보다 쉽게 짐작할 수 있다.

- 두 번째 고려 요소는 바로 글쓴이의 '핵심 주장' 이다. 앞서 우리는 핵심 주장이 '글쓴이가 궁극적으로 말하고 싶은 바' 라고 이야기한 바 있다. 글쓴이의 핵심 주장이 무엇인지 파악하게 되면 그 함축을 보다 쉽게 짐작할 수 있다.

- 세 번째 고려 요소는 바로 '현실적인 의미' 다. 글을 쓰는 사람 입장에서 보

면, 현실적으로 어떠해야 함을 주장하고 싶은 의도를 갖고 있지만 여러 가지 이유에서 글의 서술 자체는 추상적이고 원론적인 이야기를 할 경우가 많다. 예를 들어 국회의원 선거에서 한 정당의 후보가 상대방 후보의 도덕적 결함을 지적하는 연설을 할 경우 그 연설의 현실적인 의미는 바로 자신에게 투표해 달라는 것이다. 이러한 현실적인 의미가 곧 그 연설의 함축이라고 볼 수 있는 것이다.

이제 예제를 보자.

【예제 1】 다음 글이 함축하고 있는 주장에 해당하는 것은?

> 인간은 본래 늦되는 존재다. 송아지는 낳자마자 팔딱팔딱 뛰어다니지만 인간은 뛰기는커녕 눈도 못 뜬 채 태어난다. 그러나 몸과 마음의 구조와 기능은 일찍 특수화되고 전문화될수록 오히려 환경 적응 능력이 약한 법이다. 미완성의 존재로 태어나기에 인간은 주변 세계에 대하여 더 넓은 개방성을 가지며, 이것이 바로 문화 창조의 계기가 되는 것이다. 오늘날에도 대기만성(大器晚成)이란 옛말은 결코 틀린 말이 아니다. 조급한 문화는 저급한 문화를 초래하기 때문이다. 곡식 싹이 나와서 자라는 것을 기다리지 못해 억지로 잡아당겨 결국 말라죽게 했다는 『맹자』의 농부 이야기는 바로 지금 우리의 대학 상황을 두고 한 말 같다.
>
> 그러니까 지금의 인문학 위기는 학생 정원이나 재정 지원 같은 숫자놀음으로 해결될 일이 아니다. 돈벌이를 하기 전에 인간답게 되는 것을 우리의 가정과 학교와 사회가 기다릴 줄 모른다는 것이 진짜 위기의 씨앗이기 때문이다.
>
> — 김종서,「'돈' 보다 '인간' 인데 ……」, ≪조선일보≫ (2000. 11. 18.)

① 인문학도 돈 될 분야일 수 있다.
② 인문학이 문화학으로 확장되어야 한다.
③ 인문 계열 입학생의 정원을 늘려야 한다.
④ 인문학에 대한 연구 지원을 강화해야 한다.
⑤ 법대나 경영대는 대학원 과정에 있어야 한다.

이 문제는 답을 찾기가 쉽지 않다. 문제의 정답은 ⑤이다. 이 결과에 다소 의아해하는 학생들이 많을 것이다. 왜냐하면 글 속에서 법대나 경영대를 대학원 과정으로 옮겨야 한다는 어떠한 단서도 발견할 수 없기 때문이다. 그렇기에 추론이 필요한 것이다. 앞에서 언급한 함축을 찾는 세 가지 고려 요소를 중심으로 설명해 보자.

먼저 '배경'을 생각해 보면, 이 글의 '배경'은 인문학의 위기 상황이다. 인문학의 위기 상황을 타개하기 위한 것이 이 글의 동기가 되고 있다. '핵심 주장'은 서두르지 말고 인간답게 되기를 기다리자는 것이다. 그렇다면 남아 있는 것은 바로 '현실적인 의미'이고, 이것이 이 문제의 답을 찾는 실마리가 된다. "서두르지 말고 인간답게 되기를 기다리자."는 핵심 주장이 현실적인 정책으로서는 어떻게 반영될 것인가가 문제의 핵심이다.

일단 ①과 ② 선택지는 문제의 핵심에서 벗어난 것이기 때문에 제외된다. 그렇다면 남은 것은 ③, ④, ⑤인데 이 중에서 어떤 것이 인간답게 될 수 있는 길을 제시하는가를 검토해야 한다. 인문 계열 학생의 정원을 늘림으로써 그렇게 될 수는 없다. 인위적으로 학생수만 늘린다고 해서 인간답게 되는 것은 아니다. 그리고 연구 지원을 강화한다고 해서 문제가 해결되는 것도 아니다. 문제의 핵심은 '정원이나 재정 지원 같은 숫자놀음'이 아니기 때문이다. 그렇다면 남은 선택지는 ⑤인데, 이 주장이 의미하는 바는 법대나 경영대와 같은 전문화된 직업 교육 담당 대학(Professional School)을 대학원 과정에 둠으로써, 학부에서는 인문학과 같은 기초 학문을 중심적으로 이수하게 한다는 것이다. 그럼으로써 주변 세계에 대한 개방성을 확대하고 인간답게 되는 길을 배울 수 있는 것이다.

〈정답〉 ⑤

이렇듯 함축 찾기 문제는 글 속에서 단서를 찾기가 쉽지 않은 경우가 많다. 그러나 위의 분석처럼 글의 '배경', '핵심 주장' 그리고 '현실적인 의미'를 고려하면 자연스러운 추론 과정을 거쳐서 함축을 찾아낼 수 있다. 그런데 이렇게 찾아낸 함축이 관점과 어떤 관계에 있는가? 우리의 관심사는 바로 '관점' 이었다.

그런데 관점을 파악하기 위해서 한 가지 짚고 넘어가야 할 사실이 있다. 그것은 관점을 가르는 기준에 따라 서로 다른 각도에서 파악할 수 있다는 점이다. 예를 들어 하나의 글에 대해서 정치적인 관점을 물을 수 있고 도덕적인 관점을 물을 수 있으며 문제를 해결하는 방법론에 대한 관점을 물을 수 있는 것이다. 따라서 관점을 파악하기 위해서는 관점을 가르는 기준을 먼저 정해야 한다. 앞의 문제를 다시 한 번 보자.
앞의 글에서 저자의 주장과 함축, 그리고 저자가 반대하는 입장을 정리해 보자.

저자의 주장 : 서두르지 말고 인간답게 되기를 기다리자.
함축 : 법대나 경영대는 대학원 과정에 있어야 한다.(학부에서는 인문학과 같은
　　　기초 학문을 중심으로 교육해야 한다.)
저자가 반대하는 입장 : 인문 계열 학생의 정원을 늘린다. 연구 지원을 강화한다.

먼저 관점을 가르는 기준을 생각해 보자. 저자는 인문학의 위기 상황에 대해서 나름대로 진단하고 문제 해결책을 제시하고 있다. 그리고 저자가 반대하는 입장의 해결책도 제시하고 있다. 그렇게 보면 관점을 가르는 기준을 '문제 해결의 방법에 대한 관점' 으로 놓고 볼 수 있다. 이렇게 기준을 정하고 보면 저자의 관점과 반대되는 관점을 명확하게 구분할 수 있다. 저자는 '인문학의 위기 상황' 이라는 문제를 해결하기 위해 눈에 보이는 문제를 해결하는 대책을 내세우기보다 지금 당장 문제가 해결되지는 않지만 궁극적으로 자연스럽게 문제를 해결하는 방안을 제시한다. 이에 비해 저자가 반대하는 입장은 당장 눈에 보이는 구체적인 대책을 해결책으로 제시하고 있다. 이를 토대로 관점의 차이를 다음과 같이 정리해 볼 수 있다.

저자의 관점 : 보존 요법적 관점(단시간적인 물리적 처방보다 장기간에 걸쳐 이
　　　루어지는 본원적 해결책을 중시하는 관점)

반대 관점 : 대중 요법적 혹은 수술 요법적 관점(눈에 보이는 현상을 직접 물리 적으로 치료하는 해결책을 중시하는 관점)

자, 여기까지 관점을 파악하는 과정을 소개했다. '중심 생각－함축－관점' 으 로 이어지는 흐름을 이해하는 것이 중요하다는 것을 깨달을 수 있었을 것이다. 또한 여기서 제시한 관점 파악의 과정은 하나의 예시 답안일 뿐 고정 불변의 교 과서적인 정답이 아니라는 점도 잊지 말기 바란다.

기출 문제를 가지고 한 문제 더 연습해 보자.

【예제 2】 다음 글을 읽고 논제에 답하시오.

(가)

시장이 항상 효율적인 자원 배분을 가져오는 것은 아니다. 독과점의 횡포, 환경 오염의 피해, 공공재의 생산 부족 등이 나타날 수 있기 때문이다. 정부는 이러한 시 장 실패를 해결하기 위해 민간의 경제 활동에 개입해 왔다. 환경 보호를 위한 규제, 공기업을 통한 독점 사업의 운영, 독과점과 불공정 거래에 대한 규제 등이 바로 그것 이다. 또한 정부는 특정 산업 부문에서의 기업 활동에 대한 인·허가를 특정한 업자 에게만 내주기도 하는데, 이는 기업 간의 과도한 경쟁 방지, 자원의 효율적 이용, 공 익 증진 등을 위해서이다. 개발 도상국에서는 특정한 전략 산업을 육성할 목적으로 정부가 독과점 기업이 될 수 있는 인·허가를 내주는 경우도 있다. 또한 정부 규제는 소비자의 권익 보호와 산업의 건전한 발전이라는 목적을 가진다. 정부는 이러한 규 제 활동을 통해 경제적·사회적 활동에 수반되는 부작용을 최소화하고, 국민의 생명 과 재산을 보호하며, 국민의 복지를 증진시키고자 한다.

— 고등학교 『사회』 교과서

(나)

정부 규제는 본래의 취지와는 달리 여러 가지 부작용을 초래하기도 한다. 기업 경 쟁력의 약화, 기업과 정부의 유착, 관료 집단의 이기주의와 부정·부패 등이 바로 그 것이다. 1980년대 이후 세계 여러 나라들은 국민 생활과 기업 활동의 자율성을 보장하기 위해 규제 완화를 지속적으로 추진하고 있다. 이는 민간의 능동적 참여와 자발적 창의가 실현될 때, 지속적인 경제 성장이 가능하다는 사실을 깨달았기 때문이다. 영국의 예를 들어 보자. 19세기에 세계 제일의 경제력을 보유하였던 영국은 20세기 들어 소위 '영국병'이라 불리게 된 지속적인 생산성의 하락과 수출 시장의 축소를 경험하였다. 이러한 '영국병'의 원인은 정부 주도의 산업 육성 정책, 공공 부문의 지나친 비대화, 강성 노조로 인한 노동 시장의 경직성 등에 있었다. 특히, 국내 총생산에 있어서 공기업 부문이 차지하는 비중은 1970년대 말의 경우 약 10%에 달하였다. 1979년 보수당 집권 이후 영국 정부는 노조에 대한 강경 정책을 실시하는 한편, 민간 경제의 활성화를 위해 공기업의 민영화, 규제 완화, 재정 지출 삭감, 조직 개편 등을 추진하였다. 또한 1980년대 중반 이후 영국 정부는 석유 공사, 항공 회사, 전신·전화 회사 등과 같은 주요 공기업을 민간에 매각함으로써, 경영의 효율성을 제고하고 정부 예산을 절감할 수 있었다. 한편, 영국 정부는 1980~1994년의 기간 동안 중앙 부처 공무원의 약 25%를 감축하였다. 이러한 개혁의 결과 영국 경제는 다시 건강을 회복할 수 있었다. 1960~1979년 사이에 1인당 제조업 생산 증가율은 선진국 중 11위에 불과하였으나, 1979~1994년 사이에는 2위로 부상하게 된 것이다.

— 고등학교 『사회』 교과서

(다)

모든 개인은 그가 좌우할 수 있는 모든 자본에 대해서 가장 유리한 용도를 발견하고자 끊임없이 노력하고 있다. 물론 그의 1차 관심사는 자기 자신의 이익으로 그 사회의 이익은 아니다. 그러나 그 자신의 이익 추구가 자연적으로 또는 오히려 필연적으로 그에게 가장 유리한 용도를 선호하게 유도하는 것이다. … (중략) … 물론, 각 개인은 사회 공공의 이익을 촉진하려고 직접 노력하지 않고, 실제로 자신이 어느 정도 사회 공공의 이익을 촉진하고 있는지도 모른다. 그가 외국의 산업보다 국내의 산업을 도와주고 싶어 하는 것은 오로지 자기 자신의 안전을 위함이고, 그가 그 산업의 생산물이 최대의 가치를 갖게 되도록 그 산업을 운영하고자 하는 것은 그 자신의 이득을 취하기 위함이다. 그리하여 그는 이 경우에도 다른 경우와 마찬가지로 보이지 않는 손(invisible hand)에 이끌려 자신이 전혀 의도하지 않았던 목적을 추구하게 되는 셈이다. 그것이 그가 의도한 바가 아니라는 것은 반드시 사회에 대해 나쁜 것은

아니다. 그는 자기 자신의 이익을 추구함으로써 실제로 사회의 이익을 직접 추구했
을 경우보다 더욱 유효하게 사회의 이익을 증신하는 수가 많은 것이다.

— 애덤 스미스, 『국부론』, 고등학교 『경제』 교과서

(라)

인간과 자연 환경의 운명이 순전히 시장 메커니즘 하나에 좌우된다면, 결국 사회
는 폐허가 될 것이다. 구매력의 양과 사용을 시장 메커니즘에 따라 결정하는 것도 같
은 결과를 낳는다. 비록 사람들은 '노동력'도 똑같은 상품이라고 우겨대지만, 일하
라고 재촉하거나 마구 써먹거나, 심지어 사용하지 않고 내버려 두거나, 어쨌든 그 특
별한 상품을 몸에 담은 인간 개개인은 반드시 영향을 입게 마련이다.

이런 체제 아래에서, 인간의 노동력을 소유자가 마음대로 처리하다 보면, 노동력
이라는 꼬리표를 달고 있는 '인간'이라는 육체적, 심리적, 도덕적 실체마저 소유자
가 마음대로 처리하게 된다. 인간들은 갖가지 문화적 제도라는 보호막이 모두 벗겨
진 채 사회에 알몸으로 노출되고 결국 쇠락해 간다. 그들은 악덕, 인격 파탄, 범죄,
굶주림 등을 거치면서 격동하는 사회적 혼란의 희생물이 된다. 자연은 그 구성 원소
들로 환원되어 버리고, 주거지와 경관은 더렵혀진다. 또 강이 오염되며, 군사적 안보
는 위협당하고, 식량과 원자재를 생산하는 능력도 파괴된다. 마지막으로, 구매력의
공급을 시장 기구의 관리에 맡기게 되면 영리 기업들은 주기적으로 파산하게 될 것
이다. 원시 사회가 홍수나 가뭄으로 인해 피해를 입었던 것처럼, 화폐 부족이나 과잉
은 경기에 엄청난 재난을 가져올 것이기 때문이다.

노동 시장, 토지 시장, 화폐 시장이 시장 경제에 '필수적'이라는 점은 의심할 여지
가 없다. 하지만 인간과 자연이라는 사회의 실체와 경제 조직이 보호받지 못한 채 그
'악마의 맷돌'에 노출된다면, 어떤 사회도 무지막지한 상품 허구의 경제 체제가 몰
고 올 결과를 한순간도 견뎌 내지 못할 것이다.

— 칼 폴라니, 『거대한 변환』

【논제】 (가), (나), (다), (라)를 입장에 따라 2개의 그룹으로 나누고, 그렇게 나눈 이유를 논술하
시오.

이 문제의 첫 번째 과제, 즉 제시문을 2개의 그룹으로 나누는 일은 금방 해결할 수 있는 과제이다. 일단 (가)와 (나)가 다른 입장임은 자명하게 알 수 있고, 시장 기구에 대한 신뢰와 불신이라는 기준에서 (다)와 (라)를 나누는 것도 어렵지 않다. 그리고 (가)와 (라)가 시장에의 개입을 필요로 한다는 입장을 표명하고 있고, (나)와 (다)가 경제 활동의 자율성을 중시하는 입장에서 하나로 묶일 수 있다. 문제의 관건은 이렇게 양분하는 '이유'를 설명하는 일이다. 표면적으로 보이는 차이 이면에 숨어 있는 보다 근본적인 관점의 차이를 끄집어 내는 것이 필요하다.

사실 이 문제는 세 개의 논제로 이루어진 논술 문제 중의 일부이다. 여기서 취급하고 있는 논제는 곧바로 이어질 논제 2를 해결하기 위한 사전 작업으로 이해하는 것이 적절하다. 논제 2는 파트 5의 제2장 정당성을 다루고 있는 부분(294쪽)에서 다시 살펴볼 것이지만 이해를 돕기 위해 여기 제시하도록 하겠다.

> **【논제 2】** (라)는 우리 삶을 시장 경제에만 맡겨 둘 경우에 발생하게 될 위험에 대해 경고하고 있다. 이러한 경고가 정당한 것인지, 과도한 것인지 위의 제시문을 토대로 논술하시오.

이렇게 보면, 여기서 다루고 있는 논제 1은 논제 2와의 연관성에서 파악할 때 그 의미를 정확하게 이해할 수 있는 것이다. 논제 1에서의 분석이 논제 2에서 정당성을 '평가'하는 문제의 기준이 되는 것이다. 이 점을 염두에 두고 제시문을 분석해야 한다. 먼저 표면적으로 드러나는 제시문들 간의 입장 차이를 정리해 보자. 먼저 키워드를 뽑아 보자.

- **제시문 (가)** : 시장 실패(독과점의 횡포, 환경 오염의 피해, 공공재의 생산 부족 등), 민간의 경제 활동에 개입, 과도한 경쟁 방지, 자원의 효율적 이용, 공익 증진, 소비자 권익 보호와 산업의 건전한 발전, 부작용을 최소화, 국민의 생명과 재산 보호, 국민의 복지 증진.
- **제시문 (나)** : 정부 규제의 부작용(기업 경쟁력의 약화, 기업과 정부의 유착,

관료 집단의 이기주의와 부정 부패), 국민 생활과 기업 활동의 자율성 보장, 민간의 능동적 참여와 자발적 창의가 지속적인 경제 성장을 가능케 함.

- **제시문 (다)** : 자본의 가장 유리한 용도, 그 자신의 이득을 취하기 위함, 보이지 않는 손, 전혀 의도하지 않았던 목적, 사회의 이익을 증진.
- **제시문 (라)** : 인간과 자연 환경의 운명이 시장 메커니즘 하나에 좌우된다면 사회는 폐허가 됨, '인간' 마저 소유자가 마음대로 처리, 사회적 혼란의 희생물, 오염, 군사적 안보 위협, 생산 능력의 파괴, 주기적 파산, 무지막지한 상품 허구의 경제 체제.

이렇게 정리하고 보니 제시문 간의 관계를 파악할 수 있는 하나의 새로운 시각이 눈에 들어온다. (가)와 (나)의 제시문이 정부 규제를 둘러 싼 '현상적 측면'을 주로 논의하고 있다면 (다)와 (라)는 그러한 현상의 근거 내지는 이론적 토대로 기능하고 있다. 이렇게 볼 때 두 입장의 근본적 차이를 규명하기 위해서는 (다)와 (라) 제시문을 검토하는 것이 더 적절하다고 할 수 있다.

(다)와 (라)의 결정적 차이점은 바로 시장 메커니즘에 대한 신뢰 여부이다. 이 점은 표면적으로 쉽게 발견되는 사실이다. 그런데 이러한 표면적 차이는 인간을 바라보는 근본적인 관점의 차이에서 비롯되고 있다. (라) 제시문은 인간의 본성이 그리 선하지 않다고 보고 있고 사회 내에서 인간 사이에 불평등이 상존하고 있음을 전제로 하고 있다. 따라서 '인간의 노동력을 소유자가 마음대로 처리' 하는 상황이 가능한 것이다. (다) 제시문 역시 인간을 '이기적인' 존재라고 보고 있다. 그러나 '이기심' 이 타인에게 피해를 줄 수 있다는 점은 고려하고 있지 않다. 더욱이 사회 속에서 인간들이 평등한 관계가 아니라는 점 역시 전혀 고려되고 있지 않다.

또 한 가지 중요한 차이점은 (라) 제시문에서 제기하고 있는 문제점들은 비단 경제적인 문제에 국한되어 있지 않다는 점이다. 파산이나 과잉 생산 등의 경제 문제도 다루고 있지만, 환경 문제, 범죄, 군사적 안보 등등 비경제적인 문제들도 중요한 비중으로 취급되고 있다. 반면에 (다) 제시문에서 말하는 '사회의 이익' 은 추상적으로 표현되어 있기는 하지만 '산업의 생산물이 최대의 가치를 갖도록' 이라는 표현 속에서 알 수 있듯이 경제적인 측면에 관심이 국한된 것임을 알 수 있다. 이러한 사실은 (라)와 같은 입장인 (가) 제시문에서 환경 문제나 국민의 복지 등을 비중 있게 취급하는 반면, (다)와 같은 입장인 (나)에서는 '지속적인 경제 성장'에 초점이 맞추어져 있음에서도 잘 알 수 있다.

　이상의 논의를 토대로 답안을 작성해 보기 바란다. 따로 예시 답안은 제공하지 않겠다.

5장
자료 해석

통합 교과형 논술에서는 도표나 그래프, 그림과 같은 비언어적 자료가 차지하는 비율이 커졌다. 낯선 비언어적 자료라 해서 지레 겁먹을 필요는 없다. 비언어적 자료를 언어적 자료로 해석할 줄만 알면 된다. 비언어적 자료인 도표의 경우, 특정 시점의 자료를 담고 있는 표와 시간의 경과에 따른 변화를 담고 있는 표 두 종류가 주로 출제된다. 전자는 사실적 해석만 정확히 하면 되지만 후자는 표 안에 숨겨진 경향이나 추세를 읽고 추론적 판단을 해낼 수 있어야 한다.

자료 해석은 파트 1에서 잠시 살펴보았듯이 '비언어적 자료'를 '언어적 자료'로 해석하는 일이라고 요약할 수 있다. 비언어적 자료가 언어적 자료에 비해 생소한 것은 사실이지만, 논술 문제에서 차지하는 역할과 성격은 동일한 것임을 이미 살펴보았다. 그런데 대부분의 학생들에게는 그 점이 잘 눈에 들어오지 않는다. 따라서 이 장에서는 비언어적 자료, 그 중에서도 가장 대표적인 비언어적 자료라 할 수 있는 '표'를 해석하는 방법을 집중적으로 공부할 것이다.

먼저 표를 이해하기 위한 가장 기본적인 장치를 소개하겠다. 그것은 바로 좌표평면이다.

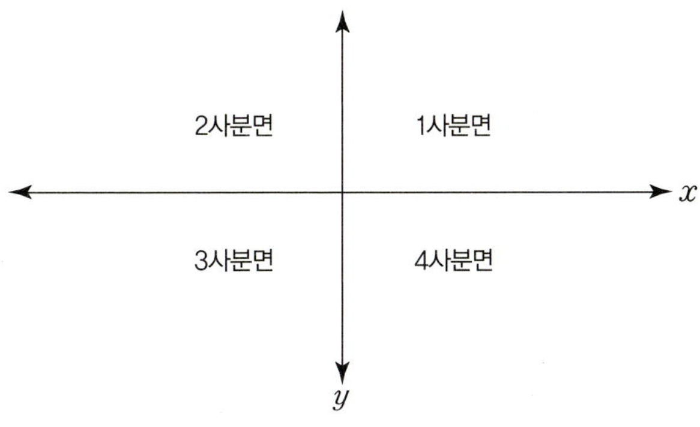

앞의 그림과 표가 무슨 관계가 있는지 의아할 것이다. 표는 바로 좌표평면의 4사분면을 떼어 놓은 것이라고 이해하면 된다. 다시 그림으로 표현해 보겠다.

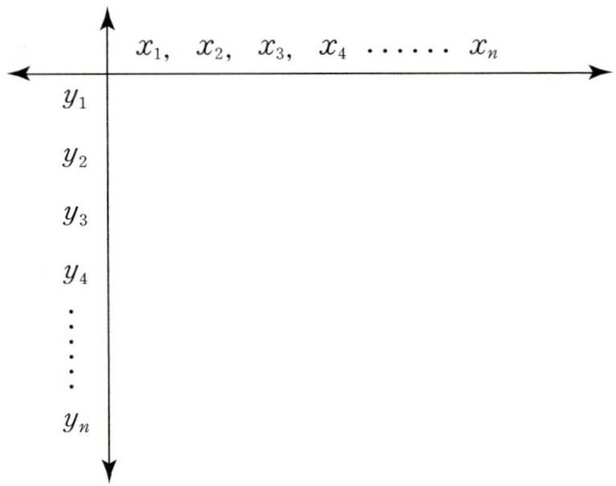

이 그림은 앞의 좌표평면의 4사분면만 따로 떼어 놓은 그림으로, 표의 형식과 정확히 일치한다. 표를 이렇게 이해하고 보면, 문제가 되는 부분이 어디인지 지목하는 데 편리하다. 예를 들어 (x_3, y_3) 좌표의 값을 지목해서 보고 그것과 (x_3, y_4)값을 비교해서 어떤 언어적 해석을 내릴 수 있다. 이것은 잠시 뒤에 예제를 통해 구체적인 표를 가지고 알아보기로 하자. 여기서는 일단 표의 구성을 좌표평면으로 이해할 수 있다는 점만 기억해 두기로 하자.

다음으로 표의 종류를 간단히 구분할 필요가 있다. 여러분이 논술 문제에서 접할 수 있는 표는 비교적 단순한 형태들인데, 크게 다음 두 가지 종류로 구분할 수 있다.

① 특정 시점의 자료를 담고 있는 표
② 시간의 경과에 따른 변화를 담고 있는 표

위 두 가지 종류의 표를 구분하는 것이 의미 있는 이유는 ①의 경우는 대부분 표에 대한 '해석' 으로 그치지만, ②의 경우는 표 안에 숨겨진 경향이나 추세를 읽고 그로부터 추론을 해내는 문제와 관련될 가능성이 크기 때문이다. 다시 말해 ① 유형의 표는 대부분 자료에 대한 단순한 사실적 해석 문제와 관련되지만, ②

유형의 표는 사실적 해석 이외에 추론적 판단을 요구하는 문제와 관련될 수 있다.
자, 앞의 내용을 토대로 해서 문제를 풀어 보자.

【예제 1】 다음 〈표〉는 65세 이상의 남녀 노인 각각 1000명을 대상으로 유형별 피학대 경험에 대해 조사한 결과이다. 이 〈표〉를 <u>잘못</u> 해석한 것은?

〈표〉 유형별 피학대 경험자 비율

(단위 : %)

구분		방임 피학대	정서적 피학대	언어적 피학대	신체적 피학대	경제적 피학대
성별	남	66.7	90.0	50.0	22.0	33.3
	여	59.8	92.9	68.8	35.7	31.3
나이	65~74세	63.5	95.9	68.9	33.8	29.7
	75~84세	57.3	88.0	52.0	29.3	36.0
	85세 이상	73.9	91.3	73.9	27.3	26.1
거주지	도시	69.7	95.0	66.5	31.9	31.7
	농촌	60.4	78.8	48.5	27.3	33.3
지병 여부	있다	59.4	94.4	61.1	29.6	33.3
	없다	63.9	87.5	64.1	33.3	29.7
교육 수준	초졸 이하	62.8	92.0	62.8	30.9	29.2
	중졸	66.7	83.3	50.0	25.0	50.0
	고졸	58.7	93.3	60.0	40.0	46.7
	대졸 이상	37.5	99.0	75.0	25.0	25.0
전체		63.3	91.5	59.4	28.8	32.3

① 농촌보다 도시에서 노인들의 방임 피학대, 신체적 피학대, 경제적 피학대 경험자의 비율이 높았다.

② 지병이 있는 노인의 경우는 그렇지 않은 경우보다 정서적 피학대 및 경제적 피학대 경험자의 비율이 더 높았다.

③ 다른 연령대와 비교하여 볼 때 정서적 피학대 경험자의 비율은 65~74세의 경우에서, 언어적 피학대 경험자의 비율은 85세 이상의 경우에 가장 높았다.

④ 남자 노인의 경우는 여자 노인에 비하여 방임 피학대와 경제적 피학대 경험자의 비율이 높았지만 정서적, 언어적, 신체적 피학대 경험자의 비율은 낮았다.

⑤ 교육 수준이 초졸 이하인 노인과 대졸 이상인 노인을 비교해 볼 때, 정서적 피학대 경험자의 비율의 차이보다 언어적 피학대 경험자 비율의 차이가 더 크게 나타났다.

문제 해설

앞서 설명한 좌표평면 개념으로 살펴볼 수 있는 전형적인 표의 형태이다. x축에는 피학대 유형이 5가지($x_1 \sim x_5$)로 제시되어 있고, y축에는 성별(y_1), 나이(y_2), 거주지(y_3), 지병 여부(y_4), 교육 수준(y_5), 전체(y_6)가 제시되었다. 수학에서 좌표평면을 읽는 방법 그대로 각 선택지의 해당 부분을 읽으면 쉽게 표를 해석할 수 있다. 예를 들어 ①을 보자. 이 진술의 참/거짓을 판단하려면, (x_1, y_3), (x_4, y_3), (x_5, y_3)의 자료를 비교해서 해석해 보면 된다. 그런데 방임 피학대와 신체적 피학대의 경우에는 올바른 해석이지만, 경제적 피학대, 즉 (x_5, y_3)의 값이 농촌 33.3%, 도시 31.7%로 농촌이 도시보다 높으므로 ①이 잘못된 해석임을 금방 알 수 있다. 이런 방식으로 비교해 보면 나머지 진술들은 모두 옳은 진술임을 알 수 있다.

〈정답〉 ①

앞의 문제는 가장 기초적이고 단순한 자료 해석 문제이다. 시간의 경과도, 자료의 해석을 기반으로 하는 추론도 포함되어 있지 않다. 앞의 문제에서는 비언어적 자료(표)와 언어적 해석(선택지) 사이의 관련 지점을 좌표평면 개념을 이용하여 정확히 찾는 방법만 알면 된다. 약간 복잡한 문제를 하나 풀어 보자.

【예제 2】 다음은 세계 식량의 수급 상황과 향후 전망을 보여 주는 통계 자료(2000년 기준)이다. 이 자료로부터 얻을 수 있는 추론으로 적합한 것만을 〈보기〉에서 모두 골라 나열한 것은?

세계 식량 수급 상황과 전망
(단위 : %)

연도 \ 구분	생산 증가율	수요 증가율	인구 증가율
1965~2000	2.5	2.3	1.7
1975~2000	2.3	2.4	1.6
1985~2000	2.1	2.1	1.5
2000~2015	1.4	1.6	1.1
2015~2030	1.2	1.4	1.0

※ 제시된 수치는 해당 기간 동안의 연평균 증가율이다.

㉠ 향후 식량 생산과 수요는 모두 증가세가 둔화될 전망이다.

㉡ 2000년 현재 비축된 식량이 없다면 미래 식량 부족 문제가 발생할 가능성
  이 크다.

㉢ 1975~2000년에 식량 수요 증가율이 1965~2000년보다 높은 이유는 1인
  당 식량 수요량의 증가율 상승에 기인한다.

㉣ 식량 수요의 증가세가 둔화된다는 전망치는 인구 증가율 감소 추세보다 1인
  당 식량 수요량 감소 추세에 더 크게 영향받는다.

① ㉠, ㉡   ② ㉡, ㉢   ③ ㉢, ㉣
④ ㉠, ㉡, ㉢   ⑤ ㉠, ㉢, ㉣

‖ 2005 입법 고시 – 자료 해석 ‖

문제 해설

㉠ '향후'라는 말은 2000년을 기준으로 해서 2000년 이후의 전망이기 때문에
y축에서 y_4와 y_5의 추세를 살펴보면 된다. 수치가 점점 작아지고 있으므로 증
가세가 둔화되고 있다.

㉡ 여기서 추론이 필요하다. '식량 부족 문제'라는 말은 표에 나와 있지 않다. 이
개념은 어디서 발견할 수 있을까? 조금만 생각하면 답을 알 수 있다. 그건 당
연히 식량의 공급에 비해서 수요가 클 경우에 나타나는 현상이다. 즉 좌표 평
면에서 x_1(생산 증가율)의 경향과 x_2(수요 증가율)의 경향을 비교할 때 알 수
있는 것이다. 생산 증가율의 하락세가 수요 증가율의 하락세보다 더 크기 때
문에, 2000년 현재 비축된 식량이 없다면 식량 부족 문제가 발생할 가능성이
크다고 추론할 수 있다.

㉢ 이건 약간 더 복잡한 추론을 요구한다. '1인당 식량 수요량'의 개념을 여러분
이 정리할 수 있어야 한다. 당연히 식량 수요량을 인구수로 나눈 것이 될 것이

다. 그런데 그 수치는 주어지지 않았기 때문에 주어진 자료를 가지고 판단내
려야 한다. 표에서 인구 증가율을 나타내는 (x_3, y_1)은 1.7이고 (x_3, y_2)는 1.6이
다. 즉 인구 증가율은 0.1% 하락했다. 반면에 수요 증가율은 2.3에서 2.4로
0.1% 증가했다. 1인당 식량 수요량이 동일하다면 수요 증가율도 하락해야 한
다. 따라서 1인당 식량 수요량이 증가했다고 추론할 수밖에 없다.

㉣ 식량 수요는 인구가 고정되었다면 당연히 1인당 식량 수요량에 비례할 것이
고, 1인당 식량 수요량이 고정되었다면 당연히 인구에 비례할 것이다. 즉 식
량 수요의 증가는 인구의 증가와 1인당 식량 수요량의 증가에 모두 정(正)의
방향으로 영향을 받는다는 것은 옳은 이야기이다. 그러나 인구 증가율 감소
추세와 1인당 식량 수요량 감소 추세 중 어느 것이 더 결정적인 요인인지 이
자료만 가지고서는 판단할 수 없다.

〈정답〉 ④

이상에서 표를 해석하는 방법과 표의 내용을 토대로 경향과 추세를 추론하는
방법을 파악했다면, 이제 논술 문제를 통해 연습해 보기로 하자.

【예제 3】 다음 글을 읽고 물음에 답하시오.

> 아래 글 (가)와 (나)는 다산 정약용의 『흠흠신서(欽欽新書)』의 일부이고, 글 (다)와
> (라)는 『목민심서(牧民心書)』의 일부이다.
>
> **(가)**
> 형부(刑部)는 서씨의 아이의 유모(乳母) 허씨가 유아를 깔아 죽인 사건을 심리(審
> 理)하여 교후(絞候)로 처단할 것을 물었다. 이는 곧 법률에 의하여 처리할 일이나 다
> 만 깔아서 치사케 한 이 유아 외에 대를 이을 아들이 있고, 또 진정 부주의에 의하여
> 발생한 일이라면 선례(先例)에 의하여 심리할 때 관용할 여지가 있으나, 이 사건의

유아가 외아들로서 다른 아들이 없는 경우에는 미욱한 유모가 조심하여 기르지 아니하여 마침내 실수 죽게 하였으니 매우 원통할 일이나. 고의로 죽게 하여 그 가정으로 하여금 금대(今代)가 끊어지게 하였다면 이 사실을 가려 결정하도록 아니할 수 없다.

〈다산 정약용의 견해〉 상고하여 보면 고의(故意)냐 아니냐를 가려 결정할 일이요, 독자(獨子)냐 아니냐를 물을 것은 없다. 아마도 잘못인 것 같다.

(나)

고려(高麗)의 폐왕 우(廢王 禑)의 원년, 이보림(李寶林)이 경산부(京山府)의 수령으로 있을 때, 길에서 여자의 곡성(哭聲)을 듣고 "곡성이 슬프지 아니하니 반드시 부정이 있다."하고 데려다 심문하니 간부(奸夫)와 함께 남편을 모살(謀殺)한 자였다.

〈다산 정약용의 견해〉 상고하여 보면 이 조(條)는 내용이 있을 것이다. 신통(神通)하다 할 수 없으며 이와 같은 기록은 간략하여 알 수가 없다.

(다)

무릇 소송을 제기하는 사람의 말이 비록 크게 놀랄 만한 일이라도 한 쪽 편의 말만을 그대로 믿어서는 안 되는 것이다. 그 시비곡직(是非曲直)을 일체 논단하지 말고 다만 제결(題決)하기를 "양 당사자로 하여금 각기 전후(前後) 소장(訴狀)을 가지고 대질시켜 처리할 터이니 여기에 한 자(字)라도 더 첨가해서는 안 된다."고만 할 것이다.

(라)

착각하여 그릇 판결하였다가 그 잘못을 이미 깨달으면 감히 과실을 얼버무리지 않는 것도 역시 군자의 행실인 것이다. … (중략) … 생각건대 다른 일은 잘못을 그대로 두어도 다만 자기 한 사람의 허물이 될 뿐이지만 옥사(獄事)는 잘못을 그대로 두면 남의 생명을 해치는 것이다. 반드시 하늘의 재앙이 있을 것이니 이런 일은 의당 특별히 살펴야 할 것이다.

【논제】　한 인종주의자는 1991년 미국 플로리다 주에서 발표된 살인 범죄 통계인 〈표 1〉을 인용하면서 백인의 사형 선고율이 흑인에 비해 높다고 주장하였다.

가해자＼선고	사형	기타	사형 선고율(%)
백인	53	430	11.0
흑인	15	176	7.9

이에 한 인권주의자는 위에 발표한 통계를 보완하여 〈표 2〉를 제시하였다.

〈표 2〉

피해자	가해자	사형	기타	사형 선고율(%)
백인	백인	53	414	11.3
	흑인	11	37	22.9
흑인	백인	0	16	0.0
	흑인	4	139	2.8

다산 정약용이 제시한 관점을 적용하여 인종주의자의 주장을 반박하고, 인권주의자가 〈표 2〉를 통하여 주장하고자 하는 바가 무엇인지 논술하시오.

‖ 2007 중앙대 수시 1 – 인문계 ‖

문제 해설

네 개의 제시문에서 드러난 다산 정약용의 관점을 먼저 정리해 보자.

(가) 범죄의 성립 요건에 적절한 기준을 적용해야 한다. 범죄의 의도가 중요하지 결과가 중요한 게 아니다.

(나) 증거에 의거하지 않고 추측에 의거해서 판결해서는 안 된다.

(다) 송사의 당사자들 양쪽 주장을 다 듣고 판결해야 하며, 선입견이나 해석이 첨가되지 않은 객관적인 사실들에만 의거해서 판결해야 한다.

(라) 옥사(獄事)는 생명을 다투는 문제이기에 신중하게 결정해야 한다.

다산의 관점이 정리가 되었으니 이제 인종주의자가 〈표 1〉을 통해서 말하고자 하는 바를 생각해 보자. 백인의 사형 선고율이 흑인에 비해 높다는 것은 명시적인 주장이고 그 주장을 통해서 궁극적으로 말하고 싶은 바, 즉 '생략된 결론' 내지 함축이 무엇인지 생각해야 한다. 그건 바로 "흑인에 대한 인종 차별이 존재하지 않고, 오히려 백인이 더 차별받고 있다."는 주장일 것이다. 인종 차별을 은폐하거나 정당화시키려는 목적을 갖고 있는 것이다.

이를 다산 정약용의 관점을 적용해서 비판하자면 가장 직접적인 도움이 되는 것은 바로 (다) 제시문의 내용일 것이다. 인종주의자는 객관적인 자료를 제공하는 것 같지만 사실은 중요한 부분을 누락시킨 채 자신의 주관적인 해석이 가미된 자료를 제시하고 있는 셈이다. 통계 자료의 허와 실을 잘 보여 주는 사례이다. 일반적으로 사람들은 통계적 자료들은 객관적이라고 생각하기 쉬운데, 가장 조작하기 쉬운 것이 바로 통계 자료라 할 수 있다. 이 예에서 보는 것처럼 단지 일부분을 누락시키는 것만으로도 중요한 왜곡과 조작을 행할 수 있는 것이다. 이 사실을 답안 작성에 가미하는 것도 좋은 전략이 될 수 있다.

이제 인권주의자가 제시한 자료를 분석해 보자. 〈표 2〉는 인종주의자가 제시한 자료에서 누락되었던 '피해자' 항목을 백인과 흑인으로 구분해서 분석한 자료이다. 단지 가해자와 피해자를 분리해서 제시한 것만으로도 〈표 1〉의 허구성을 분명하게 보여 주고 있다. 이렇게 볼 때 인권주의자가 이 표를 통해서 말하고 싶은 것은 형사 문제와 관련해서 인종 차별 문제의 현황을 올바르게 판단하기 위해서는 "누가 가해를 했느냐?"라는 단순한 기준이 아니라 "누가 누구에게 가해를 했느냐?"라는 기준을 적용해야 한다는 것이다. 이 표가 웅변해 주고 있는 것은 흑인이 백인에게 가해를 하였을 때 사형 선고율이 22.9%인 반면(이는 〈표 1〉에서 제시한 백인의 사형 선고율의 2배를 넘어서는 수치이다.) 백인이 흑인에게 가해를 했을 때 사형 선고율은 0%라는 점이다.

결국 인권주의자의 주장은 다산 정약용의 관점 중에서 (가) 제시문에서 말하고자 하는 것, 즉 '적절한 기준'에 입각해서 판결을 내려야 한다는 관점의 구체적인 예시라고 볼 수 있다.

이 문제는 이상의 해설을 토대로 해서 정리하면 쉽게 답안을 마련할 수 있을 것이다. 때문에 따로 예시 답안을 제시하지 않겠다.

1 다음 글을 읽고 물음에 답하시오.

〈 2007 고려대 모의 논술 – 인문계 〉

(가)

원자력의 평화적인 이용으로 전력 생산이 이루어졌다는 점은 중요하다. 그러나 이것이 결코 값싼 것은 아니다. 충분한 안전을 보장하는 원자력 발전소를 세우기 위해서는 많은 에너지의 투입이 필요하므로, 그 발전소에서 생산되는 에너지는 순이익 면에서 반드시 흑자를 안겨 준다고 장담할 수 없다. 프랑스의 리 대학의 교수들과 공학자들로 이루어진 디오게네스 학파는 프랑스 전체 전력 소비량의 약 60%를 생산하는 핵발전 프로그램에 대해 분석했다. 그들은 발전소와 재처리 설비의 건설 및 작동 비용, 분배 네트워크, 연료, 시설 유지 및 보수, 연구와 교육 기관에 대한 고정 비용 등을 계산했다. 그 결과 향후 20년 동안은 핵발전 프로젝트를 통해 생산되는 에너지보다 핵발전을 위해 투입되는 에너지가 더 많을 것이라는 결론이 나왔다. 핵폐기물 처리는 원자력 발전소의 또 다른 문제를 낳는다. 핵 시대의 초창기에는 핵폐기물의 안전한 처리에 대해 사람들은 별로 걱정하지 않았지만, 이제 우리는 핵폐기물을 적절한 장소에 완벽하게 관리하고 격리하는 방안을 걱정해야 한다. 어디에 핵폐기물을 저장할 것인가? 미국의 에너지성은 일부 지역을 선정했으나 해당 지역의 주민들은 강력하게 반대하고 나섰다. 주민들이 에너지성 관리들에게 시설의 안전 보장에 대해 물었을 때, 관리들은 100년까지는 안전을 보장할 수 있다고 대답했다. 그러나 핵폐기물의 위험성은 십만 년 이상 지속될 것이다. 이런 이유로 미국에서는 1970년대 후반부터 새로운 핵발전소의 건설이 유보되었고 일부 완성된 발전소들의 가동도 인가되지 않았다.

(나)

맬서스 시대 이래 사람들은 재앙이 일어날 것이라고 예견해 왔다. 그러나 재앙은 결코 일어나지 않았다. 인간과 동물들 간의 중요한 차이가 기술이고, 기술은 항상 지구의 포화 수준을 확장시켜 왔다. 만약 하나의 자원이 고갈된다면 더 좋은 자원을 발견할 수 있다. 석탄이 부족하면 석유가 대체할 것이다. 석유가 고갈되면 에너지는 핵분열 원자로에 의해 공급될 것이다. 만약 핵분열 원자로가 너무 위험한 것으로 입증된다면, 그때 인간은 안전한 핵분열 과정을 개발할 것이다.

『신과학주의자』의 편집자였던 해밀턴은 합리성이 자연 환경을 인조적인 것으로 만들어 왔으며, 인간이 더 이상 자연의 제약에 송속되지 않는다고 수상한다. "기술에 숭분히 투사한나면, 우리는 실제로 오늘날 무엇이든 성취할 수 있다. 기술은 인간에게 환경에 대한 전례 없는 힘을 부여한다. 그 길에는 기술의 장벽이 거의 없다. 돈과 의지를 가진 사람들에겐 사실상 모든 것이 가능하다. 장벽은 정치적이고 경제적이고 사회적인 것이다."

1967년 미래학자 칸과 비너는 경제 개발을 위한 능력, 환경에 대한 통제, 이에 수반되는 기술적 혁신 역량은 그 한계를 알 수 없을 정도로 증가하고 있다고 기술했다. 1972년 매독스는 "우주선 '지구'에서 자원의 절대적인 물리적 고갈 가능성은 분명 매우 작다."고 주장했다. 이런 주장의 근거는 막대한 자원의 발견에 있지 않고, 인간의 필요를 충족시키기 위해 자연을 고쳐 만들 수 있는 능력에 대한 확신이 있다. 베커만은 자연이 소유하고 있는 특성을 자연에게 제공하는 것은 인간 이성이며, 인간 이성이 성장함에 따라 자연은 고갈되지 않고 확장한다고 지적했다.

인간은 합리적 기업 활동을 통해 이전에는 자원이 아니었던 것을 자원으로 바꾼다. 석유는 인간이 그것을 추출하고 에너지 자원으로 변화시킬 때까지 땅 속의 끈적거리는 액체에 지나지 않았다. 베커만은 구리가 3% 이상 함유되지 않아 비경제적이라고 포기한 1880년의 원광에 관한 사례를 제시한다. 지금은 0.3%의 구리 함량을 가진 원광도 경제적으로 정련될 수 있다. 필요할 때면 새로운 자원이 발견되어 왔을 뿐 아니라 이전 자원의 대체물도 개발되어 왔다. 자원이 고갈되면 인간은 합리적으로 대체물을 발견할 것이다.

사이먼은 "천연 자원은 정말 무한할 수 있을까?"라는 자신의 질문에 "그렇다."고 크게 대답한다. 풍요를 일구기 위해 지구를 고쳐 만들 수 있다. 클라크는 다음과 같이 말한다. "최근 카리브 해의 심해를 가열하기 위해 핵에너지를 사용하자는 제안이 있었다. 핵에너지에 의한 심해수의 가열은 인 성분을 증가시키고, 이에 따라 플랑크톤 양도 증가한다. 그 결과 카리브 해에서 더 많은 물고기를 잡을 수 있을 것이다." 인간이 자연을 정복하기 위해 계속 노력한다면 결핍은 문제가 되지 않는다. 부족한 것은 천연 자원이 아니다. 문제가 되는 것은 기술 부족과 퇴행적이고 반합리적인 이데올로기 때문에 수세에 처한 합리성이다.

(다)

화학적 방제를 대체할 수 있는 방안을 찾고자 한다면 그 가능성은 놀라울 정도로 다양하다. 어떤 방안은 이미 시도되어 화려한 성공을 거둔 바 있고, 아직 실험중인 것도 있다. 이미 우리의 선조들은 포식 동물과 기생 곤충을 활용한 생물학적 방제를 사용해 왔다. 그리고 캐나다나

유럽에서는 상당한 수준의 '삼림 위생학'을 발전시켰다. 숲 속의 자연 생태계를 강하게 만들어 주는 영구적 해결책을 모색하는 삼림학자들은 다양한 수단을 개발하고 있다. 화학 살충제 사용은 기껏해야 임시 변통 정도일 뿐 진정한 해결책과는 거리가 멀다. 숲 속 개울가를 헤엄치는 물고기를 죽이고, 모든 곤충에게 심각한 질병을 가져오며, 자연의 기능을 파괴할 뿐이다.

새롭고 상상력 풍부하며 창의적인 접근법은 이 세상이 인간만의 전유물이 아니라 모든 생물과 공유할 것이라는 인식에서 출발한다. 우리가 다루는 것은 살아 있는 생물들, 그 생명체들 간의 밀고 밀리는 관계, 즉 전진과 후퇴이다. 생물들이 지닌 힘을 고려하고 그 생명력을 호의적인 방향으로 인도해 갈 때, 곤충과 인간 사이에 납득할 만한 화해가 이루어질 수 있다. 생태계는 한편으로 너무나 연약해 쉽게 파괴되고, 다른 한편으로 믿을 수 없을 정도로 튼튼하고 회복력이 강해서 예상치 못한 방식으로 역습해 온다. 아무런 고결한 목적도 없고 겸손하지도 못한 화학 방제 책임자들은 자신들이 다루고 있는 자연의 위대한 능력을 계속 무시해 왔다.

"자연을 통제한다."는 말은 생물학과 철학의 네안데르탈 시대에 생겨난 오만한 표현으로, 자연이 인간의 편의를 위해 존재한다는 잘못된 생각에 기초하고 있다. 화학 살충제의 유용성을 강조하는 사고와 실행 방식은 마치 우리가 과학의 석기 시대로 거슬러 올라간 듯한 느낌을 준다. 그렇게 원시적인 수준의 과학이 '현대적'이고 가공할만한 무기로 무장되어 있다는 사실, 그리고 곤충을 향해 겨누었다고 생각하는 그 무기가 사실은 이 지구 전체를 향하고 있다는 사실은 인류에게 크나큰 불행이 아닐 수 없다.

[논제] 위 제시문들은 인간과 환경의 관계에 관한 것이다. (나)의 요지를 밝히고(200자 이내), (나)의 관점에서 (가)와 (다)의 견해에 대해 각각 반론을 제기하고, 이에 대한 자신의 생각을 논술하시오.

 아래 두 편의 글, (가)와 (나)의 상관성을 통해 드러나는 현대 사회의 문제를 요약하라. (500~600자)

〈2007 서강대 수시 논술 예시 – 인문계〉

(가)

구치소에서는 저 유명한 벤담의 일망 감시 시설을 본뜬 원형 칸막이가 운동 공간이었다. 이 시설물은 수인 각자가 보여지기만 할 뿐 남을 볼 수는 없게 되어 있다. 벤담의 감옥은 원래 베르사유의 동물원 시설에서 착상을 얻었다고 하는데, 가장 바깥쪽에 원형의 높고 긴 담을 둘러치고 케이크나 피자를 자르듯이 부채꼴 모양으로 칸을 나누었다. 각 칸막이마다 문이 달려 있어서 수인을 안으로 밀어 넣고 문을 닫으면 그는 그냥 부채꼴의 시멘트 담 속에 혼자 갇힌다. 원형의 탑이 중앙에 있고 이것은 이층으로 되어 있다. … (중략) … 감시자는 계단을 통하여 위로 올라가 사방의 칸막이를 위에서 동시에 관찰할 수가 있다. 그러나 나는 감시자가 우리를 칸막이에 넣어 두고 정말로 충실히 수인들을 관찰하기 위하여 탑의 가장자리를 빙글빙글 돌아다니거나 하는 꼴을 본 적이 없다. 그는 어딘가 보이지 않는 편안한 자리에 앉아 담배를 피우고 있거나 동료와 잡담을 하고 있을 것이다. 하지만 위에서는 언제라도 마음만 먹으면 고개를 쭉 빼거나 돌려서 어느 칸이나 누가 무엇을 하는지를 살필 수가 있다. 시설은 참으로 상징적이었다. 연구실의 쥐새끼들처럼 우리들의 맴도는 움직임은 적나라하다.　— 황석영, 『오래된 정원』

(나)

컴퓨터 기술의 사회적 영향에 대해 연구했던 캐나다 엔지니어 캘빈 고트립(Calvin Gottlieb)은 우리가 사는 세상에 프라이버시는 더 이상 존재하지 않는다고 주장한다. 자신의 이해 관계가 걸려 있을 때에는 다른 사람들의 프라이버시를 고려하지 않는 경우가 너무 흔하기 때문이다. 이는 그 사람들만의 문제라고는 할 수 없는데, 많은 경우에 타인의 프라이버시는 내가 알고 싶어 하는 권리나 욕구와 상충된다. 문제는 여기서 그치지 않는다. 사람들은 약간의 편리함을 위해 프라이버시를 너무 쉽게 포기한다. 당첨될 확률이 하늘의 별따기만큼이나 어려운 경품 때문에 성명, 주소는 물론 전화 번호까지 쉽게 제공한다. 적립금이나 마일리지 보너스를 위해 멤버십 카드를 만들고, 이를 위해 자세한 신상 정보를 제공한다. 공공의 안전을 보장한다는 이점 때문에 폐쇄 회로 텔레비전으로 인한 프라이버시 침해에 무관심하다. 핸드폰 전화 번호는 이미 자기 사무실 전화 번호만큼이나 공적인 것이 되었다. 실명 등록을 권하는 국내의 어느 포털 사이트는 핸드폰 번호를 입력하지 않으면 아예 회원으로 등록할 수 없는 곳도 있다.　— 홍성욱, 『판옵티콘–정보 사회, 정보 감옥』

3 제시문 (가), (나)와 제시문 (다), (라)는 대중의 속성에 관한 상반된 두 견해를 담고 있다. 그 두 견해의 내용을 각각 요약하시오.

〈2007 성균관대 수시 1 - 인문계〉

(가)

개인들이 모일 때마다 곧바로 군중이 나타나는 것을 보게 된다. 그들은 서로 뒤섞이고 합해 져서 변모한다. 그들은 자신의 성질을 억누르는 공통된 성질을 획득하며, 자신들의 개별적인 의지를 침묵시키는 집단 의지에 복종하게 된다. 이러한 압력은 실제적인 위협을 나타내는데, 많은 사람들은 자신들이 무엇인가에 휩쓸리고 있다고 느낀다.

구체적인 모습으로 나타나고 항상 움직이며 우글거리는 이 사회적 동물을 볼 때, 어떤 사람 들은 그 속에 무턱대고 자신을 던지기 전에 뒤로 살짝 물러서려고 하고, 또 어떤 사람들은 진 짜 공포증을 느낀다. 이러한 반응들은 군중의 힘과 그것이 일으키는 육체적인 반향(反響) 그리 고 그 반향을 통해서 사람들이 군중에게 있다고 추정하는 효과를 증명한다. 모파상 (Maupassant)은 필적할 만한 학자가 별로 없을 정도로 정확하게 그 효과를 훌륭하게 묘사하 였다. 그는 다음과 같이 쓰고 있다.

"게다가 또 하나의 다른 이유에서 나는 군중을 싫어한다. 나는 극장에 들어갈 수도 공적인 축제에 참가할 수도 없다. 그곳에서 나는 곧 마치 저항할 수 없는 신비한 영향력과 전력을 다 해 싸우는 것처럼 괴상하고 참을 수 없는 불편함과 굉장한 신경질을 느낀다. 그리고 사실 나 는 나의 마음속에 파고들려고 하는 군중의 혼과 싸운다. 나는 사람이 혼자서 살 때는 지성이 강해지고 향상되지만, 다른 사람들과 섞이면 지성이 약해지고 쇠퇴하는 것을 여러 번 확인하 였다. 사람들과의 접촉, 널리 퍼져 있는 관념, 사람들이 말하는 모든 것, 듣고 들리며 또 대답 할 수밖에 없는 모든 것은 사고에 영향을 준다. 여러 관념들이 머리에서 머리로, 집에서 집으 로, 거리에서 거리로, 도시에서 도시로, 민중에서 민중으로 밀려왔다가 사라지면서 어떤 수준 이 확립되는데, 그것은 수많은 개인의 집합체 전체가 만들어 낸 지성의 평균이다. 사람이 혼 자 있을 때 갖고 있는 자질, 즉 지적인 창의력, 자유 의지, 분별 있는 성찰력, 심지어는 통찰력 등의 자질이 그가 많은 사람들 속에 섞이면 일반적으로 곧 사라진다."

(나)

"그렇다면 참주* 정체(僭主政體)는 아마도 민주 정체(民主政體) 이외의 다른 어떤 정체에서 도 조성되어 나오지 않을 것이라고, 즉 극단적인 자유에서 가장 심하고 야만스런 예속이 조성 되어 나올 것이라고 나는 생각하네."라고 내가 말했더니

"그건 이치에 맞습니다." 라고 그가 말했다네.

"그렇지만 자네가 물었던 것은 이게 아니라, 어떤 병이 과두 정체(寡頭政體)에서 그리고 민주 정체에서 똑같이 커져서 민주 정체를 예속화하였는지를 불은 것이라 나는 생각하네."라고 내가 말했더니, "정말입니다."라고 그가 말했다네.

…(중략)…

"어떻게 말씀입니까?"

"민주 정체의 나라를, 지금도 사실상 그렇듯, 논의에서 세 부류로 갈라 세우도록 해 보세나. (방금 말한) 그런 한 부류(가장 사나운 무리)가 이 나라에서는 '멋대로 할 수 있는 자유'로 인해서, 과두 정체의 나라에 못지않게, 분명히 자라나게 되네."

"그렇습니다."

"하지만 이 부류는 과두 정체의 나라에서보다 이 나라에서 한결 더 사납다네."

"어째서죠?"

"거기서는 이 부류가 존중되지 않고 관직에서 배제됨으로써 단련을 받지 못해서 강건해지지 못한다네. 그러나 민주 정체에서는 이 부류가, 소수를 제외하고는, 분명히 이 정체의 앞장서는 부류이며, 이들 중에서도 제일 사나운 무리가 말을 하고 행동을 하는데, 나머지는 연단 주위에 가까이 앉아서는 웅성거리거니와, 다른 말하는 사람들을 그냥 두지 못하네. 그리하여 이런 정체에서는 모든 것이, 소수의 경우를 제외하고는, 이런 부류에 의해서 조종되네."라고 말했더니, "물론입니다."라고 그가 말했다네.

"더 나아가 대중과 언제나 구별되는 이런 한 부류가 있다네."

"어떤 부류인가요?"

"모두가 돈벌이를 할 경우에, 성향상 가장 알뜰한 사람들이 아마도 대개는 가장 부유한 자들로 될 걸세."

"그럴 것 같습니다."

"나는 숫벌들(가장 사나운 무리)이 가장 많은 꿀(재산)을 가장 쉽게 얻게 되는 것은 이들한테서라고 생각하네."라고 말했더니,

"누군들 적게 가진 자들한테서 꿀을 얻을 수 있겠습니까?"라고 그가 말했다네. 또

"나는 이런 부자들이야말로 숫벌들의 먹이라 불린다고 생각하네."라 말했더니

"거의 그렇죠."라고 그가 말했다네.

"대중은 셋째 부류이겠는데, 이들은 손수 일을 하고 정치에는 관여하지 않으며 재산도 그다지 많이 갖지 못한 모든 사람일세. 이들이 집회라도 갖게 될 땐, 민주 정체에 있어서는 이들이 최대 다수이며 주도권을 갖는 부류가 되네."라고 말했더니,

“실상 그렇습니다. 그러나 이 부류는 꿀의 한 몫을 얻지 못한다면, 자주 집회를 가지려 하지 않습니다.” 라고 그가 말했다네.

“따라서 이들은 언제나 한몫을 얻기는 하나, 앞장서는 자들이 가진 자들한테서 재산을 빼앗아서 대중한테 나누어 주되 대부분은 자신들이 차지할 수 있는, 그 한도 내에서라네.”라고 내가 말했더니,

“아닌 게 아니라 그 정도 몫을 얻습니다.”라고 그가 말했다네.

…(중략)…

“그런데 대중은 언제나 어떤 한 사람을 앞장 세워, 이 사람을 보살피고 키워 주는 버릇이 있지 않은가?”

“그들에겐 그러는 버릇이 있죠.”

“그러므로, 참주가 자라나게 될 때는, (대중의) 선도자 격(格)인 뿌리 이외의 다른 어떤 것에서도 그 싹이 트지 않는다는 것은 명백하네.”라고 말했다네.

* 참주(僭主) : 비합법적 수단으로 독재적 지위에 오른 지배자

(다)

노동의 생산물은 노동의 대상과 사용된 재료에 노동이 첨가된 것이다. 이 생산물 가치의 대소(大小)에 비례해서 고용주의 이윤이 크거나 작을 것이다. 그러나 어떤 사람이 자신의 자본을 사용해서 노동을 유지하는 것은 이윤을 얻기 위해서다. 따라서 그는 그 생산물이 가장 큰 가치를 가질 수 있게 하는 노동, 즉 그 생산물이 가장 큰 양의 화폐나 다른 재화와 교환될 수 있게 하는 노동에 자기의 자본을 사용하려고 힘쓸 것이다.

그러나 한 사회의 연간 수입은 그 사회의 노동의 연간 총생산물의 교환 가치와 정확하게 같다. 또는 오히려 그것의 교환 가치와 정확하게 동일한 것이다. 따라서 각 개인이 최선을 다해 자기 자본을 본국 노동의 유지에 사용하고, 노동 생산물이 최대의 가치를 갖도록 노동을 이끈다면, 각 개인은 필연적으로 사회의 연간 수입이 가능한 한 최대의 가치를 갖도록 노력하는 것이 된다. 사실 그는, 일반적으로 말해서, 공공의 이익을 증진시키려고 의도하지도 않고, 공공의 이익을 그가 얼마나 촉진하는지도 모른다. 외국 노동보다 본국 노동의 유지를 선호하는 것은 오로지 자기 자신의 안전을 위해서였고, 노동 생산물이 최대의 가치를 갖도록 그 노동을 이끈 것은 오로지 자기 자신의 이익을 위해서였다. 이 경우 그는, 다른 많은 경우처럼, 보이지 않는 손(invisible hand)에 이끌려서 그가 전혀 의도하지 않았던 목적을 달성하게 된다. 그가 의도하지 않았던 것이라고 해서 반드시 사회에 좋지 않은 것은 아니다. 그가 자기 자신의 이익을 추구함으로써 흔히, 그 자신이 진실로 사회의 이익을 증진시키려고 의도하는 경우보다,

더욱 효과적으로 그것을 증진시킨다. 나는 공공 이익을 위해 사업한다고 떠드는 사람들이 좋은 일을 많이 한 것을 본 적이 없다. 사실 상인들 사이에 이러한 허풍은 일반적인 것도 아니며, 상인들은 말 몇 마디만 해도 그런 허풍을 떨지 않는다.

각 개인은 자기의 자본을 국내 산업의 어느 분야에 투자하면 좋은지, 그리고 어느 산업 분야의 생산물이 가장 큰 가치를 가지는지에 대해, 자신의 현지 상황에 근거해서 어떠한 정치가나 입법자보다도 훨씬 더 잘 판단할 수 있다는 것은 명백하다.

(라)

(A) 사람을 제대로 아는 방법과 사람을 쓰는 술책은, 다른 사람들이 보고 들은 것을 따라 널리 찾고 널리 검증하고 시험하여, 자신이 직접 보고 들은 것을 가지고 절충(折衷)하고 취하고 버린다면, 그 인품(人品)과 맡길 직책을 대략 알게 될 것이다. 그러나 하늘이 정해 주신 사물의 품등(品等)도 오히려 잘못 보고 잘못 들을 수 있는데, 하물며 사람이 사람을 보는 데 이외에 좋아하고 싫어하며, 공적인 것과 사적인 것이 있음에야!

다른 사람이 보고 들은 것을 전해 듣고 사람을 쓸 경우, 한 사람에게만 듣는 것이 두 사람에게 각각 듣는 것만 못하고, 두 사람에게 각각 듣는 것은 각각 세 사람에게 듣는 것만 못하다. 세 사람이 전하는 말을 차례로 들어 신기(神氣)를 소통하면, 이리저리 참작(參酌)하여 간혹 세 사람이 미처 보지 못한 것까지 보게 될 것이다.

(B) "좌우의 신하가 다 어질다고 말하여도 뇌물에 의한 것일까 두려워하며 믿지 말고, 여러 대부(大夫)가 다 어질다고 말하여도 붕당에 관계가 있을까 두려워하며 믿지 말고, 온 나라 사람이 다 어질다고 말하면 그 이후에 그 말을 따라 살펴서 그 어진 실상을 보고 의심이 없어야 합니다. 그 이후에 써서 높고 친한 반열에 두고 맡기는 것을 무겁게 하고 바꾸지 말아야 합니다. 좌우의 신하가 다 옳지 않다고 말하여도 일부러 배척하는가 두려워하며 듣지 말고, 여러 대부가 다 옳지 않다고 말하여도 사사로운 훼방에서 나온 것인가 두려워하며 듣지 말고, 온 나라 사람이 다 옳지 않다고 말한 이후에 따라 살펴서 옳지 않음을 본 이후에 버려야 합니다.

좌우의 신하가 다 죽여야 한다고 말하여도 사사로운 분노가 있기 때문인가 두려워하며 듣지 말고, 여러 대부가 다 죽여야 한다고 말하여도 사사로운 원망이 있기 때문인가 두려워하며 듣지 말고, 나라 사람이 다 죽여야 한다고 말하면 혹 죄주어 마땅할 것입니다. 그러나 그것을 따라 살펴서 반드시 죽일 만한 것을 본 이후에 죽여야 합니다. 그렇게 하면 죽인 것이 한 사람의 사사로운 것이 아니라 공론에서 나왔기 때문에 임금이 죽인 것이 아니라 온 나라 사람이 죽인 것이라 말할 수 있을 것입니다. 이와 같이 한 이후에 백성의 부모가 될 수 있습니다."

4 아래 〈도표 1〉과 〈도표 2〉는 문제 **3**의 제시문들이 담고 있는 두 견해 중 하나를 지지하고, 〈도표 3〉과 〈도표 4〉는 다른 하나를 지지한다고 볼 수 있다. 그 이유를 상세하게 설명하시오.

〈2007 성균관대 수시 1 – 인문계〉

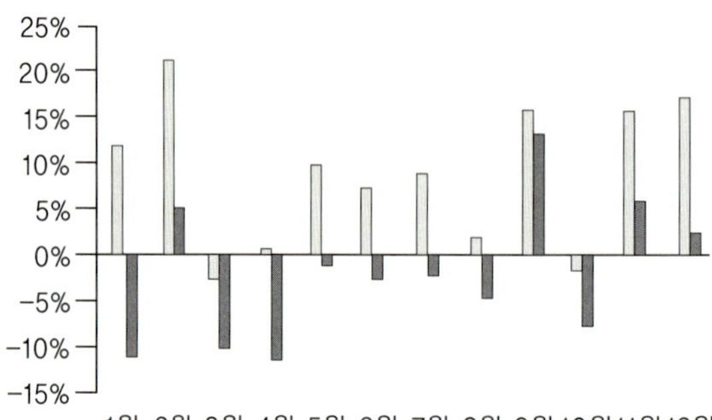

참고 : 수익률=월별 누적 순매수 상위 10개 종목의(월말주가/월초주가)–1의 평균
* 순매수 : 판 금액보다 산 금액이 많은 경우

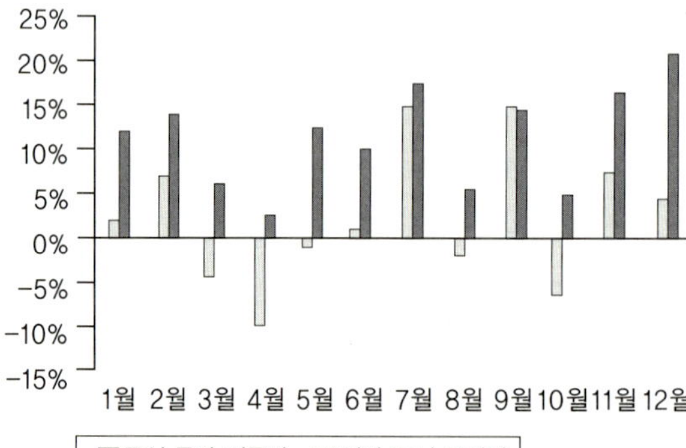

참고 : 수익률=월별 누적 순매도 상위 10개 종목의(월말주가/월초주가)–1의 평균
** 순매도 : 산 금액보다 판 금액이 많은 경우

〈도표 3〉 어떤 상자 안의 구슬수 예측 실험에서 예측 정확도와 예측자 수

예측의 상대적 정확도*	예측자의 수
2	?
4	8
10	50
40	800
100	5000

* 수가 클수록 정확도가 높아짐.

〈도표 4〉 미로 찾기에서 개별 결정의 경우 (ㄱ)과 집단 결정의 경우 (ㄴ)

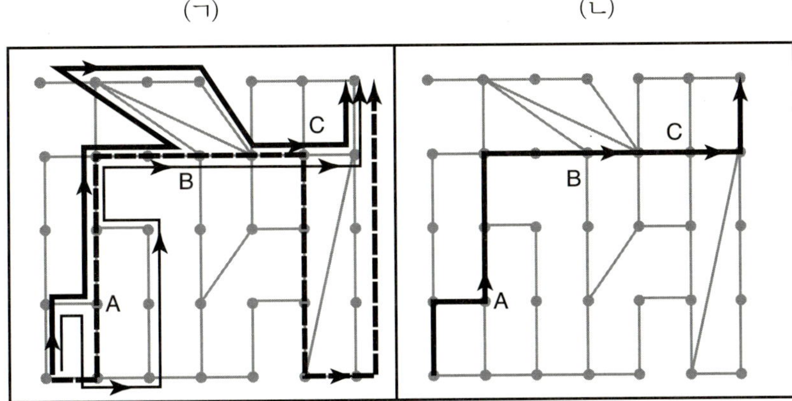

※ (ㄱ)은 A(점 선), B(가는 선), C(굵은 선) 각자가 간 경로들을, (ㄴ)은 각 구간에서 다수결에 의해 선택된 경로를 나타냄.

5 아래 제시문을 읽고 문제에 답하시오.(세 문제 모두 답하시오.)

(가)

자연 상태에서 인간은 이기적이거나 제한된 수준의 관용만을 가지고 있다. 따라서 사람들은 어느 정도 상호 호혜적인 이익이 예상되는 경우를 제외하고는 쉽게 다른 사람들의 이익을 위해 행동을 하려고 하지 않을 것이다. 상호 호혜적인 행동이라도 그것이 동시에 이루어지는 경우는 드물기 때문에, 친절에 대한 보상은 상대의 관용에 의존할 수밖에 없는 매우 불확실한 상태에 놓이게 된다. …(중략)…

당신의 옥수수는 오늘 여물고 내 것은 내일 여물 것이다. 만약 오늘 내가 당신이 추수하는 것을 돕고 내일 당신이 나를 돕는다면, 이는 우리 둘 모두에게 유익한 일이 될 것이다. 그러나 나는 당신에게 아무런 호의도 갖고 있지 않으며, 당신 역시 나에게 아무런 호의가 없다는 것을 안다. 그러므로 나는 당신을 위해서는 아무런 노력도 하지 않을 것이다. 나는 단지 나 자신만을 위해서 일해야 한다. 보상에 대한 기대는 나를 실망시킬 것이며, 나로 하여금 헛되이 당신의 호의에 매달리게 할 것이다. 따라서 나는 당신이 혼자 일하도록 내버려 둘 것이며, 당신도 동일한 방식으로 나를 대할 것이다.

(나)

미나모토조에는 선술집과 음식점, 가라오케 등이 기미우라 역을 중심으로 난 좁은 골목을 따라 즐비하게 늘어서 있다. 음식점과 술집들은 각기 나름대로의 분위기를 갖추고 있으나, 사람들은 자기들이 자주 찾아 가는 곳을 또 찾아가고 있다. 사람들은 약속을 할 경우에 서로가 잘 아는 곳에서 모이고 누구를 만나려면 어디에 가야 하는지를 알고 있다. 이발소를 하는 마에바시를 만나려면 요네다가 하는 장어구이 집에 가야 하고, 목수 일을 하는 가미를 찾으려면 마에하라 자매가 운영하는 선술집에 가면 된다. 쓰노다 아줌마는 학부모 모임에서 사람들과 식사를 한 후에 커피를 마시기 위해 어린 시절 친구의 형이 하는 커피숍에 간다.

새로운 사람들이 이사를 오게 되면, 이사 온 사람들은 바로 조그만 케이크나 '데누구이(수건의 일종)'를 가지고 자신들을 소개하는 인사를 가게 된다. 일종의 공식적인 인사인 셈이다. 이러한 인사는 새로운 가구가 주위의 이웃들과 공식적인 관계를 맺는 시작이다. 사람들은 이웃이 집을 비운 사이 서로의 집을 봐주고, 주부들은 특별 세일이나 새로 개점한 가게에 대한 정보를 나누며 여행에서 돌아와서는 지방 특산물을 선물로 건넨다.

도쿄 인근 지역에서 야채를 재배하는 농민들은 한 달에 두서너 차례 미나모토조를 방문한다. 이들은 주로 할머니들인데 자신들이 가져올 수 있는 만큼의 야채를 가지고 와서는 거리에서 팔기보다 벌써 수년째 방문해 온 미나모토조의 사정을 한 집 한 집 찾아간다. 모리 야요마는 자신이 어릴 적부터 집에 찾아온 야채 파는 할머니에게서 야채를 사는데, 자신이 필요한 것보다 좀 더 사서 아이를 시켜 이웃에도 나눠 준다. 지난번에 이웃이 보낸 선물에 대한 보답이다.

미나모토조의 사람들은 도쿄 시내 어딘가에 사찰이 있음에도 불구하고 대개는 자신들의 집에서 장례식을 치른다. 그렇다고 해서 장례식이 간단한 것은 아니다. 장례식의 많은 부분은 장의사의 협조로 이루어진다. 장례에 필요한 제단, 향로, 제등, 관 등은 모두 장의사가 준비한다. 장례식에서는 초등학교 근처에 사는 모리구치 씨가 염과 같은 전문적인 일을 담당한다. 대신에 미나모토조의 주민과 이웃들은 자신들이 할 수 있는 일들을 찾아서 한다. 특히 죽은 이가 마지막 헤어짐의 인사를 하는 고쿠베쓰시키(告別式) 바로 전날에는 밤을 새워 쓰야(通夜)를 하면서 조문객을 맞이하고 접대를 한다.

(다)

어디서 왔는지 고양이 한 마리가 야옹야옹 울고 있었다. 어둠이 밀려왔을 때 손에 장갑을 쥔 여자가 다가와서 고양이를 다정하게 쓰다듬어 주면서 자루에서 먹이를 꺼내 주었다.

그때 사르트르가 이렇게 제안해 왔다. '2년 동안 나는 파리에서 살 수 있도록 손을 쓰면 되는 것이고, 우리는 가능한 한 친밀한 생활을 하자. 2, 3년 동안 헤어져 살게 되더라도 어딘가 세계의 한 모퉁이에서, 예를 들면 아테네 같은 곳에서 재회하여 다시 얼마 동안 공동 생활에 가까운 생활을 영위하자. 우리는 결코 완전히 남남이 되지는 않을 것이다. 둘 중에 어느 쪽인가가 상대를 찾을 때 반드시 응할 것이며 우리 두 사람의 결합 이상 가는 것은 아무 것도 없을 것이다. 그러나 그것이 속박과 습관이 되지 않도록 온 힘을 다하여 그런 부패에서 우리를 지키지 않으면 안 된다.'

나는 동의했다. 나는 사르트르가 예정하고 있는 이별을 두려워하지 않은 것은 아니었다. 그러나 그것은 아득한 미래의 일같이 생각되어 미리부터 마음을 쓰지는 않기로 했다. 그래도 가끔 두려움이 내 마음을 스쳐갈 때 나는 그것이 나 자신의 허약함 때문이라고 생각하고 극복하기 위해 애썼다. 사르트르가 약속에 철저하다는 점을 나는 이미 체험하고 있었으며, 그 점은 내 마음의 버팀목이 되었다. 그의 경우, 하나의 계획은 단순한 이야기가 아니고 현실의 어떤 순간을 가리키는 것이었다. 만일 그가 "22개월 후 아테네의 아크로폴리스 위에서 오후 5시에 만나자."고 했다면, 나는 정확히 22개월 후 오후 5시에 아크로폴리스 위에서 그를 재회할 것이라는 확신이 있었다. 더 구체적으로 말해서 나는 사르트르가 나보다 먼저 죽지 않는 한 그가 내게 불행을 안겨줄 리 없다는 것을 믿고 있었던 것이다.

이 2년의 계약 기간 동안 우리는 서로가 이론적으로 인정하고 있는 자유를 사용할 생각이 전혀 없었다. 우리는 이 새로운 관계에 주저 없이 모든 것을 쏟을 작정이었다. 우리는 또 하나의 약속을 했는데, 그것은 둘 다 거짓말을 하지 않고 서로 숨기는 일이 없도록 한다는 약속이었다.

(라)

A. 각국의 인구 대비 법조 인구 및 변호사 1인당 인구(2005년)

국가	인구(명)	법조 인구(명)	변호사 1인당 인구(명)
한국	47,000,000	8,200	5,700
일본	120,000,000	24,000	5,247
프랑스	58,000,000	38,000	1,500
독일	82,000,000	142,000	578
영국	52,000,000	95,000	557
미국	276,000,000	1,030,000	266

B. 한국의 인구 대비 변호사 수 및 법률 상담 건수 추이(1994~2001년)

	1994	1995	1996	1997	1998	1999	2000	2001
법률 상담 건수(건)	634,128	683,334	1,082,152	1,161,231	1,590,768	1,599,724	1,894,228	3,283,801
개업 변호사 수(명)	2,851	3,079	3,188	3,364	3,521	3,887	4,228	4,618
인구 10만 명당 변호사 수(명)	6.4	6.8	7.0	7.3	7.6	8.3	9.0	9.8

【논제 1】 제시문 (가)에서 제기되고 있는 문제는 무엇이며, 이 문제에 대해 제시문 (나)와 제시문 (다)는 각각 어떠한 해결책을 제시하고 있는지 비교하시오.

【논제 2】 서로 다른 방식의 인간 관계를 제시한 제시문 (나), 제시문 (다) 가운데 본인은 어떤 방식이 보다 바람직하다고 생각하는지, 그리고 그 이유는 무엇인지 밝히시오.

【논제 3】 제시문 (나), 제시문 (다)를 참조하여 제시문 (라)의 두 표에 나타난 한국 사회의 특징과 변화를 해석하시오.

이 문제는 전체 문제 중 일부만 발췌한 것이다. 그에 따라 제시문도 일부만 제시되어 있음에 주의하라. 문제 해결에 필요한 일부만 발췌해서 실은 것이다.

먼저 문제에서 요구하는 과제를 정리해 보자. ① (나)의 요지를 밝히는 일, ② (나)의 관점에서 (가)와 (다)의 견해에 대해 각각 반론을 제기하는 일, ③ 이에 대한 자신의 생각을 논술하는 일이다. 세 가지 과제가 서로 연결되어 있음은 물론이다. 따라서 각각을 독립적인 과제로 생각하면 안 되고 (나)의 요지를 밝히는 ①의 과제에서부터 ②, ③을 염두에 두고 진행해야 한다.

(나)의 입장이 (가)와 (다)의 입장과 상반된다는 점은 금방 파악할 수 있다. 그런데 (가) 글과 (다) 글의 입장에서 보면 둘 다 (나)와 상반된 견해를 가지고 있다는 공통점을 가지고 있지만 둘의 입장이 정확히 일치한다고 말하기는 힘들다. 예를 들어 철수는 영수와 앙숙이고 병철이와도 원수지간이지만 그렇다고 해서 영수와 병철이가 같은 편이고 친하다고 볼 이유가 없는 것과 같은 이치이다. 철수 입장에서 볼 때 영수의 생김새가 마음에 안 드는 반면 병철이의 경우에는 성격이 불만일 수 있는 것이다. 여기서 (나) 글이 (가)와 (다) 글과 반대 입장이기는 하지만 각각의 경우 반대되는 초점이 다를 수 있는 것이다. (나) 글을 요약하는 첫 번째 과제를 수행하는 데 있어서도 이 점을 반영하지 않으면 연관을 놓치게 되고 결과적으로 좋은 글을 작성할 수 없게 된다.

이런 시각에서 먼저 (가) 글과 (다) 글을 비교해 보자. (가) 글은 핵발전소가 경제성이라는 측면에서도 안전성이라는 측면에서도 만족스럽지 못하기 때문에 에너지 문제의 대안으로 정착되지 못하고 있다는 사실을 기술하고 있다. 반면에 (다) 글은 화학적 방제라는 구체적인 문제에서 시작했지만 자연의 위대한 힘과 과학 기술을 신봉하는 인간의 오만을 지적하고 있다. (가) 글이 과학 기술이 경제적으로나 기술적으로 한계를 지니고 있다는 사례를 지적하는 글인 반면, (다) 글은 자연과 인간의 관계라는 보다 근본적인 문제를 다룬다. (나) 글을 요약하는 경우에도 이런 내용을 의식하고 해야 한다. 이런 시각에서 먼저 (나) 글의 요지를 살펴보자.

> (나) 글은 기본적으로 기술에 대한 강한 신뢰를 기반으로 하고 있다. 기술 개발을 가로막는 장벽이 없다면 자원의 고갈이나 환경 오염 등의 문제를 인간 이성의 힘으로 해결할 수 있다고 보고 있다. 인간의 이성은 자연을 확장하는 힘이지만 기술이 부족하거나 퇴행적이고 반합리적인 이데올로기는 이러한 이성의 힘을 제약하고 있다는 것이다.

여기서 '기술 부족' 의 문제를 보여 주고 있는 것이 바로 (가) 글이 될 것이고, '퇴행적이고 반합리적인 이데올로기' 가 바로 (다) 글의 주장이라고 볼 수 있다. 이러한 점을 반영해서 두 번째 과제가 반영된 예시 글을 작성해 보겠다.

> 이러한 시각에서 볼 때 (가) 글에서 제기하고 있는 핵발전소의 문제는 기술 부족의 문제를 단적으로 보여 준다. (가) 글은 핵발전소를 통해 생산되는 에너지가 건설에 투입되는 비용에 비해 적다는 경제성의 문제와 핵폐기물의 안전성 문제 때문에 핵발전이 만족할 만한 대체 에너지가 아니라고 이야기하고 있다. (나) 글의 저자 입장에서 보면 이는 기술이 아직 만족할 만한 수준으로 발전하지 못해서 나타난 현상이지 기술 자체의 문제가 아니다. 이러한 점을 이해하지 못하는 (가) 글의 저자는 인간 이성의 힘을 신뢰하지 못하는 나약함을 보여 준다고 할 수 있다.
>
> (나) 글의 관점에서 볼 때 (다) 글은 더 심각한 문제점을 드러내고 있다. (다) 글은 화학적 방제의 예를 들어 인간이 자연에 끼치는 해악을 지적하면서 이를 '자연의 위대한 능력' 을 무시하는 처사로 확대 해석한다. 이러한 입장은 바로 '퇴행적이고 반합리적인 이데올로기' 의 전형이라고 볼 수 있다. 이는 단지 기술의 힘을 이해하지 못하는 데 그치지 않고 기술의 발전을 가로막는 방해물로 작용할 수 있기에 '퇴행적' 이며, 과학 기술이 인류의 미래에 검은 그림자를 드리울지 모른다는 공포감을 유포시키기 때문에 '반합리적인' 이데올로기인 것이다.

여기까지 ①과 ②의 과제를 해결했다. 남은 과제는 (나) 글의 저자에 대한 여러분의 생각을 논술하는 것이다. 여러분은 (가)나 (다)의 입장에서 (나)를 비판할 수 있고, (나)의 관점을 더 보완할 수도 있다. 그게 아니면 상반된 두 가지 입장을 조화롭게 절충할 수도 있다. 방향은 어떤 것이 되든 상관없다. 중요한 것은 그 견해가 앞의 논의의 연장선에서 자연스럽게 이어질 수 있어야 하며, 자신의 주장에 대한 충분한 근거가 수반되어야 한다는 점이다.

남은 부분은 여러분의 몫이다. 아래에 제시한 예시 답안은 참고 사항일 뿐이다. 예시 답안에서는 (다)의 관점을 비판하는 입장에서 답안을 작성해 보았다. 그러나 이 입장만이 꼭 옳은 입장은 아니라는 점을 다시 한 번 강조해 두고 싶다.

문제 1 | 예시 답안

(나) 글은 기본적으로 기술에 대한 강한 신뢰를 기반으로 하고 있다. 기술 개발을 가로막는 장벽이 없다면 자원의 고갈이나 환경 오염 등의 문제를 인간 이성의 힘으로 해결할 수 있다고 보고 있다. 인간의 이성은 자연을 확장하는 힘이지만 기술이 부족하거나 퇴행적이고 반합리적인 이데올로기는 이러한 이성의 힘을 제약하고 있다는 것이다.

이러한 시각에서 볼 때 (가) 글에서 제기하고 있는 핵발전소의 문제는 기술 부족의 문제를 단적으로 보여 준다. (가) 글은 핵발전소를 통해 생산되는 에너지가 건설에 투입되는 비용에 비해 적다는 경제성의 문제와 핵폐기물의 안전성 문제 때문에 핵발전이 만족할 만한 대체 에너지가 아니라고 이야기하고 있다. 그러나 (나) 글의 저자 입장에서 보면 이는 기술이 아직 만족할 만한 수준으로 발전하지 못해서 나타난 현상이지 기술 자체의 문제는 아니다. 이러한 점을 이해하지 못하는 (가) 글의 저자는 인간 이성의 힘을 신뢰하지 못하는 나약함을 보여 준다고 할 수 있다.

(나) 글의 관점에서 볼 때 (다) 글은 더 심각한 문제점을 드러내고 있다. (다) 글은 화학적 방제의 예를 들어 인간이 자연에 끼치는 해악을 지적하면서 이를 '자연의 위대한 능력'을 무시하는 처사로 확대 해석

한다. 이러한 입장은 바로 '퇴행적이고 반합리적인 이데올로기'의 전형이라고 볼 수 있다. 이는 단지 기술의 힘을 이해하지 못하는 데 그치지 않고 기술의 발전을 가로막는 방해물로 작용할 수 있기에 '퇴행적'이며 과학 기술이 인류의 미래에 검은 그림자를 드리울지 모른다는 공포감을 유포시키기 때문에 '반합리적인' 인 이데올로기인 것이다.

그러나 (나) 글의 관점을 그대로 수용하기에는 무리가 있다. (나) 글의 저자가 자신의 주장을 관철시키는 데 결정적으로 기여한 것은 인간의 이성, 그리고 그 구체적 결과물인 기술에 대한 강한 신뢰이다. 그러나 이런 신뢰가 과연 타당한 것인지 생각해 보아야 한다. 산업화와 과학 기술의 발달로 인한 환경 오염, 지구 온난화 문제, 유전자 조작 식품의 위험성에 대한 경고, 개체 복제를 둘러싼 격렬한 논쟁 등을 볼 때 기술의 발달이 인류 멸망의 원인일 수 있다는 시각 역시 적잖은 설득력을 얻고 있다. 백번 양보해서 기술이 재앙을 해결하고 인류의 장래에 궁극적으로 기여한다는 점을 받아들인다고 해도, 그것을 운용하는 인간이 불완전하다면 문제는 심각해질 수 있다. 우주 왕복선 챌린저호 참사 사건이나 체르노빌 원전 사건이 그것을 증명한다. 이성이 가지고 있는 힘을 인정한다고 해도 인간이 '항상' 이성적으로 행동하는 존재가 아니라는 점을 잊지 말아야 한다.

기술에 대한 무조건적 신뢰는 인간의 오만에 근거한 편협한 시각일 수 있다. 현재 인간이 자연에 대해서 가지고 있는 지식은 자연의 모든 현상을 설명하기에 너무도 미미한 것이라는 자각이 필요하다. 지식이 이렇게 미미한 것인데, 그 제한적인 지식에 근거한 기술이 자연을 '통제' 할 수 있다는 생각이 얼마나 위험한 일인가? '하나뿐인 지구' 라는 구호 속에 담겨져 있는 절박함에 귀 기울일 필요가 있는 것이다. 기술 만능주의가 아니라 기술의 한계를 인식하고 그 한계를 자연을 통해 보완하는 상생적인 기술 개발의 관점이 필요하다. 기술은 자연을 정복하기 위한 것이 아니라 자연과 공존하기 위한 것이라는 인식의 전환이 필요한 것이다.

'(가)와 (나)의 상관성' 이라는 것이 문제 해결의 첫 번째 키워드이다. 그리고 '현대 사회의 문제' 라는 것이 두 번째 키워드이다. (가) 글과 (나) 글을 읽고 서로 관련된 지점을 찾아서 그것을 현대 사회의 문제로 정리하라는 문제이다. 파트 2에서 분류한 제시문 간의 관계에 따르면 '같은 주제, 다른 소재' 의 제시문들이다. 이런 제시문들이 제공될 때는 논제에서 의도적으로 두 개의 제시문을 연관시키는 것이 일반적인데, 이 문제 역시 그렇다.

두 개의 제시문을 비교해 보면 '현대 사회' 와 직접 연관된 문제는 (나) 글에서 나온다. 정보 사회의 프라이버시 문제가 그것이다. 이에 비해 (가) 글은 벤담이 고안했다는 구치소와 유사한 시설물을 설명하고 있는데, 역사적 배경이나 다루는 내용이 특별히 '현대 사회' 의 문제라고 칭하기는 힘들다. 그렇다면 (가) 글의 의미는 무엇일까? 그것은 (나) 글에서 다루는 문제를 심층적으로 분석하기 위한 참고 자료로 이용될 수 있다는 것이다. (나) 글에서 다루는 프라이버시 문제를 하나의 상징적 비유로서, 즉 '감옥' 으로 이해할 수 있는 실마리를 제공해 주는 것이다.

이렇게 (가) 글이 현대 사회의 프라이버시 문제를 이해하는 하나의 상징적 비유라면 그 핵심은 과연 무엇일까? 간수와 수인을 비교해 봄으로써 실마리를 잡을 수 있다. 간수와 수인의 위치(지위)는 구조적으로 차별화되어 있다. 그 차별의 핵심은 '관찰할 수 있음' 과 '관찰당할 수밖에 없음' 의 차이이다. 무슨 무력이나 폭력도 필요 없다. 단지 구조적으로 속속들이 관찰할 수 있다는 사실 하나만으로 간수는 권력을 쥐고 있는 것이다. 이 점을 (나) 글과 적절하게 연관지을 수 있어야 하는 것이 답안 작성의 핵심이다. 여기까지 이해한 학생은 꼭 스스로 답안을 먼저 작성해 보라. 그러고 나서 예시 답안과 비교해 보기를 바란다.

(나) 글은 현대 정보 사회에서 컴퓨터 기술의 발달에 따라 프라이버시가 더 이상 존재하지 않는 상황과 사람들이 너무나 쉽게 자신의 프

라이버시를 포기하는 상황을 지적하고 있다. 이에 비해 (가) 글은 특별히 현대 사회와 관련되어 있다고 보기 힘들지만, 사실상 (나) 글에서 제기된 문제를 이해하는 주요한 실마리를 제공해 준다. (가) 글에 나오는 간수와 수인의 차이는 그들의 위치가 '구조적' 으로 차별화되어 있다는 점에서 찾을 수 있다. 그런데 그 차별의 핵심은 '관찰할 수 있음' 과 '관찰될 수밖에 없음' 의 차이이다. 무슨 무력이나 폭력도 필요 없다. 단지 속속들이 관찰할 수 있다는 사실 하나만으로 간수는 권력을 쥐고 있는 것이다.

이렇게 볼 때 (나) 글에서 프라이버시를 포기하는 사람들은 '수인' 에, 거대 인터넷 회사는 '간수' 에 비유될 수 있다. 개인 정보가 한번 제공되고 나면 각 개인은 '관찰될 수밖에 없는' 위치에 서게 되는 것이다. 물론 개인 정보의 제공이 자발적으로 이루어진다는 반론도 가능하다. 그러나 정보 사회에서 정보의 흐름을 통제하는 위치에 있는 사람과 그 흐름을 수용할 수밖에 없는 사람의 차이는 간수와 수인의 그것처럼 '구조적' 인 것이기 때문에 이 비유는 충분히 정당한 것이다.

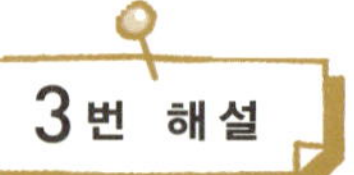
3번 해설

먼저 각 제시문을 '문제 의식 – 핵심 주장' 의 쌍으로 정리해 보겠다.

(가)
문제 의식 : 군중은 개인을 어떻게 변화시키는가?
핵심 주장 : 군중 속에 섞이게 된 개인의 지성은 약화되고 쇠퇴된다.

(나)
문제 의식 : 참주 정체는 어떻게 생겨나는가?
핵심 주장 : 평범하고 개성이 없는 다수의 대중들에 의해 자라나게 된다.

(다)

문제 의식 : 사회의 이익을 증진시키는 가장 효과적인 방법은 무엇인가?

핵심 주장 : 개인들이 자신의 이익을 추구하도록 놔두면 보이지 않는 손에 의
해 사회적 이익이 극대화된다.

(라)

문제 의식 : 인재를 제대로 알고 제대로 중용하는 방법은 무엇인가?

핵심 주장 : 가능한 다수의 의견에 따라 결정하고 공론에 의거해서 결정해야
한다.

제시문 (가)와 (나)는 대중에 대해서 부정적인 입장이고, 제시문 (다)과 (라)는 긍정적인 입장이다. 그런데 똑같이 부정하는 입장이라도 (가)와 (나)의 관점이 조금 다르고, 긍정하는 입장의 (다)와 (라)의 관점도 조금 다르다. 요약을 하되 이러한 차이를 반영하는 것이 좋은 답안을 만들 수 있다.

먼저 제시문 (가)와 (나)를 비교해 보면, 제시문 (가)는 개인과 대중의 관계라는 측면에서 대중이 개인을 어떻게 평준화시키고 우매하게 만드는지를 설명하고 있다. 반면에 제시문 (나)는 정치적인 측면에 초점을 맞추어서, 대중이 주인인 민주주의에서 어떻게 참주 정체가 생겨나는지를 설명한다. 아주 사소한 이해에 좌우되어 비합법적인 독재자를 지배자로 선택하는 대중의 어리석은 선택에 의해 참주 정체가 생겨난다는 것이다. 이러한 차이가 있지만 제시문 (가)와 (나)는 모두 대중이 각 개인의 지성과 현명함을 평준화시켜 어리석고 비합리적으로 만든다는 점을 공통적으로 말하고 있다.

제시문 (다)와 (라)는 이와 반대되는 입장에 서 있다. 제시문 (다)는 유명한 애덤 스미스의 '보이지 않는 손'을 언급하는 부분으로서 경제적인 측면에 초점이 맞추어져 있다. 개인 각각은 이기적인 판단을 하지만 그것이 모여서 사회 전체적으로 보면 사회의 이익을 창출하는 결과를 낳는다고 보고 있다. 제시문 (라)는 사람에 대한 평가를 논하고 있는데, 한두 사람의 말보다도 세 사람 이상, 더 나아가 온 나라 사람의 평가로 갈수록 더 현명하고 올바른 판단을 할 수 있다고 본다. 제시문 (다)와 (라)는 공통적으로 대중의 판단이 각 개인의 개별적인 판단보다 합리적이고 현명하다는 시각을 보여 준다.

지금까지의 해설 내용을 조금 바꾸어서 정리하면 답안이 될 수 있다. 예시 답안을 보기 전에 스스로 답안을 작성하기를 바란다.

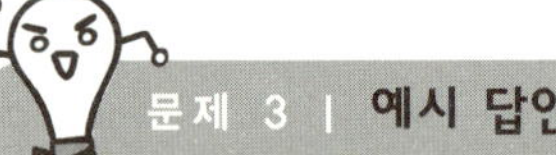

제시문 (가)와 (나)는 대중에 대해서 부정적인 입장을, 재시문 (다)와 (라)는 긍정적인 입장을 보이고 있다. 그런데 같은 부정하는 입장이라도 (가)와 (나)의 관점이 조금 다르고, 긍정하는 입장의 (다)와 (라)의 관점도 조금 다르다.

먼저 제시문 (가)와 (나)를 비교해 보면, (가)는 개인과 대중의 관계라는 측면에서 대중이 개인을 어떻게 평준화시키고 우매하게 만드는지를 설명하고 있다. 반면에 (나)는 정치적인 측면에 초점을 맞추어서, 대중이 주인인 민주주의에서 어떻게 참주 정체가 생겨나는지를 설명한다. 아주 사소한 이해에 좌우되어 비합법적인 독재자를 지배자로 선택하는 대중의 어리석은 선택에 의해 참주 정체가 생겨난다는 것이다. 이러한 차이가 있지만 제시문 (가)와 (나)는 모두 대중이 각 개인의 지성과 현명함을 평준화시켜 어리석고 비합리적으로 만든다는 점을 공통적으로 말하고 있다.

제시문 (다)와 (라)는 이와 반대되는 입장에 서 있다. 제시문 (다)는 유명한 애덤 스미스의 '보이지 않는 손'을 언급하는 부분으로서 경제적인 측면에 초점이 맞추어져 있다. 개인 각각은 이기적인 판단을 하지만 그것이 모여서 사회 전체적으로 보면 사회의 이익을 창출하는 결과를 낳는다고 보고 있다. 제시문 (라)는 사람에 대한 평가를 논하고 있는데, 한두 사람의 말보다도 세 사람 이상, 더 나아가 온 나라 사람의 평가로 갈수록 더 현명하고 올바른 판단을 할 수 있다고 본다. 제시문 (다)와 (라)는 공통적으로 대중의 판단이 각 개인의 개별적인 판단보다 합리적이고 현명하다는 시각을 보여 준다.

아주 단순한 자료 해석 문제이다. 앞의 문제 3을 토대로 해서 표와 그래프, 그림을 적절하게 해석하는 문제이다. 〈도표 1〉과 〈도표 2〉는 대중을 우매하다고 보는 견해를 지지하는 자료이고, 〈도표 3〉과 〈도표 4〉는 대중의 판단이 현명하다는 입장을 지지하는 자료이다. 그런데 논제에서 '이유를 상세히 설명' 하라고 요구하고 있기 때문에 단순히 자료와 견해를 짝짓는 정도의 답안으로는 부족하다. 적절한 분석이 가미되어야 출제자가 원하는 답안을 만들 수 있다.

〈도표 1〉과 〈도표 2〉는 함께 고려되어야 한다. 서로 관련되어 있는 자료이기 때문이다. 여기서 '순매수' 라 함은 총매수에서 총매도를 뺀 수치이고, '순매도' 란 총매도에서 총매수를 뺀 수치이다. 주식 투자 전문가와 일반 주식 투자자의 행동이 상반되게 나타남을 표를 통해 알 수 있다. 〈도표 1〉을 보면 주식 투자 전문가가 순매수한 종목은 그 후 대부분 수익을 낸 반면 일반 투자자가 선택한 종목은 대부분 손실을 보고 있다. 〈도표 2〉는 전문가가 팔아 치운 종목은 일부 수익도 내고 일부 손실도 봤지만, 일반 투자자가 팔아 버린 종목은 그 후 대부분 고수익을 내고 있음을 보여 주고 있다. 참고로 일반 투자자란 주식 시장에서 속칭 '개미' 로 통칭되는 개별적 주식 거래자를 말하고 있는데, 주식 시장에 떠도는 루머에 따라 이리저리 부화뇌동해서 결국 돈을 잃고 마는 어리석은 대중에 속한다고 볼 수 있다. 문제 3번의 제시문 (가)와 (나)에서 지적하는 대중의 속성과 아주 잘 맞아 떨어진다. 주식 투자 전문가는 개인의 지성과 합리성에 의거해 과학적이고 합리적으로 주가 추이를 분석해서 투자를 결정하는 사람으로서 제시문 (가)의 '지성을 갖춘 개인' 에 해당한다고 하겠다.

〈도표 3〉은 예측 행위를 하는 사람의 숫자가 많아진다는 변수 하나만으로도 예측의 정확도가 상당히 높아질 수 있다는 점을 보여 주고 있다. 놀랄만한 결과이지만 〈도표 3〉만 가지고는 그 이유를 짐작하기 힘들다. 반면에 〈도표 4〉는 의사 선택의 과정을 눈으로 보여 줌으로써 다수의 선택이 현명하다는 점을 잘 이해하게 해 준다. (ㄱ)에서 A, B, C 세 사람이 개별적인 결정을 통해서 미로를 벗어나는 데까지 소요된 경로를 합하면 (ㄴ)에서 다수결의 원칙에 따라 선택한 경로에 3을 곱한 경로의 합(세 사람이 동일한 경로로 나갔으니까)에 비해 현저하

게 많은 것을 알 수 있다. 다수의 선택이 합리적임을 보여 주는 자료이다. 그런데 〈도표 4〉는 좀 더 면밀하게 음미할 가치가 있다. (ㄴ)에서 선택된 경로의 각 분기점을 가만히 살펴보면 각자의 의견이 다를 때 다수(2인)의 의견에 따라 경로를 선택했음을 알 수 있다, 그런데 2인의 공통된 의견이 항상 다른 1인의 의견에 비해 현명한 판단이었음을 그림을 통해 알 수 있다. 다수의 의견이 개인의 고립된 의견에 비해 합리적이고 현명함을 단적으로 보여 주는 예시라 할 수 있다.

이상의 해설을 잘 응용해서 각자 답안을 작성해 보기 바란다. 답안을 다 작성한 후 아래 예시 답안과 비교해 보는 것이 좋다.

문제 4 | 예시 답안

> 　〈도표 1〉과 〈도표 2〉는 대중을 우매하다고 보는 견해를 지지하는 자료이고 〈도표 3〉과 〈도표 4〉가 대중의 판단이 현명하다는 입장을 지지하는 자료이다. 우선 〈도표 1〉과 〈도표 2〉는 서로 관련되어 있는 자료로서 함께 고려되어야 하는 것들이다. 여기서 '순매수' 라 함은 총매수에서 총매도를 뺀 수치이고, '순매도' 란 총매도에서 총매수를 뺀 수치이다. 주식 투자 전문가와 일반 주식 투자자의 행동이 상반되게 나타남을 표를 통해 알 수 있다. 〈도표 1〉을 보면 주식 투자 전문가가 순매수한 종목은 대부분 수익을 낸 반면, 일반 투자자가 선택한 종목은 대부분 손실을 보고 있다. 〈도표 2〉는 전문가가 팔아 치운 종목은 일부 수익도 내고 일부 손실도 봤지만, 일반 투자자가 매도한 종목은 이후 대부분 고수익을 내고 있음을 보여 주고 있다. 일반 투자자는 개별적 주식 거래자로서, 주식 시장에 떠도는 루머에 따라 이리저리 부화뇌동해서 결국 돈을 잃고 마는 어리석은 대중에 속한다고 볼 수 있는데, (가)와 (나) 글에서 지적하는 대중의 속성과 아주 잘 맞아 떨어진다. 주식 투자 전문가는 개인의 지성과 합리성에 의거해 과학적이고 합리적으로 주가 추이를 분석해서 투자를 결정하는 사람으로서 (가) 글의 '지성을 갖춘 개인' 에 해당한다고 하겠다.

〈도표 3〉은 예측 행위를 하는 사람의 숫자가 많아진다는 변수 하나 만으로도 예측의 정확도가 상당히 높아질 수 있다는 점을 보여 주고 있다. 놀랄만한 결과이지만 〈도표 3〉만 가지고는 그 이유를 상세히 예 측하기에 어려움이 있다. 반면에 〈도표 4〉는 의사 선택의 과정을 눈으 로 보여 줌으로써 다수의 선택이 현명하다는 점을 잘 이해하게 해 준 다. 〈도표 4〉의 (ㄱ)에서 A, B, C 세 사람이 개별적인 결정을 통해서 미로를 벗어나는 데까지 소요된 경로를 합하면 (ㄴ)에서 다수결의 원 칙에 따라 선택한 경로에 3을 곱한 경로의 합(세 사람이 동일한 경로 로 나갔으니까)에 비해 현저하게 많은 것을 알 수 있다. 즉 다수의 선 택이 합리적임을 보여 주는 자료이다.

그런데 〈도표 4〉는 좀더 면밀하게 음미할 가치가 있다. (나)에서 선 택된 경로의 각 분기점을 가만히 살펴보면 각자의 의견이 다를 때 다 수(2인)의 의견에 따라 경로를 선택했음을 알 수 있다, 그런데 2인의 공통된 의견이 항상 다른 1인의 의견에 비해 현명한 판단이었음을 그 림을 통해 알 수 있다. 다수의 의견이 개인의 고립된 의견에 비해 합리 적이고 현명하다는 것을 단적으로 보여 주는 예시라 할 수 있다.

5번 해설

세 논제의 성격을 파악해 보자. 논제 1은 내용 파악형 문제이다. 그 중에서 한 제시문의 핵심 문제를 파악하고 그것에 대한 해결책을 다른 제시문에서 찾는 문 제이다. 그리고 논제 2는 논제 1에서 완성된 바를 토대로 하여 '바람직한 방식' 을 선택하고 그 이유를 밝히는 문제로서 '평가' 문제라고 볼 수 있다. 평가에 관 해서는 파트 5에서 자세히 다루겠지만, 하나의 문제로 취급하는 게 더 효과적이 기 때문에 여기서 같이 다루겠다. 나중에 파트 5를 공부하고 나서 다시 이 문제 의 논제 2를 공부하기 바란다. 논제 3은 언어적 자료에 제시된 주장을 토대로 하 여 비언어적 자료를 해석하는 문제이다. 물론 출발점은 논제 1이 된다.

제시문 (가)의 핵심적 문제는 무엇인가? 두 가지 정도의 후보가 예상된다.

① 인간이 이기적이라서 이타적인 행동을 잘 하지 않는다는 점.
② 상호 호혜적인 이익이 예상되는 경우에도 상대방의 관용에 의존해야 한다는 점. 다시 말해 친절을 베푸는 일이 보상을 받을 수 있는지가 불확실한 상태에 놓인다는 점.

이 두 가지 중에서 어떤 것이 중요할까? 물론 이 둘은 서로 무관한 것이 아니라 관련되어 있는 것들이다. 그러나 강조점을 어디에 두느냐에 따라 답안의 성격은 달라질 수 있다. 이때 강조점을 어디에 둘 것인가의 기준은 물론 이어지는 (나)와 (다) 제시문에 의해 결정된다. (나)와 (다) 제시문의 내용이 (가)에서 제기된 문제의 해결책이라고 보면, 그것은 ①과도 관련이 있지만 주로 ②의 문제, 즉 협력을 불확실한 상태가 아니라 확실한 상태에서 이루어지게 만드는 방법을 제기하고 있다고 볼 수 있다. 따라서 그냥 '이기적인 인간의 심성을 바꾸는 해결책'이라는 단순한 답안보다는 '이기심 때문에 생겨난 협력의 장애 요인을 극복하는 해결책'이라는 시각에서 답안을 작성하는 것이 제시문의 성격과 역할을 제대로 파악한 것이 된다.

(나) 제시문은 '장기간에 걸쳐 형성된 신뢰'가, (다) 제시문은 제안과 동의, 즉 '계약'이 해결책이 될 수 있음을 보여 준다. 이러한 점을 답안에 반영하면 되는데, 이때 주의할 것이 하나 있다. 신뢰와 계약을 이분법적으로 나누어 신뢰는 인간적인 것이고 계약은 비인간적인 것이라거나, 신뢰는 사적이고 계약은 공적이라는 식의 교과서적인 답변은 지양해야 한다. 예를 들어 (다) 제시문에서 말하는 계약도 상대방에 대한 깊은 신뢰에 근거하고 있다는 점을 간과하면 안 된다. 반대로 (나) 제시문에 나와 있는 신뢰도 비록 성문화되어 있지는 않지만 전통적 사회를 지배하는 규범이 배경에서 작용하고 있음을 발견할 수 있어야 된다. 이러한 심도 깊은 이해가 있어야만 논제 2에 대해서도 수준 높은 답안을 작성할 수 있다.

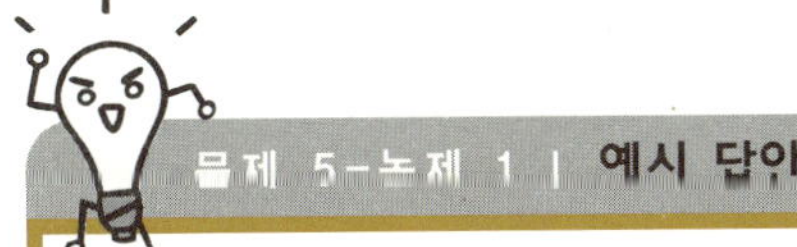

　제시문 (가)의 핵심적 문제는 인간이 이기적이라서 이타적인 행동을 잘 하지 않고, 상호 호혜적인 이익이 예상되는 경우에도 상대방의 관용에 의존해야 한다는 점이다. 다시 말해 친절을 베푸는 일이 불확실한 상태에 놓인다는 것이다. 불확실하다는 것은 나의 친절이 보상받지 못할 수도 있다는 점이다. 당신이 오늘 옥수수를 수확하고 내일 내가 수확할 것이어서 내가 오늘 당신을 돕고 내일 당신이 나를 돕는다면 상호 모두에게 유익한 일이 될 것이다. 하지만 서로 이기적이고 호의를 갖고 있지 않기에 오늘 내가 도와줬다고 해서 내일 당신이 나를 돕는다는 보장이 없게 된다. 만약 그런 사태가 발생한다면 오늘 내가 도운 것은 이기적인 나에게 큰 손해가 된다. 상대방의 관용에만 의지하기에는 오늘 상대방을 위한 나의 노고는 큰 위험을 동반한다.

　하지만 (나)에서처럼 '장기간에 걸쳐 형성된 신뢰'라면 그러한 문제점은 사라진다. 상대방에 대한 제한된 수준의 관용에 기댈 필요가 없어진다. 서로의 믿음에 기반한 상호 부조는 나의 노고에 대한 확실한 보답으로 보상받게 된다. 이것이 가장 이상적이라 할 수 있다.

　(다)의 계약을 통해서도 친절을 베푸는 일에 대한 불확실한 상태를 해결할 수 있다. 서로의 계약을 통해서 베푸는 친절에 서로 보답을 확보할 수 있다. 중요한 점은 계약도 믿음을 전제한다는 것이다. (다)에서 보는 것처럼 아무리 사랑에 대한 계약 행위를 한다고 하더라도 거기에는 사르트르에 대한 강한 믿음이 작용하고 있음을 볼 수 있다. 마찬가지로 서로 돕는 행위라도 믿음에 기반하지 않는 계약은 언제나 파기될 수 있음을 기억해야 한다.

논제 2가 요구하는 것은 (나)와 (다) 제시문의 입장 중에서 하나를 분명히 선택하고 그 근거를 대라는 것이다. 이것도 좋고 저것도 좋다라는 황희 정승식 대답은 좋은 점수를 받을 수 없다. 반면에 내가 선택한 입장만이 옳다는 태도도 역시 좋지 않다. 예를 들어 (다) 제시문의 입장을 자신의 입장이라고 선택했다면 (나) 제시문의 장점도 인정하지만 이러저러한 이유 때문에 한계가 있고, (다) 제시문은 그러한 한계를 극복하거나 적어도 보다 유연하게 대처할 수 있다는 식의 논지 전개가 바람직하다.

문제 5-논제 2 | 예시 답안

　　(나)와 (다) 제시문의 내용이 (가) 제시문에서 제기된 문제의 해결책이라고 보면, 협력을 불확실한 상태가 아니라 확실한 상태에서 이루어지게 만드는 방법을 제기하고 있다. 따라서 이기심 때문에 생겨난 협력의 장애 요인을 극복하는 해결책이 제시되어 있다. (나) 제시문은 '장기간에 걸쳐 형성된 신뢰'가, (다) 제시문은 제안과 동의, 즉 '계약'이 해결책이 될 수 있음을 보여 준다. 물론 모두 신뢰를 바탕으로 하고 있음을 알 수 있다. 하지만 (나)에 나와 있는 신뢰는 전통적 사회를 지배하는 규범이 배경에서 작용하고 있다. 즉 공동체 사회에서 상부상조하는 미덕을 보여 준다. 반면에 (다)에 나와 있는 신뢰는 서로 간의 믿음을 바탕으로 한 계약이다. 사르트르의 제안인 계약 조건은 확실하고 명확한 것으로 성문화가 가능한 것이다. 또 "몇월 몇시 어디에서 만나자."라는 구체성을 띠고 있다. 하지만 (나)에는 그런 것이 없다. 암묵적인 공동체의 규범이 그 역할을 대신한다.

　　나는 기본적으로 (다)의 입장이 바람직하다고 생각한다. 그 이유는 모호한 신뢰를 바탕으로 한 규범은 공과 사의 영역 구분을 모호하게 하기 때문이다. 명확한 성문화된 문건이 없기 때문에 투명성은 떨어지고, 잘못된 관행이 만연하게 될 우려가 높다. 이러한 사회는 계약상의 권익보다는 인간 간의 신의를 더욱 강조하게 된다. 정적 인간주의가

보편화되어 있는 사회에서는 상하 간의 관계가 직무 대 직무의 관계가
아니라 개인 대 개인의 관계로 엮어질 가능성이 높다. 이러한 사회에
서는 공적 영역의 결정에 있어서 객관적인 사실보다는 주관적인 감정
이나 편견이 더 많이 작용할 가능성이 높다. 또한 아는 사람만의 특수
한 관계는 모르는 사람들에 대해서 배타적 성향을 갖기 쉽다.

　이러한 문제는 (다)의 계약에 바탕을 둔 신뢰 관계에서는 좀처럼 일
어나지 않는 문제들이다. 특히 점점 개인화되어가는 현대 사회에서는
개인 간 동의를 바탕으로 한 계약이 합리적일 수 있다. 전통적 규범 속
에서 형성되는 정적 인관 관계에서 보여지는 모호함과 주관적인 편견
을 명확한 계약으로 막을 수 있기 때문이다.

● 논제 3

통합 교과형 논술의 성격을 가장 잘 보여 주고 있는 문제는 물론 논제 3이다.
법조 인구 및 변호사 수, 법률 상담 건수 등에 주목하는 이유는 '법' 이라는 요소
에 주목하기 위해서이다. 즉 (나)와 (다) 제시문과 연관지어 해석하면 '신뢰' 라는
요인보다 '계약' 이라는 요인이 사회의 구성 원리로서의 비중이 더 커지고 있다
고 해석할 수 있다. 그런데 이를 좀 더 심층적으로 분석하면 두 가지 경향으로 나
누어 볼 수 있다.

① 전통적인 사회 관계에서는 문제가 되지 않았던 것이 문제화된다
② 문제의 해결을 법에 의존하지 않았는데 점차 법에 의존하게 된다

위 두 가지 경향은 물론 관련되어 있지만, 그 의미는 구별되어야 한다. 단지
①이나 ②의 한 가지 경향에만 주목하는 것은 옳지 않다고 본다. 이 두 가지 경향
을 답안에 다 반영하는 것이 더 좋은 점수를 받을 수 있을 것이다.

어쨌든 표를 분석해 보면 표 A는 한국과 일본, 즉 동양이 서구에 비해 법에 의
존하는 비율이 현저히 낮다는 것을 말해 주고 있고, 표 B는 한국 사회가 점차로

법에 의존하는 경향이 강해지고 있다는 점을 보여 주고 있다. 여기까지는 누구나 발견할 수 있는 내용이다. 표를 읽을 때 주의해야 할 점은 그것을 정적으로만 보지 말고 동적으로 봐야 한다는 것이다. 그리고 동적으로 볼 때에도 '변화량'만 보지 말고 '변화율'의 추이도 눈여겨봐야 한다. B를 읽을 때 법률 상담 건수, 개업 변호사 수, 인구 10만 명당 변호사 수가 시간의 경과에 따라 늘어나고 있다는 점은 누구나 발견할 수 있다. 그러나 그 변화율이 달라진다는 점에 주목하는 사람은 그리 많지 않을 것이다. 이 점에 주목하는 것만으로도 차별화된 답안을 작성할 수 있다. 1999년 이전의 증가폭과 1999년 이후의 증가폭이 큰 차이를 보인다는 점에 주목할 수 있어야 한다. 1999년을 전후로 무슨 일이 있었는지 밝혀내어 변화율 차이를 설명할 수 있다면 아주 좋은 점수를 받을 수 있을 것이다. 참고로 말하자면, 1997년에 IMF 구제 금융 신청이 있었고 1999년에 벤처 기업 붐이 이 땅을 휩쓸었다. 즉 한국의 경제 체제가 급격한 변화를 겪은 시기이다.

문제 5-논제 3 | 예시 답안

(라)에서 법조 인구 및 변호사 수, 법률 상담 건수 등에 주목하는 이유는 '법'이라는 요소에 주목하기 위해서이다. 즉 (나)와 (다) 제시문과 연관지어 해석하면 '신뢰'라는 요인보다 '계약'이라는 요인이 사회의 구성 원리로서의 비중이 더 커지고 있다고 해석할 수 있다. 그런데 이를 좀 더 심층적으로 분석하면 두 가지 경향으로 나누어 볼 수 있다.

첫째, 전통적인 사회 관계에서는 문제가 되지 않았던 것이 문제화된다는 것이고, 둘째, 문제의 해결을 법에 의존하지 않았는데 점차 법에 의존하게 된다는 점이다.

표를 분석해 보면 표 A는 한국과 일본, 즉 동양이 서구에 비해 법에 의존하는 비율이 현저히 낮다는 것을 말해 주고 있고, 표 B는 한국 사회가 점차로 법에 의존하는 경향이 강해지고 있다는 점을 보여 주고 있다. 이것은 한국 사회가 규범이 지배하는 전통적 사회에서 상호 계약이 중시되는 사회로 이행해 가고 있음을 나타내는 지표라고 할 수 있다. 믿음에 기초한 전통 사회에서보다는 계약에 기초한 사회에서 법률 분쟁이 많음을 시사한다. 베풀고 보답받지 못하는, 다시 말해서 자기의 이익이 심각하게 침해당하는 경우 규범에 기초한 전통 사회에서는 불이익을 구제받는 것이 어려웠다. 명확한 규정 대신 모호한 규범이 사회를 움직이기 때문이다. 하지만 계약에 기초한 사회는 상호 계약이 파기됐을 때 분쟁 해결 절차에 의해 자기의 권리를 회복할 수 있는 수단을 구비해 놓고 있다. 그것이 법이다. 이는 명확한 계약 조건이 있기 때문에 가능하다. 법률 분쟁이 많아졌다는 것은 계약 파기가 많아졌다는 것을 의미한다.

한편 표의 변화량뿐만 아니라 변화의 추이도 뚜렷한 모습을 보여 주고 있다. 법률 상담 건수, 개업 변호사 수, 인구 10만 명당 변호사 수가 시간의 경과에 따라 늘어나고 있음을 보여 준다. 특히 1999년 이전의 증가폭과 1999년 이후의 증가폭이 큰 차이를 보이고 있다. 이것은 1999년을 전후로 우리 사회에 커다란 변화가 있었음을 나타내 주고 있다. 1997년에는 IMF 구제 금융 신청이 있었고, 각 기업들이 도산하거나 법정 관리를 신청했다. 그에 따라 변호사 수요가 이전보다 상당히 많이 필요했음을 추론해 볼 수 있다. 1999년에는 벤처 기업 붐이 일어나 많은 벤처 기업이 탄생했다. IT를 기반으로 한 벤처 기업들은 코스닥 상장 등 법률 검토로 변호사가 많이 필요해졌다. 이렇듯 1999년 이후 '인구 대비 변호사 수와 법률 상담 건수 추이'의 증가폭이 커진 것은 한국의 경제 체제가 급격한 변화를 겪은 시기라는 것을 방증하는 자료라고 할 수 있다.

파트 4에서는 지금까지 간간히 소개되었지만 정식으로 살펴보지 않았던 명제와 논증의 기초 개념을 본격적으로 공부한다. 불가피하게 '논리학'의 내용들을 다루게 될 것이다. 그러나 논리학의 지식은 암기하려 한다거나 학습의 대상으로 간주하지 말고 제시문을 구조적으로 이해하는 하나의 수단으로 파악하는 것이 좋다. 즉 일상 언어로 표현된 문장을 논리적인 요소로 분해해서 구조적으로 이해하는 눈을 기르는 것이다. 구조적으로 문장을 파악하는 것이야말로 비판적 사고의 출발점이기 때문이다.

논리학의 기초 개념을 공부한 다음에는 논술 시험 문제 중에서 추론형 문제를 하나씩 단계적으로 해결해 나가도록 하겠다. 파트 2에서 공부한 순서대로 논리적 귀결, 입증, 추정, 사례 제시, 다른 곳에 적용에 관해 살펴볼 것이다. 이 과정에서 논리학의 지식들이 중요한 역할을 수행하게 될 것이다. 여러분은 무엇보다도 논리학적인 훈련과 논술 시험 문제 사이의 연관성을 어떻게 찾아낼 것인가에 집중해서 공부를 하기 바란다. 이 두 영역이 따로 동떨어져 있는 것이 아니라 서로 긴밀히 관련되어 있다는 점을 깨닫게 될 것이다.

추론형 논술

1장
명제와 논증

'전제와 결론의 관계'를 중심으로 사고해야 하는 추론형(논증형) 논술 문제에서 제시문을 논리적인 구조 속에서 바라볼 수 있는 눈이 필요하다. 이 장을 통해 논증의 기본 공식을 배우고 나면 한결 수월하게 추론형 논제에 접근할 수 있을 것이다. 그럼, 논증의 정의 및 구조와 논증의 여러 종류를 알아보도록 하자. 단 논리학의 개념 하나하나를 암기하려는 부담을 갖지 말고 그 원리를 익혀 실전에 활용하길 바란다.

이 장에서는 '논리학'의 기본 개념들을 다룬다. 다소 전문적이라고 느낄 수도 있으나 여기서 제시하는 논리학적인 지식은 논술 시험 준비와 관련한 '최소한'의 것들이므로 쉽게 이해할 수 있을 것이다. 지금까지 어디에서도 배울 수 없었던 다소 흥미로운 내용이 펼쳐질 것이다. 비판적 사고를 위한 기본을 닦는 데 유용한 내용이란 점만 기억하고 큰 부담 갖지 말고 가벼운 마음으로 시작해 보자.

1. 논증이란 무엇인가?

먼저 다음 두 가지 진술을 비교해 보자.

① 선생님께서는 저를 믿어 주셔야 합니다. 제가 커닝을 했다니요. 저는 그냥 딴 생각을 하다가 우연히 A 학생의 답안지에 눈이 갔을 뿐입니다. 선생님은 제발 저를 믿어 주셔야 합니다.
② 선생님, 저는 커닝을 하지 않았습니다. 제가 A 학생의 답안지를 봤다고 말씀하시는데, 저는 눈이 너무 나빠서 안경이 없으면 단 1m 앞의 사람도 분간하

지 못합니다. 오늘 아침에 제 안경이 깨져서 안경을 쓰고 오지 못했고 A 학생과 저와의 거리는 2m가 넘습니다.

이 두 진술의 차이점은 무엇일까? 여러분은 이미 답을 알고 있을 것이다. ①은 '주장'만 내세우고 있고 그 주장에 대한 '근거'는 찾아볼 수 없다. 오직 선생님에게 감정적으로 호소하고 있을 뿐이다. 반면에 ②는 '나는 커닝을 하지 않았다.'는 주장을 하면서 그에 합당한 근거를 내세우고 있다. ①은 논증이 아니고, ②는 논증이다. 이번에는 논증의 성격을 갖고 있는 ②의 글을 좀 더 형식적으로 정리해 보자.

> • 나는 눈이 나빠서 안경 없이는 1m 앞의 사람도 분간 못한다.
>
> • 오늘 나는 안경을 끼지 않았다.
>
> • 시험장에서 A 학생과 나와의 거리는 2m 이상이다.
>
> • 내가 A 학생의 답을 커닝했다는 주장은 옳지 않다.

앞의 세 문장이 참이라면, 네 번째 문장은 참이 된다. 여기서 논증의 성격을 짐작해 볼 수 있다. 논증은 근거(들)과 주장으로 이루어져 있고, 근거(들)이 참으로 입증되면 주장은 필연적으로 혹은 개연적으로 참으로 입증된다. '필연적으로 혹은 개연적으로'의 의미는 조금 있다가 자세히 다룰 것이다. 각각 연역 논증과 귀납 논증에 대응된다.

그런데 여기서 '근거'와 '주장'이 되는 문장을 형식적으로 보면 차이가 별로 없다. 논리학적인 용어로 보면 모두 하나의 명제(命題, proposition)가 되는 것이다. 그리고 이 명제를 논증에서 차지하는 위치에 따라 구분할 때 논리학에서는 '전제'와 '결론'이라고 부른다. 결국 '근거'의 논리학적인 표현은 '전제'이고, '주장'의 논리학적인 표현은 '결론'이 된다.

근거-주장이라는 표현과 전제-결론이라는 표현은 외연이 완전히 동일하지만 의미상의 차이가 약간 있다. 근거-주장이란 표현이 화자(話者)의 주체성을 더 강조한 의미를 갖고 있다. 즉 말하는 주체의 의도나 의지가 중요한 맥락에서는 전제-결론이란 표현보다 근거-주장이란 표현이 더 적합한 경우가 많다. 그러나 논리학적인 논의를 진행할 때는 전제-결론이란 용어가 더 적합하다고 본다.

결국 논증이란 서로 일정한 관계에 놓여 있는 일련의 명제들의 묶음이다. 명제들만 그냥 모아 놓는다고 논증이 되는 것은 아니다. 논증을 구성하고 있는 명제들이 주장과 그 주장을 정당화시키기 위해서 제시된 근거의 역할을 할 경우, 그 명제들의 집합을 논증이라고 한다.

【예제 1】 주어진 예문을 읽고 물음에 맞는 답을 고르시오.

> 가정 주부는 책과 같다. 만약 당신이 그것을 지나치게 자세히 뜯어본다면 졸릴 것이고 사람들과 어울리기 힘들어질 것이다. 그러나 당신이 만약 그것을 분별 있게 활용할 수만 있다면 그것에 의해 사람들과 대화를 나누는 데 보다 능란해질 수 있을 것이다.

〈문제 1〉 이 글에서 주장하는 바는 무엇인가?

① 가정 주부는 책과 같다.

② 책에 대해 그래야 하듯, 가정 주부도 분별 있게 활용해야 한다.

③ 책을 자세히 뜯어본다면 졸릴 것이고 사람들과 어울리는 데 어려움을 겪게 될 것이다.

〈문제 2〉 이 글의 주장과 근거는 받아들일 만한 것인가?

문제 해설

문제 1은 간단하게 생각하면 ①이 답인 것 같다. 너무 명확하게 하나의 명제가 서두에 제시되어 있기 때문이다. 그러나 이 글을 통해 글쓴이가 말하고자 하는 것이 '주장'이라고 할 때 ①은 오히려 '근거'로 보는 것이 옳다. ①을 근거로 해서 ②를 주장하는 것이다.

나중에 자세히 살펴보겠지만 이 글은 '유비 논증'이라는 형식의 논증 구조를 보이고 있다. 두 개의 집합 사이의 유사성에 근거해서 한 집합에 타당한 속성이 다른 집합에도 타당함을 주장하는 형식이다. 유비 논증의 가장 중요한 것은 두 개의 집합 사이에 유사성의 정도가 어느 정도인가 하는 점이다. 이 경우에 '책'과 '가정 주부'는 유사성도 일부 있지만 사실 차이점이 더 두드러진 대상이기 때문에 이 유비 논증은 별로 설득력이 없다고 보여진다.

---

2. 명제란 무엇인가?

이제 논증을 이루는 기본 요소, 즉 명제에 대해서 자세히 알아보자. 먼저 명제라는 말이 우리가 흔히 말하는 문장이나 진술과 어떻게 다른지 살펴보겠다. 먼저 아래 세 개의 문장을 보자.

① 철수는 총각이다.
② 철수는 결혼하지 않은 성인 남자이다.
③ Chulsoo is a bachelor.

이 세 개의 문장은 문장을 구성하는 단어와 그 배열이 다르므로 당연히 서로 다른 문장들이다. 그러나 가만히 살펴보면 의미는 서로 동일함을 알 수 있다. 이와 같이 문장의 의미가 서로 같을 때 문장들을 그것들을 같은 명제라고 한다. 결국 위의 세 문장은 서로 다른 문장이지만 명제로서는 같은 명제들이다.

그렇다면 다음의 두 문장은 어떨까?

① 철수는 총각이다.
② 나는 총각이다.

'나' 라는 단어의 의미와 '철수' 라는 단어의 의미가 분명히 다르기 때문에 이 둘은 분명 다른 문장이고, 또 문장의 의미도 완전히 다르기 때문에 서로 다른 명제이다. 그런데 ② 문상을 상철수라는 이름을 가진 사람이 발했다고 생각해 보자. 그렇다면 이 두 문장은 비록 의미상 구분되지만 같은 내용을 말하는 것으로 볼 수 있다. 이와 같이 어떤 문장들이 같은 내용을 말하고 있을 때, 그 문장들을 같은 진술이라고 한다. 진술은 문장을 통해서 화자가 말하려는 바가 무엇이냐를 기준으로 구분된다.

여기서 진술을 구분되게 만드는 주범은 '나' 라는 용어이다. 이렇게 상황에 따라서 의미가 변하는 용어를 상황 의존적 용어라고 부른다. '나', '그', '지금', '여기' 등의 말들이 이에 해당된다. 이런 상황 의존적 용어를 포함한 문장의 경우에는 발화자(發話者)와 그가 처한 상황에 따라 같은 명제가 다른 진술이 될 수도 있고, 또 반대로 다른 명제가 같은 진술이 될 수도 있다. 반면에 상황 의존적 용어들이 포함되지 않은 문장들의 경우에는 두 문장이 같은 명제라면 그것이 누구에 의해 발화되든 같은 진술이 된다.

어쨌든 지금까지의 논의에서 가장 중요한 점은, 명제는 사용된 단어의 의미와 배열 방식에 의해서 영향 받지 않고, (상황 의존적 용어가 포함되지 않은 경우) 누가 말하느냐에 따라 의미가 달라지지 않는다는 점이다. 명제의 이러한 성격은 나중에 지문의 이해력을 논하는 시점에서 중요한 역할을 하게 된다.

【예제 2】 다음 〈보기〉에서 문장, 진술, 명제의 수는 각각 몇 개인가?

〈 보기 〉

㉠ 김정일의 아버지는 김일성이다. 김정일의 부모 중 남자는 김일성이다.

㉡ 관우는 적토마를 가졌다. 관우는 하루 천 리를 달리는 말을 가졌다.

㉢ 공책 위의 저 도형은 사다리꼴이다. 공책 위의 저 도형은 마주보는 한 쌍의 변이 평행한 사각형이다.

㉣ 베토벤은 말년에 청각을 거의 잃었다. 운명 교향곡을 작곡한 독일의 음악

가는 말년에 청각을 거의 잃었다.

ⓜ 태양계에는 8개의 행성이 있다. 태양계에는 여덟 개의 행성이 있다.

 문제 해설

㉠ 문장-2, 진술-1, 명제-1이다. '아버지'와 '부모 중 남자'는 다른 단어이기 때문에 문장은 두개이지만 문장의 의미가 동일하므로 같은 명제이고, 말하는 내용도 같기 때문에 같은 진술이다.

㉡ 문장-2, 진술-1, 명제-2이다. 문장과 명제가 서로 다르다는 것은 자명하다. 적토마가 '하루에 천 리를 달리는 말'이라는 것을 화자가 알고 있을 경우 같은 진술이라고 할 수 있다.

㉢ 문장-2, 진술-1, 명제-1이다. 사다리꼴의 정의가 '마주보는 한 쌍의 변이 평행한 사각형'이기 때문에 문장은 서로 다르지만 진술과 명제는 같은 것이다.

㉣ 문장-2, 진술-1, 명제-2이다. 베토벤이 '운명 교향곡을 작곡한 독일의 음악가'인 것은 옳지만 그것이 베토벤의 정의가 아니라 역사적 사실이기에 같은 명제일 수는 없다. 그러나 내용적으로 같기 때문에 같은 진술이다.

㉤ 문장-2, 진술-1, 명제-1이다. 부연 설명이 필요 없으리라 본다.

3. 연역 논증과 귀납 논증

앞에서 우리는 논증이 '근거와 주장으로 이루어진 명제들의 집합'이라고 배웠다. 그렇다면 이러한 논증에는 어떤 것들이 있을까? 먼저 크게 연역 논증과 귀납 논증으로 구분할 수 있다.

(1) 연역 논증

연역 논증은 '전제들로부터 필연적으로 결론이 따라 나오는 논증', 바꾸어 말하면 '전제들이 모두 참이라면 결론이 반드시 참이 되는 논증'이다.

예를 들어 보자.

모든 사람은 고민이 있다.

철수는 사람이다.

그러므로 철수는 고민이 있다.

위의 논증에서 "모든 사람은 고민이 있다."라는 명제와 "철수는 사람이다."라는 명제가 모두 참이라면 결론으로 나오는 "철수는 고민이 있다."라는 명제는 반드시 참이 된다. 여기서 우리는 연역 논증의 특성을 다음과 같이 정리해 볼 수 있다.

① 전제들이 결론을 결정적으로 지지해 준다.
② 전제들 속에 이미 결론이 포함되어 있다.

이러한 속성에 근거해서 연역 논증을 평가해 보면, 연역 논증이 지니고 있는 장점은 그것으로부터 도출되는 결론이 반드시 참임을 보장해 준다는 것이다. 다른 한편으로 단점은, 이미 전제들 속에 결론이 포함되어 있기 때문에 새로운 지식을 확장해 주지는 못한다는 것이다. 연역 논증은 비록 새로운 지식을 전달해 주지는 못하지만, 전제들 속에 묵시적으로 들어가 있는 내용을 하나의 결론으로서 명시적으로 드러내 준다는 데 그 효용성이 있다.

(2) 귀납 논증

연역 논증에 비해 귀납 논증은 '전제들로부터 개연적으로 결론이 따라 나오는 논증', 다시 말해 '전제들이 참이라면 결론이 참일 가능성이 높은 논증'이다. 때문에 귀납 논증을 평가할 때 "옳다, 그르다."라고 하는 것은 옳지 않고 "참일 가능성이 높다, 낮다."라고 하는 것이 맞는 표현이 된다.

다음 논증을 보자.

지금까지 우리가 발견한 백조는 모두 흰 것이었다.
따라서 만약 남극에서 백조가 발견된다면, 그 백조도 흴 것이다.

우리가 지금까지 발견한 백조가 모두 희었다는 전제로부터 만약 남극에서 백조가 발견된다면 그 백조도 흴 것이라고 주장할 가능성이 크다는 것이다. 그러나 반드시 그것이 희다는 것을 보장해 주지는 못한다. 귀납 논증의 특성은 다음과 같다.

① 전제들은 결론을 결정적으로 지지해 주지는 못하지만 상당한 정도는 지지해 준다.
② 전제들을 토대로 새로운 내용을 주장할 수 있다.

비록 남극에서 발견한 백조가 흴 것이라고 필연적으로 보장할 수는 없지만, 그렇게 판단 내리는 것이 합리적일 것이다. 이렇듯 귀납 논증은 새로운 지식을 예측하거나 추정하여 이미 알고 있는 지식에 보탤 수 있도록 해 준다. 따라서 귀납 논증의 장점은 지식의 확장을 가져다준다는 점이고, 약점은 전제와 결론의 관계가 개연적인 것에 불과하다는 점이다.

지금까지의 논의를 표로 정리하면 다음과 같다.

연역 논증	귀납 논증
• 전제와 결론의 관계가 필연적이다.	• 전제와 결론의 관계가 개연적이다.
→ 전제가 모두 참일 경우 결론이 거짓이 될 수 없다.	→ 전제가 모두 참이라면 결론이 참일 가능성이 상당히 높다.
• 결론의 내용이 전제들 속에 이미 포함되어 있다.	• 결론의 내용은 전제에 포함되어 있지 않은 새로운 내용이다.
• 확실하게 결론을 밝혀낼 수는 있지만 새로운 지식을 얻지는 못한다.	• 결론의 참을 결정적으로 말해 주지는 못하지만 지식의 확장이 가능하다.

【예제 3】 다음 논증들 중에서 논증의 성격이 나머지 넷과 <u>다른</u> 것은?

① 비오는 날의 내부분은 자동차의 수가 적여진다.

그러므로 비가 오는 지금은 자동차의 수가 적어졌을 것이다.

② 지금까지 우리가 관찰한 모든 구슬은 둥글다.

따라서 저 꼬마의 호주머니 안에 있는 구슬도 둥글 것이다.

③ 지금까지 우리가 먹은 복어에는 독이 없다.

왜냐하면 모든 복어에는 독이 없기 때문이다.

④ 오늘까지 어머니께서 밥상을 차려 주셨다.

그러니까 내일도 어머니께서 밥상을 차려 주실 것이다.

⑤ 지금까지 발견된 미라는 모두 심장이 따로 보관되어 있었다.

그러므로 만약 저 피라미드에 미라가 있다면 그 미라도 심장이 따로 보관되어 있

을 것이다.

문제 해설

연역 논증이냐 귀납 논증이냐를 판별하는 데 있어서 주의해야 할 점은 전제나 결론이 참이냐 거짓이냐가 아니다는 점이다. 누구나 쉽게 빠지기 쉬운 착각 중 하나가 연역 논증의 결과가 항상 참이라고 생각하는 것이다. 연역 논증을 다시 한 번 정리하면, '전제가 모두 참이라면 결론이 반드시 참인 논증'이다. 즉 전제가 참이 아닌 명제라서 결론이 참이 아니더라도, 그 논증은 형식상 연역 논증일 수 있는 것이다.

문제의 답은 ③이다. "모든 복어에는 독이 없다."라는 전제가 비록 거짓이지만, 만약 그것이 참이라면 "지금까지 우리가 먹은 복어에는 독이 없다."라는 결론이 필연적으로 참이기 때문이다. 나머지는 전제가 참이라 해서 결론이 반드시 참이라는 보장이 없고 그럴 가능성이 높다는 정도이기 때문에 귀납 논증이 된다.

〈정답〉 ③

【예제 4】 다음 논증 중 결론이 전제로부터 필연적으로 도출되는 것은?

① 사랑 없이 즐기기 위한 이성 교제는 유혹하는 재미가 있고 부부나 연인으로서 갖게 되는 의무감으로부터 자유로울 수 있으며 즐기는 것 그 자체를 목적으로 향유할 수 있다. 따라서 사랑의 감정이 개입되어 있지 않은 상대와의 이성 교제가 사랑을 동반한 이성 교제보다 더 좋다.

② 우리 생존에 꼭 필요한 일이 아닌데도 생명체에게 고통을 가하는 것은 도덕적으로 잘못된 것이다. 우리가 갈비를 먹는 행위는 궁극적으로 동물의 생명을 빼앗는 일이고, 그 과정은 필연적으로 동물의 고통을 수반한다. 따라서 만약 갈비를 먹는 것이 우리 생존에 꼭 필요해서가 아니라 단지 맛있기 때문이라면, 갈비를 먹는 행위는 도덕적으로 잘못된 것이다.

③ 좋지 않은 자세로 오랜 시간 동안 독서를 하면, 수정체가 근거리에 있는 활자에 초점을 맞추기 위해 강력한 조절 작용을 하고 모양체근은 지속적으로 긴장한다. 따라서 딱딱한 학교 책상에서 오랜 시간 동안 공부해야 하는 많은 초·중등 학교 학생들은 모양체근의 긴장으로 인해 발생하는 일시적인 근시 현상인 가상 근시를 경험한다.

④ 베트남 전의 참전 군인 김씨가 걸린 질병의 피해에 대해서 미국의 고엽제 제조 회사는 김씨에게 손해 배상을 해야 한다. 왜냐하면 고엽제 제조 회사는 미국 내 고엽제 피해자들에게 손해 배상을 했고, 베트남 전에서 김씨가 작전 수행을 하던 지역에는 다량의 고엽제가 살포되었기 때문이다.

⑤ 수학적인 정량적 분석의 방법은 인문·사회 과학 전반에 적용되면서 이들 분야에 커다란 진전을 가져왔다. 이 점은 계량 경제학이 경제 현상을 해명하는 데서 이룬 괄목할 만한 업적이나 실험 심리학이 심리 현상에 대해서 제시한 인과적 설명 방식 등에서 찾아볼 수 있다.

 문제 해설

'결론이 전제로부터 필연적으로 도출되는' 논증은 곧 연역 논증을 말한다. 즉 이 문제는 선택지 중에서 연역 논증을 고르라는 문제라 할 수 있다.

주어진 선택지들이 비교적 긴 문장이기 때문에 논증 구조를 한 번에 파악하기가 힘들다. 이런 유형의 문제는 두 단계로 나누어서 생각하는 것이 좋다. 먼저 주어진 선택지에서 전제와 결론을 분리해서 파악하는 과정이 필요하다. 그러고 나서 전제와 결론의 관계가 필연적인지, 다시 말해 전제가 참이라면 결론이 반드시 참인지를 고려하면 된다.

예를 들어 선택지 ⑤를 보자. 이 예문은 두 번째 문장이 전제이고 첫 번째 문장이 결론이다. 그런데 두 번째 문장이 참이라고 해서 첫 번째 문장이 반드시 참이 되는 것은 아니다. 계량 경제학과 실험 심리학에서의 성공이 인문·사회 과학 전반에 대해서 타당함을 필연적으로 보장해 주는 것은 아니기 때문이다. 나중에 배우겠지만 ⑤는 '귀납적 일반화'라는 귀납 논증에 속하는 것이다. 비슷한 논리로 ③과 ④ 역시 답이 될 수 없다.

②를 보자. 얼핏 보면 전제와 결론이 어떤 것인지 분간하기가 쉽지 않다. 그러나 자세히 들여다보면 첫 번째와 두 번째 문장이 전제이고 세 번째 문장이 결론임을 알 수 있다. 이 논증은 일반적인 명제로부터 구체적인 상황에 대한 결론을 이끌어 내는 논증이다. 전제가 참이라면 결론은 반드시 참이 된다. 물론 사람에 따라 전제가 참이라는 것에 동의하지 않을 수도 있다. 그러나 전제가 참이라면, 결론이 참이 됨을 부정할 수는 없다.

문제는 ①이다. 이 논증을 귀납 논증이라고 볼 수는 없지만 그렇다고 "전제가 참이라고 할 때 결론이 반드시 참이다."라고 할 수도 없다. 이 논증은 '불충분한' 논증이라고 볼 수 있다. 즉 결론이 참이기 위해 반드시 제시되어야 할 전제가 제시되지 않고 있는 논증이다.

만약에 첫 번째 문장과 두 번째 문장 사이에 "재미가 있고 의무감을 가지지 않으며 그 자체가 목적이 되는 이성 교제가 좋은 이성 교제이다."라는 문장이 추가되면 이 논증은 타당한 연역 논증이 될 수 있다.

요컨대 이 문제는 꼭 귀납 논증과 연역 논증을 구별하라는 문제가 아니라 '타당한 연역 논증'이 무엇인지 고르는 문제라고 볼 수 있다.

<정답> ②

4. 연역 논증의 종류

'전제들로부터 필연적으로 결론이 따라 나오는 논증'을 연역 논증이라 한다. 이러한 연역 논증에는 정언 삼단 논법, 가언 삼단 논법, 선언 삼단 논법, 양도 논법이 있다. 차례대로 하나씩 자세히 알아보자.

(1) 정언 삼단 논법

정언 삼단 논법은 연역 논증에서 가장 전형적인 논증의 형식이다. 이 논증은 '정언'과 '삼단 논법'이란 말로 나눠 그 의미를 생각해 볼 수 있다. 먼저 정언은 '정언 명제'를 사용한다는 뜻인데, 정언 명제(定言命題, categorical proposition)가 무엇을 의미하는지 알아보기로 하자.

정언 명제는 '어떤 대상이나 사태에 대해서 단언적으로 말하는 명제'이다. 쉽게 풀어 말하면 주어—술어 관계로 구성되어 있는 서술형 명제를 뜻한다. 정언 명제는 다시 주어의 속성에 따라 단칭, 특칭, 전칭으로 구분되고, 술어의 속성에 따라 긍정 혹은 부정으로 구분된다. 단칭이나 특칭, 전칭 혹은 긍정, 부정에 대한 상세한 설명은 생략하고 표로 정리해 보겠다. 아래 표를 보면 정언 명제가 어떻게 구분되는지 쉽게 이해할 수 있을 것이다.

	긍정	부정
단칭	철수는 학생이다.	철수는 학생이 아니다.
특칭	어떤 사람은 학생이다.	어떤 사람은 학생이 아니다.
전칭	모든 사람은 학생이다.	모든 사람은 학생이 아니다.

여기서 한 가지 짚고 넘어가야 할 사실은, 정언 명제는 여타의 복합 명제를 구성하는 기초가 된다는 점이다. 정언 명제로부터 구성될 수 있는 복합 명제에는 두 개의 명제가 '그리고'로 연결되는 연언 명제, '또는'으로 연결되는 선언 명제, 그리고 "만일 ~이면 ~이다."와 같은 형식으로 구성되는 가언 명제(조건 명제)가 있다.

이제 삼단 논법에 대해서 알아보자. 논증의 이름에 '삼단'이란 말이 쓰인 이유는 총 세 개의 명제, 곧 두 개의 전제와 한 개의 결론으로 구성되어 있기 때문이다. 두 개의 전제는 각각 대전제와 소전제로 구성되어 있다. 삼단 논법은 또한 세 개의 명제가 특정한 순서대로 배열되어 있어야 한다. 즉 대전제가 제일 처음에 나오고 소전제가 그 다음에, 그리고 마지막으로 결론이 나오는 순서를 지켜야만 표준 형식이 되는 것이다. 그러나 이는 논리적인 순서가 그렇다는 것이지 글 속에서의 위치가 꼭 그러해야 함을 의미하는 것이 아니다. 여기에 대해서는 좀 더 상세한 설명이 필요하지만 이 책의 성격을 벗어나는 것이기 때문에 이 정도의 개념 설명으로 그치도록 하겠다. 아래의 예는 정언 삼단 논법의 가장 일반적인 형식이다.

> 인간은 모두 죽는다.(대전제)
>
> 소크라테스는 인간이다.(소전제)
>
> 그러므로 소크라테스는 죽는다.(결론)

(2) 가언 삼단 논법

가언 삼단 논법은 삼단 논법이기는 하지만 전제가 가언 명제(假言命題, hypothetical proposition)로 이루어진 삼단 논법이다. 가언 명제라는 것은 다른 말로 조건 명제라고도 부르는 것으로서 "만일 A이면 B이다."와 같은 형식을 취하고 있는 것을 말한다. 여기서 A와 B는 앞에서 살펴본 정언 명제가 된다. 이 경우 A를 전건(前件), B를 후건(後件)이라고 한다.

가언 삼단 논법의 표준 형식은 다음과 같다.

> 만일 A이면 B이다.　　　　－ 비가 오면 꽃에 물을 줄 필요가 없다.
>
> 만일 B이면 C이다.　　　　－ 꽃에 물을 줄 필요가 없으면 어머니는 기쁠 것이다.
>
> 그러므로 만일 A이면 C이다.　－ 그러므로 비가 오면 어머니는 기쁠 것이다.

가언 삼단 논법과 유사한 혹은 그 안에 포함될 수 있는 논증의 형태로서 전건 긍정법과 후건 부정법이라는 것이 있다. 전건 긍정법은 다음과 같은 형태의 논증이다.

> 만일 A이면 B이다.   – 비가 오면 땅이 젖을 것이다.
> A이다.   – 비가 왔다.
> 그러므로 B이다.   – 그러므로 땅이 젖을 것이다.

이 논증은 가언 명제의 속성상 전건이 참이면 후건이 반드시 참이라는 사실을 이용한 논증이다. 반대로 후건 부정법은 다음과 같은 형식을 띤다.

> 만일 A이면 B이다.   – 비가 오면 땅이 젖을 것이다.
> B가 아니다.   – 땅이 젖지 않았다.
> 그러므로 A가 아니다.   – 그러므로 비가 오지 않았다.

이 논증은 가언 명제의 속성상 후건을 부정하면 전건도 부정된다는 사실을 이용한 논증이다. 가언 삼단 논법이 잘못 이해된 경우, 즉 잘못 구성된 가언 삼단 논법 문제는 빈번히 출제되는 유형의 문제이다. 이에 대한 논의는 다음 장에서 자세히 다룰 것이다.

(3) 선언 삼단 논법(선언지 제거법)

선언 명제는 '또는'을 통해 두 개의 단순 명제가 결합된 명제이다. 이때 두 개의 단순 명제를 바로 선언지라고 부른다. 선언 삼단 논법은 두 개의 선언지 중의 하나를 부정함으로써 다른 한 선언지를 긍정하는 결론에 이르는 논증이다. 예를 들어 보자.

> A이거나 또는 B이다.   – 호떡이 네모나거나 둥글다.
> A가 아니다.   – 호떡이 네모나지 않다.
> 그러므로 B이다.   – 따라서 호떡은 둥글다.

이 논증은 선언 명제 중에서 하나의 선언지가 부정되었을 경우에 다른 하나의 선언지가 결론으로 나온다는 논증의 형태를 띠고 있다. 이것은 타당한 논증이다. 그러나 여기서 선언지 중 하나를 부정해야 하는데 긍정하게 되면 오류를 범하게 된다. 역시 다음 장에서 자세히 알아보겠다.

(4) 양도 논법

양도 논법은 일상 언어에서 '딜레마(dilemma)' 라고 표현되는 상황과 유사한 논증이다. 일상 언어에서 딜레마라고 하면 어떻게 해도 나쁜 결과에 빠질 수밖에 없는 상황을 말한다. 양도 논법은 딜레마처럼 꼭 나쁜 결과에 빠지는 것은 아니지만 어떤 특정한 결과에 빠질 수밖에 없는 경우를 말한다. 즉 양도 논법은 내용상의 좋고 나쁨과 관계 없이 형식적으로 특정한 결과로만 귀결되는 논증의 형태를 말한다.

양도 논법은 몇 가지의 유형으로 세분할 수도 있지만, 여기서는 가장 기본이 되는 하나의 예를 통해 설명하기로 하겠다.

비가 오면 염전을 하는 큰아들 때문에 어머니는 걱정이다.
비가 오지 않으면 우산 공장을 하는 작은아들 때문에 어머니는 걱정이다.
비가 오거나 오지 않거나이다.
그러므로 어머니는 항상 걱정을 할 수밖에 없다.

양도 논법에서 중요한 것은 양도 논법의 형식보다도 양도 논법에 의해 딜레마에 빠졌을 때 그로부터 어떻게 벗어날 수 있는가 하는 점이다. 여기에는 세 가지 방법이 있다.

① 첫째는 두 가지 조건 명제 중에서 적어도 하나가 거짓임을 밝히는 방법이다. 위의 예에서 "비가 오지 않으면 우산 공장을 하는 작은아들 때문에 어머니는 걱정이다."라는 조건 명제가 옳지 않다는 것을 보임으로써 딜레마에서 벗어날 수 있다. 실제로 작은아들이 우산만 만들지 않고 양산도 만든다면, 비가 오

지 않아도 어머니는 걱정할 필요가 없다.

② 두 번째 방법은 세 번째에 나오는 선언 명제가 거짓임을 밝히는 것이다. 앞의 예에서는 "비가 오거나 비가 오지 않거나이다."라는 명제가 거짓임을 밝히면 된다. 얼핏 보아서 이것이 거짓임을 밝히는 것은 쉽지 않아 보인다. 그러나 자세히 살펴보면 "비가 온다."라는 명제는 그 자체로 참, 거짓을 담지하고 있는 명제가 아니다. 시간과 장소가 명기되어 있지 않기 때문이다. 그러므로 시간의 길이를 충분히 길게 잡으면 "어떤 때는 비가 오고 어떤 때는 비가 오지 않는" 새로운 가능성을 열 수 있다. 이렇게 되면 딜레마에서 벗어날 수 있는 것이다.

③ 세 번째 방법은 반대 딜레마로 되받는 방법이다. 제시된 원래의 양도 논법의 잘못을 직접 지적하는 것이 아니라, 원래 양도 논법이 결론에서 주장하였던 내용과 상반된 내용을 결론으로 가지면서 원래 양도 논법과 똑같은 형태의 양도 논법을 새로이 구성함으로써, 원래 양도 논법의 결론만이 유일한 결론일 수 없음을 간접적으로 지적하는 방법이다. 앞의 예를 가지고 반대 딜레마를 구성해 보자.

> 비가 오면 우산 공장을 하는 작은아들 때문에 어머니는 기쁘다.
> 비가 오지 않으면 염전을 하는 큰아들 때문에 어머니는 기쁘다.
> 비가 오거나 비가 오지 않거나이다.
> 그러므로 어머니는 항상 기쁘다.

【예제 5】 다음 글의 논증과 가장 유사한 형식의 논증은?

'르네'는 철수가 키우는 고양이의 이름이거나 강아지의 이름인데, 지금 철수가 고양이 이름을 '몰리'라고 부르는 걸 보니 '르네'는 강아지의 이름이군.

① 이 그림은 진품이거나 모조품이다.

그런데 이것은 진품이 아니다.

따라서 이것은 분명히 모조품이다.

② a, b 둘 중 적어도 하나가 0이면, a×b는 0이다.

그런데 a×b는 0이다.

따라서 a, b 둘 중 적어도 하나는 0이다.

③ 철수는 축구를 잘하거나, 노래를 잘 부른다.

그런데 철수는 축구를 잘한다.

따라서 철수는 노래를 잘 부르지 못한다.

④ 10m 앞에서 출발한 주자가 단거리 달리기에서 이겼다고 자랑할 것이 없는 것처럼, 당신의 부유함이 부모로부터 상속받은 재산에 바탕한 것이라면 그것을 뽐내서는 안 됩니다.

⑤ 진지를 사수한다면 부대가 전멸할 것이며, 항복한다면 오명을 남기게 될 것이다.

진지를 사수하거나 항복하는 수밖에 없다.

따라서 부대가 전멸하거나 오명을 남기게 될 수밖에 없다.

문제 해설

지문의 논증은 선언 삼단 논법(선언지 제거법)이다. "지금 철수가 고양이 이름을 '몰리'라고 부른다."는 문장은 "고양이의 이름은 '르네'가 아니다."라는 명제를 함축한다고 볼 수 있다. 따라서 선언지 중 하나를 제거하고 나머지 것을 결론으로 내세우는 선언 삼단 논법이다.

형식적으로 지문의 논증과 비슷하게 보이는 것이 두 개 있다. ①과 ③이다. 그러나 ③을 가만히 보면 선택지 중의 하나를 제거하는 것이 아니라 선언지 중 하나를 긍정함으로써 다른 선언지의 부정 명제를 결론을 내세우는 것이다. 따라서 답은 ①이다.

〈정답〉 ①

5. 귀납 논증의 종류

귀납 논증은 연역 논증보다 종류가 더 다양하다. 그 이유는 귀납 논증과 연역 논증의 성격을 비교해 보면 쉽게 짐작할 수 있다. 연역 논증은 전제들에 이미 포함되어 있는 내용으로부터 결론을 도출하는 것으로서 다분히 형식적이며, 대개의 경우 삼단 논법의 형식에서 크게 벗어나지 않는다. 반면에 귀납 논증은 경험적 사실로부터 결론을 도출하는 것으로, 경험적 사실을 효과적으로 취급하는 방법에 따라 논증의 성격이 결정된다. 경험적 사실을 취급하는 방법이 명제들의 형식적 요건을 다루는 연역 논증의 경우보다 다양하기 때문에 귀납 논증의 종류도 그만큼 다양해지는 것이다.

(1) 귀납적 일반화

귀납적 일반화란 각각의 개별적인 것들에 대한 관찰을 토대로 하여 일반적인 결론을 내리는 추론 형식이다. 이를 정식화하면 다음과 같다.

집합 A = { a_1, a_2, a_3 ······ }

a_1이 F라는 성질을 가지고 있음이 관찰되었다.

a_2도 F라는 성질을 가지고 있음이 관찰되었다.

a_3도 F라는 성질을 가지고 있음이 관찰되었다.

$$\vdots$$

a_n도 F라는 성질을 가지고 있음이 관찰되었다.

따라서 (모든 또는 대개의) a는 F라는 성질을 가지고 있다.

귀납적 일반화로부터 나오는 결론은 언제나 일반 명제이다. 귀납적 일반화를 통해서 결론을 도출하는 경우, 그 결론은 보편적인 것도 있지만 통계적인 것도 있다. 어떤 집합 전체에 대해서 긍정 혹은 부정의 결론을 내리는 경우를 '보편적 일반화'라고 부르고, 그 집합의 몇 퍼센트가 그렇다든지 또는 그렇지 않다는 결론을 내리는 경우를 '통계적 일반화'라고 부른다. 통계적 일반화는 귀납적 일반화의 한 형태라고 볼 수 있다. 통계적 일반화로부터 도출된 결론이 반드시 통계적인 수치를 포함해야 하는 것은 아니다. '대부분', '거의 대부분', '많은', '적은' 등의 용어들이 사용될 수도 있다. 우리가 흔히 신문이나 뉴스에서 접하는 여론 조사를 통한 주장이 바로 통계적 일반화의 전형이라 할 수 있다.

귀납적 일반화에서 가장 중요한 것은 표본이라는 개념이다. 올바른 표본으로부터 도출된 결론이어야 제대로 된 주장이라 할 수 있다. 다시 말해 부분이 전체에 대해서 충분한 대표성을 지녀야 한다는 것이다. 의미 있는 표본이 되려면 다음의 두 가지 조건을 충족해야 한다.

> ① 표본은 충분한 크기를 가져야 한다.
> ② 표본은 충분한 정도의 다양성을 가져야 한다.

표본이 이 두 가지 조건을 충족하지 못하면, 오류가 발생하게 된다. 이에 대해서는 나중에 다시 다루도록 하겠다.

(2) 가설 연역

가설 연역을 알아보기 전에 먼저 '가설'이라는 용어의 개념에 대해 알아보자. 가설은 아직까지 진위가 확인되지 않은 명제이다. 그러나 진위가 확인되지 않은 명제라고 해서 모두 가설이 되는 것은 아니다. 어떤 명제가 가설이 되기 위해서는 그 명제로부터 얻어진 예측이 경험적으로 관찰 가능해야 한다. 다시 말해 가설이란 그것으로부터 얻어진 예측에 의하여 간접적으로 진위 확인이 가능한 명제라고 할 수 있다.

어떤 가설이 참인지 아닌지 알기 위해서 사용되는 논리적인 방법이 바로 가설 연역이다. 가설 연역은 다른 말로 가설 추리라고 하기도 한다. 가설 연역의 절차는 대개 다음과 같다.

우선 문제가 되고 있는 가설로부터 관찰 가능한 예측을 얻어 낸다. 그리고 그 예측이 참인지 아닌지 실험과 관찰을 통해서 알아본다. 만약 예측이 참이라면 가설은 받아들일 만한 것이고, 예측이 거짓이라면 가설은 받아들이기 힘든 것이다. 이때 예측이 참이라고 해서 가설이 곧바로 참이라고 말할 수 없음은 이미 귀납 논증의 성격을 이해한 사람이라면 쉽사리 이해할 수 있을 것이다. 그래서 이러한 경우에는 '확증' 이라는 용어를 쓴다. 이처럼 가설이 예측에 대한 실험이나 관찰(이를 증거라고 함)을 통해 지지된다면, 증거가 가설을 확증한다(confirm)고 하고, 반대로 증거가 가설을 지지하지 않는다면 증거가 가설을 반증한다 (disconfirm)고 한다.

가설 연역을 한번 도식화해 보자.

> 만약 A라는 가설이 옳다면, B일 것이다.
> 관찰과 실험을 통해서 B가 확인되었다.
> 그러므로 A 가설은 확증되었다.

여기서 한 가지 재미있는 사실은 연역 논증에서 오류라고 취급되었던 후건 긍정법이 사용되고 있다는 점이다. 결국 가설 연역은 연역 논증의 시각에서 보면 잘못된 것이라고 할 수 있다. 그러나 증거로부터 가설을 얻어 내는 추론 과정은 연역이 아니라 귀납이다. 즉 증거가 참일 때 가설이 반드시 참은 아니지만 참일 가능성이 높다고 결론 내릴 수 있고 이것을 가설이 확증되었다고 말하는 것이다.

(3) 유비 논증

유비란 유사한 것들 사이의 직접적인 비교를 말한다. 문학에서 말하는 비유, 과학 일반에서 사용하는 '모형 이론' 같은 것도 일종의 유비라고 할 수 있다. 어떤 유사성에 근거하여 자신의 주장을 적극 개진하고자 할 때 주로 유비 논증이 사용된다. 예를 들어 동물 실험을 근거로 해서 동물과 유사한 인간에 대하여 그 실험 결과를 적용할 수 있다는 의학적인 주장들, 판례에 의거하여 내리는 법적인 판단 등이 이에 해당한다. 유비 논증의 일반적인 형태는 다음과 같다.

> X와 같은 형태의 대상들은 F, G, H 등의 성질을 가지고 있다.
> Y와 같은 형태의 대상들은 F, G, H 외에 Z라는 성질도 가지고 있다.
> 따라서 X와 같은 형태의 대상들도 Z라는 성질을 가지고 있다.

이와 같은 형식의 논증이 연역 논증이 아님은 분명하다. 결론이 전제들로부터 필연적으로 도출되지 않기 때문이다. 따라서 전제가 모두 참이라고 하더라도 결론이 참이 아닐 수 있다. 사실 유비 논증은 연역 논증은 물론 다른 귀납 논증들에 비교해도 강도가 약한 편이다. 왜냐하면 유비 논증의 근거가 되는 유사성이라는 개념 자체가 불분명한 개념들 중의 하나이기 때문이다. 그러나 유비 논증은 유비가 가지는 심리적인 설득력 때문에 광범위하게 사용되고 있다.

같은 유비 논증이라고 해도 설득력의 수준은 천차만별이다. 따라서 관건은 하나의 유비 논증이 어느 정도의 강도로 지지될 수 있는가 평가하는 일이다.

(4) 인과 추리

마지막으로 인과 추리에 대해 알아보자. 인과 추리는 우리가 일상적으로 행하는 추리 과정에서 가장 빈번히 발견되는 것이다. "저 건물에 왜 불이 났을까?" "도대체 그녀는 왜 나에게 화가 났을까?" "저 영화가 대박을 터뜨린 이유는 뭘까?" 등의 의문들이 모두 인과 추리와 연결되어 있다. 인과 추리란 한마디로 말해서 원인으로부터 결과를 추론하거나 결과를 놓고 원인을 추론해 내는 것이다.

이렇게 인과 추리는 보통 원인이나 결과 중에서 어느 하나가 알려져 있지 않거나 관찰되지 않았을 때 사용된다. 이미 관찰된 사건을 근거로 해서 아직 관찰되지 않은 사건을 추리한다는 점에서 인과 추리는 귀납 추리의 범주에 속한다고 할 수 있다. 근세 이전까지 서양에서는 인과를 필연적이고 결정론적인 것으로 해석해 왔다. 그러나 근대 이후로 현대 양자 물리학 등의 영향으로 인과를 규칙적이고 확률적인 것으로 보고 통계적으로 해석하는 경향이 우세해졌다. 현재는 대부분의 사람들이 후자의 입장에 동의하는 것으로 간주되고 있다.

귀납 추리에는 반드시 귀납적 일반화가 관계되어 있듯이 인과 추리에는 반드시 인과적 일반화가 관계되어 있다. 예를 들어 어떤 건물에 불이 나서 "저 건물에는 왜 불이 났을까?"하고 의문을 가질 경우 나름대로 "전기가 누전이 되지 않았을까?" 아니면 "누군가 담배 꽁초를 아무렇게나 버린 것이 아닐까?"하고 원인을 추리해 볼 수 있다. 비록 이 사건이 특정 장소, 특정 시간에 발생한 것이지만 이러한 추리는 일정한 일반화에 의거하고 있다. 즉 저 건물의 화재 원인을 전기 누전이라고 짐작한다면, 전기 누전에 의해 화재가 발생할 수 있다는 일반적인 사실을 내가 이미 알고 있기 때문에 그러한 추론이 가능한 것이다.

요컨대 인과 관계는 개별적인 사건들의 관계라기보다 a라는 사건과 비슷한 사건들의 집합과 b라는 사건과 비슷한 사건들의 집합 사이의 관계라고 보는 것이 옳다. 다시 말해 인과 관계는 일반적인 어떤 것들 간의 법칙적인 관계이고, 인과적 일반화라는 것은 이러한 법칙을 말하는 것이다. 따라서 내가 어떤 개별적인 사건들의 인과 관계를 추리한다고 하더라도 그 안에는 일반적인 법칙에 따라 추리하는 것이다.

[예제 6] 전제와 결론의 논리적 관계를 고려할 때, 다음 글에 나타난 추론과 가장 유사한 방식의 추론을 담고 있는 것은?

> 아주 엷은 금속막에 알파 입자, 즉 양(陽)으로 대전(帶電)된 헬륨 이온(He^{2+})을 쏘아댔을 때 대부분의 입자는 아무런 저항 없이 금속막을 통과해 갔지만 일부는 커다란 각을 보이면서 편행되었고, 심지어 어떤 알파 입자들은 쏜 곳으로 되돌아왔다. 러더포드는 마치 얇은 종잇장에 대고 쏜 포탄이 튕겨져 되돌아온 것과 같은 충격을 느꼈다. 그러나 그는 곧 금속막을 이루고 있는 원자들에 양의 전기를 띤 국소적인 부분이 존재한다는 결론에 도달할 수 있었고, 이 실험은 러더포드의 원자 모형이 성립하는 결정적 계기가 되었다.

① 알도라 호텔은 198개의 방을 가지고 있고, 한 방에는 최소한 두 명이 묵을 수 있다. 그러므로 지난번 300명 규모의 선수단이 알도라 호텔을 온통 세내어 쓰겠다고 했을 때 '수용 능력 부족'이라는 이유로 거절한 것은 말이 안 된다.

② 원숭이나 돌고래가 셈을 할 줄 안다는 이야기는 있지만, 역사에 관심을 갖는다는 말을 들어 보았는가? 역사를 연구하는 존재는 오로지 인간밖에 없다. 그리고 모든 인간은 이성적인 존재다. 그러므로 역사를 연구하는 존재는 예외 없이 이성적 존재일 수밖에 없다.

③ 자신의 가문에 대한 애착을 보이는 사람들은 하나같이 자신이 소속한 단체에 대해서도 강한 소속감을 나타낸다. 그런데 소속 단체에 대해 강한 소속감을 갖는 사람치고 타협과 절충에 능한 사람은 없다. 그러므로 가문에 대해 강한 애착을 갖는 사람은 타협과 절충에 미숙하다고 보면 틀림없다.

④ 이온 결합의 구조를 가진 염화나트륨(NaCl), 염화칼륨(KCl), 브롬화나트륨(NaBr) 등의 녹는점은 각각 섭씨 801도, 770도, 747도로, 공유 결합으로 이루어진 물(H2O)이나 염산(HCl) 등에 비해서 훨씬 높다. 그러므로 이온 결합으로 이루어진 물질의 녹는점은 공유결합의 경우보다 더 높다고 결론지을 수 있다.

⑤ 임신하기 전 4주 이상 임산부가 우유와 콩, 곡류 등을 중심을 식사를 해 온 경우 그렇지 않은 경우에 비해 여아를 임신할 확률이 40% 정도 높아진 반면, 고기와 생선, 채소를 중심으로 한 식단은 남아를 임신할 확률을 뚜렷이 상승시키는 것으로 나타났다. 그렇다면 여성 신체 내의 칼슘, 마그네슘, 칼륨 등 미네랄 함유량이 수정 단계에서 정자의 선택을 좌우하는 데 영향을 미친다고 볼 수 있다.

문제 해설

지문의 추론은 결론이 전제들(관찰 사례)을 '설명' 해 주는 역할을 수행하고 있다. 즉 전제들로부터 결론이 도출되는 것이 아니라 "이러이러한 사례들이 있는데, 이것을 가장 잘 설명해 주는 가설(결론)은 이것이다."와 같은 형식의 추론이다. 이는 귀추법이라고 하는 추론 방식으로서 귀납 논증의 한 종류이다. ①, ②, ③은 모두 연역 논증이고, ④는 귀납적 일반화이다. ⑤가 귀추법에 해당된다.

〈정답〉 ⑤

지금까지 상당히 많은 지면에 걸쳐 논리학의 기본 개념에 대해서 공부했다. 거듭 말하지만 중요한 것은 용어를 하나하나 암기하는 것이 아니라 사고의 틀로서 논증을 이해하는 일이다. 제시문을 보면서 "아! 이건 가언 삼단 논법이야."하고 꼭 발견할 수 있어야 의미 있는 것은 아니다. 제시문을 논리적인 형식으로 재구성해서 볼 수 있는 눈이 길러지면 그것으로 충분하고, 또 그것이 이 장의 목표이기도 하다. 다음 장부터는 논리학의 기본 개념을 토대로 실제 논술 문제 중 추론형 문제에 접근하는 방법을 공부하게 될 것이다.

2장
논리적 귀결

논리적 귀결 문제는 핵심 주장을 찾는 유형의 문제와 비슷해 보이지만 근본적인 차이가 있다. 핵심 주장은 문제 의식과 쌍을 이루는 것임에 비해, 논리적 귀결은 제시문의 논리적 구조를 통해 자연스럽게 도출되는 결론이다. 따라서 논리적 귀결을 파악하기 위해서는 제시문을 논증 구조로 이해하고, 제시문의 내용을 전제들로 파악할 필요가 있다. 이렇게 제시문을 구조화 시킬 수 있을 때 정확하게 논리적 귀결을 찾을 수 있다.

논리적 귀결이란 제시문의 내용으로부터 자연스럽게 나올 수 있는 귀결을 의미한다. 어떤 의미에서는 앞의 파트 3에서 살펴본 '핵심 주장' 찾기와 유사하다고 볼 수 있다. 그러나 핵심 주장 찾기와 세 가지 점에서 차이가 난다.

첫째, 핵심 주장은 대개의 경우 제시문에 명시적으로 표현되거나 적어도 제시문 속에서 흔적을 발견할 수 있지만, 논리적 귀결은 제시문의 내용을 토대로 이끌어 내는 것이기 때문에 제시문에서 발견할 수 없는 경우가 많다.

둘째, 핵심 주장은 제시문 전체를 관통하는 최종 결론이지만 논리적 귀결은 꼭 그렇지만은 않다. 즉 제시문의 일부분만 조건으로 사용해서 그 조건으로부터 귀결되는 것이 무엇인지 묻는 형태로 출제될 수 있다.

셋째, 핵심 주장을 찾을 경우에는 꼭 제시문을 논증 구조로 분석할 필요는 없지만 논리적 귀결의 경우에는 제시문을 논증 구조로 이해하고 제시문의 내용을 전제들로 파악할 필요가 있다. 그래야 그로부터 논리적으로 도출되는 귀결을 손쉽게 확정할 수 있는 것이다.

앞서 누누이 강조했듯이 '핵심 주장' 은 '문제 의식' 과 하나의 쌍으로 이해되는 개념이다. 그에 반해 논리적 귀결은 제시문의 논리적 구조를 이해하는 데서 나오는 개념이다. 따라서 외형상 비슷해 보이지만 그 해결 방법은 근본적으로 다른 것이다. 예제를 통해 확인해 보자.

【예제 1】 다음 주장들이 모두 참이라고 할 때 이 글 다음에 나타날 내용으로 가장 타당한 것은?

> 완벽한 모방품이란 존재할 수 없다. 예를 들어 어떤 사람이 세잔의 것과 구분될 수 없는 어떤 그림을 제작하는 데 성공했다 하더라도 이것은 세잔 자신이 성취한 것과는 전혀 다른 것이다. 우리가 세잔의 성취물에 대해 부여하는 가치는 그저 고립된 아름다운 그림 한 편이 아니라, 오히려 그가 독창적인 스타일을 창안하고 일련의 그림들 전체를 창작하는 방식에 있다. 그의 독창성은 그가 성취한 것의 일부를 이루며, 동시에 그가 일생을 통해 그린 서로 다른 그림들이 그가 창조한 저마다의 개별적 이미지에 대한 우리의 이해에 기여하는 방식도 그가 성취한 것이다.

① 완벽한 모방품은 독창적 스타일까지 흉내 내는 것이다.
② 그의 각 그림을 그의 창작물 전체의 맥락 안에 놓을 때 제대로 평가할 수 있다.
③ 창작물의 수가 많을수록 화가의 독창적 스타일에 대한 평가는 더 큰 의미를 지닌다.
④ 모방 작가는 원본 그림을 완벽하게 재현해 낼 수 없기 때문에 원작자와 동일한 평가를 받을 수 없다.
⑤ 세잔의 그림을 완벽하게 모방했다면 전문가들도 어떤 것이 진짜인지 판단하기 힘들기 때문에 새로운 문제에 봉착하게 된다.

 문제 해설

이 문제를 핵심 주장 찾기 문제로 보면 제일 첫 문장 "완벽한 모방품이란 존재

할 수 없다."가 될 것이다. 그 다음에 이어지는 내용은 "완벽한 모방품이 존재할
수 없다."는 결론에 대한 근거들이다. 그 근거들을 분석해 보면 다음과 같다.

ⓐ 세잔의 그림을 완벽하게 모방해도 그것은 세잔의 성취물과 다르다.
ⓑ 세잔의 성취물에 대해 부여하는 가치는 그의 스타일과 일련의 작품을 창작
　하는 방식에 있다.
→ ⓒ 그의 각 그림을 그의 창작물 전체의 맥락 안에 놓을 때 제대로 평가할
　　수 있다.
→ (결론) 완벽한 모방품이란 존재할 수 없다.

이렇게 구조화해 놓고 보니 결국 이 글의 논리적 귀결은 ⓒ의 내용이 된다. 즉
"완벽한 모방품이란 존재할 수 없다."는 결론의 직접적인 근거는 ⓐ가 될 것이
고, ⓐ를 지지하는 근거들을 마무리하는 명제가 이 글의 논리적 귀결이라고 볼
수 있다. 논증 구조를 분석할 때에만 이렇게 정확하게 이야기할 수 있다. 그러나
이 문제는 다른 선택지들이 너무 터무니없기 때문에 꼭 논증 구조를 분석하지
않아도 ②를 답으로 지목하는 데 어려움은 없다.

〈정답〉 ②

이제 '논리적 귀결'이 무엇인지 짐작했을 테니 논술 문제를 통해 연습해 보자.

【예제 2】 다음 글을 읽고 논제에 답하시오.

거대한 곤충 모양의 괴물이 등장하는 공상 과학 영화를 보고 돌아온 영희는 '사람
보다 큰 개미가 과연 존재할 수 있을까?'라는 의문을 갖게 되었다. 그래서 지구상에
존재하는 동물을 살펴보았더니 개미와 코끼리처럼 그 크기와 모양에 큰 차이가 있었
는데, 거대한 몸집을 가진 동물 중에는 개미처럼 생긴 것이 없고 반대로 작은 몸집을

가진 곤충 중에는 코끼리처럼 생긴 것이 없다는 것을 알게 되었다.

영희는 이런 점에 착안하여 동물의 크기와 모양을 결정하는 자연 법칙에 대해 탐구해 보고 싶었다. 그리고 크기와 모양의 관계를 이해하기 위해 다음과 같이 생각해 보았다.

- 각 변의 길이가 1cm인 정육면체와 1m인 정육면체를 비교하자. 변의 길이는 100배, 표면적은 100^2배, 또 부피는 100^3배 차이가 난다. 따라서 정육면체 모양을 유지하면서 한변의 길이가 100배 늘어나는 경우, 그 표면적/부피의 비는 1/100이 된다.

- 정육면체 모양의 몸집을 가진 가상 동물을 생각하자. 정육면체의 내부 밀도는 일정하고 밑바닥 면이 다리에 해당된다고 가정하자. 이 동물의 몸집이 100배 커지면, 무게는 100^3배 커지고 다리의 단면적은 100^2배 커져서 다리에 가해지는 압력이 100배 늘어난다. 그러나 대부분의 동물 뼈는 그 재질에 한계가 있어 압력의 크기가 일정 수준 이상을 넘어서면 부러지거나 견딜 수 없게 된다. 이 조건은 정육면체 모양을 가진 동물의 크기를 정하는 한계로 작용할 수 있다.

- 이번에는 정육면체 모양을 가진 가상 동물의 신진 대사를 생각해 보자. 이 동물을 이루는 모든 세포는 외부로부터 영양소와 산소를 공급 받아야 한다. 이 가상 동물은 그 표면을 통해서 외부로부터 영양소와 산소를 공급 받을 수 있다. 만일 몸집이 100배 커지면 표면적/부피의 비율이 1/100로 줄어들게 되어 각 세포가 공급 받는 양도 같은 비율로 줄어들게 된다. 따라서 동물의 모양에 변화가 생기지 않는 한, 내부 세포는 심각한 영양 부족 또는 산소 부족을 겪게 될 것이다.

【논제】 영희가 고찰한 '크기와 모양의 관계'에 대한 원리를 근거로 '코끼리만큼 커진 개미' 또는 '개미만큼 작아진 코끼리'가 존재할 수 있는지 자신의 견해를 과학적으로 기술하시오.

문제 해설

참 재미있는 문제이다. 논술 시험이 '글쓰기' 시험이 아니라는 것을 잘 보여 주고 있는 문제이다. 과학도를 지향하는 자연계 학생들에게 '과학적 탐구'의 기본적인 형식이 무엇인지 보여 주려는 의도로 출제된 문제라 생각된다. 제시문에서 드러난 과학적 탐구 과정을 먼저 형식적으로 정리해 보자.

(i) 과학적으로 규명하고 싶은 의문이 생긴다.

(ii) 그 의문을 해결하기 위해 필요한 '알려진 사실들'을 전제들로서 정리한다.

(iii) 그 전제들로부터 논리적 추론을 거쳐 의문에 대한 해답을 찾는다.

이번에는 이 형식에 따라 내용을 정리해 보자.

(i) 거대한 몸집을 가진 동물 중에는 개미처럼 생긴 것이 없고 반대로 작은 몸집을 가진 곤충 중에는 코끼리처럼 생긴 것이 없다.

→ 크기와 모양의 관계에 대한 자연 법칙은 무엇일까?

(ii) 알려진 사실들은 다음과 같이 정리할 수 있다.

① 정육면체 모양을 유지하면서 한 변의 길이가 100배 늘어나는 경우, 그 표면적/부피의 비는 1/100이 된다.

② 정육면체 모양의 동물의 몸집이 100배 커지면, 무게는 100^3배 커지고 다리의 단면적은 100^2배 커져서 다리에 가해지는 압력이 100배 늘어난다.

③ 대부분의 동물 뼈는 그 재질에 한계가 있어 압력의 크기가 일정 수준 이상을 넘어서면 부러지거나 견딜 수 없게 된다.

④ 정육면체 모양의 동물을 이루는 모든 세포는 외부로부터 영양소와 산소를 공급받아야 하는데 그 표면을 통해서 가능하다.

⑤ 만일 몸집이 100배 커지면 표면적/부피의 비율이 1/100로 줄어들게 되어 각 세포가 공급받는 양도 같은 비율로 줄어들게 되어 내부 세포는 심각한 영양 부족 또는 산소 부족을 겪게 될 것이다.

이상의 사실들로부터 "영희가 고찰한 '크기와 모양의 관계'에 대한 원리를 근거로 '코끼리만큼 커진 개미' 또는 '개미만큼 작아진 코끼리'가 존재할 수 있는지 자신의 견해를 과학적으로 기술"하는 것이 이 문제에서 요구하는 과제이다.

예를 들어 '코끼리만큼 커진 개미'의 경우를 생각해 보자. 개미의 구조는 여러분도 알다시피 뚱뚱하면서도 기다란 몸통을 비교적 연약한 다리가 지탱하고 있는 형태이다. 그리고 그 다리 속에 뼈가 들어 있는 것이 아니라 단단한 껍질에 의해 지탱되고 있다. 이 껍질이 일반적으로 포유 동물의 뼈보다 단단하다고 보기 힘들다. 따라서 만약 이 개미가 코끼리만큼 커진다면 ②와 ③의 사실로부터 개미의 다리가 비대해진 몸무게를 지탱하지 못할 것이라고 추론해 볼 수 있다.

그런데 비판적 사고를 통해 논술을 공부하는 이 책의 성격상 이 문제의 답을 구체적으로 작성하는 것은 무리이고 또 그것은 이 책의 성격을 넘어서는 일이다. 여기서 중요한 것은 문제를 해결하는 '과정'이다. 해설을 통해 문제 해결의 절차에 대한 실마리를 얻었다면 여러분 스스로 좋은 답을 작성할 수 있을 것이다.

3장
입증

논리적 귀결과는 반대로 입증은 어떤 주장을 설득력 있게 만드는 근거를 제시하는 것을 말한다. 논술 시험에서 주장의 근거를 찾는 것이 쉽지 않은 이유는, 근거와 주장이 직접 연결되기보다는 대부분 중간에 매개 고리가 있어 그것을 간파해야만 하기 때문이다. 더 나아가 근거가 되는 주장이 생략되는 경우도 많다. 어떤 주장을 제대로 평가하기 위해서는 생략된 전제도 파악할 수 있어야 한다.

입증(立證)은 '증거를 내세우는 일'이다. 어떤 주장을 뒷받침해 주는 근거들을 제시함으로써 주장의 설득력을 높이는 행위를 말한다. 따라서 다른 말로 '근거 제시'라고 부르기도 한다.

논술 시험에서 근거 제시가 문제되는 경우는 제시문을 분석하는 경우와 자신의 글을 쓸 경우 등 두 가지이다. 전자는 제시문을 읽고 저자의 주장을 뒷받침하는 근거들을 찾아내는 일이며, 후자는 논술문 작성시 자신의 주장을 뒷받침하는 적절한 근거들을 제시하는 일이다. 그런데 후자는 논술문이라면 반드시 충족시켜야 할 요건이자 논술문 작성의 최종 목표와도 같은 것이기에 따로 떼어서 공부할 대상이 아니다. 따라서 여기서는 제시문을 읽고 분석할 경우로 국한해서 논의를 전개할 것이다. 이 부분이 충실하게 훈련되면 자신의 주장에 근거를 제시하는 훈련도 같이 병행될 것이라 생각된다.

어떤 글을 읽고 저자의 주장을 입증하는 근거들을 제시하라는 식의 문제가 이 유형의 전형적인 형태이다. 정확한 입증을 위해서는 논리적인 관계를 추적하는 데 장애가 되는 요소들을 시야에서 제거하고 제시문을 순수하게 논리적으로 이해하는 능력이 필요하다. 그리고 한편으로 어떤 명제로부터 논리적으로 도출될 수 있는 귀결이 무엇인지 판별할 수 있고, 다른 한편으로 주어진 명제와 모순되는 귀결이 무엇인지도 알 수 있다면 금상첨화이다. 다음 문제는 하나의 제시문 속에서 주장과 근거를 확정할 수 있는가를 묻는 문제이다.

【예제 1】 다음 글의 밑줄 친 '어려움'을 초래하는 전제들을 〈보기〉에서 모두 고르면?

> 당신이 베토벤의 5번 교향곡 「운명」이라는 음악 작품을 듣고 있다고 상상해 보라. 이때 '음악 작품'이란 어떤 대상을 가리키는 걸까? 베토벤이 남긴 자필 악보일까? 하지만 미술 작품과 달리 악보에서는 적어도 미학적으로 감상할 만한 것이 별로 없다. 그렇다고 연주나 그 연주의 녹음을 음악 작품이라고 부르기도 어렵다. 연주는 그 자체가 작품이라기보다는 작품에 접근하기 위한 하나의 수단이라고 여겨지기 때문이다. 따라서 음악 작품은 구체적 악보나 공연 이상의 무엇, 즉 그것들로부터 독립적이면서 그것들을 결정하고 지배하는 추상적인 대상이라는 생각이 자연스럽다. 연주들에 공통되는 어떤 구조, 즉 소리 구조가 추상적인 존재자로 있다는 것이다. 베토벤의 '운명'의 서두 부분을 머릿속에 떠올려 보자. 구체적인 물리적 특성이 결여된 머릿속의 음악도 여전히 교향곡 '운명'이다. 또 원래의 악기에 의한 것과 전혀 다른 물리적 특성을 보이는 신디사이저 연주도 동일한 작품으로 인정된다. 그렇다면 이 모두를 동일한 작품으로 생각하게 하는 대상은 추상적인 무엇이어야 하지 않겠는가? 따라서 이 입장은 의외로 직관적이다. 내 눈 앞에 있는 책상의 경우에는 그것이 무엇인지 확인하기 위해 구체적인 책상 이상의 무엇을 필요로 하지는 않지만, 음악 작품이 무엇인지 설명하기 위해서는 악보와 특정 공연만으로는 분명히 무언가 빠진 것이 있는 것처럼 보이기 때문이다. 따라서 책상의 이데아와 같은 추상적 대상이 존재한다고 믿지 않는 사람들도 음악 작품이 시작도 끝도 없이 영원불변한 추상적 존재라는 생각에는 동의해야 할 것 같다. 하지만 음악 작품이 작곡가에 의해 창조된다는 사실 또한 부인할 수 없다. 이 점을 고려하게 되면 음악 작품이 추상적 대상이라는 주장은 더 이상 직관적으로 받아들일 수 없게 된다. 이는 음악 작품이 무엇인가를 이해하는 일의 <u>어려움</u>을 잘 드러내 준다.

① ㉠, ㉡, ㉢, ㉣　　　② ㉠, ㉡, ㉢, ㉥　　　③ ㉠, ㉢, ㉣, ㉤

④ ㉡, ㉢, ㉣, ㉤　　　⑤ ㉡, ㉣, ㉤, ㉥

‖ 2006 PSAT 지역 인재 선발 ‖

문제 해설

이 문제는 "음악 작품이 무엇인가를 이해하는 일은 어렵다."라는 주장의 근거가 되는 명제를 찾으라는 문제로 볼 수 있다. 제시문의 흐름을 따라가다 보면 어려움의 이유는 하나의 사실로 귀착됨을 알 수 있다. 그것은 "음악 작품은 추상적인 대상이라고 인정되면서도 작곡가에 의해 창조된다."는 점이다. 좀 더 구체적으로 이야기하면 추상적인 존재자라는 속성과 누군가에 의해 창조된다는 속성이 서로 양립하기 어려운 속성이라는 것이다. 그리고 양립하기 어려운 이유를 다시 캐 보면 추상적 존재자는 "영원불변하다."는 속성을 가진 반면 작곡가, 즉 유한한 존재에 의해 창조되는 대상이 영원불변할 수 없다는 점 때문이다. 이 두 번째 명제 "유한한 존재에 의해 창조될 수 있는 것이 영원불변할 수 없다."는 것은 제시문에서 명시적으로 나와 있지 않은 '생략된 전제'이다. '생략된 전제'를 찾아내는 일은 제시문의 논증 구조를 분석할 때 매우 중요한 항목이기 때문에 잠시 후에 자세히 다시 알아볼 것이다.

이상의 논의를 요약하면, ㉠과 ㉤이 하나의 축을 이루어 "작곡가에 의해 창조되는 음악 작품은 영원불변하지 않다.”는 명제를 도출하고, ⓒ과 ㉣이 다른 한 축을 이루어 “추상적인 존재자인 음악 작품은 영원불변하다.”는 명제를 이루게 된다. 그리고 이 둘이 모순적이기 때문에 음악 작품을 이해하는 일이 어렵다는 것이다.

반면에 ⓛ과 ㉃은 이러한 모순을 해결해 주는 명제들이기 때문에 ‘어려움’의 전제가 아니라 ‘이해할 수 있게 해 주는’ 전제라 할 수 있다. 따라서 ⓛ과 ㉃은 제외되어야 한다.

〈정답〉 ③

근거와 주장의 관계를 파악하는 일이 그리 쉽지 않은 이유는 문제에서 제시되는 근거와 주장이 매개 고리 없이 직접 연결되는 경우가 별로 없기 때문이다. 다시 말해 근거와 주장 사이에 항상 논리적인 매개 고리가 존재하고, 대개의 경우 이 매개 고리를 찾아냄으로써 문제를 해결할 수 있다. 따라서 평상시에 어떤 주장과 근거 사이의 관계를 연결해 주는 매개 고리를 생각하는 습관을 들인다면 논증에 대한 평가 문제는 쉽게 정복할 수 있다.

간단한 예제를 통해 구체적으로 살펴보자.

【예제 2】 다음은 10만 원권 지폐 발행에 대한 찬성 및 반대 의견의 논거들이다. 반대하는 논거만을 모두 고른 것은?

㉠ 1만 원권이 발행된 것은 1973년인데 지난 30년 동안 1인당 국민 소득이 22배로 늘어났고, 20원이던 버스 요금은 6백 원이 되었다.

㉡ 지난 10년간 우리 사회의 대형 비리 사건들의 전모가 밝혀진 이유는, 뇌물로 사용된 ‘검은 돈’이 수표였기 때문이다.

㉢ 자기앞 수표 발행, 추심 수수료 등의 비용이 연간 1조 원이 넘는 것으로 추산된다. 이 중에서 대부분이 10만 원권 자기앞 수표이다.

ⓔ 과거 1만 원권이 발행된 시기에는 신용 카드가 존재하지 않았지만 지금은 그렇지 않다.

ⓜ 10만 원권 자기앞 수표와 상품권이 자유롭게 발행, 유통되고 있는데 10만 원권과 화폐만이 부패를 조장한다고 하기는 어렵다.

ⓗ 고액권의 도입은 물가오름세 심리를 부추길 우려가 있다.

ⓢ OECD 국가 대부분의 최고액권은 우리 돈으로 10만 원을 넘는다.

ⓞ 우리보다 국민 소득이 3배인 미국에서도 우리 돈 12만 원 정도에 해당하는 100달러 지폐보다는 20달러 지폐가 더 많이 쓰인다. 그러므로 2만 원권이나 5만 원권을 우선 도입하는 것이 더 현실적이다.

① ㉠, ㉣, ㉤, ㉥   ② ㉠, ㉣㉗, ㉥   ③ ㉡, ㉢, ㉤, ㉗

④ ㉡, ㉢, ㉥, ㉥   ⑤ ㉡, ㉣, ㉗, ㉥

문제 해설

주장과 근거라는 시각에서 문제를 정리해 보면, "10만 원권 지폐를 (당장) 발행해야 한다."는 주장과 "10만 원권 지폐를 (지금) 발행하지 말아야 한다."는 두 가지 상반된 주장의 논거들이 무엇인지 고르는 문제이다. 평상시에 이 문제에 대해서 관심이 없던 사람도 이 문제에서 주어지는 보기를 하나하나 음미하다 보면, "아 이래서 10만 원권 지폐를 발행해야겠구나!" 혹은 "이래서 하면 안 되겠구나!"하는 생각을 가질 수 있을 것이다. 이렇게 주장과 근거를 연결해서 생각하는 습관을 들이면 세상을 보는 시각도 넓어질 수 있다. 문제로 돌아가, 각 논거들에 한마디씩 더 첨언해 보겠다. 이 첨언은 위에 제시된 논거들과 10만 원권 발행에 대한 찬성 혹은 반대 주장 사이에 논리적인 매개 고리 역할을 할 것이다.

㉠ → 1973년에 비해 20배 이상 절하된 화폐 가치를 감안할 필요가 있다.

ⓛ → 화폐는 수표에 비해 음성적인 자금 흐름을 추적하기 힘들다.

ⓓ → 화폐는 추심 비용이 들지 않는다.

ⓡ → 고액권이 필요한 상거래의 상당 부분을 신용 카드가 대신할 수 있다.

ⓜ → 부패를 이유로 들어 10만 원권 화폐 발행을 반대하는 것은 설득력이 없다.

ⓑ → 10만 원권이 발행되면 지금보다 물가가 더 오를 것이다.

ⓢ → 우리나라도 OECD 국가인데 최고액권이 1만 원이다.

ⓞ → 10만 원권보다 2만 원권이나 5만 원권이 더 쓸모 있을 것이다.

자, 이렇게 정리하고 보니, 답이 명확해지지 않는가? 이처럼 중간 매개 고리를 구성하는 능력이 근거와 주장 사이의 관계를 파악하는 데 요구되는 가장 기본적인 기술이라고 하겠다. 당연히 10만 원권 발행에 반대하는 논거는 ⓛ, ⓡ, ⓑ, ⓞ이 된다.

〈정답〉 ⑤

자, 이제 앞에서 잠시 언급한 '생략된 전제 찾기'에 대해서 구체적으로 공부해 보자. 생략된 전제 찾기 문제는 이 책의 파트 1에서 말한 '비판적 사고'를 테스트하는 과정에서 가장 빈번하게 사용되는 문제 유형이다. 여러 가지 이유가 있지만, 생략된 전제를 찾는 훈련은 그 의미와 효용성이 매우 크기 때문이다. 이는 실생활에서도 마찬가지다.

사회 생활을 하면서 우리는 종종 자신의 주장을 피력하기도 하고 상대방의 주장을 평가하기도 하며, 경우에 따라서는 대화 상대자와 서로 다른 주장을 내세우면서 열띤 토론을 하기도 한다. 이런 상황에서 논리적인 훈련을 받지 않은 사람들이 가장 저지르기 쉬운 잘못 중 하나가, 자신의 주장을 뒷받침하는 데 꼭 필요한 전제들을 자신도 모르게 생략하는 일이다. 또한 반대로 상대방의 주장에서 결정적으로 중요한 전제가 빠져 있음을 인지하지 못하고 그 주장에 대해 적절한 논박을 하지 못하기도 한다. 만약 토론을 하다가 상대방의 주장을 수긍하지는 못하겠지만 그렇다고 반박을 하기도 어렵다고 느끼는 상황에 처해 있다면, 가장 먼저 상대방이 자신의 주장을 뒷받침하는 데 꼭 필요한 어떤 전제들을 생략하고 있지 않은지 주목해 볼 필요가 있다. 많은 경우에 이에 대한 적절한 논박을 찾아 낼 수 있을 것이다. 예를 들면 이런 것이다.

"당신의 주장이 설득력을 가지려면 그 주장의 결정적 전제 조건이라 할 수 있는 A라는 사실이 입증되어야 합니다. 그러나 아직까지 A가 사실이라는 증거는 발견되지 않았습니다. 따라서 당신의 주장은 그럴듯해 보이기는 하지만 논거가 희박한 주장입니다."

그렇다면 왜 어떤 전제들이 생략되는 것인가? 전제가 생략되는 이유는 크게 보아 세 가지 경우로 생각해 볼 수 있다. 하나는 전제가 너무도 자명한 것이라고 생각되어 생략하는 경우이다. 다른 하나의 이유는 화자 혹은 글쓴이가 논리적 사고에 익숙하지 않아 자신의 주장을 논리적으로 구성하지 못하고 궁극적으로 주장하고 싶은 바에만 집착하여 꼭 필요한 전제들을 빠뜨리는 경우이다. 마지막 으로 자신에게 불리할 것이 예상되는 전제를 의도적으로 생략하는 경우이다. 이 유야 어쨌든 간에 어떤 주장을 제대로 평가하려면 생략된 전제를 명시적으로 드 러낼 수 있는 훈련은 매우 유용하다.

가장 단순한 형태의 생략된 전제가 있는 경우를 보자.

A 정당에는 과거 정권의 인사가 섞여 있기 때문에 개혁 정당이라고 할 수 없다.
→ (생략된 전제) 과거 정권의 인사가 섞여 있으면 개혁 정당이라 할 수 없다.
→ (전제) A 정당에는 과거 정권의 인사가 섞여 있다.
→ (결론) A 정당은 개혁 정당이라 할 수 없다.

이렇게 우리가 일상적으로 하는 말들 속에서도 생략된 전제들이 있는 것이다. 위의 진술에서 "과거 정권의 인사가 섞여 있으면 개혁 정당이라 할 수 없다."라 는 생략된 전제의 진위 여부에 따라 전체 진술의 진위가 결정된다. 이 생략된 전 제의 진위 여부는 스스로 판단해 보기 바란다.

【예제 3】 다음 글에서 유비가 장수의 의견을 거부한 이유로 가장 핵심적인 것은?

> 조조군과의 승산 없는 싸움이 장기화되자 유비군 내부에서도 동요의 움직임이 감지되기 시작했다. 이때 한 장수가 은밀히 유비의 처소를 찾아와 조조군을 물리칠 유용한 계획이 하나 있는데, 이 계획이 성공하기 위한 가장 중요한 요인은 철저히 비밀을 지키는 일이라고 말했다. 유비는 이 장수의 계획을 직접 듣는 것은 현명하지 못하다고 판단해서 제갈공명에게 그 계획을 말하라고 지시했다. 제갈공명의 판단이라면 맹목적으로 신뢰하는 유비로서는 제갈공명이 판단해 주기를 원했다.
>
> 이 장수는 제갈공명의 처소로 찾아가 자신의 계획을 말했다. 그것은 다름 아닌 현재 조조의 식솔들이 조조의 고향에서 살고 있는데, 경비가 그리 삼엄하지 않으니 은밀히 소수의 군사를 움직여 그들을 납치해 오면 조조군을 물리치는 데 유용하게 사용할 수 있으리라는 것이었다.
>
> 제갈공명은 유비의 처소로 돌아와 그 장수가 말한 내용에 대해서는 한마디도 하지 않고 다음과 같이 말했다.
>
> "그의 계획을 따른다면 이 전투에서는 승리할 수 있을 것입니다. 그러나 군주께서 덕이 있는 사람이라는 이야기는 듣지 못할 것입니다."
>
> 이 말을 들은 유비는 그 장수를 불러 그 계획은 실행될 수 없을 것이라고 말했다.

① 제갈공명은 믿을 수 있는 판단만을 하기 때문이다.
② 장수의 계획이 현실성이 없다고 생각했기 때문이다.
③ 비밀 유지를 원하는 장수의 태도가 의심되었기 때문이다.
④ 윤리를 중시하는 유비로서는 납치를 할 수 없었기 때문이다.
⑤ 눈앞의 승리보다 덕을 유지하는 것이 더 올바르다고 믿었기 때문이다.

문제 해설

지문을 읽으면 문제 상황이 복잡한 것처럼 여겨지지만 분석을 해 보면 의외로 단순하다는 것을 깨달을 수 있다. 유비의 입장에서 생각해 보자. 유비는 장수의 계획이 무엇인지 알지 못한다. 오직 제갈공명의 진술만을 토대로 판단을 내리고 있다. 따라서 제갈공명의 진술만이 유비가 참고로 하는 유일한 전제이다. 덧붙여 말하자면, "제갈공명의 판단이라면 맹목적으로 신뢰하는 유비로서는 제갈공명이 판단해 주기를 원했다."는 설명 속에서 제갈공명의 진술이 유비에게는 '참'인 전제로 작용하고 있다는 것을 알 수 있다. 따라서 유비가 판단을 내리게 되는 추론 과정은 다음과 같이 단순하다.

장수의 계획은 전투를 승리로 이끌 수 있지만 부덕한 것이다.
그러므로 장수의 계획은 받아들일 수 없다.

이렇게 본다면 이 추론에서 생략된 전제는 자명해진다. 그것은 바로 "눈앞의 승리보다 덕을 유지하는 것이 더 올바르다."는 ⑤의 내용이다. 생략된 전제를 포함하여 전체 추론 과정을 다시 구성해 보면 다음과 같은 삼단 논법임이 분명하게 드러난다.

(생략된 전제) 눈앞의 승리보다 덕을 유지하는 것이 더 올바르다.
(전제) 장수의 계획은 전투를 승리로 이끌 수 있지만 부덕한 것이다.
(결론) 그러므로 장수의 계획은 받아들일 수 없다.

〈정답〉 ⑤

이제 실제 논술 시험 문제를 통해서 마무리를 해 보자.

【예제 4】 제시문 (가)와 (나)를 읽고 미국 뉴올리언스 지역에서 발생한 허리케인 피해가 '천재(天災)'라고 주장할 수 있는 논거와 '인재(人災)'라고 주장할 수 있는 논거를 각각 제시하고, 이에 대한 자신의 의견을 20~24줄(476~600자) 분량으로 논술하시오.

(가)

미국 기상관측 사상 최대 허리케인 중 하나로 꼽히는 허리케인 카트리나가 29일 오전 6시 10분 남부 루이지애나 주의 뉴올리언스 지역과 미시시피 주 해안을 강타했다. 카트리나는 최대 시속 232㎞의 강풍과 폭우, 8.4m의 해수면 상승을 동반하고 시속 16㎞로 북진했으며, 상륙 직전 약간 동쪽으로 방향을 틀었다. 4급 허리케인 카트리나는 이후 3급으로 약화됐으나 해수면보다 3m 낮은 뉴올리언스 시내 곳곳이 물에 잠겨 큰 피해가 발생했다.

뉴올리언스의 침수는 도심의 제방 두 군데가 터지면서 시작됐다. 뉴올리언스는 미시시피 강과 폰차트레인 호수 사이에 샌드위치처럼 끼어 있는 도시. 1717년 미시시피 강 주변에 제방을 쌓으며 도시가 형성됐다. 시 전체의 70%가 해수면보다 낮다. 현재는 미시시피 강 쪽에 6m 이상, 폰차트레인 호수 주변에는 4.5m 이상의 제방이 약 2,000㎞에 걸쳐 형성돼 있다. 도시 안으로 흘러드는 물은 펌프로 끊임없이 뽑아내는 시스템을 도입, 이곳의 펌프 시스템은 재즈와 함께 뉴올리언스의 명물로 꼽혀왔다. 특히 시 정부는 1965년 3급 위력의 허리케인 벳시로 인해 도시 곳곳이 2m 이상 침수되자 제방 시스템을 한층 강화하며 특별 관리해 왔었다.

이번 허리케인 자체는 도시를 비껴 나갔다. 하지만 폭우로 물이 불어나 주변 지역의 수압이 높아지면서 폰차트레인 호수에 인접한 17번가 운하가 먼저 뚫렸다. 이어 미시시피 강에 인접한 인더스트리얼 운하가 추가로 붕괴되면서 물이 순식간에 도시 안으로 밀려들었다.

(나)

지역에 따라 허리케인과 태풍, 사이클론으로 불리는 열대성 폭풍들이 지난 35년간 계속 강도를 높여 왔다는 학자들의 연구가 과학 전문지 사이언스 최신호에 발표돼 지구 온난화가 대형 열대성 폭풍을 강화시킨다는 논란에 새로운 불을 붙이고 있다.

미국 조지아 공대와 국립 대기 연구 센터 연구진은 지난 1970년부터 2004년 사이에 일어난 열대성 폭풍들을 연구한 결과 열대성 폭풍의 수 자체가 늘어나지는 않았으나 4~5급의 최강급 허리케인의 수는 지난 1970년대 연평균 11회에서 1990년 이후에는 18회로 늘어났다고 밝혔다. 지난 1975~1989년 사이 최강급 허리케인은 171차

레 발생했으나 1990~2004년 사이에는 269회로 늘어났다. 이 같은 추세는 동아시아
와 남서 태평양, 인도양 북부와 남부 지역에서 공통적으로 관찰됐다.

　대부분의 과학자들은 열대성 폭풍이 해수면의 더운 공기로부터 에너지를 얻는다
는 이론을 믿고 있으며 연구 보고서는 이 기간 열대 지역의 해수면 평균 온도가 섭씨
1도 가량 올라 갔다는 사실을 강조하고 있다.

　학자들은 해수면 온도 상승이 미국 남부 해안에 재앙을 가져온 허리케인 카트리나
의 직접적인 원인이라고 주장하지는 않았으나 이들의 연구는 카트리나급 허리케인
이 앞으로 더 자주 발생할 가능성이 있음을 시사하는 것이다.

‖ 2006 동국대 논술 예시 ‖

문제 해설

　천재(天災)와 인재(人災)의 의미를 먼저 이해해야 한다. 사전적으로 이해하면
천재란 하늘이 내린 재앙이고, 인재란 인간으로 인해 생긴 재앙이다. 그런데 천
재에서 말하는 '하늘'이란 자연을 동양적으로 표현한 것이기 때문에 천재는 자
연 재해, 즉 풍수해, 지진, 가뭄 따위와 같이 자연의 변화로 일어나는 재앙을 의
미한다.

　그렇다면 이 천재와 인재의 개념을 '뉴올리언스 지역의 허리케인 피해'에 적
용할 때 어떻게 이해될 수 있을까? 피해의 원인이라고 생각해 볼 수 있는 것들
중에서 자연의 불가항력적인 힘 때문에 생겨난 것이 무엇이고 사람의 실수나 잘
못으로 인해 생겨난 것이 무엇인지를 구별하면 된다.

　먼저 (가) 제시문을 보면 피해의 직접적인 원인이었던 카트리나가 '미국 기상
관측 사상 최대 허리케인'이라는 점과 뉴올리언스라는 도시가 '미시시피 강과
폰차트레인 호수 사이에 샌드위치처럼 끼어 있는 도시'이기 때문에 "시 전체의
70%가 해수면보다 낮다."는 점을 천재의 논거로 내세울 수 있다. 반면에 인재의
논거를 (가) 제시문에서 찾아보기는 다소 힘들다. 기껏 생각해 볼 수 있는 것이

이 도시의 방재 시스템이 허술하게 관리되어 온 것이 아니냐는 정도일 텐데, 지문에서 "제방 시스템을 한층 강화하며 특별 관리해 왔었다."고 말하는 것으로 보나 그렇게 반난하기 힘들나.

그런데 (나) 제시문을 보면 인재의 논거가 좀 더 거시적인 차원에서 생각되어야 한다는 점을 발견할 수 있다. 우리나라에서 해마다 큰 홍수가 나면 신문지상에서 흔히 볼 수 있는 "천재가 아니라 인재였다."는 식의 헤드카피를 연상해서 방재 시스템의 관리 소홀이나 재난에 대한 대비 부족 등의 지엽적인 문제에만 집중하면 안 된다. (나) 제시문을 통해서 알 수 있는 점은 지구 온난화로 인해 해수면의 온도가 높아진 것이 허리케인의 규모를 거대하게 만드는 원인으로 간주될 수 있다는 점이다. 그런데 지구 온난화는 온실 가스 증가 등 대기 오염 때문에 생겨난 현상이라고 보는 것이 정설이기 때문에, 인간이 야기한 것이라고 볼 수 있다. 다시 말해서 인재의 논거는 "인간이 환경을 오염시켰기 때문에 거대한 허리케인의 발생 확률을 높였다."는 점으로 정리할 수 있을 것이다.

이상의 논거 제시를 토대로 해서 학생 여러분의 의견을 개진하면 될 것이다.

4장

추정

추정은 앞서 배운 논리적 귀결과 형식적으로는 동일하다. 그러나 논리적 귀결이 주어진 자료를 전제로 삼아 결론을 도출하는 연역적인 과정을 거친다면, 추정은 통계 자료나 실험 결과와 같은 경험적인 정보를 주어진 자료로 하기 때문에 먼저 일반화된 명제를 도출한 후 다시 특수한 경우에 적용하는 귀납 논증의 성격을 띤다. 추정은 과학적 사고의 근간이 되는 추론 방식으로 통합 교과형 논술, 특히 자연계에서 출제 비중이 커지고 있는 문제 유형이다.

추정(예측)은 얼핏 보면 그 논리적 구조가 앞서 2장에서 공부한 '논리적 귀결'과 완전히 동일하다고 생각될 수도 있다. 즉, 주어진 자료로부터 도출할 수 있는 논리적 귀결이 무엇인지 묻는 문제와 형식적인 면에서 동일한 것처럼 보인다는 말이다. 그러나 양자 사이에는 분명한 차이점이 있다.

첫째, 논리적 귀결 문제는 대부분 연역 논증의 성격을 띠지만 추정(예측) 문제는 대부분 귀납 논증의 성격을 띤다. 다시 말해 논리적 귀결 문제가 주어진 자료들을 전제로 간주하고 그로부터 논리적으로(연역적으로) 도출되는 결론을 확정하는 문제라면, 추정 문제는 주어진 자료로부터 직접 결론이 논리적으로 도출되지 않는다. 추정 문제에서는 주어진 자료가 대부분 통계 자료나 실험 결과 등의 경험적 정보들이기 때문에 결론이 논리적으로 도출되지 않는다.

둘째, 첫째 항목으로부터 당연히 나오는 이야기겠지만 논리적 귀결은 명제(전제들)로부터 명제(결론)가 도출되지만, 추정(예측)은 먼저 주어진 자료를 일반화해서 일반화된 명제를 도출한 후 그로부터 다시 특수한 경우에 적용하는 과정을 밟거나, 아니면 주어진 자료로부터 어떤 법칙성이나 경향성을 읽어 낸 후에 그 법칙성이나 경향성을 토대로 다른 특수한 경우에 대해서 추론을 하는 형태이다.

구체적인 예를 들어 알아보자.

【예제】 다음 글을 읽고 논제에 답하시오.

> **(가)**
>
> 중국은 1978년 개혁 개방 정책 시행 이후 고도의 경제 성장과 급격한 사회적 변화를 겪고 있다. 양적 경제 성장과 대규모 무역 흑자라는 긍정적 현상의 이면에는 화석 연료의 과다한 사용과 자연적·인위적 요인에 의한 사막화 등 환경 문제가 내재되어 있다. 이러한 환경 문제의 심화는 장기적으로 중국의 경제 성장을 저해하는 중요한 요인 중의 하나가 되고 있다. 사막화로 인한 황사 등 중국의 환경 문제는 자국 내에만 영향을 미치는 것이 아니라 주변 국가, 특히 한국과 일본에 막대한 영향을 끼치면서 국제적인 문제로 확대되고 있다. 이러한 문제에 공동으로 대처하기 위해 구성된 한·중·일 환경 장관 회의에서 지금까지의 다자간 환경 협력과는 다른 매우 구체적이면서 실천적인 방안이 제시되었다. 즉 2002년 2월에는 공동 협력 프로그램인 TEMM 프로젝트에 관한 구체적인 9개 사업을 추진한 바 있는데, 조림 사업을 포함한 생태 환경 복원 사업이 그 대표적인 예라 하겠다. 일차적 과제는 피해 예측과 비용 계산을 위한 기초 자료의 축적이다. 한 연구소에서 시뮬레이션을 위해 정리한 자료에 따르면, 황사 농도는 몽골과 중국에 걸친 사막 지역의 넓이에 비례하여 증가하고 있다. 현재까지 사막 지역은 전년도에 비해서 매년 0.1%씩 확대되었으며 앞으로도 그럴 것으로 추정된다. 또한 고도 정밀 산업의 발달과 사회 발전으로 인하여 미래에는 황사의 농도가 2배 증가할 때마다 황사로 인한 전체 피해 규모는 8배씩 증가할 것으로 예측된다.

【논제】 황사는 이미 '삼국사기'에 '토우'로 기록되어 있고, 조선 태종 때는 그 현상을 관측하였다는 기록도 있듯이 이 현상이 오늘날만의 것은 아니다. (가)에 제시된 자료를 근거로 하여, 각자 과거 일정 시점을 정하고 그 시점에서의 황사 농도가 어느 정도이었을지를 현재 시점의 농도를 기준으로 추정하시오. 또한 현재와 같이 사막화가 진행될 경우 앞으로 황사로 인한 피해 규모를 예측하시오.

추정과 예측 문제이다. 따라서 주어진 자료로부터 일반화된 법칙성이나 경향을 파악하는 것이 선결 과제이다. 주어진 자료에서 문제 해결을 위해 의미 있는 것들을 먼저 정리해 보자.

- 자연적·인위적 요인에 의한 사막화
- 황사 농도는 몽골과 중국에 걸친 사막 지역의 넓이에 비례하여 증가한다.
- 현재까지 사막 지역은 전년도에 비해서 매년 0.1%씩 확대되었으며 앞으로도 그럴 것으로 추정된다.
- 황사의 농도가 2배 증가할 때마다 황사로 인한 전체 피해 규모는 8배씩 증가할 것으로 예측된다.

이러한 자료를 토대로 해결해야 하는 과제는 다음 두 가지이다.

① 과거 일정 시점을 정하고 그 시점에서의 황사 농도가 어느 정도이었을지를 현재 시점의 농도를 기준으로 추정하는 일
② 현재와 같이 사막화가 진행될 경우 앞으로 황사로 인한 피해 규모를 예측하는 일

①의 과제를 해결하기 위해서는 먼저 황사 농도가 사막 지역의 넓이에 비례하여 증가한다는 점과 사막 지역이 매년 0.1%씩 확대되었다는 점을 토대로 황사 농도의 매년 증가율을 일반화시킬 수 있다. 그를 토대로 과거의 일정 시점, 예를 들어 100년 전의 황사 농도를 역산하면 답을 구성할 수 있을 것이다. 구체적인 수식은 따로 작성하지 않겠다.

그런데 여기서 한 가지 더 욕심을 내자면 1978년 중국의 개혁 개방 정책 시행 이전과 이후를 분리해서 고찰하는 것이 어떨까 하는 생각이 든다. 이는 사막화의 원인이 자연적인 원인과 인위적인 원인 두 가지 모두에 영향 받는다는 점에

서도 의미 있는 고찰이라 생각된다.

다시 말해서 개방 정책 시행 이전에도 사막화가 진행되었는데, 개방 정책 이후에는 인위적 요인이 더 가세하면서 사막화를 더 빠르게 진행시켰다는 논리가 설득력이 있다는 이야기이다. 이렇게 생각해 보면 사막 지역이 0.1%씩 확대되었다는 것이 개방 이후의 수치인지 아니면 과거 수백 년 이상의 경향을 시뮬레이션한 것인지도 따져 볼 필요가 있다.

②의 과제는 ①에서 황사의 농도 증가율을 일반화했다면, 그리 어렵지 않게 해결할 수 있는 과제이다.

5장
사례 제시

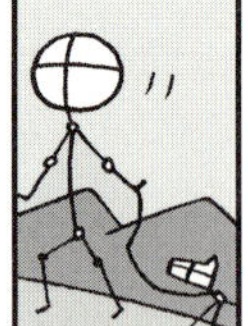

일상 생활에서 상대방을 설득시킬 때 흔히 쓰는 방법이 예를 들어 설명하는 것이다. 논술 시험도 마찬가지이다. 자신의 주장을 구체적인 사례와 함께 제시할 때 설득력을 높일 수 있다. 그런데 적절한 사례를 들 수 있다는 것은 문제에 대해 확실하게 이해하고 있다는 것을 뜻한다. 즉, 다소 일반적이고 추상적인 원칙이나 개념으로 제시되는 '중심 생각'을 확실하게 이해하고 있을 때 가장 적절한 사례 제시를 할 수 있다. 따라서 사례 제시 역시 중심 생각 파악이 선행되어야 한다.

우리가 일상 생활에서 자신의 주장을 상대방에게 설득하려 할 때 가장 자주 사용하는 방법이 무엇일까? 그렇다. 예를 들어 설명하는 방법이다. 이 책에서도 본문 내용을 독자들에게 가장 효과적으로 설명하기 위해서 예시 문제를 이용하고 있다. 이렇게 추상적인 내용이나 원칙을 이해시키기 위해 가장 빈번하게 사용되는 방법이 바로 구체적 사례를 제시하는 방법이다. 이는 논술 시험에서도 자주 출제되는 논제 중 하나이다. 학생들의 지문 이해 정도를 측정하는 가장 손쉬운 방법이면서 다른 한편으로는 창의적인 사고력도 측정할 수 있는 방법이기도 하다. 왜냐하면 가장 적절한 사례를 발견하는 능력은 이해력 이외에 창의력도 필요로 하는 것이기 때문이다.

이 유형의 문제는 제시문 속에서 다소 추상적이고 일반론적으로 표현된 개념이나 원칙을 제대로 이해하고 있는지 보기 위해 구체적 사례를 제시해 보라는 식으로 출제된다. 따라서 제시된 일반적 원칙이나 개념을 '구체적으로' 이해해야 정확히 문제를 해결할 수 있다. 대충 이해해서는 혼란에 빠지기 쉽다.

구체적 사례 제시하기를 추론 과정의 측면에서 보면 다음의 두 단계로 구분하여 설명할 수 있다.

① 제시문 속의 중심 내용 파악하기

제시문에서 문제가 되고 있는 부분의 중심적인 내용이 무엇인지 핵심을 파악해야 한다.

② 중심 내용을 가장 정확하게 반영하고 있는 사례를 제시하기

전 항의 판단을 토대로 중심 내용이 가장 정확하게 반영되어 있는 사례를 자신의 지식과 경험을 토대로 생각해 내야 한다.

그런데 ②는 '읽기' 보다는 '쓰기' 영역에 해당된다. 구체적인 사례를 스스로 생각하기 위해서는 먼저 읽기 차원에서 추상적 개념과 구체적 사례 사이의 관계를 묻는 문제를 가지고 훈련해 보는 것이 좋다. 아래 문제가 바로 그러한 유형의 문제이다.

[예제 1] 다음 글의 주장에 부합하는 가장 적절한 예는?

'머리' 는 하나의 언어 기호인데 여기에는 두 가지 면이 있다. 하나는 알기 쉽게 말해서 [məri]라는 소리의 면이고 또 하나는 '頭' 라는 의미의 면이다. 전자를 표현, 후자를 내용이라고 한다. 스위스의 유명한 언어학자 소쉬르는 전자를 시니피앙, 후자를 시니피에라고 불렀다. 그러므로 언어 기호는 표현(혹은 시니피앙)과 내용(혹은 시니피에)이 결합한 것이다. 그런데 여기서 문제가 되는 것은 언어 기호의 표현과 내용의 관계이다. '頭' 를 한국 사람은 [məri](머리), 영국 사람은 [hed](head), 프랑스 사람은 [tet](tête)라고 한다. 이렇게 동일한 내용에 대해서 표현이 각각 다른 것은 무엇을 의미하는가? 그것은 한마디로 말해서 '頭' 를 부르는 언어 습관이 각기 다르기 때문이다. 만일 인간이 '頭' 를 이러이러하게 불러야 한다는 필연성이 있다면, 그 표현은 모든 언어에서 동일해야 할 것이다. 그러나 사실은 정반대이다. 이와 같이 언어 기호의 내용과 표현 사이에는 자연적이고 필연적인 관계가 있는 것이 아니라, 관습에 의해서 내용과 표현이 결합된 것임을 알 수 있다.

① ‘머리가 아프다.’라는 문장은 ‘머리, 아프-’의 어휘 요소와, ‘가, -다’의 문법 요소로 분석된다.

② ‘마루가 넓은 집’과 ‘해가 서산 마루에 걸려 있다.’의 마루는 같은 소리인데도 그 의미가 전혀 다르다.

③ 인간들은 새로운 사물이 생기면 새 단어를 만들고 새로운 상황이 생기면 지금까지 없던 문장을 만들어 쓴다.

④ 코를 ‘코’라고 부르도록 정해졌으면 ‘코’라고 해야지 혼자 유별나게 ‘귀’라고 한다든가 ‘발가락’이라고 해서는 안 된다.

⑤ ‘한양’이라고 하던 것을 ‘서울’이라고 할 수도 있고, ‘가람’이라고 하던 것을 ‘강’이라고 할 수도 있다.

‖ 2004 PSAT 의무 고시 ‖

문제 해설

앞서 설명한 방식대로 문제 해결을 두 단계로 나누어서 보자. 먼저 지문의 중심 내용을 파악해야 한다. 이 경우는 ‘핵심 주장’이 무엇인지 파악하면 된다. 지문의 내용이 그리 복잡하지 않기 때문에 저자가 ‘머리’라는 언어적 표현을 예로 들어 말하고자 하는 바가 무엇인지 파악하면 1단계는 완료된다고 볼 수 있다. 이 지문의 핵심 주장은 마지막 문장에 명시적으로 드러나 있다. “언어 기호의 내용과 표현 사이에는 자연적이고 필연적인 관계가 있는 것이 아니라, 관습에 의해서 내용과 표현이 결합된 것이다.”라는 문장이 바로 핵심 주장이다.

이제 2단계, 즉 중심 내용을 가장 정확하게 반영하고 있는 사례를 판별하는 과정이 남아 있다. 내용과 표현 사이의 관계가 필연적인 것이 아니라 관습적으로 결합된 사례를 찾으면 되는 것이다. 물론 이때 ‘관습적’이라는 말의 의미는 ‘필연적’에 대응되는 개념으로서 ‘자의적’이라는 뜻으로 사용되고 있다. ①, ②는 전혀 상관이 없는 내용이고, ④는 ‘언어의 사회적 구속력’을 말하고 있는 것으로서 관습과 관련된 것으로 볼 수도 있지만 ‘관습적’이라는 말이 ‘자의적’이라는 뜻보다 '강제적인' 이라는 뜻으로 이해될 때 적절한 사례가 될 수 있는 것이다. ③은 새로운 사물이나 상황에 대응되는 말이 '신조어'로서 사람들에 의해 만들어진다는 점을 말하고 있는 것으로, 관습과 직접적인 관련이 있는 것은 아니다. ⑤가 가장 적합하다. 동일한 사물에 대하여 다른 언어적 표현이 가능하다는 것을 보여 주는 사례이기 때문이다.

〈정답〉 ⑤

앞의 문제는 비교적 쉽게 답을 찾을 수 있을 것이다. 1단계를 쉽게 확정할 수 있고 그로 인해 2단계 역시 어렵지 않게 확정할 수 있기 때문이다. 그러나 그렇지 않은 문제들도 있다. 특히 그 중에서도 1단계를 명확히 확정하기 힘든 경우가 많다.

【예제 2】 아래 글에서 (가)의 설명 모형에 부합하는 사례는?

> 과학은 현상이 어떻게 발생하는가를 기술할 뿐 아니라, 왜 발생하는가를 묻고 답한다. '왜?' 라는 물음에 대한 대답이 설명이다. 20세기 전반 논리 실증주의자들은 이상적인 과학적 설명은 법칙과 초기 조건으로부터 현상을 연역하는 형태로 되어 있어야 한다고 주장하였다. '연역적 법칙 포섭 모형'이라고 불리는 이 설명 모형에 따르면, 예컨대 일식 때 하늘이 어두워지는 현상은 만유인력의 법칙, 빛의 직진 원리 등[법칙]과 지구, 달, 태양의 상대적 위치가 언제 어떠했다고 말하는 진술[초기 조건]로부터 연역함으로써 설명된다. 즉 법칙들과 초기 조건들이 모두 만족된다면, 현상은 그것들로부터 개연적으로가 아니라 필연적으로 유도되어야 한다.
>
> $$\text{(가)}\quad \left.\begin{array}{l} \text{법칙들}\quad : L_1, L_2, L_3, \cdots \\ \text{초기 조건들} : C_1, C_2, C_3, \cdots \end{array}\right\}\text{(설명항)}$$
>
> $$\downarrow \text{연역}$$
>
> $$\text{현상}\qquad : E \qquad\qquad \text{(피설명항)}$$

이때 현상 E가 이미 발생하였다면 E의 연역은 곧 E에 대한 '설명'이 되지만, E가 아직 발생하지 않았다면 그것은 E에 대한 '예측'이 된다.

… (후략) …

① 기린의 목은 왜 길까? 목이 길면 높이 있는 나뭇잎을 다른 초식 동물보다 더 잘 따 먹을 수 있어서 생존에 유리하다. 기린의 목은 이러한 기능을 잘 수행하기 위해 길어진 것이다.

② 얼음물로 가득 찬 유리잔 표면에는 왜 습기가 찰까? 얼음물이 든 유리잔의 온도는 주변 공기 온도보다 훨씬 낮은데, 공기 중의 수증기는 차가운 유리잔의 표면과 접촉하면 액체로 응결되기 때문이다.

③ 인간에게 왜 폐가 있는가? 인간의 생명을 유지시키려면 산소가 꼭 필요한데, 만약 인간에게 폐가 없다면 공기에서 산소를 추출할 수 없어서 죽게 될 것이다. 그러므로 인간의 생존을 위해서 폐가 존재한다.

④ 현대 영어에는 왜 라틴 어에서 온 단어들이 많이 포함되어 있는가? 윌리엄 1세가 영국을 정복한 후, 노르만 족 상류층이 사용하던 프랑스 어가 영어에 유입됨으로써 라틴 어의 흔적이 많이 남게 되었다.

⑤ 소나기가 내리는 날 벼락이 심하게 쳤다. 왜일까? 벼락은 공기 중의 전하를 띤 물방울들이 모여 있다가 순간적으로 전하들이 지상으로 떨어질 때 발생한다. 그러므로 공기 중의 물방울들이 집중적으로 많이 모인 먹구름이 있을 때 벼락이 발생할 가능성이 가장 높다.

‖ 2005 MEET&DEET − 언어 추론 ‖

문제 해설

  (가)의 설명 모형은 '연역적 법칙 포섭 모형'으로서 법칙들과 초기 조건이 주어지면 어떤 현상을 연역적으로 설명할 수 있다는 설명 모형이다. 이 문제의 핵심은 바로 이러한 연역적 법칙 포섭 모형이 구체적인 설명 사례에서 어떻게 적용되는지를 판별할 수 있는가의 여부이다. 즉 설명의 사례에서 어떤 것이 법칙

에 해당하고, 어떤 것이 초기 조건에 해당하여, 그로부터 설명되는 현상은 무엇인지 찾아내야 한다.

②와 ⑤ 선택지가 이러한 조건을 형식적으로 충족시키고 있다. 여기까지 찾아내기도 쉽지 않지만 문제는 그 다음이다. ②와 ⑤ 중 어떤 것을 답으로 선택해야 하는가? 그 실마리는 바로 '연역적'이라는 말 속에 숨어 있다. 연역적이라는 말은 필연적이라는 뜻으로 이해될 수 있다. 그리고 본문에서도 첫째 단락의 끝 부분에서 "개연적으로가 아니라 필연적으로 유도되어야 한다."는 표현을 찾아볼 수 있다. 이렇게 볼 때 이 문제의 답은 ⑤가 아니라 ②가 되는 것이다.

앞에서 설명한 두 단계로 나누어 접근해 보면, 우선 연역적 법칙 포섭 모형의 핵심을 파악하는 데 있어 첫째, 법칙과 초기 조건을 모두 포함해야 한다는 점과, 둘째 설명이 개연적으로가 아니라 필연적으로 이루어진다는 점을 파악해야 한다. 이 점이 첫째 단계에서 확정된다면, 둘째 단계에서 거기에 가장 부합하는 사례를 찾는 것은 의외로 손쉽게 달성될 수 있다. 그러나 첫째 단계에서 이 점을 파악하기가 쉽지 않다는 점이 바로 '구체적 사례에 적용하기' 문제의 어려운 점이라 할 수 있다.

〈정답〉 ②

자, 이제 실제 논술 문제를 가지고 연습해 보자.

[예제 3] 다음 제시문 (나)는 오늘날 기업이 직면하고 있는 어떤 공통된 경영 활동의 주제를 다루고 있다. 제시문 (나)를 근거로 하여 제시문 (가)가 담고 있는 의미를 구체적으로 서술하라.(500~600자)

(가)
스타벅스는 커피와 문화를 결합하여 커피에 관한 경험을 재창조한 회사이다. 스타벅스의 최고 경영자가 된 하워드 슐츠는 1982년 스타벅스에 합류했다가 1987년에 스타벅스를 인수했다. 그는 단순히 최고급 커피 원두를 소매로 파는 가게였던 스타벅스를 '고객이 바리스타(barista)라 불리우는 매장 점원과의 교감을 바탕으로 커피를 마시면서 새로운 문화를 경험' 할 수 있는 오늘의 스타벅스를 일구어 냈다. 또한 존경과 품위, 다양성의 존중, 사회와 환경에 대한 공헌 등의 원칙을 공유하는 문화를 키워 나감과 동시에 직원들의 의견을 존중해 프라프치노 등 고객의 새로운 요구에 부합하는 새로운 상품을 적시에 선보였다. 그 결과 1987년 당시 6개 스토어에 100여 명의 사원이 있던 수준의 회사를 10년 만에 2,000여 개의 스토어에 25,000명 규모의 회사로 성장시켰다. 1992년에는 커피 판매 기업으로는 최초로 상장 기업이 되었으며 2004년에는 5조 3천억 원의 매출과 6천억 원의 영업 이익을 기록했다.

델은 1984년 창업과 함께 컴퓨터 업계 최초로 제조업체가 제작한 컴퓨터를 최종 소비자에게 직접 판매하는 '다이렉트 판매' 방식을 도입했다. 기존의 PC 판매는 생산자 중심의 관점에서 고객의 새로운 요구에 대한 직접적인 이해 없이 생산하고 중간 유통을 거치는 방식으로 이루어졌다. 델은 이러한 방식을 뛰어넘어 고객과의 직접적인 커뮤니케이션을 통해 고객이 원하는 PC를 파악하고 맞춤형 PC를 직접 판매하는 모델을 창조한 것이다. 그 결과 1994년부터 7년간 연평균 매출액 성장률 37%를 기록하며 2001년에 세계 시장 1위의 사업자로 등극했다. 2004년에 델은 42조 6천억 원의 매출과 3조 5천억 원의 영업 이익을 기록했다.
　　　　　　—AT 커니, 매일 2004 경제 Creative Korea팀, 『창조 혁명 보고서』

(나)

인간이 자연 그대로의 자원에서 새로운 용도를 찾아내고 그것에 경제적 가치를 부여하기 전까지는 '자원' 이라고 불릴 만한 것은 없다. 경제적 가치가 생기기 전까지는 모든 식물은 식물 그 자체이고, 모든 광석은 돌덩어리일 뿐이다. 한 세기 전까지만 해도 땅에서 스며나오는 원유도, 알루미늄 원광인 보크사이트도 자원이 아니었다. 귀찮은 존재로서 토양을 망치기만 했다. 페니실린 곰팡이도 한때는 자원이 아니라 병균일 뿐이었다. 그러나 1920년대 영국의 미생물학자인 알렉산더 플레밍이 페니실린 곰팡이 '병균' 이야말로 세균학자들이 찾던, 바로 그 박테리아를 죽이는 물질임을 확인함으로써 페니실린 곰팡이는 가치 있는 자원이 되었던 것이다. 이처럼 아무것도 아닌 것에 부를 창출하는 능력을 부여하는 것이 혁신인 것처럼 기존 자원이 갖고 있는 잠재력을 높여 더 많은 부를 창출하도록 하는 활동도 혁신이라고 할 수 있다.

　　프랑스 경제학자 J. B. 세이는 "기업가는 경제적 자원을 생산성과 수익성이 낮은 곳으로부터 좀 더 높은 곳으로 이동시킨다."라고 말했다. 그의 말을 빌리면, 혁신은 '자원의 생산성을 높이는 활동'이라고 정의할 수 있다. 혁신은 기업가 정신의 구체적인 기능인 것이다. 똑같은 자원을 투입하고도 더 많은 양을 산출할 수 있는 활동이 곧 혁신이라는 뜻으로, 공급 측면에서의 정의라고 할 수 있다. 이러한 정의에 적합한 구체적 사례를 들어 보면, 제철 산업의 경우 종합 제철 공장에서 미니밀(mini-mill, 전기로)로 이동한 것은 공급 측면에서의 혁신이다. 미니밀은 철광석을 녹이는 용광로 설비가 필요 없다. 고철을 녹여 철강 빔이나 철근 같은 소비 제품을 만들어 낸다. 최종 제품도, 용도도, 고객도 똑같다. 그러나 생산 원가를 획기적으로 낮추었기 때문에, 즉 같은 자원을 투입하고도 더 많은 양을 산출할 수 있도록 한 혁신인 것이다.

　　한편 혁신을 수요 측면을 강조해 정의할 수도 있는데, 이 경우 혁신은 소비자들이 이제까지 느껴 온 가치와 만족에 변화를 일으키는 활동이라고 규정할 수 있다. 아이포드(i-Pod) 또는 디지털 카메라는 기술 혁신이라고도 말할 수 있지만, 소비자가 원하는 가치와 만족도를 높인 혁신 사례라고 할 수 있다. 헨리 루스가 1920년대에 『타임』, 『라이프』, 『포천』 등을 창간하여 보여 준 사회적 혁신이나, 1970년대 말부터 1980년대 초에 개발된 머니마켓 펀드(money market fund), 유니버설 보험 상품(universal life insurance product) 같은 금융 상품의 성공적 혁신도 공급 측면보다는 가치와 만족도라는 측면에서 훨씬 설명하기 쉽다.

— 피터 드러커, 『피터 드러커의 위대한 혁신』

‖ 2007 서강대 수시 1 – 경제·경영학부 ‖

문제 해설

　　이 문제는 구체적 사례를 제시하는 문제라기보다 구체적 사례에 적용하는 문제이다. 적용하기 문제를 잘 해결할 수 있다면 당연히 구체적 사례를 제시하는 문제 역시 잘 해결할 수 있을 것이다. 앞서 살펴보았듯이 구체적 사례에 적용하는 문제는 그 사례의 원형이 되는 중심 생각을 파악하는 것이 선행되어야 한다. 그런 시각에서 볼 때 이 문제는 상당히 '친절한' 문제이다. 제시문 (나)가 구체적 사례의 원형이 되는 일반적인 주제를 다루고 있는 지문이고, 제시문 (가)가 그 일 반적 주제를 적용해서 구체적인 의미를 추출해 내는 대상이 되고 있다. (나) 제시 문의 요지를 파악하는 것이 먼저 해결해야 할 문제이다.

(나) 글의 문제 의식은 "혁신이란 무엇인가?"라고 말할 수 있다. 그런데 이에 대한 답은 한 가지가 아니다. 공급 측면에서 보는 것과 수요 측면에서 보는 것, 두 가지 혁신이 제시되고 있다. 따라서 문제 의식에 대한 답으로서의 결론은 다 음 두 가지로 정리할 수 있다.

① 공급 측면에서 볼 때 자원의 생산성을 높이는 활동이다.
② 수요 측면에서 볼 때 소비자의 가치와 만족도를 높이는 활동이다.

이러한 시각에서 제시문 (가)를 분석해 보면, 스타벅스와 델 컴퓨터가 이룩한 혁신은 ①이라기보다 ②에 가깝다는 것을 발견할 수 있어야 한다. 스타벅스가 급성장할 수 있었던 것은 '커피와 문화를 결합하여 커피에 관한 새로운 경험을 재창조' 했기 때문인데, 이는 소비자의 가치와 만족도를 높인 전형적인 경우라 볼 수 있다. 또한 델 컴퓨터 역시 생산자 중심의 판매 방식을 폐기하고 '고객과 의 직접적인 커뮤니케이션을 통해 고객이 원하는 PC를 파악하고 맞춤형 PC를 직접 판매하는 모델을 창조' 했기 때문에 괄목할 만한 성장을 이룰 수 있었다. 이 역시 소비자의 가치와 만족도를 증대시킨 사례라고 하겠다.

어렵지 않은 문제이지만, (나) 제시문의 의미를 정확하게 이해하지 못하면 혁 신을 두 가지로 구분하지 못하고 결과적으로 (가) 제시문의 의미를 제대로 파악 하지 못하게 될 수도 있다. 이렇게 볼 때 이 장의 서두에서 구체적 사례 문제를 제대로 해결하기 위해서는, "일반적 원칙이나 개념을 '구체적으로' 이해해야" 한다고 말한 이유를 알 수 있을 것이다.

6장
다른 곳에 적용

다른 곳에 적용하기 문제는 특정한 분야나 영역의 이야기를 다른 분야나 영역에 적용해서 설명하라는 것으로, 유비 논증과 가장 유사하다. 두 집합 사이에 유사성이 있기 때문에 한 집합에서 타당한 주장을 다른 집합에도 적용할 수 있다는 것이다. 때문에 다른 곳에 적용하기 문제는 전제에서 언급되는 유사성이 얼마나 강한지, 그리고 이 유사성이 결론에서 언급되는 성질과 얼마나 연관되어 있는지에 달려 있다.

'다른 곳에 적용' 이라는 주제를 앞서 1장에서 살펴본 논증의 종류와 연관시킬 때 가장 적합한 논증이 무엇일까? 더 생각할 것도 없이 '유비 논증' 이다. '다른 곳에 적용하기' 문제는 제시문에서 다루고 있는 특정한 영역이나 분야에 대한 얘기를 다른 분야나 영역에 적용해서 설명하라는 방식으로 나온다. 다음과 같은 유비 논증의 정의와 너무 흡사하다.

> X와 같은 형태의 대상들은 F, G, H 등의 성질을 가지고 있다.
>
> Y와 같은 형태의 대상들은 F, G, H 외에 Z라는 성질도 가지고 있다.
>
> 따라서 X와 같은 형태의 대상들도 Z라는 성질을 가지고 있다.

이렇게 놓고 보면 제시문에서 다루고 있는 분야는 바로 'Y와 같은 형태의 대상들' 에 해당되고 새롭게 적용되는 분야가 바로 'X와 같은 형태의 대상들' 에 해당되는 셈이다. 그렇다면 제시문에서 다루고 있는 중심 내용은 무엇이 될까? 그건 바로 Z라는 성질이 된다. 그리고 제시문의 내용을 새로운 분야에 적용할 수 있는 논리적 근거는 바로 두 집합이 F, G, H라는 공통 성질을 지니고 있다는 점이다. 즉 두 집합 사이에 유사성이 있기 때문에 한 집합에 타당한 주장(Z에 해당)을 다른 집합에도 적용할 수 있다는 논리이다.

이로써 '다른 곳에 적용하기' 문제를 해결하기 위한 논리적 기반을 얻은 셈이다. 결국 다른 곳에 적용하기 문제는 유비 논증의 형식으로 그 상황을 이해하고 그에 대한 타당성을 검토하는 문제로 일반화할 수 있다.

유비 논증에 대한 평가는 '전제에서 언급되는 유사성이 얼마나 강한지' 그리고 '이 유사성이 결론에서 언급되는 성질과 얼마나 연관이 되어 있는지' 에 달려 있다. 앞에서 도식하여 정리한 유비 논증의 개념을 염두에 두면서 다음 설명을 들어보라.

X 부류와 Y 부류 사이에 유사성은 지금 F, G, H라는 속성을 기준으로 평가되고 있다. 만약 이들 속성 이외에 의미 있는 유사한 속성들이 더 많이 발견된다면 X와 Y 간의 유사성은 높다고 볼 수 있을 것이고, 만약 의미 있는 차이점들이 많이 발견된다면 X와 Y간의 유사성은 그만큼 낮아진다고 할 수 있을 것이다. 이것이 "전제에서 언급되는 유사성이 얼마나 강한지"라는 말의 의미이다.

다른 한편으로 결론에서 언급되는 성질, 즉 Z가 전제에서 유사 속성으로 간주되고 있는 F, G, H 등의 속성과의 연관 관계가 밀접하다면 논증의 강도는 강화되고, 연관 관계가 희박하다면 그만큼 논증의 강도는 약화될 것이다. 이것이 "전제들에서 언급되는 유사성이 결론에서 언급되는 성질과 얼마나 연관이 되어 있는지"라는 말의 의미다.

다른 한편으로 유비 논증은 귀납적 일반화를 포함하고 있기 때문에 귀납적 일반화에서 평가한 항목들, 즉 표본이 충분한 크기를 가졌는가, 그리고 표본이 충분히 다양한가라는 조건도 논증을 강화시키는 데 한몫을 하고 있다.

이상의 논의를 종합적으로 정리해 보겠다.

유비 논증의 강도를 가늠하는 척도
① 전제의 사례들이 얼마나 다양하게 언급되어 있는가?
　→ 다양할수록 논증은 강화된다.

② 전제에서 언급된 사례들의 수가 얼마나 많은가?

　　→ 많을수록 논증은 강화된다.

③ 전제들과 관련하여 결론의 주장이 얼마나 강한가?

　　→ 결론의 주장이 강할수록 논증은 약화된다. 이것은 귀납 논증의 일반적
　　　속성이다.

④ 유비 부류들(X와 Y)의 대상들 사이에 의미 있는 유사성이 많은가?

　　→ 의미 있는 유사성이 많을수록 논증은 강화된다.

⑤ 유비 부류들(X와 Y)의 대상들 사이에 의미 있는 차이점이 많은가?

　　→ 의미 있는 차이점이 많을수록 논증은 약화된다.

⑥ 유사 속성들과 주장하려는 속성 사이에 밀접한 연관성이 있는가?

　　→ 연관성이 밀접할수록 논증은 강화된다.

위 6가지 기준 중에서 ①, ②, ③은 귀납 논증의 일반적인 속성이고 ④, ⑤, ⑥은 유비 논증의 고유한 속성들이다. '다른 곳에 적용하기' 문제를 해결하기 위해서는 ④, ⑤, ⑥의 기준을 잘 음미해야 한다.

예제를 통해 알아보자.

【예제】 다음 글을 읽고 물음에 답하시오.

(가)

우리 민족은 퍼지(fuzzy)적 개념을 수치로 나타내지는 않았지만 다양한 표현으로 서로의 의사를 전달함으로써 결코 이치(二値) 논리로 충분히 해결할 수 없는, 지금과 같은 정보화 시대에 요구되는 퍼지적 개념에 고래(古來)로 익숙해 왔다. 예를 들면, 사과가 '익었다' 혹은 '안 익었다' 라고 두 가지 경우로만 구분하여 사용하지 않았고, '매 익었다', '시그럽다', '시큼하다', '덜큼하다', '대충 익었다', '풋풋하다', '설 익었다' 처럼 다양하게 표현했다. 이와 같이 입맛으로 혹은 눈 감각으로 그 익은 정도를 나타냈다. 이처럼 익은 정도가 실제 언어 감각적으로 전달되었지만 숫자를 직접

사용하지는 않았다. 비록 퍼지적 개념의 사용에 익숙했으나 퍼지적 개념을 수치적으로 나타내는 수리적 능력은 부족했던 것 같다.

우리는 0과 1만을 고집하는 이치 논리적 민족이 아니고 0에서 9까지 열 개의 숫자를 사용하여 값을 논하는 십치적(十値的) 삶을 누려 왔다. 또한 용어 사용에서도 단순한 이치적 개념을 포함한 퍼지적 개념을 사용했다. 따라서 우리는 디지털에서 사용하는 이치 논리적이 아니고 퍼지 논리적 민족이다. 흑과 백만을 논하고 좌익과 우익만을 논하며, 0과 1만을 고집하는 단순한 민족이 아니다. 실질적으로는 0과 1 사이의 모든 실수적(實數的) 개념으로 살아 온 퍼지적 민족이다.

(나)

이 세상의 모든 것은 정도(程度)의 문제로 나타나므로, 이는 디지털의 이치 논리나 집합론에서 다루는 단 두 개의 원소로 이루어진 집합 {0, 1}을 단위 폐구간 {0, 1}의 무수한 실수로 확장해서, 속하는 정도(membership grade)를 나타내는 것으로 실현된다. 전체 집합의 각 대상에 대하여 구간 {0, 1}에 속하는 임의의 실수들을 소속 정도 값으로 매기는 집합을 퍼지 집합(fuzzy set)이라고 한다. 예를 들면, 토마토가 최고로 익었을 경우에 그 익은 정도를 1이라 하고 가장 설익었을 때의 정도를 0이라고 하며 익은 정도에 따라서 구간 {0, 1}에 속하는 0.3 또는 0.5 등의 값을 매기는 것이다. 이와 같이 퍼지 집합을 이용하는 것은 확실하지 않은 것과 부정확한 것 그리고 애매하고 모호한 것에 그 정도에 따라서 값을 매기는 것이므로 오히려 확실성과 정확성을 구하는 작업이다. 이러한 퍼지 집합과 퍼지 논리는 산업 분야, 자연 분야, 인성 분야 등에서 생기는 불확실한 체계를 모델링하거나 혹은 완전하고 정확한 정보를 필요로 하는 의사 결정 이론에서 상식적인 결론을 유도하는 데 있어서 매우 중요한 도구이다.

퍼지 이론은 그 사람의 주관(主觀)을 수치화하는 수단을 제공하는 것이라고 보아도 좋다. 퍼지 이론이 발표된 초기부터 비판의 표적이 된 것도 바로 이 점이었다. 위에서 언급한 토마토의 예에서도 익은 정도를 어떤 사람은 0.8, 어떤 사람은 0.2로 판단할 수 있는 것이다. 그러나 퍼지 이론의 연구자들은 역으로 주관을 그대로 솔직하게 표현하며, 그 이후의 이론 전개를 정확하게 하는 것이 오히려 중요하다고 지적하고 있다. 퍼지 이론은 그 이름이 나타내는 것처럼 애매한 이론은 아니다. 어디까지나 애매성을 위한 이론으로서 애매를 인정한 연후에 이것을 적극적으로 수치화해 엄밀히 쉽습하자는 것이나. 통래의 이론은 객관적인 것만을 연구 내상으로 하자고 하는 데카르트의 정신에 연유한 것이다. 따라서 애매한 것은 의도적으로 연구 대상에서 제외되었던 것이다. 그러나 퍼지 이론의 사고 방법은 애매성의 존재를 허용하여 대략적으로 추론하는 편이 보다 본질적인 결론을 유도할 수 있다고 본다. 아무튼 퍼지 이론이 탄생하여, 방치되어 있었던 주관을 과학적으로 취급하게 되었다고 할 수 있다.

【논제】 윗글에 나타난 퍼지적 접근 방식을, 세상을 바라보는 인식(認識)의 영역으로 확장시켜 볼 때, 위에서 언급한 디지털적 접근 방식과 비교하여 어떤 효용성과 문제점을 가질 수 있는지에 대하여 논술하시오.(답안지 16~20줄 사이로 작성할 것.)

문제 해설

퍼지적 접근 방식과 디지털적 접근 방식을 개념적으로 구별하는 일은 그리 어렵지 않아 보인다. 디지털적 접근 방식이 0과 1로 양분하는 이치 논리라면 퍼지적 접근 방식은 십치 논리로 더 세분화시킨 방식이라고 정식화할 수 있다. 그러나 여기에는 오해의 소지가 있다.

퍼지적 접근 방식을 그저 '세분화'라는 개념으로 이해하는 것은 잘못이다. 상대적으로 이해하기 쉬운 (가) 제시문만 보고 잘못 판단하면 그렇게 간주할 수도 있겠지만, (가) 제시문에서 얘기하는 이치–십치의 개념적 구별은 2개와 10개라는 양적인 차이를 의미하는 것은 아니다. 여기서 10이라는 수치는 2보다 '많다'는 의미라기보다, 계량화(計量化)를 넘어서는 질적인 다양성을 의미하는 것으로 봐야 한다. (가) 제시문 마지막에 '실수적 개념'이라고 지적하고 있는 것도 이런 의미에서 이해될 수 있다. 따라서 답안 작성시 디지털을 더 세분화한 것이 퍼지적 접근 방식이라는 식으로 정리하면 분석적 이해 능력이 부족함을 드러내는 셈이 된다.

또 한 가지 주의해야 할 점은 디지털적 접근 방식은 확실한 반면 이분법적인 한계를 드러내고, 퍼지적 접근 방식은 다양성을 인정하는 반면 너무 애매모호하다는 지적이다. 이것은 너무 표면적인 측면만 보고 있는 시각이다. 이러한 생각이 틀렸다고 말할 수는 없지만, 제시문 중의 중요한 점을 간과하고 있는 것이다. 예를 들어 제시문 (나)에서 "이와 같이 퍼지 집합을 이용하는 것은 확실하지 않은 것과 부정확한 것 그리고 애매하고 모호한 것에 그 정도에 따라서 값을 매기는 것이므로 오히려 확실성과 정확성을 구하는 작업이다."라든가, "퍼지 이론은 그 이름이 나타내는 것처럼 애매한 이론은 아니다. 어디까지나 애매성을 위한 이론으로서 애매를 인정한 연후에 이것을 적극적으로 수치화해 엄밀히 취급하자는 것이다."라고 말하고 있는 부분을 어떻게 해석할 것인가 고민해야 한다.

도식적이고 피상적으로 제시문을 이해하면 이 부분을 어떻게 처리할지 막막하게 된다. 퍼지적 접근 방식의 본질은 그것이 애매모호하다는 점이 아니라 애매모호한 것을 '취급한다'는 점에 있다. 즉 지금까지 과학적 탐구의 대상이 아니라고 제외했던 영역을 탐구의 영역 안으로 끌어들였다는 데 큰 의의가 있는 것이다. 그리고 이 문제의 초점이 '세상을 바라보는 인식(認識)의 영역으로 확장시켜 볼 때'에 맞추어져 있기 때문에 이 점은 더욱 중요하다. 만약 여러분이 이 두 번째 지적을 스스로 발견할 수 있었다면, 충분히 칭찬 받을 만하다.

아래 예시 답안을 보기 전에 먼저 자신의 답안을 만들어 보고 비교하기 바란다.

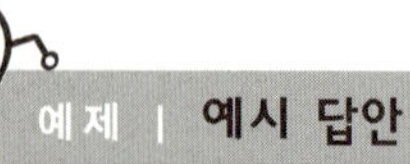

디지털적 접근 방식이 '흑백', '선악', '미추', '참 거짓' 등으로 사물을 나누는 이분법적 시각이라면 퍼지적 접근 방식은 그 사이에 중간적인 다양성을 인정하는 것으로 이해할 수 있다. 그러나 이때 다양성이란 개념을 이치 논리가 더 세분화되어서 십치 논리로 분화되었다고 이해하는 것은 옳지 못하다. 그보다는 계량화(計量化)를 넘어서는 질적인 다양성이 인정되는 시각으로 이해하는 것이 더 적절하다. 이를 역으로 적용하면 디지털이라는 개념도 단순한 이분법이나 흑백 논리로 이해하는 것도 적절하지 못하다. 디지털은 수치화, 계량화를 기본으로 하는 시각으로서 확실한 인식을 보장하기 위해 불확실한 것들을 인식의 영역에서 제외시키는 접근 방식이라고 볼 수 있다.

이렇게 볼 때 퍼지적 방식을 인식의 문제로 확장하게 될 때 예상되는 문제점은 불확실하고 애매모호한 영역들(주관도 여기에 포함된다.)을 인식의 영역으로 포섭함으로써 확실성을 추구하는 인식의 본래적 목적이 왜곡될 수 있다는 것이다. 지식은 확실한 인식 위에 섰을 때, 특히 과학은 검증 가능한 인식 위에 서 있을 때 발전할 수 있기 때문에 이러한 문제점은 분명 치명적일 수 있다.

그러나 퍼지 이론의 본래 목적은 인식을 불확실하게 만들려는 것이 아니라 불확실하다는 이유로 인식의 영역에서 제외되었던 영역을 확실하게 표현해서 엄밀하게 취급하자는 데 있다. 다시 말해 과학적 탐구의 영역을 제한하지 말고 확장하는 데 그 본질이 있다. 변화무쌍한 자연에서 수치화되는 영역은 극히 미미한 부분일 것이다. 이런 면에서 퍼지적 시각은 인간의 진리 탐구 영역을 확대하고 인식의 가능성을 확장할 수 있다는 효용성을 지니고 있다.

해설 및 예시 답안 233~241쪽 ▶▶▶

1 다음 밑줄 친 (가) ~ (마) 중 '영희가 철수에게 컴퓨터를 주어야 한다.' 는 것을 정당화하기 위해 <u>불필요한</u> 전제는?

〈2005 입법 고시〉

(가) <u>우리 모두가 보다 행복한 사회를 만들어야 한다.</u> (나) <u>그러나 보다 행복한 사회를 만들기 위해 각 개인의 행복이 줄어들어서는 안 된다.</u> 그렇다면 어떤 사회가 보다 행복한 사회인가? (다) <u>그것은 행복의 총량이 보다 큰 사회이다.</u> 같은 사회의 구성원인 영희와 철수의 경우를 고려해 보자. 영희는 컴퓨터 두 대를 가지고 있고, 철수는 컴퓨터를 가지고 있지 않다. (라) <u>철수가 컴퓨터 한 대로부터 얻는 행복의 양은 영희가 그녀의 두 번째 컴퓨터로부터 얻는 행복의 양보다 더 크다.</u> (마) <u>컴퓨터의 소유 방식은 영희와 철수를 제외한 사회의 다른 구성원의 행복에는 전혀 영향을 미치지 않는다.</u> 그러므로 영희는 그녀의 두 번째 컴퓨터를 철수에게 주어야 한다.

① (가)　　　　② (나)　　　　③ (다)

④ (라)　　　　⑤ (마)

2 다음 글을 읽고 논제에 답하시오.

〈2007 고려대 수시 1 인문계〉

(가)

사회 제도가 아직 형성되지 않은 가상의 집단이 있다. 이 집단의 구성원들은 자신들의 집단에 적용할 사회 제도를 합의를 통해 결정하려고 한다. 선택될 수 있는 사회 제도는 ㉠, ㉡, ㉢의 세 가지이다. 어떤 사회 제도가 실현되든 각 구성원은 동등한 자유와 공정한 기회를 보장받지만, 사회 경제적인 면에서 A, B, C라는 서로 다른 계층 중 하나에 속한다.

각 구성원이 사회 경제적인 면에서 갖게 될 '행복'의 정도는 그가 속한 계층에 따라 결정된다. 이 행복의 정도를 수치로 표현하여 '행복 지수'라고 부르기로 한다. 각 사회 제도가 실현될 경우 각 구성원이 얻게 되는 행복 지수는 다음 표와 같다.

사회 제도 \ 계층	A	B	C
㉠	6	9	12
㉡	1	10	25
㉢	5	5	5

사회 제도를 결정하는 과정에서 각 구성원은 행복 지수를 가능한 한 가장 크게 하는 것을 목표로 한다. 어떤 사회 제도가 선택되기 이전에 각 구성원은 A, B, C의 계층이 가져다줄 행복 지수를 알고 있다. 그러나 각 구성원은 자신이 어떤 능력을 갖고 있는지, 어느 계층에 속하게 될는지 모른다.

(나)

진리가 사상 체계의 으뜸 덕목이라면 정의는 사회 제도의 으뜸 덕목이다. 아무리 잘 만든 이론이라도 진리가 아니라면 물리치거나 고쳐야 한다. 그와 마찬가지로 아무리 쓸모 있고 번듯한 제도라도 정의롭지 못하다면 다시 짜거나 버려야 한다. 사회 전체의 복지를 도모한다는 빌미로 정의를 어길 수 없다. 개인은 정의에 의해 온전히 보호되어야 한다. 정의는 다수의 이익을 위해 소수에게 희생을 짊어지우는 것을 용납하지 않는다. 따라서 동등한 시민적 자유가 이미 자리 잡은 사회는 정의롭다고 간주된다. 그 사회에서는 정치적 거래나 사회적인 이해타산이 정의가 수호하는 권리들을 좌우하지 않기 때문이다.

일반적인 정의관에 따르면 불평등한 분배가 모든 사람에게 이익을 가져오지 못한다면 분배는 평등하게 이루어져야 한다. 다시 말해 불평등이 모든 사람의 이익이 된다면 그 불평등은 허용되어야 한다는 것이다. 일반적인 정의관에서 적어도 이론상으로는 사람들이 자유를 어느 정도 포기하는 대신 사회 경제적으로 충분히 보상받는 것이 가능하다고 생각할 수 있다. 그러나 일반적인 정의관은 불평등이 허용될 수 있는 정도와 그 세세한 내용들에 대해 아무런 제한을 두지 않는다. 단지 모든 사람의 이익을 주장할 따름이다. 일반적인 정의관의 문제점은 노예 제도마저 찬성하는 극단적인 예에서 선명하게 드러난다. 경제적 이익은 월등한데 정치적 권리 행사가 정책에 미치는 영향력이 보잘 것 없다고 하여 사람들이 정치적 권리를 포기하는 사태도 있다. 따라서 일반적인 정의관을 고치고 다듬는 방향으로 정의의 원칙을 수립해야 한다. 그 원칙에서는 기본적 자유를 사회 경제적 이익과 교환하는 것을 배제해야 마땅하다.

정의의 원칙은 기본적 자유 다음으로 사회 경제적 분배의 문제를 고려한다. 사회 경제적 분배가 문제일 경우 사회 계층들 사이에 현실적으로 존재하는 차이를 도외시하기는 어렵다. 예를 들어 자본주의 국가에서 기업가 계층의 일원으로 출발하는 사람은 미숙련 노동자 계층의 일원으로 출발하는 사람보다 훨씬 나은 미래를 기대할 것이다. 사회에 현존하는 부정의가 모두 말소된 상태가 되더라도 삶의 전망의 차이가 두 계층 사이에 여전히 존재할 것이다. 그렇다면 미래의 삶의 전망에서 나타날 불평등을 정당화하는 것은 무엇인가? 정의의 원칙은 미숙련 노동자와 같이 열악한 처지에 있는 사람이 미래의 삶의 전망에서 이익을 얻을 수 있는 경우에 불평등을 인정한다. 삶의 전망에서 나타나는 불평등은, 그 불평등을 줄일 때 사회적 약자의 처지가 더욱 악화될 경우에만 허용될 수 있다.

(다)

정의는 옳고 그름의 문제이다. 그렇다면 무엇이 옳고 무엇이 그른가? 최대 행복의 원리를 도덕의 기초로 삼은 공리주의에 따르면 모든 행위는 행복의 증진에 기여하는 만큼 옳고, 그 반대에 기여하는 만큼 그르다. 여기서 행복은 고통이 없는 쾌락의 상태를 의미하고 불행은 쾌락이 없는 고통의 상태를 의미한다. 결국 옳음과 그름, 정의로움과 정의롭지 않음을 구별하는 기준은 사람들이 실제로 소망하는 것, 즉 행복뿐이다.

그런데 공리주의는 행위자 자신만의 행복이 아니라 관계된 모든 사람의 행복을 요구한다. 공리주의의 기준도 행위자 자신의 최대 행복이 아니라 전체의 최대 행복이다. 공리주의 도덕은 인간이 다른 사람의 선을 위해 기꺼이 자신의 최대 선까지도 희생할 수 있고 그 희생이야말로 인간이 이룰 수 있는 최고의 덕이라고 생각한다. 다만 희생 그 자체가 선이라고 주장하지는 않는다. 행복의 증대에 기여할 수 없는 희생은 아무런 쓸모가 없기 때문이다.

공리주의가 인정하는 자기 포기는 단 하나뿐이다. 그것은 전체의 행복의 총량을 증대시키기 위해 자기 자신의 행복을 포기하는 것이다. 따라서 공리주의는 사람들에게 가능한 한 덕을 사랑하는 마음을 길러서 사회 전체의 행복을 증진하라고 요구한다. 개인의 욕구는 사회 전체의 행복을 침해하지 않는 한에서 용인된다. 그러나 개인의 행복과 다른 사람들의 행복이 충돌할 경우 공리주의는, 개인에게 마치 불편부당한 제삼자처럼 됨으로써 자신의 행복보다 전체의 행복을 먼저 생각하라고 한다.

이 같은 요구는 다소 가혹해 보일지도 모른다. 그러나 이는 "누구나 한 사람으로 간주되어야 하고, 누구도 한 사람 이상으로 간주되어서는 안 된다."는 공리주의의 금언과 개개인이 아니라 전체의 행복의 총량만이 도덕의 기준이라는 전제를 수용한다면 피할 수 없는 결론이다.

【논제】 (가)에서, 모든 구성원이 A, B, C 각 계층의 구성원 수가 동일할 것이라고 알고 있다면, 구성원들이 (나)의 정의관을 가질 때와 (다)의 정의관을 가질 때 각각 선택하게 될 사회 제도가 어느 것일지 밝히고 그 논거를 제시하시오. 또 만일 A, B, C 각 계층을 이루는 구성원 수의 비율이 1 : 1 : 2이고 모든 구성원들이 그 비율을 알고 있다면, 그들이 (나)의 정의관에 따라 선택할 사회 제도가 어느 것일지 논술하시오.

3 다음 제시문을 읽고 물음에 답하시오.

(가)

주어진 자료는 김정호가 1857년에 그린 「동여도」의 일부이다. 흰색 원은 조선 시대 군현의 중심지(읍치, 邑治)이다. 검정선은 정선부터 서울까지 이어지는 남한강으로 조선 시대 강원도와 충청북도 지역의 화물을 수송했던 주요 교통로이다. 노란 선은 서울에서 강릉을 거쳐 평해까지 이어지는 관동로(제3로)와 서울에서 부산까지 이어지는 제4로의 일부를 그린 것이다. 회색 점선은 경부 철도의 일부로서 조선 시대 교통로와 비교하기 위해 「동여도」 위에 개략적으로 그려 넣었다.

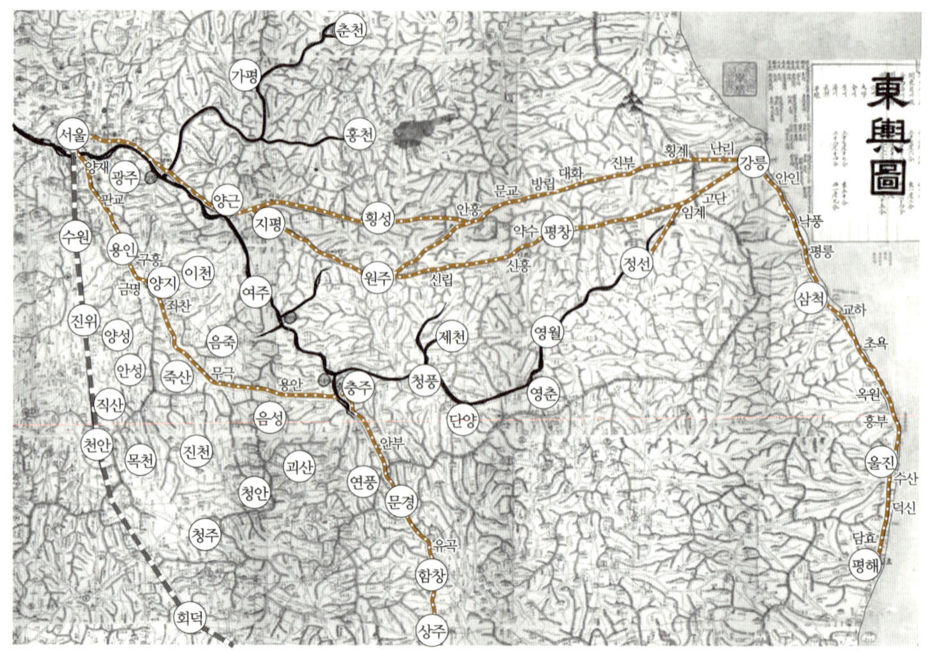

(나)

조선 후기에 들어 포구가 새로운 상업 중심지가 되었다. 포구의 상거래는 장시보다 규모가 훨씬 컸다. 종래의 포구는 세곡이나 소작료를 운송하는 기지의 역할을 했으나, 18세기에 이르러 상업의 중심지로 성장하였다. 포구를 거점으로 선상, 객주, 여각 등이 활발한 상행위를 하였다. 선상은 선박을 이용해서 각 지방의 물품을 구입해 와 포구에서 처분하였는데 운송업에 종사하다가 거상으로 성장한 경강 상인이 대표적인 선상이었다. 그들은 한강을 근거지로 하여 미곡, 소금, 어물 등을 거래하였다. 한편, 객주나 여각은 각 지방의 선상이 물화를 싣고 포구에 들어오면 그 상품의 매매를 중계하고, 부수적으로 운송, 보관, 숙박, 금융 등의 영업도 하였다. 객주와 여각은 지방의 큰 장시에도 있었다.

— 고등학교 『국사』 교과서

(다)

일본은 대륙 침략을 위해 우리나라의 남북을 연결할 철도 부설에 주력하여, 결국 서울과 부산, 서울과 의주, 서울과 인천을 잇는 철도 부설권을 모두 확보하였다. 이 가운데 특히 경부선은 우리의 근대사에서 중요한 의미를 갖는다. 일본 자본가들은 '경부 철도 주식회사'를 설립하여 1898년 '경부 철도 합동'을 체결하고 1905년 경부선을 개통시켰다. 경부선의 시발점과 종점은 한강-낙동강 수로와 동일하다. 혹자는 경부선과 한강-낙동강 수로의 경유지가 다르기 때문에 경부선이 남한강 수운에 치명적인 타격을 주지 않았다고 생각할 수도 있다. 그러나 경부선이 개통되면서 한강-낙동강 수로의 좌측 배후지가 잠식당하게 되었다.

더구나 일제는 경부선을 주축으로 하여 한강-낙동강 수로 방향으로 분기하는 동서 횡단 철도를 잇달아 건설하였다. 예를 들어 1925년 천안에서 안성까지 철도를 부설하고, 뒤이어 이 철도를 청미천 유역 곡창 지대의 중심지인 장호원까지 연장시켰다. 1928년에는 조치원과 충주 사이에 철도를 놓아 남한강 유역 중심 도시인 충주를 경부선과 직접 연결시켰다. 또한 1930~1931년 수원-이천-여주를 잇는 수려선이 개통되어 경기 내륙 최대 곡창이 경부선과 직결되었으며, 1939~1941년 청량리-양평-원주를 잇는 중앙선이 완공되었다. 이에 따라 우리나라 내륙 수로의 기능은 마비되었다.

(라)

철도의 개통은 한반도에서 근대적 공간 구조를 형성하는 계기가 되었다. 이전에는 원거리 대량 운송이 수운에만 의존하였지만, 철도가 개통됨으로써 원거리 대량 운송이 수운과 철도 운송이라는 두 부분으로 나뉘게 된 것이다. 특히 철도가 한반도 내륙을 관통하게 됨으로써 원거리 대량 운송이 수운을 따라 돌아가던 단점을 극복하게 되었고 그 결과 화물 수송에 일대 변혁이 일어났다. 예를 들어 한강 상류 지역은 경부선이 개통됨으로써 경상도 북부 지역과의 교환 관계를 상실하였는데, 그로 인해 한강 상류 수운은 순전히 지역 물자의 교환이라는 역할로 축소되었다. 한강 중류 지역은 경부선이 경기도 서쪽으로 치우쳐 개통되었기 때문에 이들 지역보다는 영향을 덜 받았다. 하지만 한강 중류 지역도 경부선의 영향을 받지 않은 것은 아니다. 경부선이 서해안 해운의 상당 부분을 대체하였기 때문에 서해안 해운 지역과 남한강 수운 지역의 경계선이 경부선과 남한강 수운 지역의 경계선으로 바뀌었다. 이런 이유로 기존에 남한강 수운에 속했던 지역 중 일부가 경부선의 영향권으로 편입되었을 것이다.

【논제】 위 제시문과 지도를 바탕으로 철도가 경부선과 남한강 주변에 살던 사람들의 구체적인 삶을 어떻게 변화시켰을지 역사적 상상력을 발휘하여 서술하시오.

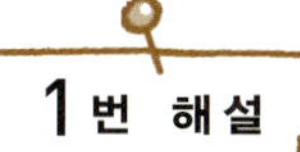

너무 쉬운 전제 찾기 문제이다. 그러나 이 문제를 가만히 음미해 보는 것은 충분히 의미 있는 일이다. 왜냐하면 이 문제는 '논증'이 어떠해야 하는지, 즉 우리가 어떤 주장을 하고자 할 때 고려해야 할 전제 조건들이 어떤 것들인지에 대하여 하나의 모범적인 사례를 제공해 주기 때문이다. 따라서 비록 객관식 문제이지만, 실전 연습 문제에 첨가해 보았다. 여러분은 이 문제가 비록 객관식 선다형 문제이지만, 이 문제 속에 담긴 의미를 잘 이해할 필요가 있다.

우선 이 문제는 '영희가 철수에게 컴퓨터를 주어야 한다.'는 명제를 결론으로 보여 주고 있다. 이 명제가 어떻게 정당화되는가를 알기 위해서는 논증 구조를 이해해야 한다.

- 먼저 (가)는 이 논증의 대전제이다. '영희가 철수에게 컴퓨터를 주는' 행위가 행복한 사회를 만드는 방법 중의 하나라면 정당화될 수 있다. 즉 결론의 명제는 결국 대전제를 충족시킴으로써 정당화될 수 있는 것이다.

- 그런데 (다)는 (가)라는 대전제에서 해명되어야 할 '행복한 사회'라는 개념에 대한 정의를 담고 있다. 물론 '행복한 사회'가 무엇이냐에 대해서는 사람마다 이견이 있을 수 있지만, 이 논증에서는 '행복의 총량이 큰 사회'를 의미하는 것으로 한정하고 있다. (다)는 (가)를 지지해 주는 하위 전제라 볼 수 있다.

- (라)는 (가)의 대전제를 이 논증의 결론으로 연결시켜 주는 '소전제' 역할을 하고 있다. 철수와 영희라는 구체적 인물을 대상으로 '행복의 총량'에 대한 계산을 가능하게 해 주는 정보를 담고 있다. 결국 (라)에서 주어진 정보와 (가)의 대전제를 토대로 '영희가 철수에게 컴퓨터를 주어야 한다.'는 결론이 정당화될 수 있다.

여기까지 어려움이 없이 이해될 수 있을 것이다. 그렇다면 (나)와 (마)는 어떻게 이해해야 하는가?

- 먼저 (마)는 (라)라는 소전제에서 예상해 볼 수 있는 단서 조항을 담고 있다. 영희가 철수에게 컴퓨터를 주는 경우, 두 사람의 행복의 양만 비교해 보면 행복의 총량은 늘어날 수 있지만 그것이 '사회 전체'의 행복의 총량을 증가시키는 것은 확실치 않을 수 있다. 왜냐하면 당사자 이외의 제3자가 얼마든지 이 컴퓨터 증여 행위로부터 영향을 받을 수 있기 때문이다. 예를 들어 영희의 동생인 숙희가 있는데, 영희로부터 컴퓨터를 물려받기를 기대했다고 해 보자. 그런데 그 기대가 깨짐으로 인해 생기는 마이너스 행복이 철수의 증가된 행복보다 더 클 가능성은 얼마든지 있다.

- 그 다음에 문제의 (나)이다. 이는 대전제인 (가)와 연관된 단서 조항이다. '사회 전체로서 행복의 총량'만을 염두에 둘 때 생겨날 수 있는 '정의' 문제를 고려하는 조항이다. 즉 사회 전체로서 행복의 총량이 늘어난다고 해서 개인의 희생을 강요하는 일은 있어서는 안 된다는 조항으로 이를 해석해 볼 수 있다. (나)의 단서 조항이 전제로서 추가된다면 '영희가 철수에게 컴퓨터를 주는' 행위는 정당화될 수 없는 것이 된다. 따라서 답은 (나)가 되는 것이다.

비교적 답을 찾기 쉬운, 단순한 문제이지만 많은 시사점을 주는 문제이다. 특히 (마)와 (나)의 단서 조항은 우리가 어떤 주장을 할 때 보다 넓은 시각으로 근거들을 검토해 보아야 함을 보여 주는 것이라 하겠다.

〈정답〉②

2번 해설

이 문제가 롤스의 정의관과 공리주의의 정의관에 관련되어 있다는 것은 사회 윤리에 대해 조금이라도 공부한 사람이라면 누구나 알 수 있을 것이다. 사실 롤스와 공리주의를 몰라도 문제를 해결하는 데 큰 어려움은 없다. 이 문제를 해결하는데 꼭 롤스와 공리주의라는 단어를 사용할 필요는 없다. 그래서 이 책에서는 롤스의 정의관과 공리주의의 정의관을 비교 분석하고 세세하게 설명하는 일은 생략하겠다. 여기서는 제시문에 나와 있는 내용 안에서 언급하겠다.

(나) 제시문은 롤스의 정의론의 일부분을 발췌한 글이다. 여기서 '일반적인 정

'의관'이라고 언급하고 있는 것은 바로 '공리주의적 정의관'을 의미하는 것이다. 롤스가 보기에 공리주의적 정의관은 "불평등이 모든 사람의 이익이 된다면 그 불평등은 허용되어야 한다."는 주장을 할 수밖에 없는데, 이는 "진리가 사상 체계의 으뜸 덕목이라면 정의는 사회 제도의 으뜸 덕목이다. 아무리 잘 만든 이론이라도 진리가 아니라면 물리치거나 고쳐야 한다. 그와 마찬가지로 아무리 쓸모 있고 번듯한 제도라도 정의롭지 못하다면 다시 짜거나 버려야 한다."고 생각하는 롤스의 입장에서는 받아들일 수 없는 것이다.

그런데 롤스도 예외적으로 불평등을 인정하고 있다. 그 상황이 (나) 제시문의 세 번째 단락에 나와 있다. "삶의 전망에서 나타나는 불평등은, 그 불평등을 줄일 때 사회적 약자의 처지가 더욱 악화될 경우에만 허용될 수 있다."는 것이다. 다시 말해 불평등이 사회적 약자의 처지를 개선할 경우에는 허용될 수 있다는 것이다. 바로 이 점이 (가) 제시문의 도표를 롤스의 관점에서 이해하는 시발점이 된다.

반면에 (다) 제시문은 공리주의의 원칙을 설명하고 있는데, 요점은 개인의 행복과 사회 전체의 행복이 충돌될 때 전자를 포기하고 후자를 선택하는 것이 공리주의적 정의관이라는 것이다.

이상의 논의를 고려해 볼 때 (가) 제시문의 표를 아래와 같이 보완할 필요가 있다.

사회제도 \ 계층	A	B	C	합계
㉠	6	9	12	27
㉡	1	10	25	36
㉢	5	5	5	15

이 표가 보완된 것은 어떤 쪽의 정의관을 위해서일까? 이 질문에 대답할 수 있다면 문제 2의 과제를 모두 해결할 수 있다. 그렇다. 공리주의적 정의관을 위해서이다. 행복의 총량을 가장 중요한 변수로 생각하는 공리주의는 당연히 ㉡을 선택할 것이다. 비록 가장 불평등한 사회일지라도, 그리고 자신이 A의 처지에 속할 확률이 33%나 된다고 하더라도 그럴 것이라는 것이 공리주의적 정의관이다.

반면에 롤스의 정의관은 행복의 총량에는 관심을 갖지 않고 있기 때문에 사회 제도별 행복 지수의 합계는 고려 사항이 아니다. 롤스는 평등한 사회를 원한다.

그렇다면 롤스의 정의관에서 선택하는 사회 제도는 ⓒ일까? 얼핏 보면 그렇다고 생각할 수도 있지만, 불평등을 인정하는 예외 조건을 고려해 볼 때 ⓒ보다는 ⓐ을 선택하는 것이 옳다고 하겠다. 비록 ⓐ이 ⓒ에 비해 불평등한 사회이기는 하지만 그 사회의 최약자인 A의 처지가 개선되기 때문에 불평등이 용인될 수 있는 것이다. 여기까지는 A, B, C 각 계층의 구성원 수가 동일한 경우에 해당되는 이야기이다.

그렇다면 A, B, C 각 계층의 구성원 수가 1 : 1 : 2로 변했을 때는 어떻게 될까? 롤스의 정의관에서 생각해 보자. 가장 처지가 좋은 C 계층의 수가 늘어난다는 점과 그에 따라 사회 전체 행복의 총량이 증가했다는 점은 롤스의 정의관에서는 중요한 고려 사항이 아니다. 비록 자기가 C 계층에 속할 확률이 늘어나기는 했지만 정의의 원칙을 중시하는 입장에서는 그것도 유혹의 대상이 아닌 것이다. 즉 구성원의 수가 변해도 (나)의 정의관에 따라 선택하게 될 사회 제도는 여전히 ⓐ이라고 하겠다.

문제 2 | 예시 답안

제시문 (나)에서 '일반적인 정의관'이라고 언급하고 있는 것은 '공리주의적 정의관'을 의미하는 것으로 볼 수 있다. (나)의 입장에서 보면, 공리주의적 정의관은 "불평등이 모든 사람의 이익이 된다면 그 불평등은 허용되어야 한다."는 주장일 수밖에 없는데, 이는 "진리가 사상 체계의 으뜸 덕목이라면 정의는 사회 제도의 으뜸 덕목이다. 아무리 잘 만든 이론이라도 진리가 아니라면 물리치거나 고쳐야 한다. 그와 마찬가지로 아무리 쓸모 있고 번듯한 제도라도 정의롭지 못하다면 다시 짜거나 버려야 한다."고 생각하는 (나)의 입장에서는 받아들일 수 없는 것이다.

그런데 이 입장도 예외적으로 불평등을 인정하고 있다. 이러한 상황이 (나) 제시문의 세 번째 단락에 나와 있다. "삶의 전망에서 나타나는 불평등은, 그 불평등을 줄일 때 사회적 약자의 처지가 더욱 악화될 경우에만 허용될 수 있다."는 것이다. 다시 말해서 불평등이 사회적 약자의 처지를 개선할 경우에는 허용될 수 있다는 것이다. 바로 이 점이 (가) 제시문의 도표를 (나)의 관점에서 이해하는 시발점이 된다.

반면에 (다) 제시문은 공리주의의 원칙을 설명하고 있는데, 요점은 개인의 행복과 사회 전체의 행복이 충돌될 때 전자를 포기하고 후자를 선택하는 것이 공리주의적 정의관이라는 것이다.

이상의 논의를 고려해 볼 때 (가) 제시문의 표를 아래와 같이 보완할 필요가 있다.

사회제도 \ 계층	A	B	C	합계
㉠	6	9	12	27
㉡	1	10	25	36
㉢	5	5	5	15

이 표에서 보완된 부분은 각 사회 제도별 행복의 총량을 추가한 것 뿐이다. 이러한 보완은 어떤 쪽 정의관을 위해서 필요한 것일까? 바로 공리주의적 정의관을 위해서이다. 행복의 총량을 가장 중요한 변수로 생각하는 공리주의는 당연히 ㉡을 선택할 것이다. 비록 가장 불평등한 사회일지라도, 그리고 자신이 A의 처지에 속할 확률이 33%나 된다고 하더라도 그럴 것이라는 것이 공리주의적 정의관이다.

반면에 (나)의 정의관은 행복의 총량에는 관심을 갖지 않고 있기 때문에 사회 제도별 행복 지수의 합계는 고려 사항이 아니다. (나)의 입장은 평등한 사회를 원한다. 그렇다면 (나)의 정의관에서 선택하는 사회 제도는 ㉢일까? 얼핏 보면 그렇다고 생각할 수도 있지만, 불평등을 인정하는 예외 조건을 고려해 볼 때 ㉢보다는 ㉠을 선택하는 것이 옳다고 하겠다. 비록 ㉠이 ㉢에 비해 불평등한 사회이기는 하지만 사회의 최약자인 A의 처지가 개선되기 때문에 그 불평등이 용인될 수 있기 때문이다. 여기까지는 A, B, C 각 계층의 구성원 수가 동일한 경우에 해당되는 이야기이다.

그렇다면 A, B, C 각 계층의 구성원 수가 1 : 1 : 2로 변했을 때는 어떻게 될까? (나)의 정의관에서 생각해 보자. 가장 처지가 좋은 C 계층의 수가 늘어난다는 점과 그에 따라 사회 전체 행복의 총량이 증가했다는 점은 (나)의 정의관에서는 중요한 고려 사항이 아니다. 비록 자기가 C 계층에 속할 확률이 늘어나기는 했지만 정의의 원칙을 중시하는 입장에서는 그것은 유혹의 대상이 아닌 것이다. 즉 구성원의 수가 변해도 (나)의 정의관에 따라 선택하게 될 사회 제도는 여전히 ⊙이라고 하겠다.

3번 해설

아주 재미있는 '추정' 문제이다. 주어진 자료를 활용해서 추정을 하되 '역사적 상상력'을 발휘해서 하라는 것이다. 그러나 상상력이라는 것도 합리적인 근거에 의해서 수행되지 않으면 공상에 지나지 않게 된다. 따라서 이 문제도 추정의 근거가 되는 사실들을 정확하게 정리해 낼 필요가 있다.

먼저 (가) 제시문과 지도를 분석해 보자. 지도의 검정 선과 노란 선은 철도 이전의 주요 교통로인 수로와 육로를 의미하는 것이다. 그런데 군현의 중심지(읍치, 邑治)의 분포를 살펴보면 서울 주변 지역을 제외하고는 모두 이 교통로 위에서만 발달했음을 알 수 있다.

반면에 서울 주변 지역은 꼭 교통로를 중심으로 발달한 것이 아님을 알 수 있다. 그리고 철도가 바로 이 지역과 인접해서 개통되었다는 점도 확인할 수 있다. 여기서 다음과 같은 점을 정리해 볼 수 있다.

① 서울 주변 지역을 제외한 지방의 주요 중심지는 교통로를 따라서 발달되었다.
② 서울을 중심으로 경기 남부 지역의 주요 중심지는 꼭 교통로를 따라서 발달된 것은 아니다.
③ 이 지역들은 철도가 개설되자 그 영향권 아래 놓이게 되었다.

(나) 제시문은 수로의 중심지라 할 수 있는 포구가 상업의 중심지로 자리 잡음

으로써 나타난 상황을 설명하고 있다. 경강 상인이나 객주와 여각이 호황을 누리는 상황을 짐작해 볼 수 있다. 물론 철도 부설 이전의 일이다. 여기서 다음과 같은 사실을 정리할 수 있다.

④ 교통의 중심지가 상업의 중심지 역할을 하였는데, 철도 부설 이전에는 수로의 중심지인 포구가 그 역할을 하였다.

(다) 제시문에서는 철도 부설의 과정을 알 수 있다. 철도 부설은 기존의 주요 운송 수단이던 남한강 수운에 타격을 주었고 중부권 곡창 지대를 철도의 영향권 아래에 두게 되었다. (다) 제시문에서 앞의 ②, ③에 해당하는 읍치들이 어떤 성격의 중심지였는지 알 수 있다. 그 읍치들은 대부분 중부 곡창 지대의 중심지였을 거라고 추정해 볼 수 있다. 역시 정리된 내용을 나열해 보자.

⑤ 철도의 부설로 내륙 수로의 기능이 상당 부분 잠식되었다.
⑥ 철도의 부설로 내륙 곡창 지대를 경부선 철도의 영향권 아래에 둘 수 있게 되었다.

(라) 제시문은 경부선 철도의 부설로 원거리 대량 운송을 대부분 철도가 떠맡게 되고 한강 상류 수운은 지역 물자 운송으로 축소되고 중류 수운 역시 그 상당한 영향권을 경부선 철도에 빼앗기게 되었다. 역시 정리해 보자.

⑦ 원거리 대량 운송을 철도가 떠맡게 됨으로써 운송 속도가 빨라지고 서울과 경상도 지역의 연계가 더 원활해졌다.
⑧ 남한강 수운은 대폭 축소되었다.(⑤의 반복)

자, 이렇게 정리된 내용을 토대로 '경부선과 남한강 주변에 살던 사람들의 구체적인 삶을 어떻게 변화시켰을지' 역사적 상상력을 발휘해서 서술하면 된다. 논의 초점이 사람들의 구체적인 삶에 있음을 명심해야 한다. 앞에 정리할 여러 변화들이 그 주변 사람들의 삶을 어떻게 변화시켰는지 상상해 볼 수 있어야 하는 것이다. 여러분의 몫이지만, 몇 가지 실마리를 제공해 보겠다.

- 남한강 주변에 살던 사람들과 경부선 주변에 살던 사람들 사이의 경제적 형편이 역전되었음을 짐작해 볼 수 있다.
- 조선 상권을 주름잡던 경강 상인의 영향력이 위축될 것이고 그 공백을 누군가가 메꾸려 할 것이다. 누가 될지는 한번 상상해 보라.
- 서울 지역의 경제적 영향력이 더 커졌을 것이다. 서울이 중심지이기는 하지만 교통로의 제약 때문에 경제적으로는 지역 경제적인 측면을 벗어나지 못했지만, 대량 운송 수단이 보다 빠르고 더 장거리인 철도로 바뀌면서 서울의 경제적 위상이 높아졌을 것이다.
- 일본이 정치, 군사적인 측면 외에 경제적인 측면에서도 조선에 대한 영향력을 더 확고하게 키웠을 것이다. 일본 측에 기대서 경제적 이득을 도모하는 무리들의 출현을 쉽게 예상해 볼 수 있다.

대략 이 정도의 줄거리를 토대로 해서 멋진 스토리를 만들어 보기 바란다. 그런 다음 예시 답안과 자신의 답안을 비교해 보기 바란다. 예시 답안보다 더 멋진 스토리를 구성했으리라 믿는다.

문제 3 | 예시 답안

　　전통적으로 우리나라의 도시는 내륙 수로와 교통로를 중심으로 발달했다. 조선 후기에는 내륙 수로를 통해 경강 상인 등 선박을 이용한 운송업이 번창했고, 배가 드나드는 포구에는 객주와 여각 등이 번창해서 포구는 상업의 중심축으로 성장하게 되었다.

　　하지만 일제가 한국을 병합하고 교통의 중심지에 철도를 건설하면서부터 전통적인 교통 체계에 익숙해져 있는 주변 사람들의 삶에 큰 영향을 미치게 되었다. 특히 경부선 등 철도가 지나는 곳과 수로에 의존하여 살던 남한강 주변의 사람들의 생활의 변화가 컸다.

　　철도 부설로 원거리 대량 수송을 철도가 맡게 되자 한강의 수운에 의존해서 물자를 운송하던 해운업 등의 민족 자본들은 도산했고, 상업의 중심축으로 발전했던 포구 지역은 쇠퇴하게 되었다. 그 자리를 일제의 철도 회사들이 차지하여 막대한 이익을 가져갔다. 또한 남한강 주변에 살던 사람들과 경부선 등 철도가 지나는 주변 지역 사람들 사이의 경제적 형편이 역전되기에 이르렀다.

서울 지역의 경제적 영향력이 더 커졌을 것이다. 서울이 중심지이기는 하지만 교통로의 제약 때문에 경제적으로는 지역 경제의 중심지 측면을 벗어나지 못했지만, 대량 운송 수단이 보다 빠르고 더 장거리인 철도로 바뀌면서 서울의 경제적 위상이 높아졌을 것이다.

하지만 부작용도 만만치 않았다. 이러한 철도망의 구축은 일본과 한국을 하나의 교통 체계로 묶어 침략 정책의 효율성을 높이기 위한 도구로서 악용되었다. 산미 증식 계획으로 늘어난 식량은 철도망을 따라 각 포구에 집결해서 일본으로 보내졌다. 곡창 지대에 철도를 설치한 이유는 우리의 쌀을 일본으로 쉽게 공출해 가기 위한 전략이었다. 이렇게 건설된 철도는 곡식과 군수 물자를 나르는 등 중요한 식민 통치 수단으로 사용되고, 러·일 전쟁의 수행과 의병 항쟁의 진압 그리고 경제 수탈을 강화하는 데 크게 이용되었다.

철도망의 건설에 일본은 철도 건설 지역의 주변 백성들을 강제로 동원했다. 저임금으로 혹독하게 노동을 시켜 노동 쟁의의 단초를 제공했다. 철도를 놓기 위해 마을의 토지를 강제로 강탈했고 잘 살고 있는 멀쩡한 집을 철도망 건설에 방해가 된다는 이유로 무자비하게 철거했다. 한 순간에 토지와 가옥을 잃은 사람들이 유랑하는 걸인이 되어 갔다. 철로가 지나는 마을은 흔적도 없이 사라졌고 남한강 주변은 유리걸식하는 거지들로 넘쳐나 커다란 사회 문제가 되기도 했다.

'평가'라는 제목을 달고 있는 파트 5는 여러분의 판단 능력을 필요로 하는 문제들을 다룬다. 즉 제시문을 읽고 저자의 주장이 수긍할 만한 것인가, 주장은 받아들일 만한데 그 주장이 합당한 근거들에 의해 지지되고 있는가, 논리적으로는 반박할 점이 없지만 윤리적인 측면에서 문제의 소지는 없는가 하는 점들을 집중적으로 살펴볼 것이다. 파트 3과 파트 4에 비해서 여러분들의 주관적인 가치관과 판단 능력이 더 많이 관여하게 될 것이다. 그리고 상대적으로 '읽기' 뿐만 아니라 '쓰기'의 영역에 많이 관련되어 있는 문제들이기도 하다.

그러나 평가의 경우에도 객관적인 기준을 세우는 것이 중요하다. 그저 단순하게 저자의 주장은 "내가 생각하기에 옳지 않다."고 하는 식의 판단은 논술문에서는 결코 환영받을 수 없는 서술 방식이다. 자신의 주장과 가치 판단을 제시하는 일은 논술 문제에서 분명히 요구하는 것이지만, 그 근거가 주관적인 수준에 머무르지 않도록 유의해야 한다. 자신의 주장과 가치관이 독특한 것일수록 그 근거와 기준은 객관적이어야 설득력을 얻을 수 있다.

그런 의미에서 파트 5의 1장은 평가의 객관적인 기준 중에서 가장 기본이 되는 타당성의 문제를 다룬다. 앞에서 살펴본 논증의 종류에 따라 그것의 합당함을 평가하는 객관적인 기준과 원칙들을 먼저 공부할 것이다. 그리고 타당하지 않은 논증, 즉 '오류 추론'이 무엇인지 알아봄으로써 직접 글을 작성할 때 오류에 빠지지 않는 능력을 기르도록 할 것이다. 이러한 기본 훈련을 마친 다음에는 보다 응용적인 성격을 갖는 평가형 문제들을 접하게 될 것이다.

평가형 논술

. . .

저자의 주장이 논리적으로 타당한지, 윤리적으로 건전한지,

근거는 합당한지 등을 묻는 평가형 논술 문제에서는

무엇보다 판단의 객관적인 기준을 세우고,

자신의 주장을 지지할 수 있는

설득력 있는 근거를 제시하는 것이 중요하다.

. . .

1장
타당성

일반적으로 설득력 있는 논증을 타당하다고 하는데, 엄밀한 의미의 타당성은 전제가 참일 때 결론이 반드시 참인 연역 논증을 지칭한다. 그런데 여기서 타당성을 공부하는 이유는 타당하지 않은 논증을 구별하기 위함이다. 곧 타당성 개념 자체에 대한 암기보다는 논리적 오류를 정확하고 구체적으로 이해하여 제시문 속에 숨어 있는 논증의 오류를 간파하고, 실제 글을 쓸 때 오류 논증에 빠지지 않도록 하기 위한 것이다.

타당성이란 엄밀하게 말하면, 올바른 연역 논증에 대해서 부과하는 속성이다. 하지만 일반적으로 타당성이란 말은 보다 넓은 의미로 '받아들일 만한 논증' 혹은 '설득력 있는 논증' 전체에 대해서 부과할 수 있는 개념으로 쓰인다. 논술 시험에서 "제시문 (가)에서 드러난 지은이의 생각이 타당한지 논술하시오."와 같은 문제는 넓은 의미의 타당성을 묻는 것이다. 그러나 엄밀한 의미의 '타당성'이라는 개념을 이해해 두면 논증의 오류를 파악하는 데 많은 도움이 된다.

1. 타당성, 건전성, 진리

도대체 올바른 논증이란 무엇인가? 논증을 평가하기 위해서는 우선 올바른 논증이 무엇인지 규명할 필요가 있다. 다음 논증을 보자.

> 모든 동물은 외계인이다.
> 철수는 동물이다.
> 그러므로 철수는 외계인이다.

전형적인 삼단 논법이다. 두 개의 전제로부터 결론이 필연적으로 도출되고 있다. 그런 의미에서 이 논증은 올바르다고 할 수 있다. 그러나 이것은 올바르다고 하기에는 무언가 미심쩍은 부분이 있다. 근거로 제시된 명제 "모든 동물은 외계인이다."와 "철수는 동물이다."가 거짓일 가능성이 높기 때문이다. 따라서 결론을 보장하기 위해 제시된 근거들이 참이 아니라는 의미에서 볼 때 이 논증은 올바르지 않다. 왜 이런 문제가 야기될까? 그것은 "올바르다"라는 표현이 너무 애매하기 때문이다. 이 표현을 보다 정확하게 규정할 필요가 있다.

위의 올바르다는 표현을 좀 더 정확하게 이해하기 위해 타당성, 건전성, 진리성이라는 세 가지 개념으로 분리해서 고찰할 필요가 있다.

타당성이란 어떤 논증의 전제들이 모두 참이라고 가정하면, 그 결론이 거짓일 수 없을 때 그 논증이 갖는 속성이다. 다시 말해서 어떤 논증의 전제들이 모두 참이라면 결론 또한 반드시 참인 형식적 구조를 갖추고 있을 때 그 논증을 타당한 논증이라 할 수 있다. 이런 시각에서 볼 때 귀납 논증은 정의상 결론이 항상 참임을 보장해 주지 못하므로 타당한 논증이라 볼 수 없다. 오직 연역 논증만이 타당성이라는 속성을 담지할 수 있다.

그러나 타당한 연역 논증이라고 할지라도 결론이 항상 참임을 보장해 주는 것은 아니다. 그 이유는 앞의 예에서도 분명히 드러나 있듯이 전제들이 참이 아닐 경우 결론이 참이 될 수 없기 때문이다. 여기서 건전성이라는 개념이 필요하다. 어떤 연역 논증이 타당하고 아울러 논증의 전제들이 실제로 참일 때, 그 연역 논증을 건전하다고 말한다. 그러므로 건전한 연역 논증의 결론은 항상 실제적인 참이 보장된다.

귀납 논증의 경우에도 건전성은 이야기할 수 있다. 귀납 논증이 건전하다는 것은 전제들이 참이고, 아울러 전제들이 결론에 대해서 충분한 근거의 역할을 한다는 것을 의미한다. 따라서 귀납 논증이 건전하다는 것은 결론의 실제적 참이 보장되는 것은 아니지만, 결론을 참으로 받아들이는 것이 합리적이라는 것은 보장되는 것이다.

그렇다면 진리성은 무엇인가? 진리성은 논증이 아니라 명제 단위에서 평가 내리는 기준이다. 즉 참인 명제 혹은 거짓인 명제는 유의미한 말이지만 참인 논증이나 거짓인 논증은 적절하지 않은 표현이다.

그런데 문제는 논증을 조건 명제로 바꾸어 볼 때 발생한다. 앞서 살펴본 논증을 "만일 모든 동물은 외계인이고 철수가 동물이라면, 철수는 외계인이다."라는 조건 명제로 바꾸었을 때 어떻게 평가해야 할까? 진리성이라는 것이 명제 단위의 평가 기준이라 한다면, 이 명제를 '참인 명제'라고 부를 수 있을 것이다. 무언가 석연치 않다고 느껴질 것이다. 어떻게 이 명제를 '참'이라고 부를 수 있는가? 여기서 보다 정확한 표현이 필요하다. 엄밀히 말해서 이 명제는 '논리적으로 참'이라고 평가해야 맞는 것이다.

그렇다면 '참'과 '논리적으로 참'은 어떠한 차이가 있을까? 예를 들어 "김갑돌 씨는 총각이다."라는 명제는 그 진리성을 따지기 위해서 실제로 김갑돌 씨가 총각인지 아닌지를 현실 세계 속에서 따져 봐야 한다. 반면에 "김갑돌 씨가 결혼하지 않았다면, 그는 총각이다."라는 명제에서는 실제로 김갑돌 씨가 어떠한 사람인가를 따져 볼 필요가 없다. 논리적으로 이 명제를 분석함으로써 진리성을 판단할 수 있는 것이다. 이럴 경우에 이 명제를 '논리적으로 참'이라고 할 수 있는 것이다. '논리적으로 참'인 명제는 실제 세계에 관해서 어떤 정보도 주고 있지 않다는 것을 알 수 있다.

【예제 1】 다음 연역 논증의 타당성과 건전성 여부를 판단하시오.

1. 빨간색을 가진 모든 것은 세모꼴이다. 세모꼴은 세 개의 변을 갖는다. 그러므로 빨간색을 가진 모든 것은 세 개의 변을 갖는다.

2. 춘분과 추분에는 낮과 밤의 길이가 같고, 동지에는 밤의 길이가 가장 길다. 그러므로 춘분에 낮과 밤의 길이가 같거나 동지에 밤의 길이가 가장 길다.

3. 유리수는 정수이다. 정수는 자연수이다. 그러므로 유리수는 자연수이다.

4. 모든 총각은 여자가 아니다. 어떤 여자는 기혼녀가 아니다. 그러므로 어떤 총각은 기혼녀가 아니다.

5. 모든 중국인은 아시아인이다. 그리고 베이징에 사는 사람은 모두 중국인이다. 그러므로 베이징에 사는 사람은 모두 아시아인이다.

6. 철수가 영희를 구하려고 하지 않는다면, 사려 깊거나 비겁한 것이다. 철수는 비겁하지 않다. 그러므로 철수는 영희를 구할 것이다.

문제 해설

1. 타당하지만 건전하지 않은 논증이다. 전제가 모두 참이라면 결론은 필연적으로 참이다. 하지만 첫 번째 전제가 참이 아니므로 건전성은 확보하지 못한다.

2. 건전한 논증이다. 형식적으로도 타당하고 전제가 모두 참이다.

3. 타당하지만 건전하지 않은 논증이다. 전제가 모두 참이라면 결론은 필연적으로 참이다. 그러나 여기서도 역시 첫 번째 전제가 참이 아니므로(유리수는 정수가 아니다.) 건전성은 확보하지 못한다.

4. 부당한 논증이다. 전제가 모두 참이지만 전제로부터 결론이 필연적으로 도출되는 논증의 형식이 아니다.

5. 타당하지만 건전하지 않은 논증이다. 형식적으로 타당하다. 그러나 전제의 진위가 문제가 된다. 첫 번째 전제도 의심스럽지만, 두 번째 전제는 확실히 참이 아니다.

6. 부당한 논증이다. 무언가 그럴듯해 보이지만 전제와 결론의 관계가 역시 필연적이 아니다.

2. 형식적 오류

이제 타당성과 건전성의 개념을 어느 정도 이해했으리라 본다. 그런데 타당성에 대해서 공부하는 이유는 바로 타당하지 않은 논증, 즉 오류를 범하지 않기 위해서이다. 따라서 타당성의 개념을 이해하는 것보다 현실적으로 더 의미 있는 일은 오류 추론을 정확하고 구체적으로 이해하여 실제 글을 쓸 때 오류에 빠지지 않도록 하는 것이다. 이 장과 다음 장에서는 오류의 종류에 대해서 자세히 알아볼 것이다.

오류는 크게 형식적 오류와 비형식적 오류로 나누는 게 일반적이다. 그런데 이 대분류에 어떤 개별적인 오류들이 속하느냐 하는 점에서 학자마다 이견이 있다. 여러 사람의 의견을 참조하고, 또 이 책의 일관성을 유지하는 선에서 아래와 같이 구분했다.

- 형식적 오류 : 연역 논증과 귀납 논증에 속하는 논증과 관련한 오류들
- 비형식적 오류 : 형식적 오류 이외의 오류로서, 주로 잘못된 언어 습관에서 비롯되는 오류들

이렇게 분류해 보니 다소 기준이 불분명한 것 같다. 원래 형식적 오류는 연역 논증의 형식적 요건을 지키지 못한 오류, 즉 타당성을 충족시키지 못하는 부당한 논증으로만 한정하는 것이 대부분의 논리학 교재가 채택하는 분류법이다. 그에 따라 귀납 논증과 관련된 오류들은 비형식적 오류로 취급하는 경우도 많다. 그러나 여기서는 이 책의 편제를 따라서, 앞에서 취급한 연역 논증과 귀납 논증에 직접적으로 관련된 논증을 형식적 오류로 분류하고 그 이외의 것을 비형식적 오류로 분류하는 것이 학생들이 공부하기에 더 일관성을 유지할 수 있다고 판단해서 위와 같이 분류했다.

(1) 전건 부정의 오류, 후건 긍정의 오류

먼저 연역 추론에서 가장 빈번하게 등장하는 전건 부정의 오류와 후건 긍정의 오류에 대해서 살펴보기로 하자. 앞서 가언 삼단 논법을 공부하는 자리에서 우

리는 전건 긍정법과 후건 부정법이 올바른 추론임을 공부했다. 그러나 이를 뒤바꿔 놓은 전건 부정과 후건 긍정의 추론은 잘못된 추론이다. 이를 제대로 이해하기 위해서는 조건 명제의 성격에 대해서 조금 공부할 필요가 있다.

조건 명제라는 것은 "만일 A이면 B이다."라는 형식을 가진 명제로서 복합 명제의 한 종류이다. 복합 명제라는 것은 두 개 이상의 단순 명제가 결합된 명제로서, 여기서는 "A이다."라는 단순 명제와 "B이다."라는 단순 명제가 "만일 ~이면 ~이다."라는 논리적 결합사를 매개로 연결되어 있는 것이다. 이 조건 명제 속에서 앞에 나오는 명제를 전건이라 하고, 뒤에 나오는 명제를 후건이라고 한다. 하나의 조건 명제가 참이라는 의미는 전건이 참이라고 할 때 후건이 반드시 참이라는 것이다. 조건 명제의 이러한 속성으로부터 전건 긍정법이 나오게 되는 것이다.

그런데 조건 명제의 속성 중에 또 하나의 중요한 점이 있다. "만일 A이면 B이다."라는 명제와 "만일 B가 아니면 A가 아니다."라는 명제는 대우 관계에 있다고 한다. 대우 관계에 있는 명제의 진리값은 항상 일치한다. 예를 들어서 "만일 철수가 물리학자라면 그는 과학자이다."라는 명제와 "만일 철수가 과학자가 아니라면 그는 물리학자가 아니다."라는 명제는 하나가 참이면 다른 하나도 반드시 참이고, 하나가 거짓이라면 다른 하나도 반드시 거짓이다. 여기서 후건 부정법이 나온 것이다.

그런데 이러한 속성을 잘못 적용하여 전건 긍정을 하는 것이 아니고 전건 부정을 하거나, 후건 부정을 하는 것이 아니라 후건 긍정을 한다면 잘못된 논증이 된다. 예를 들어 설명해 보자.

만일 아인슈타인이 물리학자라면 그는 과학자이다.
아인슈타인은 물리학자가 아니다.
그러므로 그는 과학자가 아니다.

전건 부정의 오류를 범하고 있는 예이다. 아인슈타인이 물리학자가 아니라고 해서(전건 부정) 반드시 그가 과학자가 아닌 것은 아니다. 왜냐하면 그는 화학자나 생물학자일 수 있기 때문이다.

만일 아인슈타인이 물리학자라면 그는 과학자이다.
아인슈타인은 과학자이다.
그러므로 그는 물리학자이다.

후건 긍정의 오류를 범하고 있는 예이다. 아인슈타인이 과학자라고 해서 그가 반드시 물리학자인 것은 아니다. 앞의 예에서 설명한 것처럼 그는 화학자이거나 생물학자일 수 있기 때문이다.

또 한 가지 중요한 사실은 양도 논법의 경우에도 그 안에 전건 긍정법이나 후건 부정법을 사용하고 있기 때문에 여기서 논의한 전건 부정의 오류나 후건 긍정의 오류가 그대로 적용될 수 있다는 점이다. 문제는 복잡한 논증 구조를 적절하게 분석해 내는 일이다.

(2) 선언지 긍정의 오류

이 오류를 정확히 이해하기 위해서 앞서 살펴본 선언 삼단 논법을 다시 상기해 보자.

A이거나 또는 B이다.　　－ 호떡이 네모나거나 둥글다.
A가 아니다.　　　　　　－ 호떡이 네모나지 않다.
따라서 B이다.　　　　　－ 따라서 호떡은 둥글다.

이 논증은 선언 명제 중에서 하나의 선언지가 부정되었을 경우에 다른 하나의 선언지가 결론으로 나온다는 논증의 형태를 띠고 있다. 타당한 논증, 즉 선언 삼단 논법이다.

그러나 이와 유사하지만 잘못된 논증이 있다.

> A이거나 또는 B이다.　　－ 지구가 둥글거나 또는 달이 둥글다.
> A이다.　　　　　　　　－ 지구가 둥글다.
> 따라서 B가 아니다.　　－ 따라서 달은 둥글지 않다.

이 논증은 앞의 선언지 제거법과 달리 선언지 중 하나를 긍정함으로써 다른 선언지를 부정하는 결론을 내놓는다. 그러나 두 개의 선언지가 모두 참인 경우 (선언 명제를 포괄적으로 이해했을 경우) 이 결론은 참이 아니다. 위의 예에서 보면 지구가 둥글다는 것과 달이 둥글다는 것이 모두 참일 수 있기 때문에 위의 논증은 잘못된 것이다. 그러나 선언 명제를 배타적으로 이해하면 선언지 긍정을 하더라도 올바른 추론일 수 있다.

> A이거나 또는 B이다.　　－ 흰둥이는 암컷이거나 수컷이다.
> A이다.　　　　　　　　－ 흰둥이는 암컷이다.
> 따라서 B가 아니다.　　－ 따라서 흰둥이는 수컷이 아니다.

이 경우에 제일 처음에 나오는 전제인 선언 명제가 배타적인 의미를 갖고 있기 때문에, 즉 선언지가 동시에 참일 수 없기 때문에 결론이 참이 된다. 이 논증은 타당한 논증이라 할 수 있다.

【예제 2】 다음 글의 논증과 가장 유사한 잘못을 범하고 있는 논증은?

> 만약 그 회사가 신약 개발에 성공한다면, 그 회사의 주가는 상종가를 칠 것이다. 그 회사의 주가가 상종가를 쳤다. 그러므로 그 회사는 신약 개발에 성공했을 것이다.

① 비가 오면 기온이 내려갈 것이다. 지금 비가 오지 않는다. 따라서 기온은 내려가

지 않을 것이다.

② 김형수가 공산주의자라면, 그는 무신론자이다. 김형수는 무신론자이다. 그러므로 그는 공산주의자임이 분명하다.

③ 만약 경수가 온다면 희영이도 오고, 태진이가 온다면 현정이도 올 것이다. 희영이나 현정이가 온다고 한다. 따라서 경수나 태진이도 올 것이다.

④ 그는 뉴욕 지사 또는 파리 지사에 발령이 나도록 되어 있었다. 그는 뉴욕 지사로 발령이 났다. 그러므로 그는 파리 지사에 발령이 나지 않을 것이다.

⑤ 만약 집이 단열 처리가 되어 있다면, 겨울에도 그다지 춥지 않을 것이다. 그러나 그 집은 겨울에 무척 춥다. 그러므로 그 집은 단열 처리가 잘 되어 있지 않음이 분명하다.

문제 해설

지금까지 배운 여러 가지 추론이 복합적으로 제시되고 있는 문제다. 먼저 제시된 논증은 후건 긍정의 오류를 보이고 있다. 따라서 선택지 중에서 후건 긍정의 오류를 범하고 있는 ①은 전건 부정의 오류를 범하고 있어, ②에 정답의 자리를 물려 준다. ②가 정답이 된다. ③에서도 후건 긍정의 오류가 발견되지만 전체 논증이 잘못된 양도 논법의 형식을 띠고 있기 때문에, ④는 선언지 긍정의 논증인데 선언 명제가 배타적 의미를 지니고 있다. 타당한 논증이라 할 수 있다. ⑤는 후건 부정법이 사용되고 있는 타당한 논증이다.

〈정답〉②

여기까지가 바로 원래 의미의 '형식적 오류'에 해당한다. 즉 전건 부정의 오류, 후건 긍정의 오류, 그리고 선언지 긍정의 오류가 형식적 타당성을 갖추지 못한, 연역 논증에서 비롯되는 오류이다. 지금부터 공부할 오류들은 귀납 논증에서 비롯되는 것들이다.

(3) 성급한 일반화의 오류, 편향된 통계 자료의 오류

앞에서 귀납적 일반화에서 가장 중요한 것은 표본이라고 할 수 있으며 그 표본이 의미 있는 것이 되기 위해서 갖추어야 할 기준에 대해서 살펴보았다. 다시 한 번 정리하면 귀납적 일반화의 표본이 의미가 있으려면, 다음과 같은 두가지 조건을 충족해야 한다.

① 충분한 크기를 가져야 한다.
② 충분한 정도의 다양성을 가져야 한다.

여기서 귀납적 일반화에서 발생할 수 있는 오류가 나온다. 먼저 첫 번째 조건 "표본은 충분한 크기를 가져야 한다."는 조건이 충족되지 못한다면 '성급한 일반화의 오류'가 발생한다. 이 오류는 주어진 표본의 크기가 그로부터 어떤 명제를 일반화시켜 내기에는 그 크기가 충분하지 못함에도 불구하고 어떤 일반화 명제를 도출하는 오류다. 예를 들어 어떤 외국인이 한국 사람 A와 B가 프랑스 어를 잘하는 것을 보고 모든 한국인이 프랑스 어를 잘한다고 결론 내린다면, 이것은 성급한 일반화의 오류를 범하고 있는 것이다.

두 번째 조건, 즉 "표본은 충분한 정도의 다양성을 가져야 한다."는 조건을 만족하지 못하면 '편향된 통계 자료'의 오류가 발생한다. 예를 들어 어떤 외국인이 한국 대학생들 100명과 얘기를 해 본 결과 대부분의 대학생이 프랑스 어를 잘하는 것을 발견해서 모든 한국 대학생이 프랑스 어를 잘한다고 결론 내린다고 해 보자. 이 일반화는 표본의 수가 충분히 크다고 볼 수 있으므로 성급한 일반화의 오류라고 보기 어렵다. 그러나 이 대학생이 모두 프랑스어 학과 학생이었다면, 이것은 편향된 통계 자료의 오류를 범하고 있는 것이다.

(4) 가설 연역에 대한 평가

반드시 '오류'라고 할 수는 없지만, 귀납 논증의 하나인 가설 연역과 관련해서 부당한 논증으로 이끌 수 있는 요소를 알아보고자 한다.

가설 연역에 대한 평가는 그 가설이 해당 증거에 의해서 얼마나 강력하게 지지되는가에 따라 달라지게 된다. 그러나 이것 외에도 가설 연역의 과정 속에서는 몇 가지 복잡한 문제들이 자리 잡고 있다.

그 하나가 바로 보조 가설 문제다. 보조 가설은 주 가설, 즉 실험이나 관찰을 통해 진위가 가려질 문제화된 가설이 아니면서도, 그러한 실험이나 관찰의 전제로서 암묵적으로 받아들여지고 있는 가설을 말한다. 가설 연역을 다시 한 번 도식화해 보자.

> 만약 A라는 가설이 옳다면, B일 것이다.
> 관찰과 실험을 통해서 B가 확인되었다.
> 그러므로 A 가설은 확증되었다.

여기서 확증하고자 하는 가설이 어떤 천체 현상에 대한 가설이고 그 가설을 입증하기 위해 사용한 관찰의 방법이 망원경을 통한 것이라면, 여기에는 "망원경은 믿을만한 관찰 도구이다."라는 보조 가설이 암묵적으로 전제되고 있는 것이다. 그러나 만약 여기서 사용되는 망원경이 천체 망원경이라면 이러한 보조 가설을 받아들일 수 있겠지만, 그것이 동네 문구점에서 파는 망원경이라면 보조 가설의 신뢰도는 많이 저하될 것이다. 이럴 경우에 A라는 가설도 이 관찰을 통해 확증되었다고 보기 어려울 것이다.

또 한 가지는 바로 대안 가설과 관련된 문제이다. 대안 가설의 문제는 주어진 관찰 결과를 예측하는 가설이 하나가 아닐 경우에 발생한다. 만약 운이 좋아서 경합하는 대안 가설들 중에서 한 가설만 설명해 줄 뿐 다른 가설과는 아무런 관계가 없는 실험이나 관찰 결과를 찾는다면, 문제는 쉽게 해결되지만, 그러지 않을 가능성은 얼마든지 있을 수 있다. 이럴 경우에 고려해야 할 것이 바로 선행 확률(prior probability)이다. 즉 경합하는 가설들 중에서 가장 발생 가능성이 높은 가설이 더 그럴듯한 가설이라는 것이다.

가령 내가 잠에서 깬 후 화장실에 가서 세수를 하고 방에 다시 왔는데 자고 난 이불이 가지런히 개어져 있다고 해 보자. 이 현상을 설명하기 위한 가설은 그 사이에 누군가가 내 방에 들어와서 이불을 개어 놓았다고 보는 것이다. 하지만 억지를 부려서 생각해 보자면 다른 가설도 가능하다. 방에 있던 애완용 강아지가 이부자리를 가지고 장난을 치다가 우연히 그것이 정리된 상태로 되었다는 가설이다. 이 두 번째 가설이 전혀 불가능하다고 이야기할 수는 없지만 선행 확률이 너무 낮아서 진지한 고려 대상이 될 수 없다.

　이상의 논의를 종합하면, 보조 가설의 신뢰성이 얼마나 높은가 하는 점과 가설 자체의 선행 확률이 얼마나 높은가를 고려하여 그 결과가 충분히 만족스럽다면 주어진 관찰 결과가 증거로서 그 가설을 확증하고 있다고 말할 수 있다. 반대로 보조 가설의 신뢰성에 문제가 있고 가설 자체의 선행 확률이 낮다면 그 가설연역은 부당하다고 볼 수 있다.

【예제 3】 다음 글의 김박사가 주장하는 가설에 대해 가장 타당한 분석을 한 것은?

> 고고학자인 김 박사는 새로 발견된 백제 고분을 발굴하다가 목걸이를 하나 발견하였는데, 검사를 해 보니 순금이 아니라 18K 합금임이 밝혀졌다. 이를 토대로 김 박사는 백제 시대에 현대적 합금 기술과 유사한 합금 기술이 있었다고 주장했다.

① 받아들일 수 없다. 백제 시대의 목걸이가 오늘날까지 보존될 리 없다.
② 설명력은 있지만, 그 고분이 과연 백제 고분인지 더 조사해 볼 필요가 있다.
③ 받아들일 수 있다. 과학적으로 검증되었을 뿐 아니라 우리 민족의 우수성과도 일맥상통하는 가설이다.
④ 받아들일 수 없다. 그 목걸이는 발굴 과정에서 다른 학자나 인부들의 목걸이가 떨어져서 김 박사에 의해 발견된 것일 수 있다.
⑤ 받아들일 수 있다. 합금 기술이 발전하지 않았다고 하면 백제 고분에서 나온 목걸이가 합금으로 이루어졌음을 설명할 수 없다.

문제 해설

　이 지문은 가설 연역이다. 가설 연역의 도식으로 지문을 재구성하면 "백제 시대에 현대적 합금 기술이 있었다면 합금으로 만들어진 귀금속이 발견될 것이다.

백제 시대 고분에서 18K 합금 목걸이가 발견되었다. 그러므로 백제에는 현대적 합금 기술이 있었다."와 같이 될 것이다. 그러나 이 논증은 받아들이기 힘들다. 왜냐하면 동일한 현상을 설명하는 대안 가설들이 존재할 수 있으며 이러한 대안 가설들의 선행 확률이 더 높을 수 있기 때문이다. ④에서 제시하고 있는 대안 가설이 더 높은 선행 확률의 예이다. 따라서 이 문제의 답으로서는 ④가 가장 적절하다.

〈정답〉 ④

(5) 유비 논증에 대한 평가

여기서는 역시 귀납 논증의 한 종류인 유비 논증을 부당하게 만들 수 있는 요인에 대해서 알아보자. 그런데 이에 대한 상세한 논의는 파트 4의 제6장(219쪽)에서 이미 살펴보았다. 그래서 이 장에서는 앞서 다룬 내용을 다시 한 번 정리해 보는 것으로 마무리하겠다.

먼저 유비 논증의 도식을 다시 살펴보기로 하자.

> X와 같은 형태의 대상들은 F, G, H 등의 성질을 가지고 있다.
> Y와 같은 형태의 대상들은 F, G, H 외에 Z라는 성질도 가지고 있다.
> 따라서 X와 같은 형태의 대상들도 Z라는 성질을 가지고 있다.

그리고 유비 논증을 평가하는 기준 역시 다시 정리해 보자.

> **유비 논증의 강도를 가늠하는 척도**
> ① 전제의 사례들이 얼마나 다양하게 언급되어 있는가?
> → 다양할수록 논증은 강화된다.
> ② 전제에서 언급된 사례들의 수가 얼마나 많은가?
> → 많을수록 논증은 강화된다.
> ③ 전제들과 관련하여 결론의 주장이 얼마나 강한가?
> → 결론의 주장이 강할수록 논증은 약화된다. 이것은 귀납 논증의 일반적

속성이다.

④ 유비 부류들(X와 Y)의 대상들 사이에 의미 있는 유사성이 많은가?

→ 의미 있는 유사성이 많을수록 논증은 강화된다.

⑤ 유비 부류들(X와 Y)의 대상들 사이에 의미 있는 차이점이 많은가?

→ 의미 있는 차이점이 많을수록 논증은 약화된다.

⑥ 유사 속성들과 주장하려는 속성 사이에 밀접한 연관성이 있는가?

→ 연관성이 밀접할수록 논증은 강화된다.

앞서 공부한 내용을 점검한다는 기분으로 예제를 하나 풀어 보자.

【예제 4】 다음의 유비 논증에서 아래의 선택지에 있는 진술들이 추가될 때 그 논증이 강도에 영향을 미치는 방향이 나머지 넷과 <u>다른</u> 것은?

당신은 3년 전에 남대문 시장에서 청바지를 한 벌씩 두 번 샀는데, 그때마다 청바지는 품질이나 디자인, 그리고 가격 면에서 매우 만족스러웠다고 하자. 올해 당신은 다시 남대문 시장에서 청바지를 사려고 하고 있으며, 지난번만큼 좋은 것을 살 수 있으리라고 생각한다.

① 당신이 두 번이 아니라 네 번 청바지를 샀다고 가정하자.
② 당신의 여러 친구들도 그때 함께 같은 청바지를 샀는데, 모두 품질이 좋았다고 하자.
③ 당신은 청바지뿐만 아니라 잠바와 구두, 모자도 샀는데, 이것들도 매우 만족스러운 것이었다고 가정하자.
④ 이전에 샀던 청바지는 3년 정도 입을 수 있었는데, 이번에 사는 청바지는 5년 정도 입을 수 있을 것이라고 당신이 기대한다고 하자.
⑤ 이전에 샀던 청바지는 3년 정도 입을 수 있었는데, 이번에 사는 청바지는 2년 정도 입을 수 있을 것이라고 당신이 기대한다고 하자.

①, ②, ③은 모두 전제의 사례들의 다양성과 수를 크게 하는 가정들이기 때문에 논증의 강도를 높여 준다. ④는 전제들과 관련한 결론의 주장이 너무 강하기 때문에 논증의 강도를 약화시킨다. 반면에 ⑤는 결론의 주장이 약화되었기 때문에 논증의 강도가 강화된다. 따라서 답은 ④이다.

〈정답〉 ④

(6) 잘못된 인과 추리(인과적 오류)

인과 추리는 오류를 범하기 쉬운 논증 형태이다. 인과 추리에서의 오류는 대부분 원인과 결과의 관계를 제대로 파악하지 못하기 때문에 발생한다. 인과적인 주장을 하는 논증이 논리적 오류를 범했을 때 발생하는 오류를 인과적 오류라고 한다. 인과적 오류의 발생 원인과 종류에 대해서 알아보자.

① 원인 오판의 오류

원인 오판의 오류는, 인과 관계가 시간적으로 원인이 먼저 오고 결과가 나중에 온다는 사실에만 주목할 때 나타난다. 즉 시간적으로 선행하는 하나의 사건이 뒤이어 나오는 사건과 인과적인 관계가 있음이 밝혀지지 않았는 데도 마치 선행 사건이 뒤에 나오는 사건의 원인처럼 간주하는 잘못을 범하는 경우이다. 예를 들어 검은 고양이를 보면 늘 안 좋은 일이 생긴다고 해서 "검은 고양이는 나에게 불운을 가져다 주는 원인이다."라고 단정한다면 바로 원인 오판의 오류를 범하고 있는 것이다.

② 공통 원인의 무시

일치하여 발생하는 두 사건이 전혀 인과 관계가 없는 듯할 때 제3의 원인에 의한 것임을 의심해 볼 필요가 있다. 예를 들어 어떤 수업을 듣는 두 학생의 수행 평가 보고서가 토씨 하나 다르지 않고 똑같다고 해 보자. 그런데 두 학생은 반도 다르고 서로 알지도 못한다. 그렇다면 이 사건을 어떻게 설명할 수 있을까? 이 경우에는 일면식도 없는 두 학생의 보고서가 정확히 동일하게 작성된 어떤 공통 원인을 찾는 것이 합리적일 것이다. 두 학생이 각각 다른 어떤 학생의 보고서를 베꼈거나, 아니면 인터넷 상에 올라와 있는 자료를 그냥 다운 받아서 제출했을 수도 있다. 이렇게 서로 연관되어 있는 듯이 보이는 두 개의 사건에는 다른 공통 원인이 있을 수 있는데, 이러한 가능성을 처음부터 배제하고 규칙성에만 근거하여 판단을 내리는 경우가 바로 공통 원인을 무시하는 오류를 범하고 있는 것이다.

③ 원인과 결과의 혼동

인과 관계의 방향을 잘못 판단해서 생기는 오류이다. 예를 들어 흡연과 폐암이 상관 관계를 가지고 있다는 사실이 오랫동안 관찰된 현상이라고 하자. 많은 사람들이 양자 간에는 직접적인 인과 관계가 있으며 흡연 증가가 원인이고 폐암 증가가 이의 결과라고 생각할 것이다. 그런데 폐암이 발생하면 흡연의 욕구가 더 커져 오히려 폐암 증가가 더 많은 흡연을 유발시키는 원인이라고 믿는 사람도 있다. 이것은 원인과 결과를 혼동한 오류의 예이다. 이러한 오류를 방지하는 방법은 시간적인 순서에 주목하는 것이다. 즉 시간적으로 먼저 오는 것이 원인이 된다.

④ 발생적 오류

발생적 오류란 어떤 주장이 어디에서 어떻게 나왔는지를 묻는 주장의 기원(origin)에 관한 문제와 그 주장이 정당한 것인지 묻는 정당화(justification)의 문제를 혼동할 때 생기는 오류이다. 어떤 주장이나 믿음을 가지게 된 원인과 그 믿음을 정당화시켜 주는 증거는 별개의 문제이다. 기원의 문제가 원인을 묻는 문제라면, 정당화의 문제는 이유를 묻는 문제이다. 만약 어떤 주장을 정당화시키기 위해서 이유를 제시하는 것이 아니라 원인을 제시한다면 그것은 발생적 오류를 범하는 것이다. 예를 들어 신이 존재한다는 주장을 정당화하기 위해서 성서에 그렇게 씌어 있다고 말하는 것은 그 주장을 정당화하는 것이 아니라 신이 존재한다라는 믿음의 원인을 제시하고 있는 것이다.

【예제 5】 다음 〈보기〉에서 인과적 오류를 같은 종류끼리 알맞게 짝지은 것은?

〈 보기 〉

㉠ 상류층은 모두 최고급 승용차를 타고 다닌다. 그러므로 우리도 비록 사글세방에 살더라도 상류층이 되기 위해서 최고급 승용차를 타고 다녀야 한다.

㉡ 어떤 사람들은 흡연과 폐암이 어떤 알려지지 않은 요소(아마도 어떤 유전적 요인)에 의해 야기된다고 주장했다. 만일 이들의 주장이 옳다면, 흡연이 폐암의 원인이라고 주장하는 사람들은 어떤 오류를 범하는 것이 되는가?

㉢ 몇 해 전 미국의 한인 거주지에서 발생한 폭동 기간에, 가장 많이 도난당한 품목은 컬러 TV였다. 어떤 사람들은 그러한 폭동을 막는 방법은 원하는 사람에게 무상으로 컬러 TV를 주는 것이라고 주장했다.

㉣ 까마귀 날자 배가 떨어진다는 속담은 까마귀가 배나무에 잘 앉아 있다가 날아가면서 배를 떨어뜨리는 경향이 있다는 것을 말해 준다.

① ㉠, ㉡　　　　　② ㉡, ㉢　　　　　③ ㉡, ㉢, ㉣
④ ㉠, ㉢　　　　　⑤ ㉠, ㉢, ㉣

문제 해설

㉠은 상류층이라는 사실이 최고급 승용차를 타는 원인인데, 최고급 승용차를 타는 것이 상류층이 된 원인으로 잘못 알고 있다. '원인과 결과의 혼동' 이다. ㉡은 '공통 원인의 무시' 오류를 범하는 것이다. ㉢은 폭동 때문에 TV 도난이 일어났는데, TV 도난이 없으면 폭동을 예방한다고, 즉 TV 도난 욕구가 폭동의 원인이라고 잘못 파악하고 있다. '원인과 결과의 혼동' 이다. ㉣은 전형적인 '원인 오판의 오류' 이다. 따라서 답은 ④이다.

〈정답〉 ④

3. 비형식적 오류

지금부터 공부할 비형식적 오류는 그 종류가 상당히 많다. 하나하나를 외우려 들면 공부하는 일 자체가 지루해질 뿐만 아니라 암기 자체가 의미 있는 것도 아니다. 그냥 가볍게 읽어 주기 바란다. 흥미롭게 읽어 가면서 "아, 이래서 이게 오류구나!"하고 깨닫는 것이 중요하다.

논술 시험에서 오류의 이름을 묻는 문제는 절대로 나오지 않는다. 다만 제시문에서 오류를 발견할 수 있고 글을 쓸 때 오류에 빠지지 않을 정도로만 그 기능을 익히면 충분하다.

비형식적 오류 역시 논지에 대한 근거를 잘못 제시한다는 점에서 형식적 오류와 다를 바 없다. 그러나 잘못 제시된 근거의 성질이 논리적 형식으로 일반화되기보다는 형식 외적인 특징으로 일반화될 수 있기에, '비형식적 오류'라고 한다. 모두 다 논리적으로 타당성을 결여하고 있으면서도 논증이 그럴듯하게 보인다는 특징이 있다.

비형식적인 오류는 크게 '관련성의 오류'와 '애매성의 오류'로 나눌 수 있다. 순서대로 살펴보자.

(1) 관련성의 오류

추론 또는 논증의 전제들이 결론과 논리적으로 관련성이 없거나, 결론이 진리라는 것을 확립해 줄 수 없을 때 관련성의 오류를 범하게 된다. 관련성의 오류를 범한 논증은, 전제와 결론 간에 심리적인 의미에서의 관련성이 있기 때문에 외견상의 설득력을 지니고 있고 그럴듯해 보인다. 그러나 관련성의 오류를 범한 논증은, 전제와 결론 간에 논리적인 관련성이 없기 때문에 전제가 결론이 참이라는 것을 증명해 주지 못한다.

관련성의 오류에는 다음과 같은 것들이 있다.

① 인신 공격의 오류
② 정황적 논증의 오류(피장파장 오류, 당신도 마찬가지 논법)

③ 힘에 호소하는 오류

④ 무지로부터 논증의 오류

⑤ 허수아비 논증의 오류

⑥ 발생적 오류

⑦ 우물에 독 뿌리는 오류

⑧ 연민에 호소하는 오류

⑨ 군중(다수)에 호소하는 오류

⑩ 부적합한 권위에 호소하는 오류

⑪ 우연의 오류

⑫ 성급한 일반화의 오류

⑬ 인과적 오류

⑭ 선결 문제 요구의 오류

⑮ 순환 논법의 오류

⑯ 논점 일탈의 오류

⑰ 복합 질문의 오류

⑱ 흑백 사고의 오류

⑲ 의도 확대의 오류

이 중에서 ⑥, ⑫, ⑬은 앞에서 '형식적 오류'로 분류해서 이미 살펴본 것들이다. 그러나 앞서 지적했듯이 엄밀하게 말하면 '비형식적 오류'로 분류하는 것이 옳기 때문에 여기서 다시 한 번 설명하도록 하겠다.

① 인신 공격의 오류

인신 공격의 오류는 일종의 '사람에의 논증'이라고도 한다. 사람에의 논증은 '사람을 향해서 논증하는 것'으로 인신 공격의 오류와 정황적 논증의 오류로 구분된다. 차이를 말하자면, 인신 공격의 오류는 주장하는 내용을 반박하는 것이 아니라 주장을 펴는 사람의 인격을 손상하면서 그 주장을 공격할 때 범하게 되는 오류이다.

오류의 이유　민족을 배반한 반역자가 쓴 소설이라고 해서 소설의 가치가 없다고 하는 것은 인신을 공격하는 오류를 범하는 것이다. 인물과는 별개로 소설 자체는 훌륭한 것일 수도 있기 때문이다.

고친 문장 ▶　그 사람이 쓴 역사 소설은 읽을 만한 가치가 없다. 왜냐하면 그 역사 소설은 사실성을 왜곡시킨 심한 편견과 허구를 기반으로 쓰여졌기 때문이다.

오류의 이유　여기서는 반대자가 정책을 반대하는 이유를 제시하지는 않고, 정책을 지지하는 사람의 인격을 모독하고 있다.

고친 문장 ▶　김 의원께서는 어떻게 현실에 맞지 않는 정책을 지지할 수 있습니까? 지역 주민들이 원하는 것이 무엇인가를 알고, 지역 현실에 맞는 정책을 펴 주시기 바랍니다.

② 정황적 논증의 오류

　두 사람 간의 논쟁에서 한 사람이 자기의 주장이 참인가 거짓인가 하는 문제는 무시한 채 상대방에게 정황 또는 상황상으로 자기의 생각을 받아들이지 않으면 안 된다고 주장하는 오류이다. 또는 상대방이 어떤 특별한 상황에 처해 있어서 그렇게 주장할 수밖에 없는 것이라며 상대방을 몰아붙이는 경우에도 정황적 오류를 범하게 된다.

【예시 1】 내가 부동산 투기를 해서 부정하게 돈을 벌었다고요? 그래, 부동산 투기를 해서 돈을 번 사람이 나쁜인가요. 따지기를 좋아하는 기자 양반들, 당신들은 부동산 투기를 해 본 적이 없나요? 왜 나만 죄인 취급을 하지요?

오류의 이유 "기자들도 부동산 투기를 하면서 나만 나쁘다고 말할 수 있느냐, 당신들의 행위가 정당화된다면, 나의 행위가 나쁘다고 말할 수 없지 않느냐?"는 식으로 상대방과 똑같은 상황임을 들어 자기의 입장을 정당화하려고 하는 오류를 범하고 있다.

> **고친 문장 ▶** 내가 부동산으로 돈을 번 것은 사실이나 부정하게 돈을 벌어들인 것은 아닙니다. 저는 절대로 투기를 목적으로 부동산을 매입한 것이 아닙니다. 노후에 전원 생활을 하기 위해 아주 오래전에 사 둔 토지가 주위의 개발로 값이 폭등하여 재산 증식이 된 것인데 무조건 죄인 취급을 하는 것은 옳지 않다고 생각합니다.

【예시 2】 경찰관 : 당신, 과속을 했는데 운전 면허증을 좀 봅시다.
운전자 : 나보다 앞서 과속을 한 사람들은 잡지 않고 왜 나만 잡는 거요? 교통 단속을 하려면 공정하게 해야지요.

오류의 이유 운전자는 자기보다 먼저 과속을 한 사람을 잡지 않느냐고 우기면서 자신의 잘못을 정당화하려는 오류를 범하고 있다. 재수가 없었기 때문에 교통 법규를 어긴 것이며 자신의 잘못은 없고 그날의 일진이 나빴기 때문에 걸렸다고 생각하고 있다.

③ 힘에 호소하는 오류

힘에 호소하거나 힘을 사용하겠다고 위협함으로써 자기 입장을 받아들이게 하는 오류이다. 이것은 보통 합리적인 논증이나 증거가 없거나 통하지 않을 때 사용하는 오류이다.

【예시 1】 나는 이 지역의 유권자들을 다수 끌어 모을 수 있소. 만일 당신이 이 법안을 지지하지
않으면 다음 선거에서 당신을 낙선시키도록 하겠소.

오류의 이유　이것은 법안 자체가 어떠어떠한 이유 때문에 바람직하다는 주장을
하는 것이 아니라, 자기가 원하는 법안을 지지하지 않으면 다음 선거에서 떨어
뜨리겠다고 위협하는, 힘에 호소하는 오류를 범하고 있다.

고친 문장 ▶　이 법안은 이 지역의 시민 단체들로부터도 토론 과정에서 그 타
당성과 신뢰성을 인정받은 내용이니 이 법안을 지지하리라 믿습니다.

【예시 2】 내 사무실에서 당장 나가는 것이 당신 신상에 이로울 것이요. 당장 나가지 않으면 경찰
을 부르도록 하겠소.

오류의 이유　경찰의 힘을 이용하여 자신의 목적을 달성하겠다는 오류를 범하고
있다.

고친 문장 ▶　당신으로 인해서 업무에 지장이 많으니 사무실에서 나가 주십시오.

④ 무지로부터 논증의 오류

　어떤 명제가 참이라고 주장하면서 그 이유로서 그것이 거짓임이 증명된 바 없
다는 사실을 들거나, 아니면 어떤 명제가 거짓이라고 주장하면서 그 이유로서
그것이 참임이 증명된 바 없다고 주장하면 무지로부터의 논증의 오류를 범하게
된다.

【예시 1】 ⓐ 하느님이 존재한다는 것은 참이다. 왜냐하면 하느님이 존재하지 않는다는 것을 증명
한 바 없기 때문이다.

ⓑ 그 사람이 그 물건을 훔쳤다고 말할 만한 증거가 없으므로 그 사람은 그것을 훔치지 않았다.

오류의 이유　ⓐ의 경우는 무지로부터의 논증이다. 재판에서 증거가 없기 때문에 무죄로 간주한다고 말하는 ⓑ의 경우와 혼동해서는 안 된다. ⓑ의 추론은 '유죄의 증거가 없으면 무죄로 간주한다.'는 법률상의 원리를 전제하고 있기 때문에 오류가 아니다.

【예시 2】 사후에 영혼의 세계가 있다는 것을 아무도 증명하지 못한다. 그러므로 우리가 죽은 후에도 영혼이 불멸하다는 말은 거짓이라고 말할 수밖에 없다.

오류의 이유　어떤 것이 참이라는 것을 증명하지 못했다고 해서 그것이 거짓이라고 말할 수는 없다.

⑤ 허수아비 논증의 오류

상대방이 제시한 원래의 주장을 공격하기 쉽도록 문제성이 있는 주장으로 바꾸어 해석한 후 그 주장을 공격하는 오류이다.

【예시 1】 딸　: 아빠는 진정으로 여성의 권리에 대한 저의 입장을 이해하고 계신 것 같지 않아요. 제가 말씀 드리고자 하는 것은 여성이 어떤 식으로든 차별을 받아서는 안 된다는 것이지요. 남성에게 주어지는 기회는 여성에게도 주어져야 한다는 말씀입니다.
아빠 : 오, 알겠다. 남자들과 마찬가지로 여자들도 군대를 가야 한다는 말이구나.

오류의 이유　여기서 아빠는 딸이 제시한 원래의 주장을 공격하기 쉽도록 문제성이 있는 주장으로 바꾸어 해석한 후 "여자들도 군대를 가야 한다."는 식으로 허수아비를 세워 놓고 딸의 주장을 공격하고 있다.

【예시 2】 갑 : 국가 보안법은 국민의 기본권을 부당하게 침해할 소지가 많습니다. 그것을 형법에 통합하는 것이 마땅합니다.

오류의 이유　을은 공산주의의 수용이라는 허수아비를 세워 놓고 갑의 주장을 공격하고 있는데, 그 허수아비를 쓰러뜨린다고 해서 갑의 주장이 논박되는 것은 아니다. 갑은 공산주의를 수용한다는 주장을 한 것이 아니기 때문이다.

> **고친 문장 ▶** 을 : 국가 보안법을 형법에 통합시키는 것을 저는 옳지 않다고 봅니다. 국가 보안법 가운데 국민의 기본권을 부당하게 침해할 소지가 많은 조항을 검토해야겠지만 우리가 남북으로 대치해 있는 현실을 감안할 때 필요한 것입니다.

⑥ 발생적 오류

어떤 사상, 사람, 관행, 제도 등의 어떤 속성으로 인해 관련 대상 역시 그러한 속성을 갖고 있다고 추론하는 오류이다. 일종의 편견이 작용하여 미리 짐작해 버리는 습관에서 나온 것이다.

오류의 이유　변절 시인이 지은 가곡이라고 해서 그 노래를 부르는 것은 옳지 않다고 추론하는 것은 선입관에서 오는 발생적 오류를 범한 것이다.

오류의 이유　어떤 대상이 어디서, 어떻게 기원하게 되었는가 하는 것은 그것 자체의 가치나 장점과는 관련성이 없다. "의료 보험이 사회주의 국가에서 유래했다고 해서 부조건 국민 의료 보험을 절폐해야 한다."고 하는 것은 성수 대교가 무너졌기 때문에 성수 대교와 같은 공법으로 다리를 놓는다면 무너진다고 말하는 것과 같은 발생적 오류를 범한 것이다. 나머지 예시도 마찬가지의 오류를 범한 것이다.

⑦ 우물에 독(毒) 뿌리는 오류

자신 혹은 자기 편의 입장과 반대되는 주장을 하는 것은 나쁜 것 또는 불건전한 것으로 규정하면서 반론을 제기할 수 있는 가능성을 원천적으로 봉쇄해 버리는 오류이다.

【예시 1】 우리가 추진하려고 하는 이 사업은 우리 모두에게 혜택이 돌아올 수 있는 사업입니다. 따라서 우리의 사업에 이의를 제기할 사람은 없다고 생각합니다. 만약에 그런 사람이 있다면, 그는 자기 이익만을 챙기려고 하는 사람임에 틀림없습니다.

오류의 이유　반대할 수 있는 가능성을 미리 봉쇄해 버리는 오류이다. 반대를 하면, 자기 이익을 챙기는 사람으로 인식될 수 있기 때문에 반대하는 것에 주저할지도 모른다.

고친 문장 ▶　우리가 추진하려고 하는 사업은 우리 모두에게 혜택이 돌아올 수 있는 사업입니다. 따라서 우리의 사업에 이의를 제기할 사람은 없다고 생각합니다만, 혹시 이의를 제기할 사람이 나온다면 이 사업을 다시 한 번 생각해 보고 추진해야 되겠습니다.

【예시 2】 ⓐ 우리가 추구하는 것은 그 누구도 반대할 수 없습니다. 만약 우리의 이상에 반대하는 사람이 있다면, 그는 반역자라고 아니할 수 없습니다.
ⓑ 제정신을 가진 사람이라면 우리의 제안을 반대할 수는 없을 겁니다.

오류의 이유 상대방이 반대 입장에 설 수 있는 가능성을 미리 차단하려고 하는
것은 자유롭고 공정한 토론을 가로 막는 좋지 않은 태도로 속담에 "못 먹는 감
찔러나 본다." "뒷일을 위해서 미리 싹부터 싹뚝 짤라 버린다."는 태도에서 나오
는 오류이다.

⑧ 연민에 호소하는 오류

연민에의 호소는 상대방의 동정심에 호소해서 자신의 결론을 받아들이게 하려
고 할 때 범하게 되는 오류이다. 우리 속담에 "우는 애 떡 하나 더 준다."라는 말
이나, "내 처지를 봐서 나 좀 봐 주라."는 말을 쓰게 되는 경우가 있는데 이런 말
들이 연민에 호소하는 오류를 범하는 것이다. 동정심에 의한 오류라고도 한다.

【예시 1】 우리 딸이 하도 애걸복걸해서 우리나라 국적을 포기하고 외국인 자격으로 입학을 시켰지
요. 부모의 심정으로 차마 거절할 수가 없었어요. 입시생 부모가 아니고서야 누가 그때의
절박한 저의 심정을 이해할 수 있겠습니까?

오류의 이유 국적을 버린 이유를 동정심을 얻어 정당화시키려는 오류를 범하고
있다.

고친 문장 ▶ 우리 딸이 하도 애걸복걸해서 국적을 포기하는 것은 옳지 않다
는 것을 알면서도 외국인 자격으로 입학을 시켰지요. 부모의 심정으로 어쩔
수 없이 국적을 버리는 일을 저질렀습니다.

【예시 2】 ⓐ 그가 구속되면 귀여운 자식들이 굶주리게 될 형편에 있으니 판사님께선 죄는 미워해
도 사람은 미워하지 말라는 명언을 다시 한 번 되새겨 보시고 선처를 부탁드립니다.
ⓑ 교수님, 교수님의 과목에서 낙제점을 받으면 저는 이번에 졸업을 못하게 됩니다. 병상
에 누워 계시는 아버님 대신에 제가 가족을 부양해야 할 형편입니다.

오류의 이유 ⓐ 변호사가 사건과 관련된 사실을 무시하고 판사의 동정심을 일으

켜서 소송 의뢰인이 무죄 판결을 받게 하려는 오류를 범하고 있다. 여기서 변호
사는 피고인이 무죄라는 것을 사건을 통해 증명하려고는 하지 않고 연민에 호소
하고 있다.

ⓑ 학생이 자신의 점수를 인정하고 재시험을 치뤄 졸업을 할 수 있도록 길을 열
어 달라고 하지 않고, 병상에 누워 계시는 아버지를 팔아 교수의 동정심을 살려
는 행위는 우리 주변에서 많이 저지르고 있는 오류이다.

⑨ 군중(다수)에 호소하는 오류

이 오류는 군중들의 감정을 자극해서 사람들이 자기의 결론에 동조하도록 시
도하는 오류이다. 또한 많은 사람들이 어떤 신념을 갖고 있거나 어떤 행동을 하기
때문에 그것이 옳다는 식의 주장도 오류에 해당된다. 대중을 자극하고 흥분시키는
선동적인 연설, 상품 광고에서 현란한 표현을 통해 소비자들을 유혹하는 것 등도 군
중에 호소하는 오류를 범하고 있는 대표적인 예이다.

어떤 책이 베스트셀러이기 때문에 그 책이 좋다고 주장한다거나, 어떤 정책을
다수가 받아들이기 때문에 그것이 좋은 정책이라고 주장하는 것, 세계의 대부분
의 나라가 그 제도를 채택하고 있기 때문에 그것을 채택하는 것이 바람직하다고
주장하는 것도 이 오류에 속한다.

【예시 1】 ⓐ 베스트셀러인 책은 좋은 책이다.
ⓑ 내각제는 선진국에서 오래전부터 시행해 온 제도이기 때문에 좋은 제도이다. 따라서
우리도 내각제를 해야 한다.
ⓒ 동성동본 혼인의 금지는 지금까지 내려온 미풍양속이다. 동성동본 혼인은 법으로 계속
금지시켜야 한다.

오류의 이유　ⓐ 베스트셀러라고 해서 그 책이 무조건 좋은 책이라고 말하는 것
은 소비자를 베스트셀러로 유혹하는 오류이다.

ⓑ 선진국이 내각제를 채택하고 있다고 해서 그 정치 제도를 채택하는 것이 바
람직하다고 주장하는 것도 군중에 호소하는 오류이다.

ⓒ 동성동본 혼인 금지 제도가 오랫동안 지속되어 왔기 때문에 좋은 제도라고

주장하는 것은 전통에 호소하는 오류로, 군중에 호소하는 오류에 속한다.

고친 문장 ▶ ⓐ 시대와 장소가 달라져도 그 가치가 인정되는 명작이라 부르는 책이 있다. 그러나 한때 베스트셀러라고 해서 다 좋은 책은 아니다. 흥미 위주의 책도 베스트셀러가 되기도 하기 때문이다.

ⓑ 선진국에서 오래 시행되어 왔다고 해서 내각제가 좋은 제도라고 할 수는 없다. 또한 내각제가 우리나라에 적합하리란 보장도 없다.

ⓒ 동성동본의 혼인 금지는 오래된 전통이긴 하지만 유교 문화의 영향으로 인한 것이다. 달라진 사회 분위기에 맞게 동성동본의 금혼도 풀려야 마땅하다.

【예시 2】 엄마 : 혼숫감으로는 냉장고나 세탁기 같은 필수품만 장만하고, 신랑한테 예물로 사 주기로 한 롤렉스 시계는 놔 두고 좀 싼 시계로 하는 것이 어떠냐?

딸 : 그것이 부담스럽기는 해요. 하지만 친구들도 대부분 그렇게 하는데 나만 안 할 수 있나요.

오류의 이유 친구들도 대부분 그렇게 하기 때문에 해야 한다고 주장하고 있는 것은 다수의 오류를 범하고 있다.

고친 문장 ▶ 딸 : 집안 형편으로 봐서 부담스럽기는 하지만 신랑이 원하니 별 수 없지 않습니까?

⑩ 부적합한 권위에 호소하는 오류

어떤 주장이 옳다는 것을 증명하기 위하여 주제와 관련이 없는 분야의 권위자의 견해에 의지하는 것을 말한다. 예를 들면 도덕적인 문제와 관련된 논쟁에서 물리학의 권위자인 아인슈타인의 견해를 인용해서 자신의 주장을 옹호하려 한다면 이 오류에 빠지게 된다.

【예시 1】 뇌사를 사망으로 인정해야 할지, 안 해야 할지 잘 모르겠다. 그러나 대통령이 인정하지 않으니 뇌사를 사망으로 보는 것은 옳지 않다고 생각한다.

오류의 이유　의학적인 문제를 의학의 전문가도 아닌 대통령의 권위에 호소함으로써 오류를 범하고 있다.

> **고친 문장 ▶**　뇌사를 사망으로 인정해야 할지 어떨지 모르겠지만, 세계 보건 기구에서 사망으로 규정하고 있으니 사망으로 보는 것이 좋다고 생각한다.

【예시 2】 사람이 죽어 가도 수혈을 해서는 안 된다. 왜냐하면 경전에 그렇게 쓰여 있기 때문이다.

오류의 이유　수혈을 해서는 안 된다고 하는 생각에 대하여 합리적인 근거를 제시하여 그것이 옳다 그르다는 것을 주장하는 것이 아니라, 단순히 권위로 인정되고 있는 경전에서 그렇게 말하고 있기 때문에 그것이 옳다 그르다고 주장하는 것은 잘못이다.

⑪ 우연의 오류

어떤 일반적인 사실이나 법칙 또는 규칙을 우연적인 상황, 즉 적용할 수 없는 예외적인 상황에 적용함으로써 범하게 되는 오류이다.

【예시】　ⓐ 물은 섭씨 100도에 끓는다. 그러니까 이 산 정상에서도 물은 섭씨 100도에 끓을 테니 집에서 부을 때와 같은 양의 물을 부어야 한다.
ⓑ 모든 사람은 자기의 견해를 자유로이 표현할 수 있는 권리를 지닌다. 그러므로 판사도 자기의 정치적인 견해를 법정에서 피력할 수 있는 권리를 가지고 있다.
ⓒ 동물은 사랑해야 한다. 쥐를 그렇게 잔인하게 때려잡는 것은 옳지 않다.

오류의 이유　ⓐ 산에 올라가면 물의 끓는점이 달라진다는 예외적인 상황을 놓치고 물은 100도에서 끓는다는 원칙만을 주장하는 잘못을 저지르고 있다.

ⓑ 누구나 자신의 견해를 발표할 수 있다는 일반적인 논리만을 내세워 판사가 장소를 가리지 않고 정치적인 견해를 법정에서 말해도 된다는 잘못을 저지르고 있다.

ⓒ 동물 보호라는 견해를 가지고 혐오 동물까지 죽여서는 안 된다는 견해를 말하는 것은 잘못된 오류이다.

> **고친 문장 ▶** ⓐ 물은 섭씨 100도에서 끓지만 이곳은 높은 지역이라 기압이 낮으므로 물이 100도 이하에서 끓는다. 따라서 물의 양을 조절해야 한다."

⑫ 성급한 일반화의 오류

여러 경우들의 공통점을 추출해서 일반화하지 않고, 일부에 제한된 경우들만을 주목하여 그것들의 공통점을 추출해, 모든 경우들이 다 그러한 속성을 갖고 있는 것처럼 주장하는 오류이다.

> **【예시】** ⓐ 그 지방 사람들은 성질이 조급하단 말이야.
> ⓑ 제주도 처녀들은 수영을 잘한단 말야.
> ⓒ 비싼 물건을 사는 갑순이는 사치를 일삼는 여자야.

오류의 이유 ⓐ 어떤 지방 사람들 중 일부가 성질이 조급한 것을 보고 그 지방 사람들은 모두 다 성질이 조급한 사람들처럼 일방적으로 몰아세우는 오류를 범하고 있다.

ⓑ 제주도에 해녀들이 많다고 해서 그 지방 여성들은 모두 수영을 잘한다고 생각하는 잘못을 저지르고 있다.

ⓒ 갑순이가 어느 날 비싼 물건을 산 것을 보고서 성급하게 사치스러운 여자라고 일방적으로 생각하는 잘못을 범하고 있다.

> **고친 문장 ▶** ⓒ 갑순이가 분수에 맞지 않게 비싼 물건을 사는데, 혹시 사치를 일삼는 여자가 아닌지 모르겠구나.

⑬ 인과적 오류

　어떤 두 사건이 우연히 일치할 때, 한 사건이 다른 사건의 원인이라고 주장하거나 한 사건이 다른 사건보다 앞서 발생했다고 해서 후자의 원인이라고 잘못 추론하는 오류이다.

【예시】　ⓐ 넌 왜 살이 찐 줄 알아? 운동을 안 해서 살이 찐 거라구.
　ⓑ 우리 순이는 눈이 커서 겁이 많아.
　ⓒ 그 집 아들이 왜 정신병자가 된 줄 알아. 부모의 산소를 잘못 옮겨서 그런 거라구.
　ⓓ 아침부터 하필 여자 손님이야. 오늘 장사가 잘되기는 다 틀렸나 보다.

　오류의 이유　ⓐ 운동을 안 한 것이 살이 찐 원인이라고 주장하고 있다. 그러나 운동을 하는 것이 살이 빠진 원인은 될 수 있어도 운동을 안 한 것이 살이 찐 원인이라고 말할 수는 없다. 살이 찐 원인을 식사 습관이나 유전적 요인 등 보다 직접적인 원인에서 찾는 것이 올바르다.
　ⓑ 눈이 큰 것을 겁이 많은 원인으로 잘못 판단하는 오류를 범하고 있다. 둘은 관련이 없는 사안이다.
　ⓒ 부모의 산소를 잘못 옮긴 것이 아들의 정신병 유발 원인이라고 판단하는 오류를 범하고 있다.
　ⓓ 첫 손님이 여자인 것이 장사가 잘 안 되는 원인이라고 잘못 추론하고 있다. 흔히 가지는 편견일 뿐이다.

　고친 문장 ▶　ⓐ 너 왜 살이 찐 줄 아니. 음식 섭취를 조절해야 돼. 특히 밤에 잠자리 들기 전에는 음식을 먹지 않도록 해야 돼.

⑭ 선결 문제 요구의 오류

　증명해야 하는 명제를 표현만 바꾸어 논증의 전제, 즉 이유로 삼으면 그 명제는 증명된 것이 아니므로 오류에 빠지게 된다. 이러한 논증에서는 결론이 전제의 주장을 그대로 되풀이하고 있기 때문에, 결론이 참이라는 것을 증명할 수 없다.

【예시 1】 여성이 사회적 활동을 할 수 있으려면 남성의 협조가 필요합니다. 왜냐하면 남성이 설거지 등 집안일을 도와주지 않고서는 여성이 사회적 활동을 하기가 사실상 어렵기 때문입니다.

오류의 이유   증명해야 하는 명제를 비슷한 말로 되풀이함으로써 그 이유로 삼고 있어 오류를 범한 것이다.

【예시 2】 ⓐ 배운 사람은 그렇게 상스러운 말을 쓰지는 않는다. 왜냐하면 천한 말을 사용하는 사람은 제대로 교육을 받았다고 말할 수가 없기 때문이다.

ⓑ 모든 사람에게 언론의 자유를 무제한적으로 허용하는 것은 대체적으로 국가에 이익이 된다. 왜냐하면 각자가 자신의 생각을 제한 없이 자유로이 표현하는 것은 사회 공동체의 이익에 기여하기 때문이다.

오류의 이유   "배운 사람은 상스러운 말을 쓰지 않는다."를 증명하는데 결론을 표현만 바꾸어 전제로 쓰고 있고, "언론의 자유를 무제한으로 허용하는 것은 대체적으로 국가에 이익이 된다."는 것을 동어반복적인 표현으로 논증함으로써 다른 말로 되풀이하고 있기 때문에, 논증에 대한 증명을 해 주지 못한 오류를 범하고 있다.

⑮ 순환 논법의 오류

선결 문제 요구의 오류와 비슷한 오류로서, 증명해야 할 명제를 결국에 끌어들여 이유로 삼고 있기 때문에 그 명제를 증명해 주지 못하고 있는 오류이다.

【예시】 하느님은 존재합니다. 왜냐하면 성경에 그렇게 쓰여 있기 때문입니다. 성경의 구절이 참이라는 것을 어떻게 알 수 있느냐고요? 그거야 물론 성경은 하느님의 말씀이기 때문에 참이죠.

오류의 이유   하느님이 존재한다는 것을 증명하는 데, '하느님의 말씀'을 전제로 삼으로써 순환 논법의 오류를 범하고 있다.

논점 일탈의 오류는 문제가 되고 있는 논점을 벗어나 논점과 관련성이 없는 주장을 하는 오류이다.

【예시】 한 학급에서 불우 이웃을 돕는 데 폐품을 수집해서 판매한 돈을 이용하자는 의견이 제안되었다. 거기에 찬성하는 한 학생이 다음과 같은 주장을 펼쳤다.
"우리 주위에는 우리보다 가난하고 어렵게 사는 사람들이 너무나 많습니다. 우리는 그들을 못 본 체 공부만 할 것이 아니라 그들의 어려움을 우리 자신의 어려움으로 생각하고 그들을 도와주는 것이 좋다고 봅니다. 언제 우리도 어려운 처지에 빠질지 누가 압니까? 더불어 인간답게 사는 것이 중요하지 않겠습니까?"

오류의 이유 발언자는 불우 이웃을 도와주는 것이 바람직하다는 것만을 주장하고 있다. 그것이 바람직하다는 것에는 누구나 동의할 것이다. 여기서의 논점은 불우 이웃을 도와주는 방법으로서 폐품 수집을 하자는 것이 다른 대안보다 좋은가, 좋다면 왜 좋은가 하는 문제이다. 발언자는 논점을 벗어나 불우 이웃을 도와주어야 한다는 당위성만을 주장하고 있기 때문에 논점 일탈의 오류를 범하고 있다.

⑰ 복합 질문의 오류

복합 질문이란 단순하게 "예", "아니오"로 간단히 대답할 수 없는 두 개 이상의 질문으로 구성된 것이다. 복합 질문의 오류는 복합 질문을 던지는 사람이 상대가 부주의하게 "예", "아니오"로 대답했을 때 잘못 추론하는 오류이다.

【예시】 아빠 : (아저씨한테 용돈을 받은 적이 없는 아들에게) 순태야! 너 어제 아저씨한테서 받은 용돈 가지고 게임방에 갔었지?
아들 : 아니요.
아빠 : 그러면 어제 아저씨한테 용돈을 받았다는 말이구나. 그 돈을 낭비하지 말고 저금을 하도록 하여라.

오류의 이유 순태가 아저씨한테서 용돈을 받은 적이 없다면, "너 어제 아저씨한테서 받은 용돈 가지고 게임방에 갔었지?"라고 묻는 것은 복합 질문이다. 이 질문은 ⓐ "너 어제 아저씨한테서 용돈을 받았지?" ⓑ "그 용돈을 가지고 게임방에 갔었지?"라는 두 개의 질문으로 구성되어 있는 복합 질문이다. 처음의 질문에 대하여 긍정적으로 대답될 때에만 나중의 질문이 "예", "아니오"로 대답될 수 있다. 복합 질문에 대해서 "예", "아니오"로 부주의하게 대답하게 되면, ⓐ의 질문에 대하여 긍정적으로 대답하는 결과(어제 아저씨한테서 용돈을 받았다.)를 가져오게 된다. 아빠는 복합 질문을 던지고 아들이 부주의하게 대답한 결과로부터 부당하게 결론을 이끌어 내고 있으므로 복합 질문의 오류를 범하고 있다. 이러한 오류는 경찰 수사 과정에서 범하기 쉬운 오류이다.

> **고친 문장 ▶** 아빠 : (아저씨한테 용돈을 받은 적이 없는 아들에게) 순태야! 너 어제 아저씨한테서 받은 용돈 가지고 게임방에 갔었지?
> 아들 : 아빠! 아저씨한테서 용돈을 받은 일이 없고, 게임방에 간 일도 없는데요.
> 아빠 : 내가 잘못 알았구나. 용돈이 생기면 낭비하지 말고 저축하도록 해라.

⑱ 흑백 사고의 오류

양극단의 가능성만 있고 다른 가능성은 없다고 주장하는 오류를 말한다.

【예시】 2+1 체제로 인해 공고생들이 공장에서 노예처럼 착취를 당한다는 신문 보도에 대해 정부 당국자의 말 : 그럼 왕자 대접받길 원합니까?

오류의 이유 '노예 아니면 왕자' 라는 양극단만 인정하는 전제를 깔고 있다.

⑲ 의도 확대의 오류

상대방의 말이나 행동의 본래 의도를 잘못 해석하거나 확대 해석하고 주장하는 오류를 말한다.

【예시】 어느 날 한 비구니가 조주 선사를 찾아왔다. 그녀는 선사에게 우주에서 가장 근본적인 이

치인 '비밀 중에 비밀'을 가르쳐 달라고 간청했다. 이에 선사는 비구니의 손을 가볍게 잡았다. 선사는 '비밀 중의 비밀'을 바로 그녀 자신 속에 있음을 가르쳐 주고자 한 것이었다. 그러나 비구니는 선사의 행동이 뜻밖이었던지 놀라 말했다.
"아니 노스님께서도 아직 그런 마음이 있으신가요?"
이미 해탈하신 줄 알았는데 여자 손을 잡아 보고 싶은 그런 마음이 있느냐는 질문이었다.

(2) 애매성의 오류

애매성의 오류는 애매한 말이나 구 또는 문장이 포함된 논증에서 그것들이 두 가지 이상의 의미로 사용됨으로써 잘못된 결론을 낳게 되는 오류이다. 여기에는 다음과 같은 것들이 있다.

① 애매어의 오류
② 애매문의 오류
③ 강조의 오류
④ 결합의 오류
⑤ 분해의 오류

① 애매어의 오류

애매어의 오류는 추론에서 어떤 말이 두 가지 이상의 의미로 사용됨으로써 생기는 오류로, 보통 "크다", "많다"와 같은 상대적인 개념이 논증에서 사용될 때 범하는 오류이다.

【예시 1】 그 권투 선수는 위대한 권투 선수이다. 그런데 위대한 권투 선수는 위대한 사람이다. 왜냐하면 권투 선수도 사람이기 때문이다. 따라서 그 권투 선수는 위대한 사람이다.

오류의 이유　'위대한'이라는 개념이 상대적인 개념이기 때문에 그것이 적용되는 대상에 따라 의미가 달라진다. 권투 선수로서 위대하다고 할지라도 사람으로서 반드시 위대하다고는 말할 수 없다.

【예시 2】 모든 법칙은 준수되어야만 한다. 만유인력의 법칙도 법칙이다. 그러므로 만유인력의 법칙
도 준수되어야만 한다.

오류의 이유　'법칙'이 두 가지 의미로 쓰이고 있다. 처음의 '법칙'은 행동의 규
칙, 법 등을 의미하고, 나중의 '법칙'은 자연의 법칙을 의미한다.

② 애매문의 오류

문장은 그 구조로 인해 두 가지 이상의 의미로 이해될 수 있는 경우가 있다. 애
매문의 오류는 구 또는 문장이 두 가지 이상의 의미로 해석되기 때문에 범하게 되
는 오류이다.

【예시】　딸　: 아빠도 강아지를 좋아하시죠. 저는 아빠보다 더 좋아해요.
　　　아빠 : 아빠보다 강아지가 더 좋다는 말이구나. 이젠 예쁜 선물은 더 이상 없는 것으로 알
　　　　　아라.

오류의 이유　딸의 말은 "저는 아빠보다도 강아지를 더 좋아한다."는 의미로 해
석될 수도 있고, "제가 강아지를 좋아하는 정도가 아빠가 좋아하는 정도보다 더
크다."로 해석될 수 있다. 그런데 딸은 후자의 의미로 말하였는데 아빠는 전자의
의미로 받아들여 말하고 있다. 예쁜 선물은 이제 더 이상 사 주지 않겠다고 말하
는 것은 힘에의 호소라고 말할 수 있다.

> **고친 문장** ▶ 딸 : 아빠도 강아지를 좋아하시죠. 아빠가 강아지를 좋아하시는
> 것보다 제가 더 강아지를 좋아할 걸요.
> 아빠 : 나도 너만큼 강아지를 좋아한다고 생각하는데, 글쎄 엄마에게 물어 보
> 자꾸나.

③ 강조의 오류

말 또는 문장의 어떤 부분을 특별히 강조함으로써 그 의미를 다른 뜻으로 변화

시켜 추론하는 오류이다.

오류의 이유　문수는 약속한 날짜를 강조함으로써 그 의미를 다른 뜻으로 바꿔 추론하는 오류를 범하고 있다.

오류의 이유　'친구들'에 강조를 하고 이 명제로부터 친구가 아닌 사람들하고 밤 늦게까지 술을 마셔도 된다는 결론을 이끌어 낸다면 강조의 오류를 범하게 된다. 위의 충고는 친구가 아닌 다른 사람들과 밤 늦게까지 술을 마셔도 좋다는 것을 함축하는 것이 아니기 때문이다. 강조의 오류는 글을 쓰면서 다른 사람의 주장을 인용할 경우에도 흔히 범할 수 있다. 전체 내용을 고려하지 않는다면 오해가 일어날 수 있는 주장인데 그 일부만을 떼어 내어 인용하는 경우 그러한 오류를 범하게 된다.

④ 결합의 오류

부분 또는 개별적인 원소들이 어떤 성질을 가지고 있다는 사실로부터 전체 또는 원소들의 집합도 그러한 성질을 가지고 있다고 추론하는 오류이다. 결합의 오류는 성급한 일반화의 오류와 비슷하게 보이지만, 서로 다르다는 것을 주목해야 한다. 성급한 일반화의 오류는 어떤 집합의 일부 원소가 어떤 성질을 가지고 있으므로 그 집합의 모든 개별적인 원소가 그 성질을 가지고 있다고 추론할 때 범하는 오류이다. 반면에 결합의 오류는 어떤 집합의 모든 개별적인 원소가 어떤 성질을 가지고 있으므로 그 집합 자체도 그 성질을 가지고 있다고 추론할 때 범하는 오류이다.

오류의 이유　각 구성 요소가 어떤 속성을 갖고 있다고 해서 그것으로 이루어진 전체 또는 집합이 그러한 속성을 갖고 있다고 추론할 수는 없다.

⑤ 분해의 오류

분해의 오류는 결합의 오류와 반대 방향으로 추론하는 오류이다. 즉 전체 또는 집합이 어떤 성질을 가지고 있기 때문에 그 부분 또는 원소도 그와 같은 성질을 가지고 있다고 추론하는 오류이다.

분해의 오류가 우연의 오류와 서로 차이가 난다는 것을 주목할 필요가 있다. 우연의 오류는 어떤 집합의 대부분의 원소가 어떤 성질을 가지고 있으므로 그 집합의 예외적이며 특수한 원소도 그 성질을 가지고 있으리라고 추론할 때 범하는 오류이다. 반면에 분해의 오류는 어떤 집합이 어떤 성질을 가지고 있으므로 그 집합의 개별적인 원소가 그 성질을 가지고 있다고 추론할 때 범하는 오류이다.

오류의 이유　ⓐ에서 ‘진돗개’는 집합적인 의미로, ⓑ에서 ‘진돗개’는 분배적 또는 개별적인 의미로 사용되고 있기 때문에 이 논증은 형식적으로는 타당한 것처럼 보이지만 오류를 범하고 있다.

이렇게 해서 비형식적 오류를 다 살펴보았다. 다음 예제는 지금까지 배운 내용을 가볍게 점검하는 기분으로 풀어 보기 바란다. 오류 유형을 암기할 필요는 없다. 예제에서 발견되는 오류의 종류를 나름대로 진단해 보고 본문을 뒤적여 가며 내용을 확인해 보면 된다.

【예제 6】 다음 각 글에서 범하고 있는 오류의 종류를 지적해 보시오.

1. 어떤 술꾼이 도대체 무엇이 그렇게 사람을 취하게 만드는가를 알고 싶어서 조사해 보았다. 그는 하루 저녁에는 위스키에 사이다를 섞어 마셔 보고, 그 다음날 저녁에는 맥주에다 사이다를 섞어 마셔 보고, 또 그 다음 날에는 막걸리에다 사이다를 섞어 마셔 보았다. 그리고 그는 자신 있게 "사이다 때문에 취했다."라고 말했다.

2. 어떤 여자가 자신이 사랑하는 남자에게 이렇게 말했다. "성경에 '원수를 사랑하라.'고 했잖아. 그런데 너와 나는 원수가 아닌데 어떻게 사랑을 하지?"

3. 쉬는 시간에 교탁에서 밥을 먹고 있는데 선생님이 갑자기 들어오셔서 아이들이 반찬을 미처 다 치우지 못했다. 맨 앞의 아이를 가리키며

   "교탁에서 밥 먹은 놈이 누구야?"

   "김만 제 건데요."

   "김만제 앞으로 나와!"

4. 흉악한 살인범에게는 사형이 그 죄질로 보아 합당하다고 생각합니다. 살인범이라고 해도 개과천선의 여지가 있기 때문에 사형에 처해서는 안 된다고 주장하는 사람들이 있습니다. 그러나 흉악한 살인에 상응하는 벌은 사형밖에 없기 때문에, 그러한 주장은 잘못이라고 봅니다.

5. 정류장에 정차한 버스가 한참을 출발하지 않고 있자 화가 난 승객이 버스 기사에게 소리쳤다.

   승객 : 기사 양반, 이 똥차 언제 출발할 거요?

   기사 : 똥이 차야 출발하죠?

6. 개를 잡아먹는 한국인의 행위는 옳지 않다고 서양인이 비난할 때, "그렇다면 당신들은 왜 소나 돼지를 잡아먹는 거요?"라고 되물었다.

7. 말단 여직원이 무엇을 알겠는가. 그녀가 건의한 것은 고려해 볼 필요가 없다.

8. 교통 경찰 아저씨, 눈감아 주세요. 아버님께서 급한 사고를 당하셨다는 연락을 받고 오느라고 그만 교통 법규를 어겼습니다. 효도하려는 마음에서 마음이 조급하다 보니 그만 실수를 저질렀습니다. 부모님을 모시고 살아가는 입장에서 한 번만 눈감아 주십시오.

9. 당산에 절이 들어선 뒤로 사람들이 계속해서 죽어 나가고 우환이 끊일 날이 없다. 그러니 빨리 절을 철거해야 한다.

10. ① 쥐는 동물이다. 그러므로 흰 쥐는 흰 동물이다.

    ② 쥐는 동물이다. 그러므로 큰 쥐는 큰 동물이다.

11. 영희가 일류 대학으로 알려져 있는 A 대학에 입학했기 때문에, 영희는 훌륭한 학생이다.

12. 갑돌이가 공산주의자라는 증거가 없기 때문에 그가 자유 민주주의자라는 것은 의심할 여지가 없다.

13. 교통 사고로 죽은 아버지와 이혼 경력이 있는 딸이 있는 집안의 아들과 결혼을 하겠다고 하는 것은 정신이 똑바로 박혀 있지 않아서야.

14. 이혼을 찬성하는 사람이, 이혼은 여러 가지 이유에서 볼 때 옳지 않다고 반대하는 신부에게 "당신이 어떻게 독신 생활을 하면서 그런 주장을 할 수 있습니까?"라고 말했다.

15. 도덕적 이상주의자들은 국제 관계에서의 목적과 수단의 고려에 있어 도덕적, 윤리적 규범이 큰 영향을 끼친다고 주장한다. 다시 말해서 이상주의는 18세기의 계몽적 낙관주의 전통에 근거하여, 이성적 인간은 언제나 이성적으로 행동하며, 따라서 이성을 가진 인간의 집합인 국가도 이성적으로 행동하리라는 주장인 것이다. 또 19세기의 자유주의 전통에서 강조된 것처럼, '보이지 않는 손'에 의해 사회가 조화를 이루듯이, 국제 정치도 각 국가에 자연스런 조화가 이루어질 수 있다고 생각한다. 따라서 이상주의는 인간의 이성을 신뢰하며, 국제 여론을 중시하고, 법과 기구를 기반으로 하는 국제적 행위 규범의 발전을 강조하고 있다.

 문제 해설

1. 인과적 오류 중 원인 오판의 오류. 취하는 원인은 위스키, 맥주, 막걸리 등의 술에 있는데 섞어 마신 사이다를 그 원인으로 지목하고 있다.

2. 강조의 오류. 성경의 말은 "원수까지도 사랑하라."는 것인데, 이를 "원수만 사랑하라."로 오해하고 있다.

3. 애매문의 오류. "김만 제 건데요", 즉 반찬 중에서 김〔海苔〕만 자신의 것이라는 말을 김만제라는 친구의 것으로 오인한 경우이다. 문장의 구조가 애매해서 생긴 오류이다.

4. 선결 문제 요구의 오류 혹은 순환 논법의 오류. 살인범을 사형에 처해야 한다는 주장의 근거가 다시 '흉악한 살인에 상응하는 벌은 사형밖에 없기 때문'이라는 그 주장 자체가 되고 있다.

5. 애매어의 오류. 승객이 말한 '똥차'는 '낡은 차'라는 의미였고, 기사는 이 말

을 '똥을 치우는 차' 로 일부러 곡해해서 되받아치고 있다.

6. 우연의 오류. 소나 돼지라는 식용 가축을 잡아먹는 것(일반적)과 애완용 개를 잡아먹는 경우(특수함, 우연석)는 다른 것이라 할 수 있다. 피상파상의 오류도 발견할 수 있다.

7. 발생적 오류. 말단 여직원으로부터 기원한 의견은 무조건 별 볼일 없다고 간주하고 있다.

8. 연민에 호소하는 오류

9. 원인 오판의 오류. 당산에 절이 들어선 것이 사람들이 죽어가는 원인으로 보기에는 증거가 미흡하다. 대부분의 미신이 이러한 구조를 가지고 있다.

10. 애매어의 오류. 쥐 중에서 크다고 해서 동물 중에서도 크다고 볼 수는 없다.

11. 분해의 오류. 대학이 일류 대학이라고 해서 그 구성원이 모두 훌륭하다고 볼 수는 없다.

12. 무지로부터 논증의 오류

13. 우물에 독 뿌리는 오류. 반론을 제기할 수 있는 가능성을 원천적으로 봉쇄하고 있다.

14. 상대방의 주장을 그 사람의 처지에 빗대어 반박하기에 인신 공격의 오류라 볼 수도 있고, '독신' 으로 사는 사람이 이혼에 반대할 수 있느냐는 주장이기에 피장파장의 오류라고 볼 수도 있다. 또한 신부라는 특수한 직업을 무시하고 일반론으로 공략하기 때문에 우연의 오류라 볼 수도 있다.

15. 결합의 오류. 인간이 이성적이라고 해서 사회가 조화를 이루고 국제 정치도 조화를 이룬다고 생각하는 것은 결합의 오류를 범한 것이다.

자, 상당히 긴 지면에 걸쳐 타당성과 오류에 대해서 공부했다. 다시 한번 말하지만 오류의 이름을 암기하는 것은 아무런 의미가 없다. 다만 논술 문제의 제시문에서 오류를 발견할 수 있다거나 글을 쓸 때 오류에 빠지지 않는 능력을 가지는 것으로 충분하다.

이제 논술 문제를 통해서 지금까지 공부한 내용의 유용성을 검증해 보자.

【예제 7】 다음 제시문을 읽고 물음에 답하시오.

　　2005학년도 수능 시험 외국어(영어) 영역에서 만점을 받은 A 대학 신입생들이 TEPS(영어 능력 검정 시험)를 치른 결과 점수 차가 최대 450점이나 차이가 나는 것으로 나타났다. 이는 수능 영어 시험의 변별력이 그만큼 떨어지는 것을 의미하는 것으로, TEPS로 측정한 영어 능력은 매우 큰 차이가 있음을 보여 주는 것이다.

　　990점 만점인 TEPS는 듣기, 문법, 어휘, 독해의 4개 영역에 걸쳐 200문항이 출제되는 시험으로, 정부 기관이나 많은 기업체가 영어 능력 시험으로 채택하고 있다. 오늘 공개된 자료에 따르면, 수능 영어 만점자 131명 중 TEPS 점수가 가장 좋은 학생은 945점인 반면, 최하위는 495점이었다.

　　수능 영어 점수가 거의 비슷한 단과 대학 내에서도 TEPS 점수 격차가 400점 안팎으로 벌어졌다. 법대의 경우 최고 점수는 904점이었으나, 최저 점수는 537점으로 367점이나 차이가 났다. 의예과 역시 TEPS 성적이 가장 좋은 학생은 936점인 반면, 최저 점수는 557점으로 379점의 차이가 벌어졌다.

【논제 1】 위의 제시문에서 주장하는 내용의 요지를 7~8줄(151~200자) 분량으로 요약 서술하시오.

【논제 2】 위 제시문의 주장에서 사용된 논리의 문제점을 지적하여 7~8줄 분량으로 설명하시오.

‖ 2006 동국대 수시 2 논술 예시 – 자연계 ‖

문제 해설

● 논제 1

　　제시문의 내용을 논증으로 정리해 보면 문제에서 요구하는 분량의 요약문이 만들어 질 것이다. 그리고 이렇게 논증으로 정리해야 두 번째 문제를 해결하는 데 용이하다. 먼저 이 글의 결론을 찾아보자.

　　(결론) 수능 영어 시험의 변별력이 떨어진다.

이는 어렵지 않게 찾을 것이다. 이번에는 이 주장의 근거를 정리해 보자.

> ① 수능 시험 외국어(영어) 영역에서 만점을 받은 A 대학 신입생들이 TEPS(영어 능력 검정 시험)를 치른 결과 점수 차가 최대 450점이나 차이가 나는 것으로 나타났다
> ② 수능 영어 점수가 거의 비슷한 단과 대학 내에서도 TEPS 점수 격차가 400점 안팎으로 벌어졌다.

①과 ②는 경험적 사례이다. 이 경험적 사례로부터 위의 결론이 도출된 것이다. 일단 이상의 정리를 토대로 이 글의 논지를 요약해 보자. 그러고 나서 논제 2를 검토하자.

> 수능 시험 영어 만점자들의 TEPS 성적이 최대 450점이나 차이가 나고, 수능 영어 점수가 거의 비슷한 단과 대학 내에서도 TEPS 점수 격차가 400점 안팎이나 벌어진 점으로 미루어 보아 수능 영어 시험의 영어 능력 변별력이 매우 떨어진다고 볼 수 있다.

● 논제 2

예제 7의 제시문의 주장이 무언가 석연치 않다고 느꼈을 것이다. 상대방의 주장이 무언가 석연치 않다고 느꼈을 때 제일 먼저 생각해야 할 것이 무엇일까? 그렇다. 생략된 전제이다. 이 점을 간파한 사람은 정말 칭찬해 주고 싶다. 앞의 논증에서는 주요한 전제 하나가 은밀하게 작용하고 있다. 바로 다음의 전제이다.

> TEPS 시험의 결과는 믿을 만하다.

그리고 확실하지는 않지만, 믿을 만하다는 근거도 나름대로 제시되고 있다. "정부 기관이나 많은 기업체가 영어 능력 시험으로 채택하고 있다."는 문장이 그 것이다. 사실 논제 1의 요지문에 이 부분이 들어가야 완벽해진다. 이 점을 추가 하여 요지문을 완성해 보자.

> 수능 시험 영어 만점자들의 TEPS 성적이 최대 450점이나 차이가 나 고, 수능 영어 점수가 거의 비슷한 단과 대학 내에서도 TEPS 점수 격차 가 400점 안팎이나 차이가 남이 밝혀졌다. 그런데 TEPS는 정부 기관이 나 많은 기업체가 영어 능력 시험으로 채택하고 있는 시험으로서 믿을 만한 시험이다. 따라서 수능 영어 시험의 영어 능력 변별력이 매우 떨어 진다고 볼 수 있다.

자, 이렇게 보면 앞의 논증이 가지고 있는 문제는 바로 숨은 전제에 있다는 점 을 알 수 있다. 수능 영어 시험에 비해서 TEPS 시험이 믿을 만하다고 확신할 수 있는가? 만약 그 근거가 "정부 기관이나 많은 기업체가 영어 능력 시험으로 채택 하고 있다."는 사실이라고 한다면, 이는 군중에 호소하는 오류를 범하고 있는 것 이다. 즉 이 논증은 주요한 전제(비록 숨어 있기는 하지만)의 진리성을 의심할 수 밖에 없기 때문에 건전한 논증이라고 볼 수 없다. 그러나 앞에서 벌어진 상황은 무언가 납득할 만한 설명을 제시해야 할 것 같다.

여기서 여러분이 주목해야 할 것은 앞 논증의 성격이 무엇인지 하는 점이다. 이 논증이 경험적 사례로부터 결론을 도출하는 것이기 때문에 귀납 논증이라는 점은 분명하다. 그렇다면 이 논증은 귀납 논증 중에서 무엇이라고 정식화할 수 있을까?

가장 먼저 생각해 볼 수 있는 것이 귀납적 일반화이다. 앞에 정리한 ①, ②의 사례를 일반화해서 결론을 도출했다고 보는 시각이다. 그러나 ①, ②를 일반화해 서 도출할 수 있는 명제는 "수능 영어 시험에서 비슷한 성적을 낸 사람이 TEPS

시험에서는 엄청난 격차를 보인다."이지 "수능 영어 시험의 변별력이 떨어진다."는 아니다. 즉 앞의 논증의 결론은 주어진 현상을 일반화한 것이 아니라 주어진 현상을 '해석한' 결과를 내보이는 것이다.

따라서 앞의 논증의 결론 부분은 주어진 현상 ①, ②를 설명하는 하나의 '가설'이라고 볼 수 있다. 그리고 이 논증은 '최선의 설명으로서의 추론' 혹은 '귀추법'이라고 불리는 논증이다. 이는 '주어진 현상을 설명하는 가설 중 가장 설명력이 뛰어난 것을 결론으로 내세우는 논증'이다. 이렇게 보면 앞의 논증을 평가하는 데 있어서는 ①, ②의 현상을 가장 잘 설명해 주는 가설이 "수능 영어 시험의 변별력이 떨어진다."인가 하는 점이 중요한 문제가 된다. 여러분 생각은 어떠한가?

해결의 실마리는 제시문에서 찾을 수 있다. "정부 기관이나 많은 기업체가 (TEPS를) 영어 능력 시험으로 채택하고 있다."는 문장이 실마리이다. 이 문장은 TEPS 시험의 대상이 성인이라는 점, 즉 고등 학생이 아니라는 점을 말해 주고 있다. 그러나 대학 신입생은 고등 학교 수준의 영어 공부를 하고 입학한 학생들이다. 이 학생들에게 성인 수준의 영어 시험을 잣대로 들이대는 것은 옳지 못한 일이라 판단할 수 있다. 따라서 ①, ②의 현상을 설명해 주는 새로운 가설로서 다음을 제시할 수 있다.

> 고등 학생이 배우는 영어의 수준과 대학생 이상 성인이 공부하는 영어의 수준은 차이가 있다.

이 가설이 동일한 수능 영어 시험 만점자라도 TEPS 시험에서는 상당한 격차를 보이는 현상을 더 잘 설명해 줄 수 있다. 이상으로 논의할 내용을 잘 정리하여 각자 논제 2의 답안을 작성해 보기 바란다.

2장
정당성

타당성은 논리적 형식에 따른 판단이라면, 정당성은 윤리적, 법률적인 '정의(正義)'와 관련된 개념으로 가치 판단을 전제로 한다. 그런데 가치 판단을 할 때는 가치 판단의 기준을 제시해야 하는데, 그 기준이 모호하면 정당성을 확보할 수 없다. 마찬가지로 저자의 주장에 반대하는 글을 쓸 때도 자신의 가치 판단을 담은 주장과 그 가치 판단의 명확한 기준을 제시해야 설득력을 얻을 수 있다.

이번에 다룰 내용은 '정당성'이다. 정당성 개념을 이해하는 가장 좋은 방법은, 앞 장에서 배운 '타당성' 개념과 대비해서 이해하는 것이다. 타당성은 논리적인 기준을 만족시키는 개념으로서, 다시 한 번 간단히 정리해 보면 다음의 두 가지 조건을 만족해야 한다.

> ① 전제들이 실제로 참이다.
> ② 전제들로부터 결론을 도출하는 과정이 논리적으로 오류가 없다.

다분히 형식적이고 원칙적인 평가 기준이다. 그에 반해서 정당성은 좀 더 유연하고 풍부한 개념이다. 정당성에 대한 정의를 먼저 알아보자. 대략 두 가지 정도로 정리해 볼 수 있다.

> • 사리에 맞아 옳고 정의로운 성질
> • 법령 또는 사회 통념으로 미루어 정당하다고 인정되는 상태

첫 번째 정의가 국어 사전에 나올 만한 '사전적 정의'라면 두 번째 것은 좀 더 사회적인 측면에서 살펴본 정의라 할 수 있다. 두 가지 정의에서 공통적으로 추출할 수 있는 것은 바로 정의(正義) 혹은 정당(正當)이라는 개념이다.

정의 혹은 정당이라는 개념들 안에는 이미 논리적인 기준을 넘어서는 다른 기준이 전제되어 있다. 그것은 윤리적인 것이며 법률적인 것이다. 즉 사회 속에서 사람들이 내리는 가치 기준과 밀접한 관련이 있다는 것이다. 따라서 정당성을 평가하는 문제는 논리적인 타당성을 평가하는 문제와는 다른 방향에서 접근해야 한다. 그러기 위해서 필요한 가장 기본적인 개념들을 먼저 소개하겠다. 다음 두 문장을 보자.

① 그 사람의 말은 사실과 다르다.
② 그 사람은 거짓말쟁이다.

위의 두 문장이 모두 같은 인물, '그 사람'이라고 표현한 인물에 대해서 내린 판단이라고 가정해 보자. 두 문장은 어떤 차이가 있을까?

두 문장 모두 '그 사람'이 어떤 말을 했는데 그게 사실과 다르다고 밝혀진 경우일 때 나올 수 있는 반응이다. ①은 그냥 그 사람의 말이 사실과 다르다는, 있는 그대로의 사실만을 이야기하고 있다. 반면에 ②는 그의 말이 사실과 다르다는 점으로부터 그 사람에 대해서 어떤 평가를 도출하고 있다. 그가 인격적으로 혹은 도덕적으로 옳지 않은 사람이라는 판단을 하고 있는 것이다.

①과 같은 판단을 '사실 판단'이라고 한다면 ②는 '가치 판단'이라고 할 수 있다. 이 두 가지 개념을 구분하는 일은 매우 중요하다. 사실 판단만이 가능한 상황에서 가치 판단을 하거나 가치 판단이 필요한 시점에서 사실 판단'만 하고 마는 경우 여러 가지 문제와 갈등이 발생할 수 있는 것이다. 이 문제를 좀 더 일반화해 보자.

① A와 B는 다르다.
② A는 좋고(선하고) B는 나쁘다(악하다).

①은 사실 판단이고 ②는 가치 판단이다. 쉽게 이해가 될 것이다. 그런데 이 둘을 혼동하면 왜 문제와 갈등이 생길까? 앞의 문장에서 A와 B의 자리에 어떤 내용을 집어넣어 보자.

① 백인과 흑인은 다르다.
② 백인은 좋고 흑인은 나쁘다.

어떠한가? 백인과 흑인이 다른 인종이라는 사실 판단을 백인은 좋고 흑인은 나쁘다는 가치 판단으로 전환해서 해석하면 인종 차별이 생겨 나는 것이다. ②를 "게르만 인은 좋고 유대인은 나쁘다."와 같이 바꾼 것이 바로 수십, 수백 만의 무고한 생명을 아우슈비츠의 가스실 속으로 몰아넣은 나치즘의 기본 시각인 것이다.

아주 복잡하고 다층적인 사회 문제를 너무 단순화시킨 감은 있지만, 사실 판단과 가치 판단에 관한 이러한 통찰은 매우 중요한 시사점을 주고 있다. 실제 논술문을 작성함에 있어 이 두 가지 판단을 개념적으로 구분할 수 있다면, 많은 경우에 자신만의 해결책을 제시할 수 있다. 논술 시험 문제가 가치 판단을 묻고 있는지 아니면 사실 판단의 문제인지를 판별할 수 있다면 적어도 논제의 요구를 이해하지 못하는 경우는 발생할 수 없고 논술문을 작성할 때도 자신의 주장을 분명한 방향으로 정립시킬 수 있게 된다. 그렇다면 사실 판단과 가치 판단의 문제는 우리의 주제인 정당성과 어떤 관계에 있는가?

정당성은 가치 판단을 전제로 한 개념이다. 가치 판단 없이 정당성을 주장할 수는 없다. '정의롭다' 혹은 '정당하다'라는 개념 자체가 바로 가치 판단인 것이다. 그런데 여기서 또 한 가지 중요한 점을 지적하겠다. 그것은 바로 모든 종류의 가치 판단은 판단의 기준이 필요하다는 것이다. 판단의 기준이 없거나 모호하다면 가치 판단을 담고 있는 주장은 정당성을 얻기가 쉽지 않다. 대부분 헛소리로 치부되기 마련이다. 다음 대화를 보자.

갑 : 요즘 윤리 의식이 땅에 떨어졌어. 도대체 윗사람을 보고 공경할 줄을 몰라.
을 : 예, 요즘 젊은이들이 예전과 다르다는 것은 저도 인정합니다. 그러나 다른

시각에서 보면 그만큼 사회가 더 개방되고 진보되었다는 증거가 아닐까요?

갑 : 아니 자기 부모도 공경할 줄 모르는 젊은이들이 진보의 산물이라는 얘기야? 인륜의 근본이라고 할 수 있는 효(孝)도 모르는 젊은이들 말이야.

을 : 그런 얘기는 아니고요. 그런데 선생님 말씀은 효가 굉장히 중요하다는 말씀처럼 들리는데, 그 이유가 무엇일까요?

갑 : 거기에 이유가 어디 있어? 그냥 그런 거지. 예로부터 효는 모든 윤리의 근본이었단 말이야.

위 대화의 마지막에 나오는 '갑'의 말에 주목해 보자. 효가 중요한 덕목이라는 주장(가치 판단)을 하면서, 그 판단의 기준을 제시하지 못하거나("그냥 그런 거지."라는 말), 제시한다고 하더라도 모호한("예로부터 그래 왔다.") 기준이다. 올바른 주장을 하더라도 그 주장이 그리 정당하게 받아들여지지 못하는 것이다.

이렇게 볼 때 논술 문제에서 정당성과 관련된 문제는 제시문에서 일단 다음과 같은 요소를 발견할 수 있어야 한다.

- 저자의 가치 판단을 담고 있는 주장
- 가치 판단의 기준

만약 저자의 주장에 반대하고 싶다면, 다시 말해 저자의 주장이 정당하지 못하다는 점을 말하고 싶다면 여러분 역시 마찬가지로 자신의 가치 판단을 담고 있는 주장과 '그 가치 판단의 기준'을 제시해야 하며, 자신의 판단 기준이 저자의 판단 기준에 비해 더 우수하거나 설득력 있는 것임을 입증해야 하는 것이다.

【예제】 (라)는 우리 삶을 시장 경제에만 맡겨 둘 경우에 발생하게 될 위험에 대해 경고하고 있다. 이러한 경고가 정당한 것인지, 과도한 것인지 다음 제시문들을 토대로 논술하시오.

※ 파트 3 제4장 예제 2번 제시문(117~119쪽)을 참고하라.

‖ 2008 서울대 논술 1차 예시 – 인문계 ‖

문제 해설

　이 문제는 파트 3의 제4장 '관점'에서 예제 2번 문제(117~119쪽)와 연관되어 있는 문제이다. 따라서 독자 여러분은 파트 3의 제4장의 예제 2번 문제를 다시 한 번 살펴본 다음 이 문제 해설을 보기 바란다. 거기서 살펴본 내용을 간략하게 정리해 보자.

- 제시문 (라)의 키워드들 : 인간과 자연 환경의 운명이 시장 메커니즘 하나에 좌우된다면 사회는 폐허가 됨, '인간'마저 소유자가 마음대로 처리, 사회적 혼란의 희생물, 오염, 군사적 안보 위협, 생산 능력의 파괴, 주기적 파산, 무지막지한 상품 허구의 경제 체제
- 제시문 (라)의 관점 : 인간의 본성을 선하지 않다고 봄, 경제적 문제 이외의 문제도 중요하게 생각하는 관점

　논제에도 나와 있고 제시문에도 나와 있듯이 (라) 제시문의 저자인 폴라니는 '인간과 자연 환경의 운명이 시장 메커니즘 하나에 좌우된다면'이라는 가정하에서 논의를 전개한다. 즉 정부의 개입이 전혀 없이 자본주의 시장 경제의 자율적 메커니즘에만 의존할 때 사회가 폐허가 된다고 하면서 그로 인해 구체적으로 나타나는 문제들을 지적하고 있는 글이다. 이 문제들을 순차적으로 정리해 보면 다음과 같다.

① '인간'이 소유물처럼 취급된다. 즉, 노동자가 자본가의 소유물이 된다.
② 환경 오염, 자연 파괴
③ 군사적 안보 위협
④ 식량과 원자재 생산 능력의 파괴
⑤ 주기적인 파산

　그런데 여기서 ①, ②, ③은 (라) 글의 관점에 대해서 분석한 바에 따를 때 인

간의 본성에 대한 부정적인 시각과 관련되어 있다. 즉 인간이 인간을 노예처럼 간주하고 자연을 이기적인 목적으로 파괴하고 다른 나라를 침략하는 행위 등은 모두 인간의 이기적이고 파괴적인 성향에서 비롯되었다고 볼 수 있다. 이러한 인간의 본성이 아무런 제약 없이 나래를 펴도록 놔둔 것이 바로 자본주의의 시장 메커니즘이라고 볼 수 있다. 반면에 ④, ⑤는 모두 자본주의 시장 경제가 경제 체제로서도 그리 이상적이지 못하고 붕괴의 요인을 내적으로 가지고 있다는 시각에서 나온 이야기이다.

이렇게 볼 때 "인간과 자연 환경의 운명이 시장 메커니즘 하나에 좌우된다면 폐허가 될 것이다."는 저자의 주장, 즉 저자의 가치 판단은 다음과 같은 기준에 입각해서 내려진 것이다.

ⓐ 인간의 본성은 선하지 않고 시장 메커니즘은 그 본성이 실현되도록 한다.
ⓑ 시장 메커니즘은 경제 체제로서도 내적 모순을 가지고 있다.

폴라니의 주장에 대해 정당하다고 표명하든 아니면 그것이 과도하다는 시각을 피력하든 위 두 가지 기준에 입각해서 논의를 전개한다면, 심도 깊은 논술문을 작성할 수 있을 것이다. 물론 앞의 ①~⑤까지의 구체적인 문제들 하나하나에 대해서 정당성을 평가하는 것도 훌륭한 답이 될 수 있다. 그러나 그 기저에 깔려 있는 가치 판단의 기준을 이해한 답안이 더 좋은 답안이 될 가능성이 크다.

그리고 위와 같이 가치 판단의 기준을 정리하고 보면, 좀 더 세분화되고 정교한 의견 개진이 가능하다. 예를 들어 위의 ⓐ 기준에는 동의하지만, ⓑ 기준에는 이의를 제기하는 답안이 나올 수 있다. 물론 그 역도 가능하다. 이렇게 기본기에 충실한 분석이 이루어지면 창의적이고 의미 있는 글을 작성할 수 있게 된다.

3장
계획 평가

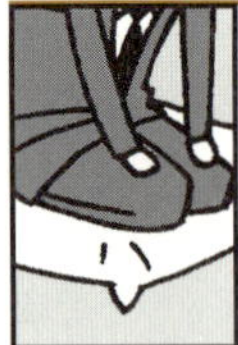

계획 평가란 어떤 정책이나 사업이 계획대로 제대로 수행되었는지를 평가하는 것으로서, 수험생의 '문제 해결 능력'을 검정하기 좋은 논술 문제 유형이다. 계획 평가를 정확히 하기 위해서는 제시문(자료)을 논리적으로 분해해서 살펴보아야 한다. 즉, 계획의 수립, 계획의 실행, 계획의 평가로 나누어 구조화시킨 후 단계별로 평가하는 과정이 필요하다. 각각의 과정에서 평가에 필요한 요소가 무엇인지를 공부해 두자.

계획 평가 문제는 말 그대로 어떤 정책이나 사업이 계획대로 수행되었는지 평가하는 문제다. 따라서 이 유형의 문제는 대부분 비언어적 자료를 포함하고 있다. 외형적으로 봐서는 전통적인 논술 시험 문제와는 거리가 있다. 그러나 이 책에서 규정한 논술의 성격, 즉 '문제 해결 능력'을 검정하는 측면에서는 아주 제격인 문제이다. 이 문제 유형 역시 논리적 과정으로 분해해 보면 그 해결책을 손쉽게 생각해 낼 수 있다. 계획에 대한 평가를 하기 위해서는 논리적으로 다음의 단계들이 순차적으로 실행되어야 한다.

> (ⅰ) 계획의 수립 → (ⅱ) 계획의 실행 → (ⅲ) 계획의 평가

(ⅰ) 계획의 수립 단계

계획의 수립 단계에서는 일단 해결해야 할 문제가 있어야 한다. 그 문제의 해결을 위해서 계획을 수립할 것이기 때문이다. 그리고 그 문제는 구체적 자료들 속에 표현될 것이다. 경험적 자료들로 표현되어야 문제점이 현실적으로 인식될 것이기 때문이다. 그리고 또한 경험적 자료들에 입각해야만 현실성 있는 계획이

될 것이다. 계획을 수립하게 되면 그 계획으로부터 귀결되는 예측이 있을 것이고 이 예측 역시 구체적 자료로 표현될 수 있다.

(ii) 계획의 실행 단계

계획을 실행하게 되면 그 실행에 따른 결과가 나타날 것이다. 그 결과 역시 구체적 자료들로 표현될 수 있다. 그 자료의 각 항목들은 대개의 경우 계획 수립 단계에서 수집된 자료의 항목과 일치할 것이다. 그래야만 계획의 결과를 평가할 수 있을 것이기 때문이다.

(iii) 계획의 평가 단계

계획의 평가는, 실행 결과가 예측과 일치했는지에 대한 판단으로 이루어질 것이다. 그리고 그에 따라 애초의 문제가 해결되었는지 판단 내리는 것으로 평가가 마무리 될 것이다.

위에서 색글자로 표시한 단어들이 계획을 평가함에 있어 중요한 요소들이다. 여러분들이 논술 시험에서 계획 평가 문제를 해결하고자 할 때 주어진 자료에서 끄집어내야 할 항목들도 바로 이 요소들이다. 주어진 자료에서 이 항목들을 성공적으로 이끌어낼 수 있다면 계획 평가 문제는 어렵지 않게 해결할 수 있을 것이다. 예제를 보자.

【예제】 아래의 자료 (가)에 들어 있는 '주택 보급 계획'이 어떻게 추진되고 어떤 결과를 낳았는지 평가하고 기술하시오. (가)~(다)의 기술이나 자료를 모두 활용하여 다음 세 가지 측면에 중점을 두고 평가하되, 평가에 대한 근거를 구체적으로 제시하시오.(300자 이내)

① 계획(주택 보급 증대)이 발표한대로 추진되었는가?
② 계획한 목표(주택 보급률)는 어느 정도 달성하였는가?
③ 목표에 미달한 점이 있다면 당초 계획에 어떤 문제가 있었는가?
※ 자료로 제시된 통계나 기술은 문항 출제를 위하여 가공된 것으로 실제와 다를 수 있음.

(가) 1990년 주택 보급 관련 정부 계획 발표

정부는 1990년 이후 1995년까지 매년 10%씩 주택 공급을 늘리고, 1995년 이후 2000년까지는 5%씩 증가시킬 계획이다. 이 계획이 차질 없이 시행된다면 2000년에는 전국 가구당 주택 보급률이 100%를 넘기게 될 것이고 수도권의 가구당 주택 보급률도 90%를 넘기게 될 것이다. 이러한 계획과 예측은 아래 표들에 제시된 통계에 근거한 것이다. 즉, 인구 변화 예측(〈표 1〉)과 주택 공급 예측(〈표 2〉) 그리고 가구당 가구원 수 통계(〈표 3〉)를 기초로 가구당 주택 보급률을 추산한 계획과 기대치이다. 주택 보급률은 실제 가구수 조사 자료를 근거로 계산하는 것이지만, 이 계획에서 가구당 주택 보급률 예측은 예상 인구를 1990년 현재 가구당 평균 가구원 수로 나누어 추정한 가구수(추정치)를 활용한 것이다.

〈표 1〉 인구 예측 통계(1990~2000년)

(단위 : 1,000)

연도	인구	비고
1990	43,000	실제 조사 인구
1995	45,000	1990년 기준 예상 인구
2000	47,000	1990년 기준 예상 인구

〈표 2〉 주택 공급 예측 통계(1990~2000년)

(단위 : 1,000)

연도	주택수	비고
1990	7,200	실제 조사 주택수
1995	11,600	1990년 기준 예상 주택수
2000	14,804	1990년 기준 예상 주택수

(* 주택 보급률 = 주택수 / 가구수)

〈표 3〉 가구당 가구원 수별 비율 조사 통계(1990년)

(단위 : %)

구 분	1인	2인	3인	4인	5인	6인 이상	평균 가구원 수
1990	9.0	13.8	19.1	29.5	18.8	9.8	3.7인

(나) 주택 관련 통계표(1990~2003년)

(단위 : 1,000)

연도	전국			수도권			서울		
	주택 보급률	주택수	가구수	주택 보급률	주택수	가구수	주택 보급률	주택수	가구수
1990	72%	7,200	10,000	63%	2,500	4,000	58%	1,400	2,400
1995	86%	9,500	11,000	80%	4,000	5,000	68%	1,700	2,500
2000	96%	11,500	12,000	85%	4,700	5,500	77%	2,000	2,600

(* 주택 보급률 = 주택수 / 가구수)

(다) 가구당 가구원 수별 비율 조사 통계(1995, 2000년)

(단위 : %)

구 분	1인	2인	3인	4인	5인	6인 이상
1995	12.7	16.9	20.3	31.7	12.9	5.5
2000	15.5	19.1	20.9	31.1	10.1	3.3

문제 해설

이 문제는 앞서 파트 1의 제4장 예제(37쪽)에서 잠시 살펴본 문제이다. 여기서는 문제 전문을 제시하였다. 단계별로 문제를 정리해 보자.

(ⅰ) 계획의 수립 단계

해결해야 할 문제는 전후 맥락을 고려해 볼 때 "어떻게 하면 주택 보급률을 높일 것인가?"이다. 문제 해결을 위해 수립한 계획은 "1990년 이후 1995년까지 매년 10%씩 주택 공급을 늘리고, 1995년 이후 2000년까지는 5%씩 증가시킨다."이다. 그에 따른 예측은 "2000년도에 전국 가구당 주택 보급률 100%를 넘기고 수도권의 가구당 주택 보급률도 90%를 넘길 것이다."가 된다.

(ⅱ) 계획의 실행 단계

먼저 계획대로 실행이 되었는지 분석해 보자. 〈표 2〉의 주택수는 "1990년 이후 1995년까지 매년 10%씩 주택 공급을 늘리고, 1995년 이후 2000년까지는 5%씩 증가시킨다."는 계획이 실행되었을 때 결과를 나타내고 있다. 반면 (나)의 표에서 주택수는 실제 결과를 보여 준다. 두 표를 비교해 보면 주택 보급 증대 계획이 제대로 실행되지 않았고, 주택 보급률도 목표에 미달함을 알 수 있다.

(ⅲ) 계획의 평가 단계

예측과 결과를 비교해 볼 때 계획대로 달성되지 못했다. 주택 공급 계획도 원안대로 추진되지 못했고, 주택 보급률도 목표 미달이다. 그런데 실제 주택 공급이 계획에 비해 턱 없이 모자라게 추진되었는 데도(2000년도를 기준으로 할 때 1480만 4천 가구가 되어야 하는데 실제는 1150만 가구에 불과하다.) 주택 보급률은 목표치에 크게 미달되지 않고 거의 근접했다. (100%를 목표로 했는데, 96%를 달성했다.) 이 점을 자세히 규명하기 위해서 먼저 파트 1(38쪽)에서 제시했던 표를 다시 한 번 보자.

연도	가구수	비고
1990	11,621	실제 조사 인구
1995	12,162	1990년 기준 예상 인구
2000	12,702	1990년 기준 예상 인구

이 표는 〈표 1〉의 예상 인구를 〈표 3〉의 평균 가구원 수로 나눈 수치를 예측 가구수로 제시하고 있다. 앞서 파트 1의 예제 해설에서 정책 입안자는 "평균 가구원 수는 변하지 않고 유지될 것이다."라는 잘못된 전제를 가정하고 있었다고 지적한 바 있다. 이 잘못은 앞의 (가) 제시문 속에서 "가구당 주택 보급률 예측은 예상 인구를 1990년 현재 가구당 평균 가구원 수로 나누어 추정한 가구 수(추정치)를 활용한 것이다."라는 표현에서 발견되는 것이다. 그런데 (다)의 표를 보면 가구당 평균 가구원 수는 1990년에 비해 1995년도와 2000년도로 가면서 줄어들었음을 알 수 있다. 이를 다른 말로 하면 가구수의 증가폭이 예상보다 훨씬 더 커져서(왜냐하면 가구수는 평균 가구원 수와 반비례 관계에 있기 때문에) 주택 보급률은 예상보다 훨씬 더 밑돌아야 맞다. 그런데 (나)에 나타난 실제 가구수의 증가폭은 〈표 4〉에 비해서 현저하게 작음을 확인할 수 있다. 이유는 무엇일까?

당연히 인구수 증가에 대한 예측이 잘못되었기 때문이다. 〈표 1〉에 따르면 1990년에 4300만 명이던 인구가 2000년에는 4700만 명으로 늘어날 것으로 예상했는데, 이 수치가 현저하게 예상과 달랐던 것이다. 그에 따라 가구수의 증가폭이 그렇게 커지지 않았던 것이다. 그렇기 때문에 주택 보급 계획이 미달되었음에도 불구하고 주택 보급률 자체는 크게 차질을 빚지 않은 것이다.

따라서 애초 계획의 문제점은 다음 두 가지로 요약된다.

- 평균 가구원수가 변화되지 않고 유지된다는 잘못된 가정을 하고 있다.
- 인구 증가율에 대한 판단에 착오가 있었다.

지금까지 논의한 내용을 잘 정리하여 스스로 답안을 작성해 보길 바란다.

4장
비교

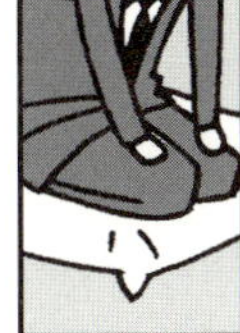

비교는 단순한 하나의 문제 유형으로 끝나지 않고, 논술 시험 전반에 걸쳐 있다. 많은 문제 유형들이 사실상 비교를 중요한 내용으로 포함하고 있는 것이다. 이 장에서는 비교 문제를 명시적으로 다룬다. 비교는 기본적으로 공통점과 차이점을 판단하는 일이며, 다소 복잡한 형태로는 우월성을 판단하는 일이기도 하다. 무엇보다 비교에서도 중요한 것은 판단 기준을 세우는 일이다. 따라서 비교 문제를 풀 때는 제시문의 저자가 비교를 행하는 판단 기준이 무엇인지 정확하게 파악하고, 직접 비교문을 작성할 때도 판단 기준을 분명하게 확립해야 좋은 글을 쓸 수 있다.

'비교'라는 이름으로 따로 하나의 문제 유형을 공부하는 일은 무의미한 일일지도 모른다. 왜냐하면 지금까지 공부한 많은 유형의 문제들이 사실상 '비교'를 중요한 내용으로 포함하고 있기 때문이다. 파트 4의 '다른 곳에 적용', 파트 5의 '정당성', '계획 평가'의 항목들이 모두 넓은 의미에서 '비교'를 행하고 있는 문제 유형들이다. 따라서 이 장의 내용은 특별히 새로울 것은 없다. 다만 지금까지 공부한 내용들을 명시적이고 총괄적으로 정리한다고 보면 된다. 물론 이 장에서 다루는 내용이 보다 순수하게 '비교'의 문제만을 다루고 있기는 하다.

지금까지 여러 번 한 이야기지만 비교를 하기 위해서는 '기준(基準)'이 필요하다. 제2장에서 '정당성'을 논할 때 '판단의 기준'이라고 표현한 것도 이것을 이야기한 것이다. 그럼 기준이 비교를 하는 과정에서 어떻게 작용하는지 한번 상세히 정리해 보자.

1. 공통점과 차이점

비교의 가장 기본적인 작업은 비교 대상 간에 공통점이 무엇이고 차이점이 무엇인지 파악하는 것이다. 매우 단순해 보이지만, 여기에도 기준이 있어야 한다. 왜냐하면 인간을 포함한 세상의 모든 것들은 하나의 속성만 가지고 있는 것이 아니기 때문이다. 어떤 속성에 주목하느냐에 따라서 공통점과 차이점을 보는 시각이 달라지게 된다. 예를 들어 보자. 백인 남성 A와 흑인 여성 B, 그리고 백인 여성 C가 있다고 해 보자. C는 A와 백인이라는 점에서 공통점이 있고 성별에서 차이가 있다. 반면에 B와는 피부색에서 차이가 있고 같은 여성이라는 점에서 공통점이 있다. C가 버스에 올라탔는데, 다른 자리는 모두 다 차 있고 A의 옆 자리와 B의 옆 자리만 비어 있다고 가정해 보자. C가 자기와 더 친밀하다고 느끼는 사람의 옆 자리에 앉을 것이라고 가정할 때 C는 어느 자리에 앉을 것인가? C의 판단 기준에서 '백인'이라는 공통점과 '여성'이라는 공통점 중에서 어떤 것을 더 선호하는지를 알아야 C의 행동을 예측할 수 있다.

2. 우월성

공통점과 차이점을 비교하는 문제보다 더 복잡한 것은 비교 대상들 사이에 어떤 것이 우월한 것인가를 판단하는 일이다. 이러한 판단 역시 비교 대상의 어떤 점에 초점을 맞출 것이냐가 중요하다. 수학 시간에는 공부 잘하는 태진이가 경수 앞에서 우쭐댈 것이고, 체육 시간에는 축구를 잘하는 경수가 태진이에게 회심의 미소를 날릴 수 있는 것이다. 공부를 판단 기준으로 삼는 경우와 운동 능력을 판단 기준으로 삼는 경우가 전혀 다른 결과를 초래할 수 있는 것이다.

결국 논술 시험에서 '비교' 문제를 해결하는 관건 역시 판단의 기준을 어떻게 잡을 것인가로 귀착된다. 제시문의 내용을 파악함에 있어서도 저자가 비교를 행하고 있다면 그 판단 기준이 무엇인가를 정확하게 짚어 내야 하며 논술문을 작성할 때도 자신의 판단 기준을 분명히 확립해야 할 것이다.

【예제】 다음 글을 읽고 논제에 답하시오.

(가)

새와 짐승도 슬피 울고 바다와 산도 찡그리네.

무궁화 세계는 이미 사라지고 말았구나.

가을 등불 아래 책 덮고 천고(千古)를 생각하니,

인간 세상에 글 아는 사람 노릇하기 어렵기만 하구나.

鳥獸哀鳴海岳嚬

槿花世界已沈淪

秋燈掩券懷千古

難作人間識字人

— 황현, 「절명시(絕命詩)」, 고등학교 『문학』

(나)

나는 이모가 나를 흔들어 깨워서 눈을 떴다. 늦은 아침이었다. 이모는 전보 한 통을 내게 건네주었다. 엎드려 누운 채 나는 전보를 펴 보았다. '27일회의참석필요. 급상경바람 영.' '27' 일은 모레였고 '영' 은 아내였다. 나는 아프도록 쑤시는 이마를 베개에 대었다. 나는 숨을 거칠게 쉬고 있었다. 나는 내 호흡을 진정시키려고 했다. 아내의 전보가 무진에 와서 내가 한 모든 행동과 사고(思考)를 내게 점점 명료하게 드러내 보여 주었다. 모든 것이 선입관 때문이었다. 결국 아내의 전보는 그렇게 얘기하고 있었다. 나는 아니라고 고개를 저었다. 모든 것이, 흔히 여행자에게 주어지는 그 자유 때문이라고 아내의 전보는 말하고 있었다. 나는 아니라고 고개를 저었다. 모든 것이 세월에 의하여 내 마음속에서 잊혀질 수 있다고 전보는 말하고 있었다. 그러나 상처가 남는다고, 나는 고개를 저었다. 오랫동안 우리는 다투었다. 그래서 전보와 나는 타협안을 만들었다. 한 번만, 마지막으로 한 번만 이 무진을, 안개를, 외롭게 미쳐 가는 것을, 유행가를, 술집 여자의 자살을, 배반을, 무책임을 긍정하기로 하자. 마지막으로 한 번만이다. 꼭 한 번만. 그리고 나는 내게 주어진 한정된 책임 속에서만 살기로 약속한다. 전보여, 새끼손가락을 내밀어라. 나는 거기에 내 새끼손가락을 걸어서 약속한다. 우리는 약속했다.

그러나 나는 돌아서서 전보의 눈을 피하여 편지를 썼다. '갑자기 떠나게 되었습니다. 찾아가서 말로써 오늘 제가 먼저 가는 것을 알리고 싶었습니다만 대화란 항상 의외의 방향으로 나가 버리기를 좋아하기 때문에 이렇게 글로써 알리는 바입니다. 간단히 쓰겠습니다. 사랑하고 있습니다. 왜냐하면 당신은 제 자신이기 때문에 적어도 제가 어렴풋이나마 사랑하고 있는 옛날의 저의 모습이기 때문입니다. 저는 옛날의 저를 오늘의 저로 끌어다 놓기 위하여 있는 힘을 다할 작정입니다. 저를 믿어 주십시오. 그리고 서울에서 준비가 되는 대로 소식 드리면 당신은 무진을 떠나서 제게 와 주십시오. 우리는 아마 행복할 수 있을 것입니다.' 쓰고 나서 다시 나는 그 편지를 읽어 봤다. 또 한 번 읽어 봤다. 그리고 찢어 버렸다.

— 김승옥, 「무진기행」, 고등학교 『문학』

【논제】 제시문 (가)와 (나)에는 고민하는 인간의 모습이 나타나 있다. 글쓴이가 고민하고 있는 상황을 비교하여 설명하시오.

‖ 2008 서울대 논술 2차 예시 – 인문계 ‖

문제 해설

사실 이 문제는 너무 쉬운 과제이기 때문에 큰 흥미는 없을지 모르겠다. 그러나 이 장에서 다루는 '비교' 문제를 이해하기에는 아주 적절한 문제이기 때문에 예제로 활용한 것이다. 먼저 (가) 제시문은 시로서, 그 시의 배경을 알고 있지 못하면 시의 내용을 잘 이해하지 못할 수도 있다. 그러나 이 시는 고등학교 교과서에 실린 글이기 때문에, 학생들은 모두 이 시를 알고 있는 것으로 간주하고 출제했다고 보는 것이 올바른 판단일 것이다. 이는 (나) 제시문도 마찬가지이다. (나) 제시문에서 드러난 글만 가지고도 주인공이 처한 상황을 충분히 짐작할 수 있지만, 이 문제를 접하는 학생들은 그 이상의 배경 지식을 갖고 있다고 봐도 무방할 것이다.

주지하다시피 (가) 제시문은 한·일 병합 소식을 듣고 4편의 시를 남기고 자결한 황현이라는 선비의 절명시이다. (나) 제시문은 서울에서 처가살이를 하며 장인과 처의 꼭두각시 노릇을 하는 주인공이 고향인 무진에 와서 과거의 여인을 만나 사랑의 감정을 다시 불태우다가 서울에 있는 '아내'의 전보를 받게 된 상황을 그리고 있다. 이 문제에서 요구하는 과제가 '글쓴이가 고민하고 있는 상황을 비교하여 설명'하는 것이기 때문에 '비교'가 문제 해결의 핵심이 된다. 알기 쉽게 표로 정리해 보자.

기 준	(가)	(나)
고민의 대상	국가의 패망	현실과 사랑
고민의 깊이	생명을 내던질 정도로 깊다.	순간적으로 변심을 할 정도이다.
고민하고 있는 장소	자기가 살고 있는 조국	현실에서 일탈된 공간
대상과의 관계	다른 대안이 없다.	다른 대안이 있다.
개인의 처지	개인의 처지와 상관이 없는 고민이다.	개인의 처지와 깊은 관련이 있는 고민이다.

여러 가지를 더 나열할 수도 있지만 이 정도면 충분히 답안을 작성할 수 있을 것이다. 논술 문제를 해결하기 위해서 위와 같이 표를 작성해서 정리하는 것이 도움이 될 경우가 의외로 많다.

1 다음 글을 읽고 논제에 답하시오.

〈2008 서울대 논술 2차 예시 – 인문계〉

(가)

모 전자 회사는 일 년 전에 2년 동안 6억 원의 예산을 투입하여 새로운 모델의 냉장고를 개발하기 시작했다. 그 시점에서는 이 제품이 완성되었을 때, 투자한 금액의 15~20%의 수익이 15년 동안 매년 발생할 것으로 예상하였다. 그러나 1년 동안 2억 원을 사용한 후에 다시 살펴보았더니, 개발 초기에 예상치 못한 환경 관련 비용의 증가로 인해 개발 비용이 총 7억 원으로 늘어나게 되었다. 또한 경쟁사가 동일한 신제품을 개발하여 연간 예상 수익률도 2년차 예산의 8%로 낮아졌고, 더구나 10년 후에는 이 제품의 경쟁력이 사라질 것으로 평가되었다.

(나)

어느 나라의 국방부가 레이더에 걸리지 않는 비행기를 개발하기로 하였다. 이를 위해 먼저 총 1,000억 원을 투자하여 레이더의 추적을 피할 수 있는 핵심 부품을 만들기로 하였는데, 현재까지 900억 원을 사용하였다. 그런데 다른 나라의 회사가 이와 동일한 기능을 갖고 있으면서도 더 쉽게 장착할 수 있는 부품을 제작하여 판매하기 시작하였다.

(다) 새만금 간척 사업

〈농림부와 농어촌 진흥 공사의 연구 결과〉

1. 새만금 간척 사업으로 여의도 땅의 140배에 해당하는 국토가 생기면 21세기의 새로운 산업 용지를 만들 수 있다.
2. 농어촌 용수, 생활 용수, 공업 용수 등으로 한 해 10억 톤의 물 자원을 확보할 수 있다.
3. 국제 휴양 관광 단지를 개발하는 데 최상의 조건을 가진 곳이며, 관광 자원 및 자연 학습 공간을 제공하게 된다.
4. 첨단 농업 시범 단지를 만들어 국제 경쟁력을 키울 수 있다.
5. 간척 사업은 교통이 불편한 해안 지역을 방조제로 연결하여 지역 주민과 국민 생활에 많은 편리함과 이로움을 제공할 것이다.

따라서 새만금 간척 사업으로 얻을 수 있는 사회·경제적 효과가 크므로 간척 사업을 추진해야 한다.

〈환경부의 연구 결과〉

충남 홍보 지구, 전북 군장 지구, 경기도 대부도 남리, 영종도 지구 등 4대 갯벌 지역을 보전했을 때의 생산성 연구 결과(1에이커 당)

1. 갯벌에서 생산되는 김, 조개 등 수산물 : 365만 3,000원

    → 매립하여 농경지를 조성했을 때에 예상되는 농산물의 생산성 247만 원에 비해 48%나 많음.

2. 인근 연안 해역의 어류 서식지로서의 가치 : 283만 4,000원

3. 갯벌의 자연 정화 능력 : 152만 2,000원(정화 시설 설치 비용)

4. 습지의 심미적 기능 : 생태적 다양성과 흥미에 따른 생물 실험실, 오락지, 생태 교육장 등으로 활용 : 16만 원

5. 이들 4대 지역 갯벌을 그대로 보전했을 때의 생산성은 816만 9,000원

    → 농경지로 사용했을 때에 예상되는 생산성보다 3.25배 높음.

    갯벌은 영구적인 재화와 서비스를 제공하지만, 개발에 따른 상업적 이용 가치는 한계가 있다. 따라서 갯벌의 개발에 따른 이익이 매우 크지 않다면 갯벌을 보전해야 한다.

— 고등학교『사회·문화』교과서

(라) 영월 다목적댐(동강댐) 건설

〈찬성론〉

1. 홍수 조절 : 수도권 및 남한강 지역 홍수 피해를 경감하는데 충주댐 하나로는 부족함.

2. 물 부족 사태 해결 : 2011년 11억 톤의 물 부족이 예상됨.

3. 외국에서도 석회암 지대에 54개의 댐이 있듯이 안전한 댐 건설이 가능함.

4. 진도 6.6의 지진을 견딜 수 있는 댐 건설이 가능함.

5. 서식처의 변화를 통해 희귀종의 멸종을 방지함.

6. 댐 건설 후 새로운 생태계의 형성으로 생물종의 다양성이 증가함.

7. 댐 건설로 새로운 비경이 형성되며 유명 동굴은 원형을 보존할 수 있음.

〈반대론〉

1. 석회암 지대에다 지진 다발 지역이므로 사면이 붕괴할 수 있음.

2. 동굴로 인한 지하 누수 가능성이 있음.

3. 멸종 위기의 천연 기념물 등 희귀 동식물이 수몰되어 생태계가 파괴됨.

4. 물 부족 해소는 물 절약 캠페인을 통해 해결하거나 대안을 강구해야 함.

5. 홍수 방지는 기존 댐으로 충분함.

6. 동강 상류에 소형 댐을 건설하는 것이 더 효율적임.

7. 탄광수의 유입 및 물의 정체로 수질이 악화됨.

— 고등학교 『사회』, 『사회 · 문화』 교과서

【논제 1】 제시문 (가)와 (나)에서 학생이 회사의 사장 혹은 국방부의 정책 결정자라고 했을 때, 진행 중인 사업을 계속할지 여부에 대하여 판단하고 그 근거를 제시하시오.

【논제 2】 제시문 (다)와 (라)에서 두 사업에 대한 논란이 생겼을 때, 과거 수년 전부터 진행된 새만금 사업에는 이미 막대한 비용이 투자되었고, 영월 다목적댐 건설 사업은 아직 시작되지 않았었다. 결국 새만금 사업은 계속 진행하기로 하였고, 영월 다목적댐은 취소되었다. 이미 투자된 비용을 논외로 했을 때, 이와 같은 결정을 내리게 된 이유를 논술하시오.

【논제 3】 제시문 (가)~(라)가 보여 주는 선택의 상황에는 여러 가지의 판단 기준이 적용될 수 있다. 각각의 판단 기준이 서로 충돌할 때 어떻게 해결할지 구체적인 예를 들어 논술하시오.

2 다음 글을 읽고 물음에 답하시오.(각 논제를 답안지 6~8줄 사이로 작성할 것.)

〈2007 중앙대 수시 1 – 자연계〉

(가)

한국인들의 '삶의 질(Quality of Life)'에 대한 대부분의 양적(量的) 연구 결과에 의하면, 주민들의 소득 수준과 같은 경제적 요인들이 삶의 질과 높은 정적(正的) 상관 관계를 갖고 있는 것으로 나타났다. 즉, 소득 수준이 높을수록 삶의 질이 높다는 것이다.

이를 바탕으로 동일한 가구수를 갖고 있는 서로 다른 두 마을의 삶의 질을 조사하였다. 객관적 지표에 대한 조사 결과, 삶의 질에 영향을 미칠 수 있는 다른 요인들은 두 마을 간에 차이가 없었으며, 가구당 연 소득이 아래의 표와 같은 차이를 보였다. 이에 따라, 이 연구에서는 마을 B 주민의 삶의 질이 마을 A 주민의 삶의 질보다 더 높다는 결론을 내렸다.

마을 A와 마을 B의 개별 가구당 연소득

(단위 : 백만 원)

가구	1	2	3	4	5	6	7	8	9	가구 평균
마을 A	51	47	53	49	50	46	52	48	54	50
마을 B	28	60	38	50	84	16	92	44	74	54

(나)

'삶의 질'은 말 그대로 '양(量)'의 문제가 아니라 '질(質)'의 문제이기 때문에, 사람마다 생각이 다르고, 주관적일 수밖에 없다. 소득 수준이 상승함에 따라 삶의 질에 대한 주관적 측면의 중요성은 점차 증가할 것이다. 일상 생활 속에서 인간은 수없이 다양한 일과 활동을 통해 내적 경험을 하게 되는데, 이러한 경험의 객관적 조건에 대한 개인의 평가가 주관적 관점에서 개인의 삶을 평가하는 기준이 된다. 이와 같이 주관적 차원에서 본 삶의 질은 '한 개인이 자신의 삶에 대하여 주관적으로 느끼는 즐거움, 행복감, 보람, 삶의 의미 등'으로 파악할 수 있다.

오늘날 삶의 질에 대한 논의는 객관적 지표가 아닌 주관적 차원의 평가에 더 큰 의미를 부여하며, 이는 개인이 일상적인 생활의 각 영역에서 얼마나 만족하는지를 통해 파악될 수 있다.

【논제 1】 윗 글을 통해 글 (가)의 조사에서 내리고 있는 결론의 문제점에 대하여 논술하시오.

【논제 2】 글 (가)의 방식에 의해 높은 삶의 질을 영위하고 있는 것으로 조사된 집단을 글 (나)의 방식으로 조사해 보니 낮은 삶의 질을 영위하고 있는 것으로 나타났다. 정책 수립자의 입장에서 이러한 결과를 어떻게 해석하고, 활용할 것인지에 대하여 논술하시오.

(가)

파이드로스야, 문자에는 나쁜 점이 있고 그런 면에서 그림과 비슷하단다. 그림이 그려 낸 화상들은 살아 있는 것처럼 보이지. 그러나 네가 그것들에게 무엇을 묻는다면 아마 점잖게 침묵하기만 할 거야. 문자도 그와 똑같아. 넌 문자들이 뭔가 아는 것처럼 네게 말을 건다고 생각하겠지. 그러나 네가 무엇을 정말 배울 요량으로 그것이 말한 것에 대한 질문을 던진다면 틀림없이 그것들은 늘 고정적이고 획일적인 내용만을 줄 뿐이야. 그리고 말은 한번 씌어지고 나면 장소를 불문하고 그 말을 이해할 수 있는 자에게나 그 말이 전혀 어울리지 않은 자에게나 이리저리 마구 돌아다니게 되고, 결국 그 말이 애당초 어떤 상대에게 전달되어야 하는지 어떤지도 알 수 없는 상태가 되지. 그 말은 방임되고 부당하게 욕을 먹기 때문에 언제나 자신을 낳은 아버지의 도움을 받아야 해. 왜냐하면 글자로 씌어진 말은 스스로를 방어하거나 도울 능력이 없으니까.

— 딕 모리스(Dick Morris), 「인터넷과 직접 민주주의 그리고 쌍방향 대화」

(나)

근대에 접어들어 한반도에서도 문자의 독재가 새롭게 시작되었다. 이제 문자를 통하지 않으면 서민의 일상도 어려워진 것이다. 새로운 시작은 농투성이 무지렁이들과 장돌뱅이들, 개잡고 소가죽 벗기던 이들, 심지어 그 자식들까지도 학교 문 앞을 기웃대고, 그러다 급기야 모든 사람들이 책이란 걸 읽고, 나아가 글줄까지 긁적거릴 줄 알게 된 일종의 개벽이었다. '모든' 사람들이라는 점에서 한편 그 독재는 역설적으로 '민주주의'이기도 했다. '앎의 민주주의' 말이다.

(다)

구술 문화에서는 고도로 예술적이고 인간적 가치를 가진 강력하고 아름다운 언어적 수행이 이루어진다. 그런데 그러한 언어적 수행은 일단 쓰기가 사람들의 마음을 사로잡게 되면 불가능해진다. 그러나 그렇다 하더라도 쓰기가 없다면 인간의 의식은 그 잠재 능력을 더 고도로 발휘할 수 없으며, 아름답고 강력한 작품을 낳을 수도 없다. 현재까지 세계에 남아 있는 구술성의 문화 가운데, 구술성이 지닌 그 거대하고 복합적이면서도 영원히 접근하기 어려운 힘을 문자성의 도움 없이 실현할 수 있는 문화는 거의 없다. 따라서 구술성에 뿌리를 내리고 있는 사람들 자신이 그러한 힘을 알아차린다는 것은 더할 나위 없는 고통이다. 왜냐하면 그것을 실현하기 위하여 그들은 열렬하게 문자성, 즉 문자를 읽고 쓰는 힘을 얻고자 하지만, 문자성의 세계로 옮아감으로써 구술성의 세계에 속한 것들, 마음을 들뜨게 하는 그 수많은 것들과 또 깊이 사랑을 받아 온 많은 것들을 남겨 놓고 떠나게 된다는 사실도 곧 알게 되기 때문이다. 어느 것이 계속 살기 위해서는 다른 것이 죽지 않으면 안 된다.

【논제 1】 제시문 (가)와 (나)에서 공통적으로 드러난 문자의 속성은 무엇이며, 그것이 각각의 제시문에서 어떻게 다르게 이해되고 있는지 설명하시오.

【논제 2】 조지 랜도는 '인터넷과 같은 하이퍼 미디어는 우리의 시각적이고 청각적인 능력을 문자적 텍스트에 다시 결합시킴으로써 정보 사회에서 구술 문화의 장점을 되살릴 수 있다.'고 주장했다. 이를 토대로 제시문 (다)의 논지를 반박하시오.

4 다음을 읽고 물음에 답하시오.

〈2008 서울대 모의 논술 – 인문계〉

(가)

　미국의 건국 초창기 토마스 제퍼슨은 주민들이 그들의 문제를 주민 회의(town meeting)에서 결정할 수 있는 직접 민주주의를 희망했지만, 자신의 생각을 포기해야만 했다. 그는 거리상의 문제와 제한된 의사 소통이라는 두 가지 문제점 때문에 시민들의 의사 결정을 대신할 대표를 선택하는 방법을 택할 수밖에 없었다. 만약 오늘날에 토마스 제퍼슨이 살아있다면 그는 인터넷을 보고 좋아했을 것이다. 왜냐하면 주민 회의와 직접적인 주민 참여를 기초로 한 민주주의의 이상향이 최근 현실화되어 가고 있기 때문이다. 앞으로 인터넷을 통한 광범위하면서도 통제받지 않는 쌍방향의 대화가 현실 정치의 중심이 될 것이다. 수많은 정보가 제공됨으로써 어떤 조직이나 기관도 더 이상 정보의 자유로운 흐름을 차단하거나 의견 형성을 통제하지 못할 것이다. 이렇게 자신의 의사를 자유롭고 평등하게 표현할 수 있는 분위기 속에서 여론 지도자들이 도처에 생겨날 것이다. 이런 정보 · 통신 기술의 놀랄 만한 발달은 사실상의 직접 민주주의를 가능하게 할 것이다.

(나)

　현대 사회에서 정보 · 통신 기술의 발달은 가상 공간이라는 새로운 세계를 우리에게 가져다주었다. 컴퓨터가 만들어 낸 가상 공간에서는 물리적 제한이 없으므로 누구나 남자가 여자로 바뀔 수 있으며, 어른이 아이 행세를 할 수도 있다. 이와 같은 가상 공간 속의 자유로움은 개인의 정신적 자세, 생활 태도, 행동 양식을 형성하는 데 영향을 줄 수 있다. 가상 공간에서는 어느 정도 자유와 평등이 보장되므로, 각자가 자신의 개성을 자유롭게 표현할 수 있으며, 그로 인하여 자신의 역할 및 자아에 대해 깊게 인식할 수 있다. 가상 공간에서의 자유로운 자기 표현은 지적 · 감성적 개방성을 높이고, 포용력 있는 성향을 가지는 데에도 도움을 줄 수 있다. 또한 가상 공간에 참여하는 사람들은 다양한 형태로 그들만의 사회나 단체를 구성할 수 있으며, 그 범위는 지구 반대편의 친구들까지 포함할 수 있을 정도로 넓다. 이런 가상 공동체에서의 상호 교류를 통해 우리는 분석력과 판단력 등의 능력과 함께, 남의 것을 평가하고 비평하며 타인과 협조하는 등의 태도를 기를 수 있다.

— 고등학교 『도덕』 교과서

(다)

　민주 정치는 시민의 참여 없이는 실현되기 어렵다. 왜냐하면 민주 정치의 이상은, 국민 스스로가 국가 권력의 주체가 되어 공공 정책 결정에 자신의 의사를 반영하고 그 집행 과정을 감시 · 통제함으로써 자유와 권리를 확보하려는 것이기 때문이다. 이런 점에서 정보 · 통신 기술의 발달은 민주주의의 발전에 크게 기여할 것으로 기대된다. 정보 · 통신 기술의 발달로 인해 개인 간의 연결망이 활성화되고, '지식 근로자'와 같은 새롭고 다양한 중간 계층이 형성될 것으로 기대된다. 또한 정보 · 통신 기술의 발달은 생산성과 효율을 높일 것이고, 그로 인해 생긴 경제적 이익이 누구에게나 폭넓게 돌아가 빈부 격차가 완화될 것으로 전망된다. 한편 발달된 정보 · 통신 기술은 수평적인 사회 조직을 만들고, 정보에 대한 접근성을 증가시켜 권력 차이를 감소시킬 수 있을 것이다. 결국 이런 모든 변화는 권력을 시민 사회에 분산시킬 것이다. 그리고 이러한 변화가 주민 자치를 활성화시키고 다양한 정치 참여의 기회를 열어 주므로, 대의 민주주의의 위기가 극복되고 직접 민주주의의 이상에 가까운 새로운 민주주의가 실현될 것으로 전망된다.

— 고등학교 『사회 · 문화』 교과서

【논제 1】 위의 세 제시문이 공통적으로 주장하는 바를 요약하시오.(200자 이내)

【논제 2】 각 제시문의 핵심적 주장에 대한 반론을 제시하시오.(600자 이내)

【논제 3】 위의 논의를 토대로 정보화 시대의 이상적인 민주주의를 구상해 보고 이를 실현하기 위한 구체적인 방안을 기술하시오.(800자 이내)

1번 해설

● 논제 1

이 문제를 읽은 학생은 먼저 (가) 상황에서 냉장고 개발 시작 전에 예상한 순수익과 개발 결정 이후 변화된 조건에 따른 예상 순수익의 차이를 계산해야 할 것이다. 계산이 조금 복잡하지만 조금 생각해 보면 어렵지는 않다.

① **애초의 예상** : 6억 원의 15~20%의 수익이 15년간 발생한다. 6억 원× (0.15~0.2)×15 = 13.5억~18억 원. 즉 최소 13.5억 원에서 최대 18억 원의 수익이 발생하고, 여기에서 총비용을 제하면 최소 7.5억 원에서 12억 원의 순수익이 예상된다.

② **변화된 상황** : 먼저 총개발 비용이 1억 원 추가되었다는 점을 고려해야 한다. 그런데 이 계산을 올바로 수행하기 위해서는 "연간 예상 수익률도 2년차 예산의 8%로 낮아졌고"라는 말을 올바로 이해해야 한다. 현재 1년간 2억 원의 예산을 이미 썼다. 앞으로 2년차에는 4억 원을 더 쓸 생각이었는데, 1억 원이 더 추가된 셈이다. 따라서 '2년차 예산'이란 4억 원에 1억 원을 더한 5억 원을 의미한다. 5억×0.08×10=4억 원이 예상 수익이다. 그렇다면 순수익은 3억 원(4억−7억=−3억)의 손실을 보게 된다. 그렇다면 지금까지 소요된 비용이 2억 원이었으니 결국 사업을 접는 것이 더 합리적인 선택일 것이다.

(나) 제시문의 경우도 마찬가지이다. 이 경우에는 예상 수익이 나와 있지 않지만, 이 나라에서 만든 제품이 아직 개발이 완료되지도 않은 시점에서 더 좋은 제품이 이미 나와서 판매가 되고 있다면 추가로 100억 원을 더 투입해서 제품을 완성한다고 해서 제품이 팔릴 가능성은 거의 없다고 봐야 한다. 따라서 900억 원이 아깝기는 하지만 사업을 포기하는 것이 현명한 일일 것이다.

여기까지는 어렵지 않게 대부분의 학생이 생각했을 것이다. 그러고 나서 "이 문제는 너무 쉽군.”하고 다음 문제로 넘어갈 것이다. 그런데 논제 2와 논제 3을 보고 나니 문제가 그리 간단하지 않음을 발견하게 된다. 논제 2의 “이미 투자된 비용을 논외로 했을 때”라는 조건과 논제 3의 “선택의 상황에는 여러 가지의 판단 기준이 적용될 수 있다.”는 표현을 연결해서 고려해 보니, 논제 1의 문제 상황에서 너무 일면적인 기준을 적용해서 답을 결정했다는 생각이 밀려온다.

사실 사후적으로라도 이러한 잘못을 발견했다면 다행이다. 많은 학생들이 이러한 문제를 발견조차 못하는 게 현실이다. 그래서 ‘통합 교과형 논술’은 제시문 사이의 연관 관계와 논제 사이의 연관 관계를 먼저 파악하는 것이 너무나 중요한 일이다. 특히 논제들 사이의 연관 관계를 미리 파악하지 않고 성급하게 문제 해결을 단계적으로 해 나가게 되면 주어진 시간 안에 회복할 수 없는 착오를 저지를 수 있다.

논제 2를 먼저 해결하고 이 부분을 보강할 필요가 있다. 일단 아래와 같이 여운을 남겨 놓는 예시 답안을 제시해 보겠다.

문제 1-논제 1 | 예시 답안

(가)와 (나) 상황에서 합리적인 의사 결정의 기준은 일단 예상 수익과 비용의 차이, 즉 순수익에 따라 결정하는 일일 것이다. 그에 따라 분석을 해보겠다. 먼저 (가)의 상황에서 판단내리기 위해서는 냉장고 개발 시작 전에 예상한 순수익과 개발 결정 이후 변화된 조건에 따른 예상 순수익의 차이를 계산해야 할 것이다.

① 애초의 예상 : 6억 원의 15~20%의 수익이 15년 간 발생한다. 6억 원×(0.15~0.2)×15=13.5~18억 원. 즉 최소 13.5억 원에서 최대 18억 원의 수익이 발생하고, 여기에서 총비용을 제하면 최소 7.5억 원에서 12억 원의 순수익이 예상된다.

② 변화된 상황 : 먼저 총개발 비용이 1억 원 추가되었다는 점을 고려해야 한다. 그런데 이 계산을 올바로 수행하기 위해서는 “연간 예상 수익률도 2년차 예산의 8%로 낮아졌고”라는 말을 올바로 이해해야

한다. 현재 1년간 2억 원의 예산을 이미 썼다. 앞으로 2년차에는 4억 원을 더 쓸 생각이었는데, 1억 원이 더 추가된 셈이다. 따라서 '2년차 예산'이란 4억 원에 1억 원을 더한 5억 원을 의미한다. 5억×0.08×10=4억 원이 예상 수익이다. 그렇다면 순수익은 4억 원−7억 원=−3억 원, 즉 3억 원의 손실을 보게 된다.

그렇다면 지금까지 소요된 비용이 2억 원이었으니 결국 사업을 접는 것이 더 합리적인 선택일 것이다.

(나) 제시문의 경우도 마찬가지이다. 이 경우에는 예상 수익이 나와 있지 않지만, 이 나라에서 만든 제품이 아직 개발이 완료되지도 않은 시점에서 더 좋은 제품이 이미 나와서 판매가 되고 있다면 추가로 100억 원을 더 투입해서 제품을 완성한다고 해서 제품이 팔릴 가능성은 거의 없다고 봐야 한다. 따라서 900억 원이 아깝기는 하지만 사업을 포기하는 것이 현명한 일일 것이다.

이상의 분석이 가장 일반적이고 보편적인 상황 판단일 것이다. 그러나 순수익을 기준으로 판단을 내리는 것이 가장 일반적이기는 하지만 유일한 판단 기준으로 볼 수는 없다. 이 문제는 다음 논제 2의 과제와 밀접한 관련을 맺고 있다.

○ 논제 2

앞서 논제 1의 문제점을 고려해 볼 때, 두 번째 논제를 정확하게 이해하는 것이 무엇보다 중요하다. 여기서는 "새만금 사업은 이미 시작되어 막대한 비용이 투입되었고, 동강댐 건설은 아직 시작되지 않았다."는 점에 주목하기를 요구하면서 동시에 "이미 투자된 비용을 논외로 했을 때"라는 단서 조항을 달고 있다. 한마디로 말해서 "새만금에는 비용이 이미 투입되었고 동강댐은 아직 투입전이니까"와 같은 방식의 상투적인 답변을 배제하라는 뜻이다. 그리고 앞의 논제 1에서 정리한 답변이 바로 이런 상투적인 답변이 되는 것이다. 결국 이 문제의 핵심은 학생들이 '단순한 손익 계산에 의한 판단'에 현혹되지 않고 현실 문제를 다양한 시각에서 접근할 수 있는지를 보기 위한 것이라 할 수 있다.

여기서 '상투적 답변'이 기반하고 있는 암묵적 전제들 몇 가지를 정리해 보도록 하겠다.

① 기업이나 정부 입장에서 가장 합리적인 의사 결정은 순수익을 극대화하는 결정이다.
② 수익이란 해당 사업으로 인해 얻을 수 있는, 화폐 단위로 환산 가능한 이익을 말한다.
③ 수익을 예상했다가 손실로 전환될 것이 예상되는 분명한 이유가 있다면, 사업을 포기해야 한다.

위의 세 가지 암묵적인 전제를 무조건적으로 받아들일 수 있는가? 이제 여러분도 그렇지 않음을 알 수 있을 것이다. 위 세 가지 전제가 항상 옳지 않음을 지지하는 근거는 아주 많다. 예를 들어 (가)에서 냉장고를 만들려고 생각했던 기업 입장에서 사업을 포기하지 말고 더 많은 개발 비용을 투자해서 경쟁사의 제품보다 더 월등한 성능을 갖춘 새로운 모델 개발로 개발의 방향을 바꿀 수도 있다. 이러한 결정은 ③의 전제를 무시할 때 가능하다. 그리고 국방부 정책 결정자는 비록 개발된 제품이 하나도 수출되지 않는 한이 있어도 개발을 지속하는 결정을 할 수 있다. 그 제품이 만약 국방 산업을 위한 핵심 부품이고 그 제품을 국산화함으로써 대외 의존도를 현저하게 개선할 수 있다면 단순히 수익-비용 측면을 넘어서는 다른 의미를 찾을 수 있을 것이다. 이러한 결정은 ①과 ②의 전제에서 벗어날 때 생각할 수 있는 것이다. 이렇게 볼 때 논제 1에 대한 답도 바뀌어야 할 것이다.

비슷한 논리가 (다)와 (라)의 상황에도 적용될 수 있다. (다)와 (라)의 상황에서는, 약간의 부가적인 사항이 고려 대상이 될 수 있다. (다)에서는 문제의 초점이 경제적인 효율성에 맞추어져 있지만 (라)에서는 위험이나 환경 등의 요인에 맞추어져 있다. 답안 작성 시 이러한 차이점을 적절하게 부각시키면 더 좋을 것이다. 그러나 이 경우에도 역시 논의의 초점은 "새만금 사업에 이미 많은 돈이 투여되었다."는 점이 아니라는 사실이 중요하다.

여기서는 우선 "새만금 사업은 이미 시작되어 막대한 비용이 투입되었고, 동강댐 건설은 아직 시작되지 않았다."는 점에 주목하기를 요구하면서 동시에 "이미 투자된 비용을 논외로 했을 때"라는 단서 조항을 달고 있다는 점에 주목할 필요가 있다. 논제 1에서 고려한 단순한 손익 분석 이외의 다른 요소를 고려해야 한다는 점을 알 수 있다. 그리고 결정적으로 다른 점은 (가) 제시문의 상황과 달리 간척지 개간에 따른 예상 수익이 정량적으로 파악되지 않는다는 점이다. 따라서 단순한 비용-편익 분석으로는 결론을 낼 수 없다고 판단된다.

그러나 (다) 제시문의 상황에서 새만금 간척 사업을 계속하기로 결정한 것은 어쨌든 경제적 가치 산정의 결과로 판단내릴 수밖에 없다. 설득력 있는 반대론에도 불구하고 정부가 새만금 사업을 계속 추진하기로 결정한 이유는 첫째, 이미 투자된 비용을 제외하고 봤을 때, 개발을 통한 경제적 이득이 더 크다는 판단 기준이 작용했기 때문이다. 정부는 다양한 용도로 간척지를 개발할 계획을 세우고 있기 때문에 개발 효과에 대한 구체적인 지표가 제시되지는 않았지만 보존할 경우에 예상되는 수치보다 더 나은 결과를 예상했기에 사업의 계속 추진을 결정하였을 것이다.

둘째, 이러한 정부의 결정은 환경 보존보다는 개발을 우선시하는 가치 판단으로 보인다. 간척 사업 개발 입장을 지지하는 연구 결과에 따르면 환경 파괴의 부정적 영향과 그 손실은 언급되지 않고 있다. 그보다는 21세기 새로운 산업 용지의 확보, 물 자원의 확보, 관광 자원 및 자연 학습 공간의 제공, 국제 경쟁력 제고, 지역 주민의 편리함과 이로움 등 개발에 따른 이익만을 집중적으로 부각시키고 있다. 또한 반대론자들의 주장도 경제적인 가치 산정에 의존해 있기 때문에 개발을 진행하는 것이 중단하는 것보다 경제적인 가치 창출에 더 긍정적이라는 판단에 따라 별 무리 없이 개발 지속안을 선택할 수 있었을 것이다. 만약 반대론이 경제적 가치 산정 이외의 다른 기준을 들고 나왔다면 동일한 결론이 내려졌다고 장담하기는 힘들다고 판단된다.

반면, 영월 다목적 댐 사업의 경우 계획 단계에서 취소되었다. 이러한 결정이 내려진 이유는 무엇일까? 우선, 댐 건설 사업의 주목적인 홍수 피해 조절과 물 부족에 대한 사태 해결이 반대론에서 주장하는 소형 댐 건설 및 물 절약 캠페인 등으로 어느 정도 해결될 수 있을 것으로 판단했기 때문이다. 둘째, 석회암 지대와 지진 다발 지역에 대형 댐을 건설하면 사면이 붕괴할 수 있고 동굴로 인한 지하 누수의 가능성도 있어 이에 따른 위험 부담이 크게 작용한 것으로 보인다. 셋째, 새만금 사업에서와는 달리 경제적 이익에 대한 전망이 환경 오염과 생태계 파괴로 인한 손실을 압도할 만큼 크고 분명하지 않았기 때문으로 판단된다. 새만금 간척지 개발의 경우와 결정적으로 다른 점은 판단의 기준이 경제적 가치라는 한 가지 기준으로 환원되지 않는다는 점이다.

이 두 가지 사례를 통해 내릴 수 있는 결론은 결국 가치 판단의 기준을 어떻게 잡을 것인가에 따라 다른 결정이 내려질 수 있다는 점이다. 따라서 문제의 초점은 가치 판단의 충돌이 있을 때 그것을 어떻게 조정할 것인가 하는 문제로 전환된다.

● 논제 3

지금까지 해설을 통해 실마리를 잡았을 것이다. 이런 내용을 '판단의 기준'이라는 측면에서 다시 정식화해서 답안을 작성하면 될 것이다.

문제 1-논제 3 | 예시 답안

판단의 기준이 충돌을 일으키는 경우는 너무도 다양하다. 그러나 (가)~(라) 제시문의 경우를 통해 알 수 있듯이 크게 보아서 경제적 가치를 우선하는 기준과 정의나 환경 문제 등의 비경제적 가치를 우선하는 기준으로 나누어 볼 수 있다. 물론 비경제적 가치의 서열과 우선 순위에도 차이가 있을 수 있지만 경제적 가치와 비경제적 가치 사이의 충돌을 해결하는 해법을 일반화하여 적용할 수 있으리라 본다.

제시문 (가)와 (나)의 경우는 일반적으로 경제적 효율성에 따라 판단될 사례이다. 반면, (다)와 (라)의 경우는 개발이냐 환경이냐 하는 서로 대립되는 판단 기준에 따른 쟁점이다. 개발 우선의 논리가 효율성을 앞세우고, 환경 보존에 대한 주장이 더불어 잘사는 것을 염두에 두는 것이라면 문제의 제시문 전체를 관통하는 판단 기준은 효율성(경제적 가치)과 형평성(비경제적 가치)이라는 대립적 구도로 설정해 볼 수 있을 것이다.

가치에 대한 판단이 서로 대립적일 경우 그리고 그것이 어떤 집단의 이익과 맞물려 사회의 구성원들 간의 쟁점이 되어 표출될 경우, 이의 해결을 위해서는 서로 존중하는 바탕 위에서 대화와 타협이 필요하다. 갈등 상황이 증폭될 경우 제3자에 의한 조정도 필요하다. 이러한 과정에 의해 합의를 이끌어 내지 못할 경우 갈등은 분열을 초래하며 사회에 엄청난 손실을 가져오게 된다. 갈등 상황을 해결하기 위한 그 다음 단계는 쟁점에 대한 객관적이고 공정한 검토이다. 문제의 성격에 걸맞게 각각의 판단 기준에 따른 검토 과정이 있어야 한다는 것이다. 마지막으로 의사 결정 방식에 대한 당사자들 간의 이해와 합의 그리고 결정된 사항에 대한 존중이 필요하다

한 예로 어떤 질병으로 갑자기 눈이 멀어 격리 수용된 사람들의 식량 배급 문제를 생각해 볼 수 있다. 100명의 무리들이 눈이 멀어 수용소에 감금되어 있고 그들에게 50인분의 식량만이 배분될 경우, 선착순으로 줄을 서서 배급을 받다 보니 힘이 없는 노인과 어린이들 그리고 여자들이 식량 배급을 못 받는 경우가 종종 발생했다. 일부가 노인과 어린이, 여자들에게 우선적으로 식량을 배분하자는 주장을 제기하여 논쟁이 발생했다고 하자.

이러한 두 주장이 쟁점이 되었을 때, 어떻게 해결할 것인가? 우선 전체 무리들 간의 충분한 대화와 토론이 필요할 것이다. 각각이 주장

하는 가치를 명확히 하고 이를 조화시킬 수 있는 방법을 찾아야 한다.
선착순 분배 주장이 효율성을 중시하는 입장이라면, 약자에 대한 우선
공급 주장은 형평성을 중시하는 견해이다. 대립적이지만 해결 가능성
을 열어두고 있다. 두 입장을 해결할 수 있는 방법의 하나로서 무리를
두 집단으로 나누어 어린이, 노인, 여자들에게 우선 식량을 배정하고
나머지 식량을 조금씩 공평하게 나누어 먹는 방식이 제안될 수 있다.
마지막으로 이 제안에 대한 의사 결정이 자유롭게 이루어지고 결정에
합의한 이후에는 결정에 충실히 따르는 강제성을 부여해야 할 것이다.
물론 실행 과정에서 예상치 못한 난점이 발견된다면, 대화와 타협의
과정을 통해 개선해 나가야 할 것이다.

● 논제 1

(가)의 결론이 도출되는 과정을 정리해 보자.

(대전제) 소득 수준이 높을수록 삶의 질이 높다.
(소전제) 마을 B의 소득 수준이 마을 A의 소득 수준보다 높다.
(결론) 마을 B 주민의 삶의 질이 마을 A 주민의 삶의 질보다 더 높다.

어디에 문제가 있을까? 소전제에 문제가 있음은 쉽게 발견할 수 있을 것이다.
소전제에서 말하는 것은 마을 A와 B의 평균 소득을 비교한 결과이다. 그런데 마
을 B의 평균 소득이 높게 나타난 이유는 5, 7, 9번 가구와 같이 소득 수준이 월등
히 높은 가구 때문이다. 전체적으로 봐서는 마을 B의 5 가구가 마을 A의 평균 소
득 이하의 소득을 보이고 있다. 따라서 마을 B의 평균 소득이 마을 A의 평균 소
득보다 높다는 것은 옳지만, "마을 B의 소득 수준이 마을 A의 소득 수준보다 높
다."는 소전제는 참이라 보기 힘들다. 전체를 평균 낸 결과로서는 옳지만 구성원
각각을 고려해 보면 옳지 않다.

그런데 가만히 보면 대전제에도 문제가 숨어 있다. 한 개인을 고립시켜서 본다면 이 명제는 옳다고 볼 수 있다. 예를 들어 100만 원 벌던 사람이 150만 원으로 월급이 올랐다고 가정해 보자. 이 경우에 삶의 질이 높아졌다는 데 대해서는 대부분 동의할 것이다. 그리고 갑이라는 사람의 월급이 100만 원이고 을이라는 사람의 월급이 150만 원이라면, 그리고 다른 조건들은 동일하다면 을의 삶의 질이 더 높다는 데 이의를 달 사람은 없을 것이다. 따라서 (가) 제시문에 명시적으로 나와 있지는 않지만 대전제는 개인들에 한정해서 옳은 명제라고 받아들이는 것이 합리적이다. 그러나 앞의 논증의 결론은 마을 전체에 대해서 내린 판단이다. 여기서 '결합의 오류'를 발견할 수 있다.

이 문제에 대한 답안을 6~8줄 사이의 짧은 분량으로 작성해야 하기 때문에 대전제를 문제 삼는 두 번째 항목까지 다룰 여력은 없을 것이다. 그러나 이 부분도 분명히 문제의 소지가 있기 때문에 지적하였다.

문제 2 – 논제 1 | 예시 답안

> (가) 글의 결론은 "마을 B의 소득 수준이 마을 A의 소득 수준보다 높다."는 전제에 결정적으로 의존하고 있다. 그런데 이 전제를 참으로 받아들일 수 있을까? 마을 B의 평균 소득이 높게 나타난 이유는 5, 7, 9번 가구와 같이 소득 수준이 월등히 높은 가구 때문이다. 전체적으로 봐서는 마을 B의 5 가구가 마을 A의 평균 소득 이하의 소득을 보이고 있다. 따라서 마을 B의 평균 소득이 마을 A의 평균 소득보다 높다는 것은 옳지만 구성원 각각의 삶의 질을 평가하는 데는 적절한 전제라고 볼 수 없다. 더불어 '삶의 질'이라는 질적인 평가가 '소득 수준'이라는 양적인 요소로 완전히 환원될 수 있는지도 문제의 소지가 있다.

● 논제 2

제시문 (가)와 비교해서 (나)가 다른 점이 무엇일까? '주관적 차원의 평가'라는 말에 집약되어 있다. 이는 다른 말로 '얼마나 만족하는지' 라는 표현에서 보다 구체적으로 드러난다. 즉 소득 수준이라는 객관적 지표 외에 주민들의 주관적인 만족도에 영향을 주는 요인이 숨어 있었던 것이다. 그런데 (가)에서 조건을 가만히 살펴보니, "삶의 질에 영향을 미칠 수 있는 다른 요인들은 두 마을 간에 차이가 없었으며"라는 부분이 발견된다. 즉 객관적인 지표 중 소득 수준을 제외하고는 모두 같다는 의미이다.

그렇다면 소득 수준의 지표에서 '주관적 차원의 평가' 에 영향을 주는 요인을 찾아내야 한다. 무엇일까? 바로 소득 수준의 불평등 정도이다. 마을 B는 마을 A에 비해 전체 소득, 따라서 평균 소득은 높지만 부의 분배가 불평등하게 이루어져 있다. 상대적으로 저소득 계층에 속하는 사람일수록 상대적인 박탈감을 느낄 수 있다. 바로 이점에서 주관적인 차원의 평가로 환산한 삶의 질이 낮게 나타나는 것이다.

이러한 내용을 토대로 답안을 작성하면 될 것이다.

(가) 글과 비교해서 (나) 글이 다른 점은 '주관적 차원의 평가' 라는 말에 집약되어 있다. 소득 수준이라는 객관적 지표 외에 주민들의 주관적인 만족도에 영향을 주는 요인이 숨어 있는데 그것을 고려해야 한다는 것이다. 소득 수준의 불평등 정도가 그것이다. 마을 B는 마을 A에 비해 전체 소득, 따라서 평균 소득은 높지만 부의 분배가 불평등하게 이루어져 있다. 바로 이점에서 주관적인 차원의 평가로 환산한 삶의 질이 낮게 나타나는 것이다.

정책 수립자의 입장에서 보면, 소득 수준의 불평등과 저소득 계층의 상대적 박탈감을 해소하기 위해서 최저 생활을 보장해 주는 생활 보호 제도나 빈곤 대책 등을 시행해 볼 수 있고, 빈곤층을 위해 그들의 잠재 능력을 개발하고 육성하여 사회 생활에 적응할 수 있는 프로그램을 개발하는 방안도 강구해 볼 수도 있을 것이다.

● 논제 1

논제를 먼저 정확하게 이해해야 한다. 논제에서는 먼저 '(가)와 (나)에서 공통적으로 드러난 문자의 속성'이 무엇인지 묻고 있다. 이 말은 (가)와 (나) 제시문에서 드러나는 문자의 속성 중 공통적인 요소가 무엇인지 먼저 찾으라는 말이다. 그리고 '어떻게 다르게 이해되고 있는지 설명'하라는 말은 공통적인 요소이지만 그것을 어떻게 다른 시각에서 보고 있는지 설명하라는 말이다.

공통적인 요소는 (가) 제시문에 따를 때 문자가 '말은 한번 씌어지고 나면 장소를 불문하고 그 말을 이해할 수 있는 자에게나 그 말이 전혀 어울리지 않은 자에게나 이리저리 마구 돌아다니게' 된다는 점이고, 이는 (나) 제시문의 '문자의 독재'와 연결된다. 따라서 문자의 공통적인 속성은 한번 기록되면 모든 사람에게 거의 강제적으로 유통된다는 점이라고 정리할 수 있다.

이에 대해 (가) 제시문은 부정적으로 보고 있다. 문자는 대화와는 달리 그 말이 애당초 전달되어야 하는 상대와 무관하게 이리저리 무자비하게 유통된다고 보고 있다. 그렇게 되면 말은 '방임되고 부당하게 욕을 먹게' 되는 것이다. 반면에 (나) 제시문의 저자는 문자가 서민들에게까지 보급됨으로써(이를 '독재'라는 말로 역설적으로 표현한다.) 결국 민주주의를 가능하게 했다고 보고 있다.

문제 3-논제 1 | 예시 답안

　(가) 제시문에 따를 때 문자가 '말은 한번 씌어지고 나면 장소를 불문하고 그 말을 이해할 수 있는 자에게나 그 말이 전혀 어울리지 않은 자에게나 이리저리 마구 돌아다니게' 된다는 점이고 이는 (나) 제시문의 '문자의 독재'와 연결된다. 따라서 문자의 공통적인 속성은 한번 기록되면 모든 사람에게 거의 강제적으로 유통된다는 것이라고 정리할 수 있다.

　문자의 이러한 속성에 대하여 (가) 제시문은 부정적으로 보고 있다. 문자는 대화와는 달리 그 말이 애당초 전달되어야 하는 상대와 무관하게 이리저리 무자비하게 유통된다고 보고 있다. 그렇게 되면 말은 "방임되고 부당하게 욕을 먹게" 되는 것이다. 반면에 (나) 제시문의 저자

는 문자가 서민들에게까지 보급됨으로써(이를 '독재'라는 말로 역설
적으로 표현한다) 결국 민주주의를 가능하게 했다고 보고 있다.

◉ 논제 2

(다)의 저자가 더 높이 평가하고 있는 쪽은 어느 쪽일까? 그렇다. 구술 문화 쪽
이다. 구슬 문화를 '고도로 예술적이고 인간적인 가치'를 지녔다고 보고 있다.
그런데 그것이 하나의 작품으로 남기 위해서는 문자가 필연적이라는 데 바로 비
극이 있는 것이다. 문자성의 세계로 옮아감에 따라 구술 문화에서만 향유될 수
있는 가치들이 사라져 간다는 것이다. 이상이 저자의 논지이다.

그렇다면 논제에 나오는 조지 랜도의 주장은 (다) 제시문 저자의 어떤 부분을
반박할 수 있을까? 그러기 위해서는 (다) 글의 내용 중에서 가장 기본적인 전제로
작용하고 있는 것이 무엇인지 찾아야 한다. 그것은 "(구술 문화의) 언어적 수행은
일단 쓰기가 사람들의 마음을 사로잡게 되면 불가능해진다."는 생각이다. 조지
랜도의 주장은 이 생각에 근본적인 의문을 제기하고 있다. 인터넷에서는 이미지,
동영상, 사운드, 이모티콘, 애니메이션 등등의 새로운 매체들이 문자 매체와 결합
되어 문자 매체와 기타 매체 간의 이분법을 극복하고 있다고 볼 수 있다. 결국
(다) 글의 논지는 문자와 구술 사이의 이분법에 근거한 주장이고, 조지 랜도는 이
런 이분법을 극복하게 하는 실마리를 제공하고 있다고 할 수 있다.

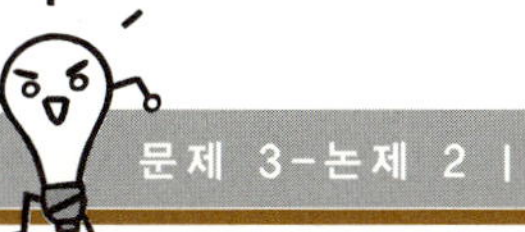

문제 3-논제 2 | 예시 답안

(다)의 저자는 '고도로 예술적이고 인간적인 가치'로 미루어 보아
구술 문화 쪽을 더 높이 사고 있다. 그런데 그것이 하나의 작품으로 남
기 위해서는 문자가 필연적이라는 데 바로 비극이 있다는 것이 논지이
다. 문자성의 세계로 옮아감에 따라 구술 문화에서만 향유될 수 있는
가치들이 사라져 간다는 것이다.

논제에 나오는 조지 랜도의 주장은 (다) 제시문의 가장 기본적인 전

제로 작용하고 있는 "(구술 문화의) 언어적 수행은 일단 쓰기가 사람들의 마음을 사로잡게 되면 불가능해진다."를 반박하고 있다. 조지 랜도의 주장은 이 생각에 근본적인 의문을 제기하고 있다. 인터넷에서는 이미지, 동영상, 사운드, 이모티콘, 애니메이션 등등의 새로운 매체들이 문자 매체와 결합되어 문자 매체와 기타 매체 간의 이분법을 극복하고 있다고 볼 수 있다. 결국 (다) 글의 논지는 문자와 구술 사이의 이분법에 근거한 주장이고 조지 랜도는 이런 이분법을 극복하게 하는 실마리를 제공하고 있다고 할 수 있다.

4번 해설

● 논제 1

한 문제에 논제가 여러 개 제시되어 있는 경우, 제일 먼저 해야 될 일은 바로 논제들 각각의 성격과 논제들 간의 연관 관계를 파악하는 일이다. 논제 1은 이 책의 분류에 따를 때 '요약' 문제이다. 그런데 하나의 제시문을 요약하는 것이 아니라 세 개의 제시문에 공통적이라 할 수 있는 주장을 요약하는 것이다. 논제 2는 반론을 제시하는 것이기에, 이 책의 분류에 따르면 '평가형' 문제이다.

이 두개의 논제를 해결하기 위해 선행되어야 할 것은 바로 '핵심 주장'을 찾는 일이다. 각 제시문의 핵심 주장을 찾아야 공통적 주장을 요약할 수 있고 그 주장에 대한 반론을 구성할 수 있는 것이다. 그런데 논제 2를 해결하기 위해서는 핵심 주장을 찾는데 그쳐서는 안 되고 그 주장을 지지하는 근거들까지 찾아내야 한다. 그리고 이렇게 주장과 근거를 찾게 되면 논제 1을 해결하는 데도 간접적인 도움을 줄 수 있다. 결론적으로 말해서 다음의 과제를 해결해야 논제 1과 논제 2를 해결할 수 있다.

① 각 제시문의 핵심 주장을 찾고,
② 그 주장들을 지지하는 근거들을 찾는다.

각 제시문의 핵심 주장을 정리해 보자.

(가) 정보·통신 기술의 발달로 직접 민주주의가 가능해질 것이다.
(나) 정보·통신 기술이 제공해 주는 가상 공간은 분석력과 판단력 및 타인에
　　대한 포용적 태도를 가져다줄 것이다.
(다) 정보·통신 기술의 발달로 대의 민주주의의 위기가 극복되고 새로운 민
　　주주의가 실현될 것이다.

이렇게 정리해 놓고 보니 공통적인 주장은 "정보·통신 기술의 발달이 민주
주의의 발전에 기여하여 직접 민주주의의 이상을 실현시킬 수 있다."는 정도로
정리할 수 있다. 그런데 각 제시문이 내세우는 근거들은 약간의 차이가 있다. 이
번에는 근거들을 정리해 보자.

(가)

① 정보·통신 기술은 직접 민주주의의 장애 요인인 거리상의 문제와 제한된
　 의사 소통의 문제를 극복할 수 있게 한다.
② 인터넷을 통해서 자신의 의사를 자유롭고 평등하게 표현할 수 있는 분위기
　 가 만들어질 것이다.
③ (위 ②의 하위 근거) 어떤 조직이나 기관도 더 이상 정보의 자유로운 흐름
　 을 차단하거나 의견 형성을 통제하지 못할 것이다.

(나)

① 가상 공간에서의 자유로운 자기 표현은 지적·감성적 개방성을 높이고, 포
　 용력 있는 성향을 가지는 데에도 도움을 줄 수 있다.
② (생략된 전제) 인간에게 자유가 주어지면, 인간은 그것을 긍정적으로(개방
　 성, 포용성 등) 이용할 것이다.

(다)

① 정보·통신 기술은 권력을 시민 사회에 분산시키고 주민 자치를 활성화시

키며 다양한 정치 참여의 기회를 열어줄 것이다.

② (①의 하위 근거) 발달된 정보·통신 기술은 수평적인 사회 조직을 만들고, 정보에 대한 접근성을 증가시켜 권력 차이를 감소시킬 수 있을 것이다.

이렇게 정리하고 보니 논제 1과 논제 2의 해결 방안을 생각해 볼 수 있게 되었다. 각 제시문이 모두 민주주의의 발전에 정보·통신 기술이 긍정적인 영향을 미칠 것이라는 주장을 하고 있지만, 그 근거들은 약간씩 다르다. (가) 제시문은 정보·통신 기술이 직접 민주주의의 장애 요인을 '물리적으로' 해결해 줄 것이라는 점에 주목하고 있다. (나) 제시문은 정보·통신 기술이 민주 시민의 '자질과 역량'을 성숙시켜 줄 것이라는 점을 근거로 내세우고 있다. 끝으로 (다) 제시문은 정보·통신 기술이 평등을 실현시키고 권력을 분산시켜 줄 것이라는 '사회적 측면'을 주목하고 있다. 논제 1은 각 제시문에 공통되는 주제와 서로 구별되는 근거들을 적절하게 정리함으로써 만족스러운 답안을 구성할 수 있다.

문제 4-논제 1 | 예시 답안

> 먼저 각 제시문의 핵심 주장을 정리해 보면, (가)는 정보·통신 기술의 발달로 직접 민주주의가 가능해질 것이라는 것을, (나)는 정보·통신 기술로 인한 가상 공간은 분석력과 판단력 및 타인에 대한 포용적 태도를 가져다 줄 것을, 그리고 (다)는 정보·통신 기술로 새로운 민주주의가 실현될 것이라는 것을 보여 준다. 이렇게 정리해 놓고 보니 공통적인 주장은 "정보·통신 기술의 발달이 민주주의의 발전에 기여하여 직접 민주주의의 이상을 실현시킬 수 있다."는 것으로 정리할 수 있다.

◉ 논제 2

논제 2의 경우에는 어디에 주목해야 할까? 앞서 본문에서 공부한 '타당성 평가'의 내용을 정리해 보자. 우리가 어떤 주장을 평가하기 위해서는 그 주장을 구성하고 있는 논증의 전체 구조를 파악하고 그것이 과연 '건전한' 논증인지를 평가해야 한다. 이때 건전성을 충족시키기 위해서는 다음 두 가지 조건을 만족해야 한다.

- 논증의 전제들이 실질적으로 참일 것
- 전제들로부터 결론의 도출 과정에서 논리적으로 문제가 없을 것

위 둘 중에서 어느 하나라도 문제가 있다면 충분히 비판의 대상이 될 수 있다. 그렇다면 앞의 논제 1의 해설에서 정리한 각 제시문의 전제들 중에서 어떤 것이 문제이고, 또 전제들로부터 결론이 도출되는 과정에서 문제가 없는지 생각해 보자.

먼저 (가) 제시문에서 문제가 되는 부분은 어디일까? 당연히 ③의 전제이다. "어떤 조직이나 기관도 더 이상 정보의 자유로운 흐름을 차단하거나 의견 형성을 통제하지 못할 것이다."라는 전제를 과연 받아들일 수 있는가? 답은 여러분의 몫이다.

(나) 제시문은 어디가 문제일까? 바로 ②로 정리한 내용이 문제가 된다. 그런데 이 내용은 '생략된 전제'라고 정리했다. 즉 지문에 명시적으로 나와 있지는 않지만, 제시문의 논증 구조가 타당한 것이기 위해서는 이 생략된 전제가 참인 것으로 인정되어야 한다. 그런데 과연 "인간에게 자유가 주어지면, 인간은 그것을 긍정적으로(개방성, 포용성 등) 이용할 것이다."라는 주장을 참으로 볼 수 있을까? 현재 인터넷 공간에서 문제가 되는 익명성으로 인한 사이버 폭력 및 사생활 침해 문제 등을 생각해 보라.

(다) 제시문에서도 제일 마지막에 정리한 ②의 내용이 문제가 된다. 발달된 정보·통신 기술이 과연 사회를 수평적인 조직으로 만드는 데, 다시 말해 평등한 사회를 구현하는 데 기여할 것인가? 그게 아니라 빈익빈 부익부 현상을 더 강화

시키고 정보를 독점적으로 소유한 새로운 권력층을 낳는 것은 아닐까? 이것 역시 대답은 여러분의 몫이다.

이상의 논의를 바탕으로 예시 답안을 작성해 보았다.

(가) 제시문에서 문제가 되는 부분은 어디일까? 당연히 "어떤 조직이나 기관도 더 이상 정보의 자유로운 흐름을 차단하거나 의견 형성을 통제하지 못할 것이다."라는 부분이다. 이 전제를 받아들일 수 있는가? 그렇지 않음을 알 수 있다. 정보·통신 기술이 발달할수록 정보의 편중 현상이 발생하고 정보를 조작할 수 있는 사람들이 자신들에게 유리하게끔 정보를 통제하거나 왜곡할 수 있는 가능성이 열려 있다. 여론 조작이 대표적인 예이다.

(나)에서는 제시문에 명시적으로 나와 있지는 않지만 "인간에게 자유가 주어지면, 인간은 그것을 긍정적으로(개방성, 포용성 등) 이용할 것이다."라는 전제를 도출해 볼 수 있다. 현재 인터넷 공간에서 문제가 되는 익명성으로 인한 사이버 폭력 및 사생활 침해 문제 등을 생각해 볼 때 타당한 것으로 받아들이기에는 무리가 있다.

(다)에서는 "발달된 정보·통신 기술은 수평적인 사회 조직을 만들고, 정보에 대한 접근성을 증가시켜 권력 차이를 감소시킬 수 있을 것이다."라는 부분이 문제가 된다. 정보 불평등을 빈익빈 부익부 현상을 더 강화시키고 정보를 독점적으로 소유한 새로운 권력층을 낳는 부작용이 발생할 수도 있음을 간과하면 안 될 것이다.

● 논제 3

지금까지의 설명을 통해서 무엇을 깨달았는가? 제시문의 내용을 정확하게 그리고 비판적으로 '읽는' 과정을 통해 논술 답안 작성의 해결책을 찾을 수 있다는 점을 확인할 수 있었다고 본다.

논제 3에서 요구하는 바는 '정보화 시대의 이상적인 민주주의를 구상해 보고 이를 실현하기 위한 구체적인 방안을 기술'하는 일이다. 말하자면 창의적인 문제 해결 방안을 내놓는 일이다. 이 작업은 논제 2에서 수행한 비판적인 작업과 밀접한 관련이 있는 일이다. 논제 2의 과정을 정확하게 수행한 사람이라면 논제 3이 그리 어렵게 생각되지 않을 것이다. 제시문들의 주장을 비판하는 과정에서 대략의 해답이 나왔을 것이다.

물론 논제 3에 대한 답안을 작성하는 경우에 위에서 제시한 과정이 아니라 자신이 알고 있는 정보·통신 기술의 긍정적인 측면과 부정적인 측면을 섞어서 답안을 작성할 수도 있을 것이다. 이러한 답안의 소재를 구성하고 있는 항목들도 앞서 설명한 것과 별 차이가 없을 수도 있다. 그러나 이렇게 배경 지식에 근거해서 작성한 답안과 앞에서 설명한 분석 과정을 거쳐서 구체화된 답안은 수준에 차이가 날 수밖에 없음은 충분히 짐작해 볼 수 있을 것이다.

문제 4-논제 3 | 예시 답안

정보·통신 혁명은 방대한 영토와 대규모의 인구로 인해 민주주의 실현에 가해진 제약을 해제시켜 줌으로써, 시·공간적 제한을 넘어서 직접 정치·사회의 여러 정책 결정에 참여하는 것을 가능하게 하였다. 여러 가지 정치 활동에 대중의 참여를 확대시킴으로써 평등화를 촉진시켜 주는 효과도 발생한다. 시민들은 인터넷 상의 게시판, 토론 광장, 커뮤니티 등에서의 토론 문화를 활성화시켜서 그들의 사이버 문화에 정치·사회적 이슈를 끌어들이는 등 참여 정치를 가능하게 하는 정치 문화를 마련해 둔 셈이다. 인터넷 선거 운동과 정당 정치의 활성화가 이에 해당하는 충분한 근거가 된다.

정보 사회의 도래로 인류는 공간적인 한계를 점차 극복해가고 있다. 그래서 제시문의 공통적인 주장도 "정보·통신 기술의 발달이 민주주의의 발전에 기여하여 직접 민주주의의 이상을 실현시킬 수 있다."로 귀결되고 있다. 인터넷과 휴대폰으로 대변되는 오늘날의 정보·통신 기술은 근대적 민주주의 운영 방식에 중요한 변화를 초래하고 있다. 제시문도 정보 시대의 민주주의에 대한 낙관적인 전망을 보여 주고 있다. 하지만 이상적인 민주주의를 성취하기 위해서는 정보 사회가 초래하는 부정적인 면을 반성해 보아야 한다. 그렇지 않다면 이상적 민주주의를 구현하는 것은 헛된 망상으로 귀결될 수 있을 것이다.

오늘날 "가상 공간에서의 자유로운 자기 표현은 지적·감성적 개방성을 높이고, 포용력 있는 성향을 가지는 데에도 도움을 줄 수 있다."는 제시문의 언급은 일견 타당하다. 그러나 익명성 속에 허용된 과도한 표현의 자유는 오히려 인터넷 토론 문화의 정착을 불가능하게 만드는 요인이기도 하다. 욕설과 비방이 난무하는 대다수 인터넷 게시판에서 "상호 교류를 통해 분석력과 판단력 등의 능력과 함께, 남의 것을 평가하고 비평하며 타인과 협조하는 등의 태도를 기를 수 있다."라는 것은 어불성설일 것이다. 성숙한 커뮤니케이션을 만드는 것은 더욱 요원하다. 인터넷상의 커뮤니케이션은 대부분 채팅 위주의 신변잡기적인 것이어서 가벼움이 사이버 공간을 지배하고 있을 뿐 민주주의의 기반으로서의 토론 문화는 아직 정착되지 못하고 있는 현실이다. 뿐만 아니라 악플로 인한 자살 사건에서 볼 수 있는 것과 같이 새로운 폭력이라는 역기능을 만들기도 한다.

정보·통신 기술이 발전하면서 오늘날 민주주의의 이상은 자유와 평등을 바탕으로 한 참여 지향의 직접 민주주의로 수렴하고 있다. 그렇기 때문에 제시문 (다)에서는 이러한 민주적 이상이 정보 사회의 다양한 특징에 의해서 성취될 수 있다고 언급한다. "발달된 정보·통신 기술은 수평적인 사회 조직을 만들고, 정보에 대한 접근성을 증가시켜 권력 차이를 감소시킬 수 있을 것이다." 또한 "또한 정보·통신 기술의 발달은 생산성과 효율을 높일 것이고, 그로 인해 생긴 경제적 이익이 누구에게나 폭넓게 돌아가 빈부 격차가 완화될 것으로 전망"하고 있다. 하지만 나날이 강화되는 지적 재산권은 정보를 가진 사람과 갖지 않은 사람과의 정보 접근성의 차이를 벌리고 있으며 소득 수준과 교육 수준에 따라서도 정보 격차는 더욱 커지고 있다. 정보 사회에서의 이와 같은 정보 불균형은 경제적 불평등을 더욱 심화시키는 원인으로 작용할 수도 있다.

이렇듯 정보 시대의 민주주의에는 양면성이 동시에 내포되어 있다. 따라서 현실 문제에 대한 비판적 인식을 바탕으로 구체적인 보완 방안을 마련해야 한다. 익명성의 폐해를 막기 위해 인터넷 실명제의 확대가 필요할 것이다. 비록 표현의 자유가 제약되는 측면이 있지만 더 나은 가치를 위해서 반드시 필요한 조치라고 생각된다. 또한 정보 격차 해소를 위한 사회 간접 자본 확대와 정보 빈곤층을 위한 정보 교육의 확대도 생각해 볼 수 있을 것이다. 정보 시대에 민주주의를 가능케 하는 것은 정보 기술 자체에 있는 게 아니라 그것을 활용하는 사람에게 있음을 잊지 말아야 할 것이다.

제일 마지막 파트에 왔다. 파트 6은 세 가지 점에서 다른 파트와 구별된다.

첫째, 가장 종합적이다. 지금까지 공부한 것들은 특정 스킬이나 특정한 사고력을 요하는 문제들로 각각 차별화된다. 그러나 이 파트에서 다루는 문제들은 지금까지 공부한 내용들을 토대로 종합적인 판단을 해야 하는 문제들로 구성되어 있다.

둘째, 문제 해결에 특정한 배경 지식을 요구하는 문제들도 포함되어 있다. 특히 자연계 학생들을 대상으로 하는 과학 논술이나 수리 논술의 경우에는 해당 과목에 대한 심도 깊은 이해를 요구하는 경우가 있다.

셋째, 창의적 문제 해결 능력을 가장 적극적으로 발휘해야 한다. 지문의 내용을 파악하고 이해하거나 단순히 자신의 의견을 개진하는 데 그치는 것이 아니라 구체적인 해결책을 제시해야 하기 때문에 대충 타협하는 답안을 제시할 수 없다.

이렇게 볼 때 파트 6은, 한편으로는 지금까지 공부한 내용을 모두 소화할 것을 요구하고 있으며, 다른 한편으로는 그것을 문제 해결에 응용할 수 있는 능력을 필요로 한다. 특정한 배경 지식을 요구하는 문제와 같이 여기서 해결책을 끝까지 제시할 수 없는 경우라도 문제의 성격을 이해하고 그 문제를 해결하는 '방향'을 잡을 수는 있다. 지금까지 훈련한 내용을 토대로 이 파트에서 다루는 문제들을 해결하기 위한 사전 작업들을 준비하고 그것들을 문제 해결에 연결시키는 정확한 지점을 파악하는 데 또 다른 집중적인 훈련을 할 것이다. 파트 6은 그러한 훈련에 최적화되어 있다.

문제 해결형 논술

• • •

문제 해결형 논술은 지금까지 배운,
내용을 파악하고 추론하고 평가하는 등의 스킬과 사고력을 총동원하여
문제를 분석하고 창의력을 발휘해 답안의 방향을 찾아야 하는 종합편이다.

• • •

1장
설명

논증이 상대방이 아직 받아들이지 않는 주장에 대해서 근거를 제시하여 그 주장을 설득하게 하는 것인데 반해, 설명은 이미 받아들이고 있는 사실에 대해 원인을 해명하는 것을 말한다. 설명은 특히 수리 논술과 과학 논술에서 출제 빈도가 높은 문제 유형이다. 설명형 문제에서는 사실을 해명하는 객관적인 여러 원인 중 가장 합리적으로 생각되는 원인을 제공하는 것이 문제 해결의 관건이다.

'설명' 을 요구하는 문제는 이 단원의 주제인 '문제 해결형 논술 문제' 중에서 가장 큰 비중을 차지한다. 특히 자연계 학생을 대상으로 하는 수학 논술이나 과학 논술의 문제 중 출제 빈도가 가장 많은 문제이다. 그런데 '설명' 이라는 이름으로 포괄할 수 있는 것이 너무 다양하기 때문에 여기서 다루는 '설명' 의 개념을 좀 더 명확하게 규명할 필요가 있다.

'설명' 을 이해하는 가장 좋은 방법은 '논증' 과 비교해 보는 방법이다. 이때 초점이 되는 설명은 보다 정확히 표현해서 '인과적 설명' 이다.

- **논증** : 상대방이 아직 받아들이지 않은 주장에 대해서 근거를 제시하여 그 주장을 받아들이도록 하는 것
- **인과적 설명** : 상대방이 받아들이는 사실에 대해 원인을 해명하는 것

이렇게 정의하고 보니 결국 인과적 설명이 논증과 결정적으로 차이가 나는 지점은 입증의 대상이 되는 주장(사실)에 대해 상대방이 이미 받아들이고 있는가 여부이다. 아직 받아들이지 않은 주장을 받아들이도록 하는 것이 논증의 목표이다. 반면에 이미 받아들이고 있는 사실을 해명(解明)하는 것이 인과적 설명의 목

표이다. 다시 말해 논증은 자신의 주장을 상대방에게 설득하여 관철시키는 것이 목표이고, 인과적 설명은 상대방의 이해를 돕고자 하는 것이 목표이다.

그렇다면 여러분 주위에서 인과적 설명을 가장 많이 발견할 수 있는 곳은 어디일까? 바로 여러분이 공부하는 교과서이다. 교과서는 이미 사실로 밝혀진 수많은 사실들을 여러분들이 이해하기 쉽도록 인과적 설명을 제공해 주는 책이라고 볼 수 있다. 여러분이 공부를 한다는 것도 수많은 인과적 설명을 받아들인다는 것으로 이해할 수 있다.

그런데 여기서 한 가지 주의할 점이 있다. 인과적 설명과 논증의 차이가 '상대방이 받아들이는가 여부'라고 했는데 그 정황은 고정불변의 것이 아니다. 동일한 내용이 경우에 따라서 논증이 될 수도 있고 설명이 될 수도 있다. 예를 들어 보자.

일 년을 주기로 4계절이 바뀌는 이유는 지구가 태양 주위를 공전하기 때문이고, 하루에 낮과 밤이 바뀌는 이유는 지구가 자전하기 때문이다.

누군가가 여러분에게 위와 같이 말한다고 해 보자. 논증인가? 인과적 설명인가? 당연히 인과적 설명이라고 대답할 것이다. 4계절의 변화와 밤과 낮의 변화라는 객관적 현상(받아들이는 사실)을 대부분의 사람이 받아들이고 있는 지구의 공전과 자전으로 설명하고 있다. 그런데 위의 말을 천동설이 주류 의견이던 중세 시대에 코페르니쿠스가 했다고 생각해 보자. 그렇다면 위 진술은 인과적 설명이라고 말하기 힘들다. 이 말을 듣는 사람들이 지구의 공전과 자전을 받아들이지 않고 있기 때문이다. 코페르니쿠스는 "지구가 태양 주위를 공전하고 지구가 자전한다."라는 주장을 관철시키기 위해서 그에 합당한 근거들을 제시해야만 했다. 다시 말해 설명이 아니라 논증을 제시해야만 했던 것이다.

여기서 우리는 인과적 설명과 관련해서 한 가지 중요한 사실을 또 발견할 수 있다. 그것은 해명의 대상이 되는 사실 말고 해명의 내용으로 제시되는 원인들 역시 상대방이 받아들일 만한 것이어야 한다는 점이다. 예를 들어 보겠다. 어느 대형 건물에 화재가 발생했다. 이 화재의 원인에 대해서 다음과 같은 주장들이 제기되었다.

- 소방관 박조심 씨 : 전원 스위치 쪽에서 화재의 초기 발생 흔적이 발견되는 것으로 미루어 보아 누전이 사고의 원인이라고 생각됩니다.
- 건물 관리인 김 씨 : 아, 제가 건물 사장님께 여러 번 전기 장치들이 너무 낡았기 때문에 보수를 해야 한다고 건의했는데, 그 건의를 번번이 무시하더라구요. 이 화재의 원인은 바로 사장님의 안전 의식 부족 때문입니다.
- 건물주 구두세 씨 : 이건 전기 차단기 제조 회사의 책임입니다. 아니 화재가 발생할 정도로 누전이 발생했는데, 차단기가 내려가지 않은 게 말이 됩니까? 물건을 그 따위로 만드니 화재가 발생하지요.
- 인근 상가 주민 : 이 건물을 지은 것 자체가 문제입니다. 이 지역에서 이런 고층 건물을 지은 것부터가 잘못된 일입니다. 이건 하늘이 노해서 내린 벌이라고 생각합니다.

이 중에서 어떤 사람의 주장이 가장 설득력이 있을까? 소방관 박조심 씨의 주장은 화재의 직접적인 원인을 제시하고 있기 때문에 합리적인 설명이라고 볼 수 있다. 건물 관리인 김씨가 건물주에게 갖고 있는 불만도 설득력이 있다. 만약 건물주가 김씨의 제안을 받아들여서 건물 보수를 미리 했다면 화재가 발생하지 않았을 가능성이 훨씬 더 컸을 것이다. 그런데 건물주의 주장도 전혀 틀린 말은 아니다. 만약 누전 차단기가 정상적으로 작동했다면 화재가 발생하기 전에 전기가 차단되었을 가능성이 크기 때문이다. 그런데 인근 상가 주민의 말은 합리적 설명이라고 받아들이기 힘들다. 하늘이 노해서(원인) 화재가 발생했다(결과)는 설명은 원인과 결과 사이에 합리적인 인과 관계를 찾기 힘들다. 위 예시는 다소 극단적이고 희화화되어 있기는 하지만 설명형 논술 문제를 대하는 여러분에게 중요한 시사점을 제공해 주고 있다. 여러분들도 논술문에서 제시하는 원인들이 합리적인 인과 관계가 되도록 답안을 작성해야 한다.

그런데 위 예시에서 한 가지 중요한 사실을 발견했는가? 다음에 설명하는 점을 주목한 사람은 칭찬받을 만하다. 뭐냐 하면 논증에서 전제들로부터 도출되는 결론(주장)은 하나의 명제인데 반해 인과적 설명에서 원인으로 제시되는 것들은 너무도 다양하다는 점이다. 소방관의 말이나 관리인의 주장, 그리고 건물주의 문제 제기는 모두 무시할 수 없는 원인들이라 할 수 있다. 어떤 것이 더 적합한 원인인지 판단내리기도 쉽지 않다. 맥락에 따라서 중요성의 서열이 바뀔 수 있기 때문이다. 화재의 물리적인 원인을 찾고자 한다면 소방관의 설명이 가장 합리적일 것이다. 그러나 화재의 책임 소재를 묻는 국면이라면 관리인의 말이 가장 눈에 띌 것이다. 또한 건물 화재에 대한 손해 보험을 청구하고자 할 때는 차단기 회사에 소송을 제기하는 것이 그럴듯한 대안이 될 것이다.

이상의 논의를 종합해서 볼 때, 여러분들이 논술 시험에서 '설명'을 요구하는 문제를 접했을 때 염두에 두어야 할 점을 정리해 보겠다.

> ① 논술 문제는 여러분이 설명해야 할 하나의 사실을 제기하고 있다. 여러분은 그 사실을 받아들이는 입장에서 그 사실을 해명해야 한다.
> ② 설명의 원인으로 제공되는 것들은 객관적으로 받아들일 만한 것이어야 한다. 그냥 단지 여러분의 의견에 그쳐서는 안 된다. 설명형 논술 문제는 여러분의 의견을 묻는 것이 아니다.
> ③ 가능한 여러 원인 중에서 가장 합리적으로 생각되는 원인을 제공하는 것이 좋은 점수를 받을 수 있다.

지금까지 이해한 내용은 '인과적 설명'에 국한된 이야기이다. 실제 논술 시험 문제에서 설명형 문제가 모두 인과적 설명을 의미하는 것은 아니다. 그 형태가 너무 다양하기 때문에 여기서 일일이 다 열거하기는 힘들다. 그러나 위와 같은 인과적 설명이 모든 종류의 설명의 가장 기본이 되는 것이기 때문에 이상의 논의를 이해하고 문제를 접하면 큰 도움이 될 수 있다.

자, 이제 실제 논술 문제를 가지고 구체적으로 공부해 보자.

(가)

　자동차는 휘발유를 연소시켜 발생하는 에너지를 운동 에너지로 변환하여 사용한다. 자동차의 에너지 효율(연비)은 보통 10km/l 정도로, 1l의 휘발유가 연소될 때 나오는 열량과 자동차가 한 역학적 일을 비교하면 자동차가 한 역학적 일의 양이 훨씬 적다는 것을 알 수 있다. 사람도 섭취한 음식을 산화·분해하여 살아가는 데 필요한 에너지를 공급받는다. 일반적으로 생물체는 자동차에 비해 높은 에너지 효율을 보이며, 생산한 에너지를 효과적으로 사용한다. 그 이유는 생물체의 경우 생산한 에너지를 ATP 형태의 작은 에너지 단위(약 7.3kcal/ATP)로 변환하여 사용하기 때문이다.

(나)

　근력 운동 중 하나인 역기를 드는 운동은 역학적 일을 하는 것인데 여기서 일의 양은 다음과 같이 계산할 수 있다. 질량이 25kg인 역기를 1m 높이로 들면 25kg× 9.8m/sec²×1m÷4.2J/cal=60cal에 해당하는 일을 하게 된다. 따라서 역기를 100번 들면 60cal ×100=6kcal에 해당하는 일을 한 것이다.

(다)

　평소에 햄버거를 즐겨 먹던 철수는 2개월 전 동네에 햄버거 가게가 생긴 이후 간식으로 햄버거를 매일 1개씩 먹게 되었다. 그리고 식사 이외에 간식으로 햄버거를 먹기 시작한 이후 체중이 증가할 것을 우려하여, 역기 들기를 매일 아침과 저녁에 각각 50번씩 총 100번을 꾸준히 해 오고 있었다. 그 결과 철수의 체중은 두 달 전과 비교할 때 별 차이가 없었고 오히려 조금 감소했다. 그러던 중 철수는 우연히 자신이 간식으로 즐겨 먹던 햄버거의 열량이 500kcal인 것을 알고는 크게 놀랐다. 그동안 식사 이외에 섭취한 햄버거의 열량을 소비하기 위하여 매일 역기를 100번씩 든 것이 실제로는 500kcal를 소비하는 데는 큰 도움이 되지 않았을 것 같은 데도 자신의 체중이 늘지 않았기 때문이었다.

【논제】 에너지(열량) 관점에서 보면 철수가 역기를 100번 드는 데 사용된 운동 에너지는 식사 이외에 간식으로 섭취한 에너지의 극히 일부에 지나지 않는다. 그럼에도 불구하고 철수의 체중이 증가하지 않은 이유를 설명하시오.

‖ 2008 서울대 논술 2차 예시 – 자연계 ‖

문제 해설

해설을 하기 전에 먼저 양해를 구하려 한다. 파트 6에서 다루는 예제와 실전 문제들은 대부분 수학과 과학의 영역에 속하는 문제들이다. 따라서 문제 해결에 수학적 지식과 과학적 지식이 필요한 경우가 대부분이다. 이런 문제들의 경우 이 책의 성격상 완벽한 해결책을 제시할 수 없다. 이 책에서는 문제 해결을 위한 비판적 사고의 방식과 그 기본적 방향에 초점을 맞추어서 설명을 할 것이다.

논제에서 제기한 의문은 (나), (다)의 내용으로부터 구체적으로 정식화할 수 있다.

- 철수가 간식으로 먹은 햄버거의 열량 : 500kcal
- 철수가 역기를 듦으로써 소비한 열량 : 6kcal
- 따라서 500−6=494kcal만큼의 열량이 체내에 축적되어서 체중이 증가해야 하는데 실제로는 그러지 않았다. 그 이유가 무엇일까?

'체중이 줄어야 하는데 줄지 않는 현상'에 대한 설명을 구하는 문제이다. 인과적 설명의 문제라고 볼 수 있고 물론 실마리는 (가) 제시문일 것이다. '휘발유가 연소될 때 나오는 열량과 자동차가 한 역학적 일을 비교하면 자동차가 한 역학적 일의 양이 훨씬 적다는 것'과 '사람도 섭취한 음식을 산화 · 분해하여 살아가는 데 필요한 에너지를 공급받는다.'는 점에서 답안의 방향을 짐작할 수 있다. 구체적 내용을 채우는 일은 생물학적 지식이 필요한 일이기에 여기서는 이 정도만 정리하겠다.

2장
증명

증명은 설명의 한 방식으로 어떤 현상에 대한 적절한 이유를 제시하되, 그 현상이 필연적으로 참임을 보여 주는 것이다. 곧 설명이 설득력 있는 주장만 펼치면 되는 것이지만, 증명은 더 나아가 현상과 이유 간의 필연적 관계를 제시해야 한다. 이러한 증명형 논술 문제는 주로 통합 교과형 논술의 수리 영역의 단골 문제이다. 따라서 이 장에서는 문제에 대한 분석과 답안의 방향 설정을 어떻게 해야 하는지에 중점을 두고 공부할 것이다.

앞장에서도 잠깐 언급했지만, 실제 논술 문제에서 "증명하시오."와 같은 형태의 논제는 발견하기 힘들다. 대부분 "설명하시오."라는 형식의 물음으로 나타난다. 그러나 설명이 아니라 증명이라고 따로 부를 수 있는 까닭은, '설명'과는 달리, 어떤 현상과 제시되는 이유들 간의 필연적인 관계를 보여 주어야 하는 문제 유형이 있기 때문이다. 다시 말해 제시되는 설명과 현상 사이의 필연적인 관계를 통해 그 설명의 내용이 단지 '설득력 있는' 데 그치는 것이 아니라 그 현상이 필연적으로 참임을 보여 주어야 하는 것이다.

하지만 이런 유형의 문제도 설명형 문제의 한 종류에 속한다. 이렇게 따로 분리한 이유는 설명형 문제의 종류가 너무 다양하기 때문에 하나의 장에서 한꺼번에 다루는 것보다 그중에서 조금 독특한 유형의 설명형 문제를 나눠 공부하는 것이 효율적이다는 판단 때문이다.

따라서 이 장을 공부하는 학생들은 '증명'이 앞서 공부한 '설명'의 한 형태이면서도 원인과 결과의 관계가 필연성을 갖는 특징이 있다는 점을 기억해 두자.

그런데 실제 논술 시험 문제에서 '증명'에 해당되는 문제는 대부분 수학 논술에서 다뤄지거나 가끔 과학 논술 분야에서 출제된다. 따라서 이 책의 특성상 이 책에서 다룰 내용은 많지 않다. 여기서는 '증명' 형 문제를 어떻게 이해해야 하고 답안의 방향을 어떻게 설정할지 결정하는 국면까지만 예제를 통해 살펴보도록 하겠다.

【예제】 다음 글을 읽고 논제에 답하시오.

> 미분은 곡선의 접선을 긋는 것에서, 적분은 곡선으로 둘러싸인 부분의 면적을 구하는 것에서 시작되었다고 한다. 미분법과 적분법에 대해서는 그리스 시대부터 논의가 이루어져 왔는데, 고대 그리스 수학자 아르키메데스는 오늘날의 구분구적법과 유사한 방법으로 평면 영역과 구면의 넓이를 구하였고, 프랑스의 페르마(1601~1665)는 함수의 극소값과 극대값을 구하는 데 미분법과 유사한 방법을 이용하였다. 그러나 오늘날과 같은 미적분학은 뉴턴과 라이프니츠에 의해 발견되었다.
>
> 영국의 뉴턴(1642~1727)은 운동체의 속도를 구하는 과정에서 미분법을 발견하였다. 그는 행성의 움직임을 연구하기 위해 미적분을 고안하였으며, 미분 방정식을 풀어서 케플러 법칙을 증명하였다. 독일의 라이프니츠(1646~1716)는 곡선의 접선 또는 함수의 극대, 극소를 고찰하는 과정에서 미분법을 발견했으며, 현대적인 미분과 적분의 기호를 개발하는 데 크게 공헌하였다.
>
> 뉴턴과 라이프니츠에 의해 발견되고, 오일러 등 여러 학자에 의하여 발전된 미분법과 적분법은 현대 수학의 가장 기본적인 개념이 되었을 뿐만 아니라 자연 과학, 공학 및 사회 과학 등 거의 모든 분야에 응용되고 있다. 예를 들어 최대, 최소값을 구하는데 사용되기도 하고, 움직이는 물체의 운동이나 사물의 변화하는 현상을 기술하는 데 이용되기도 한다.

【논제 1】 미분법과 적분법이 평면 또는 공간에서 움직이는 물체의 운동에 대해 어떤 정보를 주는지 설명하시오.

【논제 2】 원 위에서 일정한 속력으로 움직이는 물체의 가속도 방향은 항상 원의 중심을 향한다. 그 이유를 설명하시오.

‖ 2008 서울대 논술 2차 예시 – 자연계 ‖

문제 해설

논제 1은 '설명' 문제이고 논제 2는 '증명' 문제이다. 이 점을 보여 주기 위해서 논제 2개를 다 제시했다. 이 문제는 전형적인 수학 논술 문제이기 때문에 이 책에서 해결할 수 있는 성질의 문제는 아니다. 문제의 성격만 간단하게 비교해 보겠다.

논제 1은 '미분법과 적분법이 평면 또는 공간에서 움직이는 물체의 운동에 대해 어떤 정보를 주는지 설명'하는 것으로서, 대표적인 설명 문제이다. 자신의 수학적 성취도를 마음껏 발휘해서 만족할 만한 설명을 제시하면 된다.

반면에 논제 2는 '증명' 문제이다. '원 위에서 일정한 속력으로 움직이는 물체의 가속도 방향은' 필연적으로 '원의 중심을 향한다.'는 점을 증명하라는 것이다. 현상과 제시되는 이유들 간의 필연적인 관계를 보여 주어야 문제를 해결할 수 있다.

3장
방법 제시

방법 제시란 설명의 독특한 한 방식으로 주어진 자료의 경향성을 파악하여 일반화된 법칙 혹은 모델을 제시하는 것이다. 방법 제시는 답 자체를 찾는 단순한 계산형 문제가 아니라 답을 도출하는 과정을 구체적인 법칙으로 만들어 내야 하는 고차원적인 문제이다. 방법 제시 문제 역시 앞서 배운 설명형 논술 문제나 증명형 논술 문제와 마찬가지로 수리 논술이나 과학 논술에서 주로 출제된다.

문제 해결의 세 번째 유형은 '방법 제시'이다. 이 역시 '설명'형 문제의 범주에 속하면서도 고유한 특성을 갖고 있는 문제 유형이다. 고유한 특성이란 주어진 구체적 상황을 일반화하여 법칙이나 모델로 제시한다는 점이다. 따라서 단순히 문제를 해결하는 능력 이상의 것을 요구한다. 이 유형의 문제 해결에 필요한 요소를 단계적으로 구분해 보면 다음과 같다.

> ① 주어진 자료에서 경향성을 파악한다.
> ② 그 경향성을 객관적으로 이해할 수 있도록 일반화한다.
> ③ 일반화된 경향을 적절한 표현 방식으로 나타낸다.

물론 이 문제 역시 수학 논술 문제에서 많이 발견되는 유형으로서 문제 해결 과정에서 특정한 배경 지식을 요구하는 것이 일반적이다. 따라서 이 문제 유형에 대해 최종적인 해결책까지 제시하는 일은 이 책의 성격에 맞지 않는다. 이 책의 성격상 여기서 다룰 수 있는 것은 위 단계 중에서 ① 단계 부분에 국한될 것이다. 경우에 따라서는 ② 단계까지 취급할 수 있을 것이다. 그러나 ③ 단계는 수리 능력을 요구하는 것이 일반적이기 때문에 수학 논술에서 해결할 수 있으리라 본다. 예제를 보자.

【예제】 어느 부부가 아홉 쌍의 부부를 집으로 초대하여 파티를 열었다. 이 자리에 모인 열 쌍의 부부는 서로 아는 사이도 있고, 처음 만나는 사이도 있다. 이들 가운데 서로 알던 사람들은 악수를 하지 않았지만, 처음 만나는 사람들은 정중하게 악수를 한 번씩 나누었다. 저녁 식사가 끝나고 집 주인은 그 자리에 모인 19명(집 주인의 부인과 손님들)에게 오늘 모임에서 악수를 몇 번 하였는지 질문하였다. 놀랍게도 이들이 악수한 횟수는 모두 달랐다. 이때 집 주인의 부인은 악수를 몇 번이나 하였을지 생각해 보고, 부인이 악수한 횟수를 일반화하여 설명하시오.

‖ 2008 서울대 논술 1차 예시 – 자연계 ‖

문제 해설

이 문제가 요구하는 과제가 "부인이 악수한 횟수는 얼마인가?"가 아니라 "부인이 악수한 횟수를 일반화하여 설명하시오."라는 점에 주목하라. 즉 이 문제는 이 책의 기준에 따를 때 '설명' 문제가 아니라 '방법 제시' 문제이다. 문제 해결에 필요한 내용을 정리해 보자.

① 19명이 악수한 횟수가 모두 달랐다. 그렇다면 악수한 횟수는 19명이 서로 겹치지 않게 늘어놓아야 한다. 논리적으로 가능한 배열은 중간에 건너뛰지 않고, 0~18회 아니면 1~19회이다. 그러나 조금만 생각해 보면 후자는 불가능함을 알 수 있다. 왜냐하면 이 파티는 부부 동반 파티이다. 다 처음 만나는 사람이라고 가정해도 적어도 한 사람은 아는 사람이다. 자신의 배우자일 테니까 말이다. 그렇다면 악수한 횟수는 0~18회가 된다.

② 자기 배우자만 알고 있는 사람은 18회의 악수를 했을 것이고, 19명의 사람 중에서 악수를 한 번도 안 한 사람, 즉 모든 사람을 다 알고 있는 사람이 한 명 있다.

　이상의 내용을 토대로 부인이 악수한 횟수를 일반화해 보자. 이럴 경우 필요한 것이 바로 변수이다. 이 상황에서 가장 유의미한 변수는 바로 알고 있는 사람의 숫자일 것이다. 이를 n이라고 해보자.

자기 배우자 1인만 아는 사람은 n=1이고 총 18회 악수를 했다.

2인을 아는 사람은 n=2이고 총 17회 악수를 했다.

$$\vdots$$

19명 모두를 아는 사람은 n=19이고 총 0회의 악수를 했다.

이로부터 일반화된 식을 도출하면, (19−n)회의 악수를 했다고 볼 수 있다.

4장
상황 판단

상황 판단은 제시된 상황을 판단하여 어떤 결정이나 선택을 해야 하는 문제로, 가장 고차원적이고 종합적인 사고력을 요구한다. 상황 판단에서 합리적인 의사 결정을 할 수 있는 문제는 몇 가지 일반적인 기준을 응용하여 다소 복잡한 절차를 거쳐야 해결이 가능하다. 제일 난해한 경우는 창의적으로 해결해야 하는 문제다. 하지만 이 문제 역시 주어진 상황을 정확하게 분석하여 함정에 빠지지 않을 수 있는, 지금까지 훈련해 온 논리적인 사고력으로 정복할 수 있다.

이제 이 책의 마지막 장이다. 상황을 판단해서 어떤 결정이나 선택을 해야 하는 문제이다. 여러분의 창의적 문제 해결 능력을 가장 많이 필요로 하는 문제 유형이다. 이런 유형의 문제를 처음으로 접하게 되면 어디서부터 풀어 나가야 할지 막막하게 느껴진다. 그러나 이 유형도 문제를 해결하는 어떤 표준 절차라는 것이 있다. 흔히 '합리적 의사 결정' 혹은 '합리적 문제 해결' 이라고 불리는 정식화된 의사 결정의 절차가 있다. 먼저 이에 대해서 알아보자.

1. 합리적 의사 결정

먼저 합리적 의사 결정이 필요한 '상황' 에 대해서 알아보자. 여러분이 의사 결정을 내려야 하는 상황은 다음의 세 가지 경우로 나눌 수 있다.

① 결정의 결과를 확신할 수 있는 경우
② 결정의 결과를 확률적으로 추정할 수 있는 경우
③ 결정의 결과를 전혀 예측할 수 없는 경우

하나하나 살펴보자.

(1) 결정의 결과를 확신할 수 있는 경우

여러분이 일상 생활에서 가장 빈번하게 접하는 선택의 상황이다. 가장 가까운 예로 "오늘 점심을 자장면을 먹을까, 짬뽕을 먹을까?" 하고 고민하는 상황을 들 수 있다. 아니면 "영화를 보고 싶은데 액션 영화를 볼까, 멜로 영화를 볼까?"를 고민하는 것도 마찬가지이다. 자, 이런 경우에 여러분은 어떤 선택을 하는가? 대부분 이렇게 대답할 것이다. "나에게 더 큰 만족을 주는 쪽을 선택할 것이다."라고. 여기서 '만족'이라는 말을 좀 더 학문적으로 표현한 것이 바로 '효용(utility)'이다. 효용의 정의에 대해서는 여러 가지 학설이 있지만, 일반적으로 다음과 같이 정의할 수 있다.

> 어떤 행위의 효용은 그 행위를 함으로써 얻게 되는 이득에서 그 행위를 하는 데 소요되는 비용을 공제한 값

물론 이 값이 항상 산술적으로 비교 가능한 수치로 제공되는 것은 아니다. 그러나 우리는 대부분의 상황에서 꼭 산술적으로 계산하지 않더라도 효용을 무의식적으로 계산한다. 그런데 효용을 이렇게 정의하고 보니, 좀 전에 말한 내용을 약간 수정할 필요가 있는 듯하다. 그건 '만족'의 학문적 표현이 '효용'이라고 한 말이다. 이 말은 정확하지 않은것 같다. '만족'이라는 말은 효용의 정의에서 '이득'이라는 말의 다른 표현일 뿐이다. '만족'만 가지고 판단하는 것이 아니라, '비용'이라는 다른 측면을 고려해야 한다.

자장면과 짬뽕의 선택 상황을 예로 들어 보자. 점심 식사로 짬뽕이 주는 만족도가 자장면이 주는 만족도에 비해 클 경우, 당연히 짬뽕을 선택할 것이다. 그런데 가격이라는 변수가 있다.

짬뽕의 값이 3,000원이고 자장면의 값이 2,000원이라면 이 선택은 달라질 수 있다. 짬뽕이 주는 만족도가 자장면이 주는 만족도에 비해 150% 이상이라면 여전히 짬뽕을 선택할 것이지만 그 이하라면 자장면을 선택하는 것이 올바른 판단일 것이다. 여기서 150%는 물론 자장면 가격 대비 짬뽕 가격의 비율이다. 물론

앞서 지적했듯이 이렇게 산술적으로 계산하는 것이 일상적인 일은 아니다. 그러나 비록 구체적인 수치로 환산할 수 없지만 우리 머릿속에서는 '만족도-비용'에 대해서 계산을 하고 있다는 점은 부인할 수 없을 것이다.

(2) 결정의 결과를 확률적으로 추정할 수 있는 경우

이 경우는 '결정의 결과를 확신할 수 있는 경우'와 달리 양자택일의 상황이 아니라 세 가지 이상의 대안이 존재하는 게 일반적이다. 가장 전형적인 예는 경마와 같은 도박에서 발생한다. 아래 표를 보자.

	경주마 A	경주마 B	경주마 C
우승 확률(%)	60	30	10
배당률	1.5	3.2	9.8

위 표를 보고 가장 먼저 드는 생각은 우승 확률에 배당률을 곱해서 가장 큰 수가 되는 경주마를 선택하는 일일 것이다. 경주마 A=60×1.5=90, 경주마 B=30×3.2=96, 경주마 C=10×9.8=98로서 경주마 C의 경우가 가장 큰 수치를 보여 준다. 그렇다면 경주마 C에 배팅하는 것이 가장 합리적인 선택인 것일까?

그렇지 않다. 위 계산은 기대 수익만 염두에 둔 것이고 손해를 보는 경우를 고려하지 않았다. 그리고 또 한 가지 중요한 변수가 빠져 있다. 그건 도박에 거는 금액의 크기이다. 1만 원을 배팅할 때와 100만 원을 배팅할 경우에 다른 판단을 해야 하는 것은 당연한 일일 것이다. 결정의 결과를 확신할 수 있는 경우에 효용이 이득에서 비용을 뺀 수치임을 상기하라. 위의 경우에는 확률이 가미되었기 때문에 '기대 효용(expected utility)'이라는 용어를 쓴다. 다음과 같이 정식화할 수 있다.

기대 효용=(기대 수익×수익을 얻을 확률)-(투자 금액×손실을 볼 확률)

이제 배팅 금액을 10만 원이라고 가정하고 다시 계산해 보면 다음과 같다. 편의상 만원을 단위로 계산한 것이다.

경주마 A=(15×0.6)-(10×0.4)=9-4=5

경주마 B=(32×0.3)−(10×0.7)=9.6−7=2.6

경주마 C=(98×0.1)−(10×0.9)=9.8−9=0.8

계산 결과 경주마 A에 투자하는 것이 가장 합리적인 선택으로 나왔다.

(3) 결정의 결과를 전혀 예측할 수 없는 경우

가장 결정이 힘든 상황이다. 결정의 결과에 대해서 확률적인 예측까지도 불가능한 상황이다. 이 경우 역시 예를 들어 설명하는 것이 가장 좋을 것이다.

김곤란 씨는 현재 재산 분쟁 상태에 빠져 있다. 1,000만 원을 두고 소송 중인데, 스스로 소송을 진행하기가 곤란하여 변호사에게 사건을 의뢰하기로 결심했다. 김씨가 고려하는 변호사 사무실은 두 곳이다. 하나는 '다이겨 법률 사무소'로서 소속 변호사만 100여 명이 넘는 일급 변호사 사무실이다. 다른 하나는 '이름만 변호사 사무소'로서 일거리가 없어서 파리만 날리고 있는 변호사 사무실인데, 민사 소송에서 이겨 봤다는 소리를 별로 들은 적이 없는 곳이다. 그렇지만 업계의 관행상 각 법률 사무소의 승률이 어느 정도인지는 밝혀져 있지 않다.

'다이겨' 법률 사무소의 수임 조건은 이기면 500만 원의 수수료를 가져가고, 지는 경우에 거꾸로 500만 원을 김곤란 씨에게 보상해 주는 것이다. 반면에 '이름만' 변호사는 이기는 경우에만 100만 원을 수수료로 받고 지는 경우에는 전혀 수수료를 받지 않는 조건을 내걸고 있다. 김곤란 씨는 어떤 선택을 해야 할까?

선택의 결과를 예측할 수도 없고 확률적인 예상도 불가능한 상황이다. 이럴 경우에 일반적으로 다음의 세 가지 대안이 가능하다.

① 주관적으로 확률을 부여한다

각 법률 사무소의 승률이 객관적으로 주어져 있지 않지만, 김곤란 씨 본인의 주관적인 판단으로 확률을 부여해서 결정하는 방법이다. 물론 그 확률이 정확한 것이 아닐 수 있지만 적어도 본인 스스로는 합리적인 판단을 하고 있다고 생각할 수 있다. 이 방법은 결국 '결정의 결과를 확률적으로 추정할 수 있는 경우'와 동일한 방식에 의해 결정이 이루어지게 된다.

② 효용이 가장 큰 결과를 낳는 선택을 한다

결과가 발생할 확률은 알 수 없지만, 대안들이 발생했다고 가정할 경우 효용은 예상해 볼 수 있다.

- '다이겨' 가 이길 경우 : 1,000만 원을 얻을 수 있고 500만 원의 수수료가 나간다.
- '다이겨' 가 질 경우 : 1,000만 원을 잃지만 500만 원의 보상금을 받는다.
- '이름만' 이 이길 경우 : 1,000만 원을 얻을 수 있고 100만 원의 수수료가 나간다.
- '이름만' 이 질 경우 : 1,000만 원을 잃는다.

'이름만' 이 이길 경우에 가장 효용이 크다. 어차피 발생 확률을 알 수 없기 때문에 확률은 무시하고 가장 효용이 큰 경우를 선택하는 방법이다. 이는 위험을 감수하는 선택이기 때문에 흔히 '도박사형 전략' 이라고 부른다.

③ 최악의 결과를 피하는 선택을 한다

위에서 살펴본 경우의 수를 놓고 볼 때, '다이겨' 를 선택하면 적어도 1,000만 원을 다 잃는 경우는 발생하지 않기 때문에 '다이겨 법률 사무소' 를 선택하는 방법이다. 이 경우도 확률은 어차피 알 수 없는 것이기 때문에, 확률은 무시하고 가장 최악의 결과를 피하는 선택을 하는 것이다. 가장 보수적이고 안정 지향적인 선택이다.

이상의 세 가지 결정은 각기 다른 종류의 결정을 내리고 있지만, 한 가지 공통점이 있다. 그것은 모두 행위의 '결과' 를 놓고 판단을 한다는 점이다. 이러한 판단의 원칙을 윤리학적인 관점에서 규정할 때 결과주의 혹은 목적론이라고 부른다. 결과가 가장 큰 효용을 준다거나(①과 ②) 가장 최악이 아니거나(③) 모두 결과를 앞에 놓고 내리는 판단이다. 그러나 우리의 판단이 모두 결과만 고려해서 내려지는 것은 아니다. 행위 자체의 속성 때문에 어떤 판단을 내릴 수 있다. 이때 행위 자체의 속성이라는 것을 두 가지로 또 나누어 볼 수 있다.

④ 어떤 행위 자체가 객관적으로 '좋은 행위'일 경우를 선택한다

가령 김곤란 씨가 변호사 사무실을 아직 선택하고 있지 못하고 있는데 아침 조간 신문에서 '다이겨 법률 사무소'가 한강에 폐수를 방류한 혐의로 재판을 받고 있는 다국적 기업의 변호를 맡게 됐다는 기사를 봤다고 하자. 이럴 경우에 김곤란 씨 입장에서는 자신의 소송 결과에 따르는 효용의 비교 이외에 '다이겨 법률 사무소'에 변호를 맡기는 행위 자체에 대해서 부정적인 평가를 할 수 있다. 이때 김곤란 씨는 '다이겨 법률 사무소'에 변호를 맡기는 것보다 '이름만 변호사'에게 맡기는 것이 더 '좋은 행위'라고 판단할 수 있는 것이다.

⑤ 어떤 행위 자체가 주관적으로 더 큰 '만족을 주는 행위'일 경우를 선택한다

예컨대 김곤란 씨가 재산이 수백 억이고 물건도 명품만 구매하는 소위 '명품족'이라고 해 보자. 김곤란 씨에게 1,000만 원이라는 돈은 그리 큰 돈이 아닐 것이다. 김곤란 씨 입장에서는 번듯한 건물에 호화로운 사무실을 갖추고 있고 방문자 하나하나를 VIP로 취급하는 '다이겨 법률 사무소'를 출입하는 일이 훨씬 더 만족도가 큰 행위일 것이다. 소송의 결과와 상관 없이 '다이겨 법률 사무소'를 선택하는 것이 김곤란 씨 입장에서는 올바른 선택이라고 할 수 있다.

이처럼 행위의 결과가 아니라 행위 자체에 대해서 평가를 하고 결정을 내리는 문제는 고려해야 할 요소가 무척 다양해진다. 창의력을 요구하는 문제인 것이다.

2. 합리적 선택의 한계

이 장의 주제는 '상황 판단'이다. 상황 판단이 필요한 대부분의 경우 앞에서 살펴본 합리적 의사 결정 절차를 통해서 문제를 해결할 수 있다. 그러나 합리적 의사 결정이 모든 상황에 적절한 판단이라고 볼 수는 없다. 다시 말해 효용이나 기대 효용을 판단의 유일한 기준이라고 볼 수는 없는 것이다. 효용이 작더라도 옳은 판단이 있을 수 있고, 효용이 크더라도 옳지 않은 판단이 있을 수 있다. 예를 들어 보자.

인구 30명의 화목 마을에 마을 회관을 신축하기로 결정했다. 주민들도 돈을 모으고 정부 보조금도 받아서 마을 회관을 지을 만한 예산이 확보되었다. 그래서 2층짜리 건물을 짓기로 했는데, 문제는 마을 주민 중 박을수 씨가 휠체어 없이는 움직일 수 없는 지체 장애자라는 점이다. 박을수 씨가 마을 회관에 출입하기 위해서는 휠체어가 드나들 수 있는 출입구를 만들어야 하는데 그 비용이라면 마을 회관 2층에 방을 한 칸 더 마련해서 마을 도서관을 운영할 수 있다. 마을 주민들은 어떤 결정을 내려야 할까?

위 상황에서 효용을 계산한다면 당연히 장애인 출입구를 설치하는 것보다 마을 도서관을 설치하는 것이 더 큰 효용을 가져다줄 것이다. 그렇다면 마을 도서관을 설치하는 것이 더 올바른 결정이라고 볼 수 있을까? 물론 찬반 양론이 있겠지만, 그것이 올바르지 않다고 보는 사람이 더 많을 것이다. 그 이유는 무엇일까? 올바른 판단이라는 것이 꼭 합리적인 판단, 그중에서도 계산적 합리성에 근거한 판단일 수는 없기 때문이다. 그렇다면 박을수 씨 한 명을 위해서 마을 사람 전체에게 유용한 도서관을 포기하는 것이 올바른 결정이라는 근거는 무엇일까? 두 가지 방향에서 접근할 수 있다.

(1) 합리적 의사 결정의 연장선에서 파악하는 방법

효용이라는 것을 지나치게 근시안적인 관점이 아니라 보다 거시적이고 장기적인 시각에서 보는 것이다. 앞의 예시에서는 박을수 씨가 소수의 약자이지만 상황이 달라지면 누구나 다 약자가 될 수 있다. 따라서 지금 당장은 마을 도서관을 설립하는 것이 전체 효용을 증가시키겠지만, 이렇게 소수의 약자를 무시하는 행동이 반복된다면 사회 전체적으로 사적인 이기심이 만연하고 상호간의 불신과 지나친 방어적 경향들이 팽배해질 수 있다. 결국 자신을 지키고 방어하는 데 지나친 비용이 들어가서 전체 사회의 효용이 감소하고 결과적으로 각 개인의 효용도 줄어들 수 있는 것이다. 이러한 시각은 결과주의적 관점을 유지하면서도 보다 유연한 판단을 내릴 수 있게 해 준다.

(2) 결과와 상관없이 행위 그 자체로서 옳은 행위가 있다는 시각

앞의 마을 회관의 예에서 "다수의 이익을 위해 소수의 희생을 강요할 수 없다."든가 "공공재의 배분은 열등한 처지에 있는 사람들의 처우 개선을 최우선으로 고려해야 한다." 등의 원칙에 입각해서 결정한다면 장애인을 위한 출입구 설치가 결정될 것이다. 이때 이러한 원칙들은 그로부터 어떤 좋은 결과가 생기기 때문이 아니라 원칙을 지키는 것 자체가 옳은 일이기 때문에 준수되는 것이다. 이러한 입장은 결과주의에 대비해서 법칙주의라 부르고, 목적론에 대비해서 의무론이라고 부른다.

따라서 합리적인 의사 결정으로 문제를 해결하기 전에 다음 두 가지 점을 고려해야 한다.

① 합리적 의사 결정, 특히 계산적 합리성에 근거한 판단을 내리기 이전에 반드시 준수해야 할 원칙이나 법칙이 존재할 수 있는지 고려한다.
② 합리적 의사 결정의 경우에도 그 결정의 영향력이 미치는 시기와 범위를 어느 정도까지 할 것인지 파악해야 한다.

상황 판단을 내려야 하는 경우에 대부분 합리적 의사 결정의 절차로 문제를 해결할 수 있지만, 때론 중요한 점들을 간과할 수 있다. 하지만 위의 두 가지 전제 조건을 먼저 고려해서 결정하면 큰 잘못을 저지르지 않고 합리적인 판단을 내릴 수 있다.

3. 창의적 문제 해결

이제 마지막 주제인 '창의성'을 살펴보겠다. 논술 시험을 주관하는 대학 측에서 가장 강조하는 항목이 바로 창의성이다. 각 대학에서 발표하는 채점 기준을 살펴보면 정도의 차이는 있지만 일반적으로 창의성이 가장 큰 비중을 차지하고 있다. 현대 사회에서 가장 필요로 하는 인간상도 바로 창의적인 인간이라는 데 대부분 동의하고 있다. 그런데 문제는 창의성은 쉽게 배울 수도 없고 가르칠 수도 없다고 인식된다는 점이다. 과연 그럴까?

흔히 '창의성'이라고 하면 '남들이 생각 못하는 것을 생각해 내는 능력' 정도로 이해하는데, 이를 더 극단적으로 밀고 나가면 '정상적인 것을 벗어난 기이한 것을 생각해 내는 능력'으로 오인되기도 한다. 그러나 새로운 작품을 창작해 내는 예술 분야에서의 창의성을 제외하고 창의적 사고는 논리적 사고와 뗄 수 없는 것이다. 단적으로 표현하면 창의적 사고와 논리적 사고는 동전의 양면이다. 문제 상황을 논리적으로 정확하게 분석해야만 남들이 생각하지 못하는 창의적인 해결책을 생각해 낼 수 있는 것이다.

다음 문제를 보자.

【예제 1】 비가 억수같이 퍼붓는 밤이다. 당신은 2인승 스포츠카를 몰고 어느 시골길을 가고 있었는데 한적한 버스 정류장 앞에 정차를 하게 되었다. 버스 정류장에는 연세가 많으신 할머니 한 분과 평상시 당신이 이상형으로 그려 왔던 아리따운 여인, 그리고 당신이 크게 신세를 진 일이 있는 친구가 서 있었다. 한적한 시골이라서 버스가 언제 올지 기약이 없기 때문에 누군가를 태워 준다면 매우 고마워할 것이다. 그런데 유감스럽게도 남은 자리는 하나밖에 없었다. 당신은 어떤 결정을 할 것인가?(제한 시간 2분)

위 문제는 워낙 유명해서 이미 알고 있는 사람도 많을 것이다. 기업체 입사 시험에서도 단골로 등장하는 문제이다. 만약 기업체 면접 시험에서 이 문제를 처음으로 접한 사람은 과연 누구를 태울 것인가, 그리고 자신의 선택을 어떻게 정당화할 것인가에 대하여 상당히 고민할 것이다.

할머니를 태운다면 윤리적인 비난을 받지 않을 수 있는 장점이 있지만, 신세를 진 친구를 못 본 체한 것도 마음에 걸리고 이상적인 여성을 남겨 둔다고 말한 점이 솔직하지 못한 선택인 것처럼 보일까 걱정되기도 할 것이다. 이상형을 선택한다면 자신에게 온 기회를 놓치지 않는다는 신념을 보인다는 장점이 있겠지만, 역시 할머니나 친구를 져버리는 데 대한 부담을 지우기 힘들다. 친구를 선택한다면 의리를 지키는 모습을 보여 줄 수 있겠지만 개인적인 과거사에 연연해서 윤리적인 문제(할머니)나 개인적인 성취(이상형)를 소홀히 한다는 인상을 주는 게 두렵다. 어떤 것을 선택해도 부담이 되는 참으로 까다로운 선택의 문제이다. 어떤 선택이 가장 최선일까?

물론 세 사람 중 한 명을 태우는 것은 정답이 아니다. 가장 좋은 점수를 받은 답변은 이렇다.

> "친구에게 자동차 키를 넘겨주어서 할머니를 모시고 가도록 한 후에 자신은 남아서 한적한 버스 정류장에서 이상적인 여성과의 인연을 성사시킨다."

어떤가? 정말 절묘한 대답이 아닌가? 할머니와 친구는 곤란한 지경을 벗어나서 좋고, 당신은 이상형의 여성과의 기회를 놓치지 않아서 좋다. 물론 이상형의 여성이 당신을 달가워하지 않는다면 문제겠지만, 이상형을 만난 당신이 최선을 다해서 노력하면 결국 그 여성에게도 좋은 일이 될 가능성이 크다. 이 대답을 하지 못한 사람은 "아, 조금만 더 생각했으면 나도 떠올릴 수 있었을 텐데."하고 애석해할지 모른다. 그러나 금방 이 답을 말하지 못한 사람은 10분이 지나고 20분이 지나도 생각해 내지 못하는 게 일반적이다. 왜 그럴까?

앞서 이 책의 파트 1에서 9개의 점을 연결된 4개의 직선으로 모두 통과시키라는 문제(25쪽)를 풀어 본 적이 있다. 앞의 예제는 9개의 점 문제와 근본적으로 동일한 문제이다. 점 문제를 다시 상기해 보자. 그 문제를 풀지 못한 사람은 '스스로 사고의 한계를 설정하고 있기' 때문이다. 문제에서 설정한 제약 조건은 다음의 두 가지였다.

- 네 개의 직선을 사용하라.
- 네 개의 직선이 서로 연결되도록 하라.

이 두 가지 외에 다른 제약 조건은 없다. 그런데 문제를 풀지 못하는 사람은 다음과 같은 제약 조건을 스스로 설정하고 있는 것이다.

- 9개의 점이 점유하고 있는 공간을 직선이 벗어나지 말도록 하라.

그렇다. 이 제약 조건을 스스로 설정한 상태에서는 절대로 답을 찾을 수 없다. 다른 말로 표현하면, "9개의 점이 점유하는 공간을 벗어나도록 직선을 그린다." 는 '발상의 전환'을 할 수 없다면 이 문제를 풀 수 없는 것이다.

다시 앞의 예제로 되돌아오자. 이 예제를 해결하지 못한 사람은 "당신은 차에서 내리지 않는다."라는 제약 조건을 스스로 설정하고 있는 것이다. 9개의 점 문제와 이 문제가 시사해 주는 바가 무엇일까? 그것은 바로 '논리적 가능성'을 정확하게 따질 수 있어야 창의적인 발상의 전환을 할 수 있다는 점이다. 다시 말해 문제에서 주어진 조건을 정확하게 논리적으로 분석할 수 있어야 창의적인 사고를 할 수 있다는 점이다. 앞의 예제의 마지막 문장을 눈여겨 보라.

당신은 어떤 결정을 할 것인가?

이 문장을 다음과 같이 생각하지는 않았는가?

당신은 누구를 태울 것인가?

이렇게 오해하게 만드는 것은 논리적인 가능성을 정확하게 따지지 못하고 스스로 함정에 빠지기 때문이다. 창의적이고 기발한 생각을 해낼 수 있기 위해서는 무엇보다도 먼저 논리적인 사고의 훈련이 선행되어야 한다.

예제를 풀어 보자.

[예제 2] 대학을 졸업하고 직장을 선택하려고 하는 당신에게 A, B, C, D 네 회사로부터 제의가 들어왔다. 아래 표의 정보를 바탕으로 자신에게 바람직한 회사를 선택하려고 한다. 글 (나)의 내용을 참조하여 회사 선택에 대한 논리적 결정 과정을 논술하시오.

※ 파트 4 제6장 예제의 제시문(221~223쪽)을 참고하라.

회사	월 급여액 (만 원)	주당 근무 시간 (시간)	출퇴근 소요 시간(시간)	직원 수 (명)	계약 기간 (년)	창립 연도
A	200	45	1.2	50	3	1983
B	250	50	0.6	500	1	2005
C	200	40	0.6	200	2	2000
D	150	35	1.2	100	5	1991

‖ 2007 중앙대 수시 1 – 자연계 ‖

이 문제는 앞서 공부한 파트 4 제6장의 예제(221~223쪽) 다음에 나오는 후속 질문이다. 디지털적 접근 방식에 비해 퍼지적 접근 방식의 장단점을 설명하라는 문제였다. 따라서 이 문제는 퍼지적 접근 방식의 개념을 응용해서 푸는 것이 일관성을 유지하는 길이다. 그러나 꼭 퍼지 이론을 몰라도 앞에서 공부한 합리적 의사 결정 과정을 응용해서 문제를 해결할 수 있다.

먼저 이 결정의 결과를 예측할 수 있는지 생각해 보자. 결정의 결과가 주는 효용성을 직관적으로 파악하기에는 변수가 너무 다양하다. 따라서 이 경우는 결정의 결과를 예측할 수 없는 경우라 할 수 있다. 그렇다면 그 다음으로, 결정의 결과에 따른 확률이 예상되는 경우인가 생각해 보자. 결정에 따른 결과가 확률적으로 주어진 것이 아니라 그냥 한 번의 결정으로 하나의 대안을 100% 선택하는 것이기 때문에 확률이 개입할 상황은 아니다.

이 문제의 관건은 6개의 변수(급여액, 주당 근무 시간, 출퇴근 소요 시간, 직원 수, 계약 기간, 창립 연도)를 어떤 방식으로 결정 과정에 반영할 것인가 하는 문제이다. 그런데 그 변수가 주는 효용성은 '주관적으로' 결정될 수밖에 없다. 이런 점에서 '주관을 수치화하는 수단을 제공하는' 퍼지 이론이 의미를 얻게 되는 것이다. 결국 이 문제를 해결하는 과정은 어떻게 합리적으로 6개의 변수에 가중치를 부여할 것인가 하는 문제로 귀착된다. 따라서 이 문제에는 정답이 없다. 합리적 의사 결정 과정을 보여 주면 그걸로 끝이다.

여기서도 구체적인 예시 답안을 제공하는 것은 의미가 없는 일이다. 다만 6개의 변수에 합리적으로 가중치를 부여하는 원칙을 단계적으로 살펴보겠다.

(i) 6개 변수 중 중요한 것부터 우선 순위를 매기고 그것을 계량화한다

예를 들어 대부분의 사람에게는 회사의 창립 연도보다 월 급여액이 더 중요한 변수일 것이다. 그러나 단순히 순서만 결정하면 안 된다. 요소별 중요성을 수치로 정확하게 반영하여야 된다. 가령 급여액이 100만큼의 중요성이 있다면 주당 근무 시간은 80, 종업원 수는 50이라는 식의 상대적 중요성이 수치화되어야 한다.

(ii) 한 변수 내에서 회사 간 차이를 어느 정도로 가중치 계산에 반영할 것인가 를 결정해야 한다

예를 들어 월 급여액 250만 원을 100으로 잡았을 때 150만 원이라는 급여액을 10으로 잡을 것인지 50으로 잡을 것인지에 따라서 결과는 전혀 달라질 것이다. 그런데 이 가중치의 부여가 선형 함수적으로 작용하지 않을 수 있다. 무슨 말이냐 하면 250만 원에서 200만 원을 뺀 수치와 200만 원에서 150만 원을 뺀 수치가 50만 원으로 동일하다고 하더라도 200만 원의 가중치가 250만 원과 150만 원의 정확히 중간일 필요는 없다. 오히려 200만 원 이하라면 생계가 힘들기 때문에 가중치가 급격히 작아진다고 계산하는 것이 더 합리적일 것이다.

이렇게 두 가지 단계를 적절히 적용하면 각 회사별 효용을 계산해 낼 수 있을 것이다. 그런데 여기에 한 가지 더 첨언하자면 어떤 변수는 최저치를 설정해서 대안에서 아예 배제하는 방법을 도입할 수 있다. 이러한 점이 추가되면 결정 과정이 더 간단해질 수 있다. 예컨대 월 급여액 200만 원 미만은 본인과 가족의 생계를 해결할 수 없는 급여이기 때문에 아예 고려 대상에서 제외할 수 있다는 것이다. 다른 경우로 만약 내가 안정적인 고용 상태를 우선시하는 사람이라면 적어도 계약 기간이 2년 이상이 되는 경우만 대안으로 고려할 수도 있을 것이다.

이러한 요인들을 충분히 감안해서 답안을 작성하면 될 것이다.

1 다음 글을 읽고 물음에 답하시오.

〈2008 서울대 논술 2차 예시 – 자연계〉

(가)

인간은 외이, 중이, 내이로 구분되는 귀를 통해 소리를 듣는다. 외이를 통과한 소리(음파)가 고막을 진동시키면, 이 진동은 청소골(또는 이소골)에 의해 증폭되어 내이에 속하는 달팽이관(또는 와우관)으로 전달된다. 달팽이관은 림프액이라는 액체로 가득 차 있기 때문에 전달된 진동은 액체의 파동으로 바뀌어 기저막을 진동시킨다. 기저막의 진동은 그림과 같이 청각 수용기인 여러 길이의 유모 세포(hair cell, 털세포)들에 의하여 감지되고 여기에 연결되어 있는 청신경에 의하여 뇌에 전달된다. 이때 소리의 높낮이(주파수)에 따라 반응하는 유모 세포가 서로 다르다.

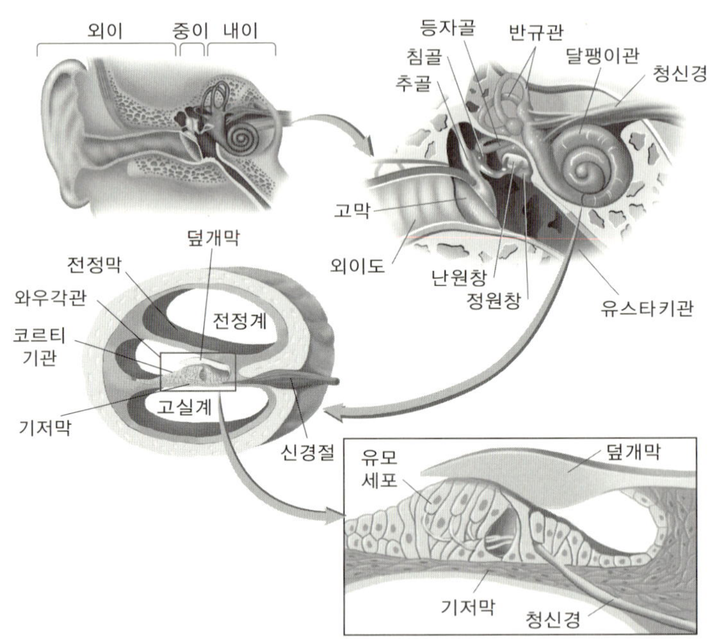

(나)

소리의 중요한 물리적 양은 주파수(진동수)와 세기이다. 사람은 주파수와 세기의 차이로 소리를 구별해 낼 수 있다. 주파수의 차이는 어떤 종류의 유모 세포로부터 진동이 감지되는지를 통해서 알아낼 수 있으며, 이러한 주파수의 차이를 소리의 높낮이로 인지한다. 세기는 유모 세포에 의해 감지되는 신호의 크기로 알아낼 수 있으며, 소리의 세기는 진폭으로 구분한다.

【논제 1】 포유류 중 인간의 가청 주파수는 약 20Hz부터 20,000Hz라고 한다. 그런데 코끼리는 인간보다 더 낮은 주파수의 소리를 들을 수 있고, 쥐는 인간보다 더 높은 주파수의 소리를 들을 수 있다고 알려져 있다. 포유류의 귀의 구조가 서로 비슷하고 단지 크기만 다르다고 가정했을 때, 코끼리가 인간보다 낮은 주파수의 소리를, 쥐는 인간보다 높은 주파수의 소리를 들을 수 있는 이유를 설명하시오.

【논제 2】 서양 음악 7음 음계를 피아노로 연주해 보면 중간 도(C) 음과 한 옥타브 위의 도 음은 많이 떨어져 있지만 우리의 귀에 비슷하게 들리고(옥타브 동치성*), 도 음과 바로 옆의 레(D) 음은 가까이 있음에도 불구하고 전혀 다르게 느껴지는데 그 이유를 설명하시오.

* 옥타브 동치성(octave equivalence) : 서로 다른 음역에 위치해 있지만 서로 같은 음이름을 가진 음들을 동등하게 취급하는 개념

2 다음 글을 읽고 물음에 답하시오. (분량 무제한)

오랫동안 빛의 속도는 측정 자체가 불가능하다고 여겨졌다. 대부분의 사람들은 빛이 측정할 수 없는 무한히 빠른 속도로 움직인다고 믿었다.

빛의 속도를 처음으로 측정하려고 한 사람은 갈릴레오이다. 그는 한 동료와 함께 각자 등불과 덮개를 가지고 약 1.6km쯤 떨어진 언덕 위에서 두 사람 사이를 빛이 왕복하는 데 걸리는 시간을 측정하려고 하였다. 처음에 두 사람 모두 덮개를 덮고 있다가 먼저 한 사람이 덮개를 열면 상대방은 그 빛을 보는 순간 자기의 덮개를 연다. 그러면 첫 번째 사람이 덮개를 여는 순간부터 상대방의 불빛을 본 순간까지 걸린 시간이 바로 빛이 두 사람 사이를 왕복하는 데 걸린 시간과 같을 것이라는 착상이었다.

1675년 덴마크의 천문학자 뢰머에 의하여 처음으로 빛의 속도가 성공적으로 측정되었다. 뢰머는 목성의 달 중 하나인 이오의 월식의 관측 자료에 빛 속도 측정의 기반을 두었다. 이오는 목성 주위를 도는데, 목성이 지구와 이오 사이에 있는 동안 이오가 보이지 않는 월식이 일어난다. 뢰머는 이 월식이 일어나는 시간이, 지구가 목성에서 멀어질 때 보다 목성 쪽으로 향할 때, 짧아진다는 것을 알아냈다. 그는 이러한 현상이 빛의 속도가 유한하기 때문에 생기는 것이라고 바르게 해석하였다.

이 월식을 수 년간에 걸쳐 관측한 결과로 뢰머는 빛의 속도가 초속 225,000km 정도라고 계산하였다. 그 당시 목성과 지구 사이의 거리에 관한 정확한 지식이 없어 실제보다 약 $\frac{1}{3}$정도 적은 값을 얻었다. 그렇지만 뢰머의 방법은 빛의 속도가 무한하지 않다는 명백한 증거를 제공하였고 실제 값에 대한 타당한 계산 값을 주었다.

현재에 알려진 빛의 속도는 약 초속 30만km(정확한 값은 299,792.458km)이고 이 속도로 빛은 런던에서 로스앤젤레스까지 0.05초 안에 갈 수 있고, 지구에서 달까지 1.3초 이내에 갈 수 있으며, 지구에서 태양까지 8분 19초에 걸려서 도달할 수 있다. 빛이 얼마나 빠른가를 비교를 통해서 설명해 보자. 마하(Mach)는 소리의 속도를 말하며 1마하는 초속 340m에 해당한다. 보잉 747 제트 여객기는 1마하보다 약간 느린 속도로 이동한다. 우주 왕복선은 25마하까지 속도를 낼 수 있다. 빛의 속도는 900,000마하이다.

【논제 1】 빛의 속도를 측정하려는 갈릴레오의 실험이 성공할 수 없었던 이유를 간단히 설명하시오.

【논제 2】 밑줄 친 문장을 각자 나름대로의 근거와 논리를 바탕으로 설명하시오.

3 다음은 어느 신문 기사에서 발췌한 내용이다.

〈2007 시싱내 수시 1 – 사먼세〉

일본 전자 업체들의 움직임이 심상치 않다. 2000년대 들어 한국의 대표적인 ○○ 전자에 '전자 왕국의 맏형'의 위상을 무참히 짓밟혔던 일본 전자 업체들이 이제 칼날을 갈고 반격에 나서고 있다. 왕년의 '가전 황제' 소니가 공식적으로 가전 명가 부활을 선언한 가운데 파나소닉 브랜드로 유명한 마쓰시타, LCD-TV의 최강자 샤프, 전통의 히타치와 미쓰비시 등도 지난 몇 년간의 설움을 털고 명성 찾기에 올인했다.

소니와 파나소닉의 가격 할인 공세에 시달리던 ○○ 전자는 지난해 말부터 가만히 당할 수는 없다는 각오 아래 비장의 무기를 준비했다. 그것은 바로 '디자인' 이다.

○○ 전자의 기획팀에서는 젊은 소비층을 공략하기 위한 디자인을 갖춘 제품을 출시하기 위하여 네 가지 모델 A, B, C, D를 시험적으로 준비하여 소비자의 반응을 조사한 후 주력 상품을 결정하기로 하였다. 이를 위해 예비 소비자 100명을 대상으로 선호도를 조사한 결과는 다음 표와 같다.

제품 모델 A, B, C, D에 대한 선호도 조사 결과

선호도 \ 예비 소비자 수	30명	28명	17명	14명	11명
1위	A	C	A	B	D
2위	D	D	C	C	C
3위	B	A	D	D	A
4위	C	B	B	A	B

위의 선호도 조사 결과를 근거로 다음 질문에 답하라.

【논제 1】 모델 A를 주력 상품으로 결정할 수 있는 타당한 이유를 제시하라.

【논제 2】 모델 A가 반드시 주력 상품이 될 필요가 없는 이유를 나름의 근거를 바탕으로 설명하고, 그에 대한 어떤 대안이 가능한지 서술하라.

【논제 3】 선호도 조사 결과를 바탕으로 회사의 주력 상품을 결정하는 가능한 방법들을 예를 들어 논의하라.

4 다음 글을 읽고 물음에 답하시오.

사람들은 대체로 수치를 정확하게 이해하고 사용한다. 예를 들어, 우리나라 국회 의원 중 남자의 비율이 약 94%라고 했을 때 자신이 대한민국 남자이기 때문에 국회 의원이 될 확률이 94%라 믿는 사람은 없다. 실제로 대한민국 남자가 국회 의원이 될 확률은 아주 낮다. 그런데 2002년에 노벨상을 수상한 카네만(Kahneman)과 그의 동료들은 사람들이 수치를 정확하게 이해하지 못해 판단 오류를 범하기도 한다는 것을 보여 주었다. 이러한 판단 오류는 교육을 잘 받은 사람에게서도 발생한다.

(가)

에이즈를 야기하는 바이러스(HIV)의 발병률이 0.1%라고 하자. 한 과학자가 HIV 보균자를 탐지할 수 있는 검사를 개발하였지만, 이 검사 방법이 완벽하지는 않다. 이 검사에서 양성이 나오면 보균자로, 음성이 나오면 비보균자로 진단하게 된다. 이 검사는 HIV 보균자일 경우에 검사 결과가 100% 양성으로 나오지만, HIV 비보균자인 경우에도 양성으로 나올 확률이 5%가 된다. 만약 어떤 사람의 검사 결과가 양성으로 나왔을 때, 이 사람이 HIV 보균자일 확률은 얼마일까? 이 질문에 대하여 대부분의 사람들은 95%라고 대답한다. 그러나 정답은 2%이하이다.

(나)

육군 총기 난사 사건의 범인이 인터넷 게임광이라는 사실이 알려지면서 게임과 현실 속 폭력 범죄의 연관성이 논란거리로 떠오르고 있다. 군 당국에 따르면 범인은 평소 휴가 때 국산 온라인 게임을 열심히 즐기는 '게임광' 수준의 게이머였던 것으로 나타났다. 이에 따라 "범인이 게임을 광적으로 즐겼다면 내부 구조가 사각형인 군 내무반을 같은 사각형 구조인 컴퓨터 화면 속의 가상 현실로 착각했을 가능성도 배제할 수 없다."는 등 이번 사건과 게임의 연관성을 시사하는 관측이 일각에서 제기되고 있다. 게임과 폭력성의 상관 관계가 부각된 것은 이번이 처음은 아니다. 특히 게임 내용이 갈수록 사실적이고 잔인해지면서 외국에서는 논쟁이 뜨거워지고 있는 추세다. 미국에서는 컬럼바인 고등학교 총기 난사 사건의 희생자 가족들이 "범인들이 폭력 게임의 영향을 받았다."며 유명 게임 업체를 상대로 소송을 제기하기도 했다. 이에 따라 미국에서는 학부모 단체나 종교 단체가 주도해 폭력적 게임에 대한 규제를 촉구하는 운동이 활발히 벌어지면서 게임 업계와 갈등을 빚고 있다.

【논제 1】 제시문 (가)에서 정답이 2% 이하인 이유와 사람들이 95% 이상이라고 잘못 판단하게 되는 이유를 각각 설명하시오.(300자 이내)

【논제 2】 제시문 (나)의 신문 기사는 게임이 청소년의 폭력 범죄의 원인임을 강력히 시사하고 있다. 만약 이것이 사실이라면, 인터넷 게임을 하는 많은 청소년들은 심각한 위험에 노출되어 있으며, 이는 커다란 사회 문제가 아닐 수 없다. 한 학생이 폭력 범죄에 미치는 게임의 영향을 알아보기 위해 비행 청소년 1,000명을 조사하였는데, 그 중 990명이 게임에 중독되었거나 중독될 위험이 있는 집단으로 분류되었다. 그는 이러한 결과에 근거하여 게임이 청소년 폭력 범죄의 주범이라고 주장하였다. 논제 1에 근거하여 이러한 주장을 비판하시오.(400자 이내)

【논제 3】 논제 2에서의 비판에 근거하여 게임과 폭력의 상호 연관성을 정확하게 파악하기 위한 방안을 제시하시오.(500자 이내)

물론 이 문제는 자연 과학적 지식이 있으면 더 잘 해결할 수 있다. 그러나 자연 과학적 지식이 부족하더라도 주어진 정보만 가지고서도 얼마든지 답안을 작성할 수 있다. 먼저 제시문에서 주어진 정보를 정확하게 이해해야 한다.

(가)에서 정리된 내용

① 소리(음파)는 달팽이관 안의 기저막을 진동시킨다.

② 기저막의 진동은 유모 세포에 감지되고 여기에 연결된 청신경에 의해 뇌에 전달된다.

③ 소리의 높낮이(주파수)에 따라 반응하는 유모 세포가 서로 다르다.

(나)에서 정리된 내용

④ 주파수에 따라 반응하는 유모 세포의 종류가 다르다.

위의 내용을 토대로 하여 각 논제에 대답할 수 있다.

논제 1

논제 1의 문제에서 하나의 전제가 더 추가된다. 그것은 "포유류의 귀의 구조가 서로 비슷하고 단지 크기만 다르다고 가정한다."는 가정이다. 이 가정과 위에 정리된 내용을 토대로 해서 '코끼리가 인간보다 낮은 주파수의 소리를, 쥐는 인간보다 높은 주파수의 소리를 들을 수 있는 이유를 설명' 하는 문제이다. 자연 과학적 지식이 없어도 주어진 정보와 논리적 사고를 통해서 답을 찾을 수 있다.

일단 문제의 조건을 검토하면 '크기의 차이' 가 '들을 수 있는 주파수의 차이' 를 낳는 요인이라는 점을 알 수 있다. 그 중간에 어떤 과정이 있는지를 설명하면 된다. 당연히 우리가 주목해야 할 것은 기저막이다. 동물의 몸체가 크면 그에 따라 귀도 클 것이고 귀가 크면 기저막도 클 것이다. 결국 기저막의 크기(혹은 길이)가 들을 수 있는 주파수의 차이를 낳는 요인이 된다. 조금 더 보충 설명하면 하프라는 악기를 연상해 보면 된다. 하프를 보면 굵고 긴 줄에서는 낮은 소리가, 가늘고 짧은 줄에서는 높은 소리가 나온다. 따라서 기저막이 긴 코끼리는 낮은 주파수를 들을 수 있으며, 기저막이 짧은 쥐는 높은 주파수를 들을 수 있다고 추론할 수 있다.

● 논제 2

논제 2는 논제 1과 달리 완벽하게 설명하려면 자연 과학적 지식이 필요한 문제이다. 주어진 정보만 가지고는 완벽하게 설명하기 힘들다. 그러나 주어진 정보를 통해서 문제 해결의 방향은 충분히 설정할 수 있다. 이 논제를 해결하기 위해 필요한 전제는 앞에서 정리한 내용 중 ③과 ④이다. 즉 음마다 그 음에 대하여 반응하는 유모 세포가 서로 다르다는 것이다. '도' 음에 반응하는 유모 세포와 '레' 음에 반응하는 유모 세포가 다르기 때문에 둘을 서로 다른 음으로 인식할 수 있다고 생각해 볼 수 있다. 문제는 서로 다른 주파수를 보이는 중간 도 음과 높은 도 음이 비슷하게 들리는 이유를 설명하는 것이다.

여기서 완벽한 답안을 제시할 수는 없다. 그러나 중간 도와 높은 도 사이의 공통점을 찾고 그것이 동일한 유모 세포, 혹은 유사한 유모 세포를 반응시킨다는 논리를 펴면 될 것이다.

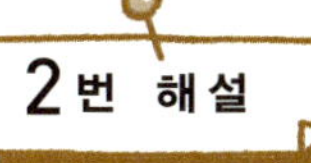

이 문제 역시 과학적 지식을 요구하는 문제이지만, 제시문에서 주어진 정보를 토대로 충분히 답안을 작성할 수 있다.

● 논제 1

논제 1은 빛의 속도가 너무 빠르기 때문에 실험 과정에서 생기는 오차가 허용될 수 없다는 논리로 설명될 수 있다. 갈릴레오의 실험에서 정확한 실험을 방해하는 오차는 다음과 같다.

① 빛이 눈에 도달하고 시신경을 통해 뇌에 전달되는 시간

② 뇌에 전달된 후 뇌에서 판단을 하는 데 소요되는 시간

③ 뇌에서 내려진 명령이 손까지 전달되는 시간

④ 명령을 받은 손이 실제로 덮개를 여는 데 걸리는 시간

실제로 이 시간들은 매우 짧은 시간이지만, 측정 대상이 빛이기 때문에 상대적으로 '너무 긴 시간'이 된 것이다. 이 오차는 대부분의 경우에는 무시해도 되지만, 빛을 측정하는 동안에는 무시할 수 없는 것들이다.

● 논제 2

일단 갈릴레오의 실험 상황과 비교해 볼 때 목성과 지구와의 거리가 엄청나게 멀기 때문에 빛의 속도를 측정할 때 논제 1에서 문제가 된 측정 오차의 문제를 벗어날 수 있다. 즉 빛의 속도와 같이 엄청나게 빠른 속도를 측정하려면 측정 거리가 멀어야 의미 있는 측정이 이루어질 수 있다. 이 점을 고려해 볼 때 밑줄 친 뢰머의 생각은 다음과 같이 설명할 수 있다.

문제 2-논제 2 | 예시 답안

지구에서 관찰하는 월식의 지속 시간이 아니라 실제 월식의 지속 시간은 지구가 목성에서 멀어지든 목성 쪽으로 가까워지든 동일하다는 점을 먼저 지적해야 한다. 그런데 지구가 목성에서 멀어지고 있을 때보다 지구가 목성으로 가까워질 때 월식의 시간이 짧다는 이야기는 지구와 목성 간의 거리 차이에 따라 관측 결과가 달라진다는 이야기이다. 이때 고려할 수 있는 변수는 이오의 빛이 지구상에 있는 우리의 시야에 도달하는 데 걸리는 시간이 다르다는 이야기이고, 이는 빛의 속도가 유한하다는 증거가 될 수 있다.

이 문제는 우선 비언어적 자료를 어떻게 해석하느냐 하는 문제로 볼 수 있다. 그런데 문제 해결 과정을 생각하다 보면 각 변수에 가중치를 어떻게 부여하느냐 하는 합리적 의사 결정 과정과도 관련이 있다.

● 논제 1

A를 주력 상품으로 고른 이유는 표를 보면 쉽게 판별할 수 있다. 그것은 A를 1위로 지목한 사람이 가장 많기 때문이다. A를 1위로 지목한 사람은 47명이고, B는 14명, C는 28명, D는 11명이다. 따라서 A를 주력 상품으로 결정하는 타당한 이유는 '가장 많은 사람의 선호도 1위를 차지했기 때문'이다.

● 논제 2

A가 반드시 주력 상품이 될 필요가 없는 이유는 논제 1의 답에서 주목하지 않은 부분에서 발견할 수 있다. 다음과 같은 사항이다.

① A를 1위로 지목한 사람은 47명이지만, 1위를 반대한 사람은 53명이다. 즉 A를 1순위로 보는 데 반대하는 사람의 숫자가 더 많다.

② 1위 부분을 제외한 아래 부분, 즉 2위에서부터 4위까지를 보면 A에 대한 선호도가 오히려 다른 제품들보다 떨어진다는 점을 알 수 있다. 즉 A에 대해서는 호–불호가 양극으로 나뉜다.

결국 A를 주력 상품으로 선택한 이유는 표의 일부분에만 강조점을 두었기 때문이다. 표의 다른 부분에 반영된 여론을 어떻게 수용할 것인가 하는 점이 다른 대안이나 가능한 방법을 찾는 실마리가 된다. 또 한 가지 간과하지 말아야 할 요인이 있다. 그것은 바로 제시문에서 요구하는 것이 '젊은 소비층을 공략하기 위한 디자인'을 갖춘 제품을 찾는 일이다. 예비 소비자 100명이 어떤 연령 구성비를 갖느냐에 따라 조사 결과를 달리 해석할 수 있다. 그와 더불어 이 제품의 성격이 어떠한 것인가, 제품의 라이프 사이클은 어떠한가 등도 중요한 역할을 할 수 있다. 이런 점을 답안에 반영한다면 더 좋은 답안이 될 수 있다.

　A가 반드시 주력 상품이 될 필요가 없는 이유는 논제 1의 답에서 주목한 부분 이외의 다른 부분을 주목함으로써 발견할 수 있다. 그 다른 부분이란 첫째, A를 1위로 지목한 사람은 47명이지만, 1위를 반대한 사람은 53명이다. 즉 A를 1순위로 보는데 반대하는 사람의 숫자가 더 많다. 둘째, 1위 부분을 제외한 아래 부분, 즉 2위~4위를 보면 A에 대한 선호도가 오히려 다른 제품들보다 떨어진다는 점을 알 수 있다. 즉 A에 대해서는 호-불호가 양극으로 나뉜다. 결국 A를 주력 상품으로 선택한 이유는 표의 일부분에만 강조점을 두었기 때문이다. 표의 다른 부분에 반영된 여론을 어떻게 수용할 것인가 하는 점이 다른 대안을 찾는 실마리가 된다. 예를 들어 '반대하는 사람이 가장 적은 제품'을 선택할 수도 있고 '1위와 2위를 합친 숫자가 3위와 4위를 합친 숫자보다 많은 제품'을 선택할 수도 있다.

　그런데 제시문에서 '젊은 소비층을 공략하기 위한 디자인'을 중시한다는 점을 고려해 볼 때 A가 반드시 주력 상품이 될 필요가 없는 이유의 다른 측면을 생각해 볼 수 있다. 선호도 조사 대상이 되었던 100명의 예비 소비자가 어떤 연령 구성비를 갖는가에 따라 다른 결론을 내릴 수 있다. 즉 다섯 군으로 나뉜 예비 소비자들이 각각 어떤 연령 구성비를 갖느냐에 따라 A 이외의 제품이 선택될 수 있는 것이다.

　또 한 가지 중요한 것은 이러한 판단이 결국 제품의 성격에 의존한다는 것이다. 라이프 사이클이 짧아서 짧은 시간에 급속하게 판매량을 달성하고 곧바로 후속 제품으로 넘어가는 성격의 상품이라면 매니아 층에게 어필하는 A와 같은 제품이 좋을 것이고, 오랜 기간 장기적으로 꾸준히 팔리는 성격의 제품이라면 호-불호가 갈리는 제품이 아니라 전반적으로 무난한 평가를 받는 제품이 좋을 것이다.

○ 논제 3

일단 제시문에서 제공하고 있는 선호도 조사 방법이 유일한 방법이 아니라는 점에 수복해야 한다. 아울러 그 방법이 지극히 단순하다는 점도 지적할 수 있어야 한다. 제시문에 나온 방법은 조사 대상자가 제품에 대한 선호도를 1위~4위의 서열을 매기는 방식이다. 그런데 이 서열은 후보에 대한 상대적인 순위만을 표현하는 것이고 어떤 후보 제품에 얼마만큼의 선호도가 있는지 그 '정도'를 반영하지 못한다. 예를 들어 B-C-D-A의 순위대로 제품의 선호도를 평가한 사람이 있는데, B-C-D 간의 선호도 차이는 아주 근소하고 A는 그에 비해 현저하게 낮은 선호도를 가지고 있다고 해보자. 이 경우 위 조사 방법에 의해서 A가 선택된다면 이러한 성향을 가진 사람에게 이 제품은 크게 어필하지 못할 뿐더러 어떤 경우에는 반감을 가질 수도 있다. 이렇게 되면 선호도 조사는 조사로서의 기능을 수행하지 못한 것이 된다. 이런 문제를 극복하기 위해서는 다음과 같은 방법을 생각해 볼 수 있다.

- **결선 투표 방식** : 1위를 한 후보가 과반수를 넘지 못하였을 때 1, 2위를 놓고 다시 투표를 하는 방식이다. 이 방식의 의의는 두 가지 면에서 찾아 볼 수 있다. 첫째, 1차 투표 때 1, 2위를 지목하지 않은 다른 사람들의 의견이 최종적인 결정에 중요한 역할을 수행하기 때문에 모든 사람의 의견이 골고루 반영된다. 둘째, 의사 표시를 2회에 걸쳐 할 수 있기 때문에 선호도에 대한 표시를 좀 더 상세하게 할 수 있다.

- **가중치를 부여하는 방식** : 앞의 4장의 359쪽(예제 2)에서 공부한 방식이다. 즉 1위에는 100점, 2위에는 70점, 3위에는 50점, 4위에는 20점 등등의 가중치를 부여해서 결과가 가장 큰 것을 결정하는 방식이다. 모든 사람의 의견을 전부 반영하고 개인별로 선호도의 정도를 정확하게 반영하는 이점이 있다. 이 방식에서는 가중치를 어떻게 할 것인가 하는 것이 관건이 된다. 가중치 산정을 과학적·객관적으로 할 수 있다면 훨씬 더 예측력이 높은 결과를 얻을 수 있다.

제시문에서 제시된 선호도 조사가 가지고 있는 문제점은 조사 대상자의 선호도를 너무 단순화시켜서 파악하고 있다는 점이다. 제시문에 나온 방법은 조사 대상자가 제품에 대한 선호도를 1위~4위의 서열을 매기는 방식이다. 그런데 이 서열은 후보에 대한 상대적인 순위만을 표현하는 것이고 어떤 후보 제품에 얼마만큼의 선호도가 있는지 그 '정도'를 반영하지 못한다. 예를 들어 B-C-D-A의 순위대로 제품의 선호도를 평가한 사람이 있는데, B-C-D 간의 선호도 차이는 아주 근소하고, A는 그에 비해 현저하게 낮은 선호도를 가지고 있다고 해보자. 이 경우 위 조사 방법에 의해서 A가 선택된다면 이러한 성향을 가진 사람에게 이 제품은 크게 어필하지 못할 뿐더러 어떤 경우에는 반감을 가질 수도 있다. 이렇게 되면 이 선호도 조사는 조사로서의 기능을 수행하지 못한 것이 된다. 이런 문제를 극복하기 위해서는 다음과 같은 방법을 생각해 볼 수 있다.

첫째, 결선 투표 방식이다. 어떤 한 후보가 과반수 이상의 표를 얻었다면 조사 방법이 단순하더라도 1위 제품을 선택하는 것이 현명한 일이다. 그러나 1위를 한 후보가 과반수를 얻지 못한다면 그것이 월등히 선호도가 높은 제품이라 볼 수 없다는 이야기다. 이러한 시각에서 1, 2위를 놓고 다시 투표를 하는 방식이 바로 결선 투표 방식이다. 이 방식의 의의는, 1차 투표 때 1, 2위를 지목하지 않은 다른 사람들의 의견이 최종적인 결정에 중요한 역할을 수행하기 때문에 모든 사람의 의견이 골고루 반영된다는 점과 의사 표시를 2회에 걸쳐 할 수 있기 때문에 선호도에 대한 표시를 좀 더 상세하게 할 수 있다는 점이다.

둘째, 가중치를 부여하는 방식이다. 1위에는 100점, 2위에는 70점, 3위에는 50점, 4위에는 20점 등등의 가중치를 부여해서 결과가 가장 큰 것을 결정하는 방식이다. 모든 사람의 의견을 전부 반영하고 개인별로 선호도의 정도를 정확하게 반영하는 이점이 있다. 가중치를 어떻게 할 것인가 하는 것이 관건이 된다. 가중치 산정을 과학적·객관적으로 할 수 있다면 훨씬 더 예측력이 높은 결과를 얻을 수 있다.

이외에도 여러 방법을 생각해 볼 수 있지만, 어떤 방법을 선택하든 가장 중요한 것은 단지 상대적인 서열만을 반영한 조사 방법보다 선호도의 질적 차이까지 반영할 수 있는 방법이 더 좋은 조사 성과를 달성할 수 있다는 점이다.

4번 해설

이 문제는 인문계 문제 중에서 약간 독특한 성격을 지니고 있다. 어느 정도 '정답' 이라고 부를 수 있는 확정된 답이 있는 문제이기 때문이다. 먼저 서두에서 제시된 가장 단순한 예시를 가지고 문제의 본질을 생각해 보자.

'국회 의원 중 남자의 비율이 약 94%' 라는 이야기는 국회의원 100명 중 남자가 94명이라는 이야기다. 즉 이 확률의 분모(모집단)가 '국회 의원' 이지 '남자' 가 아니다. 반면에 '대한민국 남자가 국회 의원이 될 확률' 은 분모가 '대한민국 남자' 이다. 즉 분모가 2,000만이 넘는 수치가 된다. 이렇게 볼 때 오류의 근원은 바로 확률의 모집단을 잘못 적용했다는 데 있다.

이를 수학적인 용어로 바꾸어 생각해 보면, 바로 '조건부 확률' 개념으로 설명할 수 있다. '국회 의원 중 남자의 비율이 약 94%' 라는 이야기는 '어떤 사람이 국회 의원이라면, 그 사람이 남자일 확률이 94%' 라는 말로 바꾸어 표현 가능하다. 즉 앞서 '분모' 에 해당하는 것이 조건 명제의 '전건' 이 되는 것이다.

○ 논제 1

문제에서 주어진 확률은 (양성/보균자)=100%, (양성/비보균자)=5%라는 것이다. 그런데 문제로 삼고 있는 것은 바로 (보균자/양성)의 확률이다. 조건부 확률로 표현하면 '어떤 사람이 양성으로 판정되었을 경우, 그 사람이 보균자일 확률' 을 구하는 문제이다. 이를 분석해 보면 다음과 같다.

① 어떤 사람이 양성으로 판정되는 경우는 전체 인구 중에서 보균자이면서 양성으로 판정되는 경우와 비보균자이면서 양성으로 판정되는 경우를 합해야 한다. 전자는 0.001(보균자일 확률)과 1(보균자가 양성 판정을 받을 확률)을 곱해 준 수치이고, 후자는 0.999(비보균자일 확률)과 0.05(비보균자가 양성 판정을 받을 확률)을 곱해 준 수치이다. 이 둘을 더하면 0.001+0.04995=0.05095가 된다.

② 어떤 사람이 보균자일 확률은 제시문에 주어진 대로 0.001이다.

이 문제에서 원하는 확률은 ②에서 나온 수치를 ①에서 나온 수치로 나눈 확률인 0.001/0.0595, 즉 0.0196정도가 된다. 2% 미만의 수치가 나온다.

이에 대해 95%라고 대답한 사람들은 양성 판정 시 이 검사의 신뢰도를 묻는 문제로 착각하고 그것을 양성 판정시 보균자일 확률(정확한 판정의 확률)에서 양성 판정시 비보균자일 확률(잘못된 판정의 확률)을 단순히 뺄셈 계산을 했기 때문에 오류를 범한 것이다.

문제 4-논제 1 | 예시 답안

문제에서 주어진 확률은 (양성/보균자)=100%, (양성/비보균자)=5%라는 것이다. 그런데 문제로 삼고 있는 것은 바로 (보균자/양성)의 확률이다. 어떤 사람이 양성으로 판정되는 경우는 전체 인구 중에서 보균자이면서 양성으로 판정되는 경우와 비보균자이면서 양성으로 판정되는 경우를 합해야 한다. 전자는 0.001(보균자일 확률)과 1(보균자가 양성 판정을 받을 확률)을 곱해 준 수치이고, 후자는 0.999(비보균자일 확률)과 0.05(비보균자가 양성 판정을 받을 확률)을 곱해 준 수치이다. 이 둘을 더하면 0.001+0.04995=0.05095가 된다. 그리고 어떤 사람이 보균자일 확률은 제시문에 주어진 대로 0.001이다. 이 문제에서 원하는 확률은 0.05095를 0.001로 나눈 확률인 0.001/0.05095, 즉 0.0196정도가 된다. 2% 미만의 수치가 나온다.

이에 대해 95%라고 대답한 사람들은 양성 판정 시 이 검사의 신뢰도를 묻는 문제로 착각하고 그것을 양성 판정 시 보균자일 확률(정확한 판정의 확률)에서 양성 판정 시 비보균자일 확률(잘못된 판정의 확률)을 단순히 뺄셈 계산을 했기 때문에 오류를 범한 것이다.

● 논제 2

논제 2의 주장은 "게임이 청소년 폭력 범죄의 주범이다."는 것이고 그 근거로 "비행 청소년 1,000명을 조사하였는데, 그중 990명이 게임에 중독되었거나 중독될 위험이 있는 집단으로 분류되었다."는 점을 내세우고 있다. 논제 1에서 얻은 결론으로 이를 반박하면 된다. 게임이 청소년 폭력 범죄의 주범이라는 주장을 입증하기 위해서는 비행 청소년 1,000명을 조사하는 것이 아니라 전체 청소년 중에서 비행 청소년의 비율이 얼마이고, 일반 청소년이 게임 중독에 빠진 확률과 비행 청소년이 게임 중독에 빠진 확률을 전부 다 고려해야 한다.

문제 4-논제 2 | 예시 답안

논제 2는 "게임이 청소년 폭력 범죄의 주범이다."고 주장하고 그 근거로 "비행 청소년 1,000명을 조사하였는데, 그 중 990명이 게임에 중독되었거나 중독될 위험이 있는 집단으로 분류되었다."는 점을 내세우고 있다. 이는 논제 1에서 얻은 결론으로 반박할 수 있다. 게임이 청소년 폭력 범죄의 주범이라는 주장을 입증하기 위해서는 비행 청소년 1,000명을 조사하는 것이 아니라 전체 청소년 중에서 비행 청소년의 비율이 얼마이고 일반 청소년이 게임 중독에 빠진 확률과 비행 청소년이 게임 중독에 빠진 확률을 전부 다 고려해야 한다. 결론적으로 조건부 확률의 개념을 이해하지 못하고 확률의 모집단을 잘못 적용해서 오류를 범한 것이다.

논제 3을 해결하기 위해 주목해야 할 한 가지 더 중요한 부분이 있다. 논제 3과 논제 2가 근본적으로 다른 점은 무엇일까? 바로 '원인'에 주목한다는 점이다. 논제 2의 주장은 "게임 중독이 원인이 되어 청소년 폭력 범죄라는 결과를 유발한다."는 인과 추리로 볼 수 있다. "비행 청소년 1,000명을 조사하였는데, 그 중 990명이 게임에 중독되었거나 중독될 위험이 있는 집단으로 분류되었다."는 주장 속에 바로 이러한 인과 추리가 숨어 있는 것이다. 그런데 정확하게 말해서 이 수치를 통해서 드러난 것은 '인과 관계'가 아니라 '상관 관계'일 뿐이다. 비행 청소년이라는 요인과 게임 중독이라는 요인 사이에 통계적인 상관 관계가 있다는 점을 이야기할 뿐, 어떤 것이 다른 하나의 원인이라는 점은 입증되었다고 볼 수 없다.

여기서 인과 추리의 오류를 상기해 보자. 즉 앞의 논증은 '원인과 결과의 혼동'일 수 있다. 즉 게임 중독 때문에 비행 청소년이 된 것이 아니라 이미 비행 청소년이 되었기 때문에 게임 중독에 빠진 것일 수 있다. 아니면 '공통 원인의 무시'일 수 있다. 즉 게임 중독에 빠진 것과 비행 청소년이 된 것은 어떤 제3의 원인에 의해 나타난 것일 수 있다. 이럴 경우에 게임 중독과 비행 청소년이라는 것은 모두 다른 것의 원인이 아니라 어떤 다른 요인의 결과가 된다.

이렇게 볼 때 인과 관계를 파악하는 일은 그냥 어떤 고정된 시점에 두 현상의 상관 관계만을 파악하는 조사로서는 충분치 않다. 그 현상의 기원을 거슬러 올라가는 연구를 수행해야 한다. 즉 '정적'인 조사가 아니라 '동적'인 조사가 필요하다. 바로 이 지점에서 논제 3을 해결하는 실마리를 발견할 수 있다. 게임 중독이라는 요인이 폭력성의 원인임을 파악하기 위해서는 게임 중독이라는 요인이 폭력성을 '발생'시키는 요인임을 입증해야 한다. 단순히 게임 중독과 폭력적 성향이 상관 관계가 있다는 사실을 입증하는 것으로는 불충분한 것이다. 이제 어떤 식의 논지 전개가 가능할지 짐작했을 것이다.

예시 답안을 제시하지만, 항상 스스로 먼저 답을 구성해 본 후 비교해 보는 것을 잊지 말아야 한다.

논제 3과 논제 2가 근본적으로 다른 점은 무엇일까? 바로 '원인'에 주목한다는 점이다. 논제 2의 주장은 "게임 중독이 원인이 되어 청소년 폭력 범죄라는 결과를 유발한다."는 인과 추리로 볼 수 있다. "비행 청소년 1,000명을 조사하였는데, 그 중 990명이 게임에 중독되었거나 중독될 위험이 있는 집단으로 분류되었다."는 주장 속에 바로 이러한 인과 추리가 숨어 있다. 그런데 정확하게 말해서 이 수치를 통해서 드러난 것은 '인과 관계'가 아니라 '상관 관계'일 뿐이다. 비행 청소년이라는 요인과 게임 중독이라는 요인 사이에 통계적인 상관 관계가 있다는 점을 이야기할 뿐, 어떤 것이 다른 하나의 원인이라는 점은 입증되었다고 볼 수 없다.

위 논증은 '원인과 결과의 혼동'일 수 있다. 즉 게임 중독 때문에 비행 청소년이 된 것이 아니라 이미 비행 청소년이 되었기 때문에 게임 중독에 빠진 것일 수 있다. 아니면 '공통 원인의 무시'일 수도 있다. 즉 게임 중독에 빠진 것과 비행 청소년이 된 것은 어떤 제3의 원인에 의해 나타난 현상일 수 있다. 이럴 경우에 게임 중독과 비행 청소년이라는 것은 모두 다른 것의 원인이 아니라 어떤 다른 요인의 결과가 된다.

이렇게 볼 때 인과 관계를 파악하는 일은 그냥 어떤 고정된 시점에 두 현상의 상관 관계만을 파악하는 것으로는 충분치 않다. 게임 중독이라는 요인이 폭력성의 원인임을 파악하기 위해서는 게임 중독이라는 요인이 폭력성을 '발생'시키는 요인임을 입증해야 한다. 단순히 게임 중독과 폭력적 성향이 상관 관계가 있다는 사실을 입증하는 것으로는 불충분한 것이다.

게임이 폭력의 직접적인 원인임을 밝히기 위해서는 둘 사이의 인과 관계를 직접적으로 파악할 수 있는 방법이 필요하다. 여러 가지 방법이 있을 수 있지만, 그것이 어떤 방법이든 다음의 조건을 만족시켜야 한다.

> ① 게임 이외의 다른 조건이 동일해야 함.
> ② 게임이라는 요소에 의해서만 영향을 받는 변화된 상황을 관찰해
>   야 함.

이러한 조건을 만족시키는 방법으로서 먼저 생각해 볼 수 있는 것은 게임을 하지 않던 비폭력적인 성향의 학생이 게임을 하게 되면 폭력적으로 변하는가 하는 점을 관찰하는 방법이다. 만약 학생이 폭력적인 성향을 갖게 되는 결과가 나타난다면 게임과 폭력성 사이의 인과 관계가 설득력을 얻게 될 것이다. 또 다른 방법은 반대 방향을 생각함으로써 고안해 볼 수 있다. 즉 게임을 즐겨 하면서 폭력적인 성향을 갖고 있는 학생에게 게임을 하지 않게 한 후 일정 기간이 경과한 후 폭력적 성향이 줄어들었는가 하는 점을 관찰하는 방법이다. 이 경우에도 그 학생의 폭력적 성향이 줄어든다면 게임이 폭력성의 원인이라는 점이 입증되었다고 간주할 수 있을 것이다.

곰TV와 함께하는
호랑이 통합 논술

사고와 논술

1판 1쇄 찍음 2007년 11월 14일
1판 1쇄 펴냄 2007년 11월 21일

지은이   권종철
편집인   이지연
발행인   박근섭
펴낸곳   민음in

출판등록   1996. 5. 3 (제16-1305호)
주소   135-887 서울 강남구 신사동 506 강남출판문화센터 5층
전화   영업부 515-2000 / 편집부 3446-8773 / 팩시밀리 515-2007
홈페이지   www.minumin.com

값 18,000원

ⓒ (주)황금가지, 2007. Printed in Seoul, Korea

ISBN 978-89-6017-031-5 53710

* 민음in은 민음사 출판 그룹의 새로운 브랜드입니다.